Karin Bogliolo & Carly Newfeld

Findhorn

Das Licht einer neuen Zeit

Karin Bogliolo & Carly Newfeld

FINDHORN

DAS LICHT EINER NEUEN ZEIT

aus dem Englischen übersetzt von
Karl Friedrich Hörner

Aquamarin Verlag

Übersetzung aus dem Englischen von
Karl Friedrich Hörner

Originaltitel der englischen Ausgabe
In Search of the Magic of Findhorn

Umschlaggestaltung: Annette Wagner
Druck: Ebner & Spiegel, Ulm

ISBN 3-89427-251-1

Inhalt

Der Findhorn-Familie in aller Welt,
in Vergangenheit, Gegenwart und Zukunft

Die Illustration des „Engels von Findhorn" wurde von dem slovenischen Künstler Marko Pogacnik speziell für dieses Buch gezeichnet. Marko ist auch Autor und Illustrator von fünf Büchern, die bei Findhorn Press erschienen sind:

- Nature Spirits & Elemental Beings: Working with the Intelligence in Nature (1997)
- Healing the Heart of the Earth: Restoring the Subtle Levels of Life (1998)
- Christ Power and the Earth Goddess: A Fifth Gospel (1999)
- Earth Changes and Human Destiny: Coping and Attuning with the Help of the Revelation of St. John (2000)
- The Daughter of Gaia: Rebirth of the Divine Feminine (2001)

Der Engel von Findhorn

Meine Vision des Engels von Findhorn: Die Bewegung der Hände deutet die Qualität der Transformation an, die Bewegung der Füße zeigt den Willen, herabzusteigen und zu manifestieren.
Marko Pogacnik

Einführung

Vor siebenundzwanzig Jahren machte sich der „Zauber von Findhorn“ auf, mich zu suchen; er fand mich im Süden Spaniens.

Nachdem ich in Marbella zusammen mit meinem ersten Mann Peter fünf Jahre lang ein Restaurant und Tauchzentrum geführt hatte, brach ich aus meinem konservativen Leben aus und verbrachte drei Monate in einem Zentrum für Humanistische Psychologie. Was dieser Begriff bedeutete, wusste ich damals kaum. Als mir jemand empfahl, *Siddhartha* zu lesen, um besser zu verstehen, auf was ich mich einließe, ging ich zur Buchhandlung und fragte nach einem Buch namens *Sid Arthur!* Doch der Drang nach Veränderung war so groß, dass ich mein Kind, meinen Mann und mein Geschäft verließ, um drei Monate mit der Betrachtung meines Innenlebens zu verbringen; ich wollte verstehen, wer ich selbst und wo mein Platz im Universum war.

Drei Monate mit Meditations- und Yoga-Übungen, der Beschäftigung mit Bioenergetik und der Teilnahme an Erleuchtungs-Intensivschulungen, Encounter-Gruppen und Workshops veränderten mich komplett. Ich war nun offen für Neues und bereit, Risiken einzugehen. Ich beschloss, meinen Mann zu verlassen und mit Tony Mitton (einem der anderen Kursteilnehmer) zu leben; meine achtjährige Tochter Tamsin nahm ich mit. Tony hatte ebenfalls seine Frau verlassen und litt schrecklich wegen seiner vier Kinder. So war die neue Situation für alle Beteiligten erst einmal die Hölle.

Im folgenden Sommer stellte ich fest, dass ich schwanger war, obwohl ich die Pille nahm. Doch es gab einen Tag, an dem ich sie vergessen hatte, den 18. Juni 1975. Dieses Datum wusste ich genau, denn es war der Geburtstag von Tonys ältestem Sohn. Da stand ich nun und versuchte, mir darüber klar zu werden, was als Nächstes zu tun war. Mit Hilfe meiner neu erworbenen Meditationsbegabung fragte ich nach innen, was ich tun solle. Die Antwort, die ich von dort vernahm, lautete „Findhorn“.

Es war ein Schock für mich, dass ich überhaupt etwas in meinem Inneren hörte, aber ein Wort zu hören, das ich gar nicht kannte, war noch seltsamer. Ich hatte keine Ahnung, was „Findhorn" bedeutete, doch Tony meinte, es sei ein Ort irgendwo in England. Im Laufe der folgenden Monate kam mir „Findhorn" noch mehrere Male ins Bewusstsein, und wir fragten andere, was oder wo es sei. Dann kam der Tag, an dem Tony darauf stieß, und zwar im letzten Kapitel des Buches *Das geheime Leben der Pflanzen*. Hier erfuhren wir, dass Findhorn eine Gemeinschaft im Norden Schottlands war, wo Menschen in Liebe und Harmonie miteinander lebten (was um Himmels Willen sollte das heißen?!) und gewaltige Kohlköpfe ernteten. Kohl war nicht unbedingt mein Lieblingsgemüse, also musste ich einen besseren Grund finden, dorthin zu gehen!

Der Drang, nach Findhorn zu reisen, war stärker als meine Abneigung gegen Kohl, und wenig später waren Tony, Tamsin und ich unterwegs aus dem Süden Spaniens in den Norden Schottlands; wir fuhren in einem Wohnmobil, das uns seine Mutter geliehen hatte. Ich war inzwischen mit meinem Sohn Michael im sechsten Monat schwanger. (Ja, meine innere „Stimme" oder mein inneres „Wissen" hatte hier wieder die Hand im Spiel und teilte mir mit, dass mein Kind in Findhorn auf die Welt kommen wolle und sein Name Michael sei. Angesichts dieses Namens sah ich mich zu der Hoffnung berechtigt, einen Knaben zu entbinden.)

Am 5. Dezember 1975 kamen wir in der Findhorn-Gemeinschaft an. (An dieser Stelle muss ich unterscheiden zwischen dem alten Fischerdorf Findhorn und der sehr jungen Findhorn-Gemeinschaft, die erst 1962 entstand. Im Interesse einer Vereinfachung werde ich sie von nun an meist „Findhorn" nennen, im Unterschied zum „Dorf Findhorn".) Mein Schock und Entsetzen waren gewaltig. Als wir an dem kalten, grauen Dezembertag eintrafen, fanden wir einen Wohnwagenstellplatz vor, voll mit alten Caravans und kleinen Holzhäusern. Wo war die schöne Gemeinschaft, die ich mir vorgestellt hatte? Ich richtete einige sehr deutliche Worte an die Adresse, die mich hierher geschickt hatte und sagte „denen" Bescheid, dass sie einen großen Fehler gemacht hatten!

Es dauerte genau vierundzwanzig Stunden, bis der Zauber mich ereilte. Es passierte nicht bei meinem ersten vegetarischen Essen im Gemeinschaftszentrum; es war gewiss nicht meine erste Nacht in einem kleinen Wohnwagen, in dem alles bebte, wenn wir uns bewegten. Es war nicht einmal die herzliche Begrüßung von den freundlichen Mitgliedern der Gemeinschaft oder dass ich Teil einer „Erfahrungswoche" war, zu der sich interessante Leute von überall auf dem Globus zusammengefunden hatten, die sich ebenfalls zu diesem Ort hingezogen fühlten. Mein erster magischer Moment trat ein, als ich in einem kleinen alten Vorführraum saß und eine audiovisuelle Darbietung mit dem Titel „Liebe ist" betrachtete. Plötzlich, ich weiß nicht woher, hüllte mich ein weicher, sanfter Mantel aus liebevoller Energie ein. Wortlos sagte diese: „Willkommen zu Hause." Ich erlebte ein so intensives Gefühl der Liebe, Freude und Akzeptanz, dass nichts anderes mehr zählte – nicht die hässliche Umgebung, nicht das kalte Wetter, nicht der klapperige alte Caravan, in dem ich wohnte. Ich war nach Hause gekommen.

Dies ist nicht der Ort, Ihnen zu schildern, wie sich Findhorn im Laufe der folgenden fünfundzwanzig Jahre entwickelt hat. Es gibt andere Bücher, die diese Geschichte erzählen. Was mein persönliches Leben angeht, so wurde mein Sohn Michael im folgenden März geboren, und er und meine Tochter wuchsen in der Gemeinschaft auf. Tony und ich trennten uns einige Jahre später liebevoll und konstruktiv, und er und seine neue Frau sind meine liebsten Freunde. 1992 heiratete ich meinen geliebten neuen Mann Thierry, und seitdem leiten wir den Findhorn-Verlag gemeinsam. Während all dieser Veränderungen lebte ich in Findhorn, bis wir 1998 in die Vereinigten Staaten umzogen, dort drei Jahre lebten und 2001 nach Europa zurückkehrten. Nun leben wir im Süden Frankreichs.

Irgendwann im Laufe meiner letzten Jahre in Findhorn verlor ich jene anfängliche tiefe, liebevolle Verbindung zu der Gemeinschaft. Sie war nie ganz verloren, doch in vielen Situationen fühlte ich mich unbehaglich und nicht länger mehr so sehr als Teil des Ganzen, wie ich es früher empfunden hatte. Ich hatte und habe immer noch viele liebe Freunde dort, und freute mich und war dankbar für die neuen Menschen, die dort ankamen, um frische Ideen und Energie in unsere Gemeinschaft zu bringen. Doch mich selbst empfand ich zunehmend am Rande des Geschehens und war nicht besonders interessiert an vielen der neuen Dinge, die geschahen.

Ich schreibe diese Einführung in meinem neuen Zuhause im französischen Béziers. In mir ist nur ein Impuls, mich noch einmal auf die Suche nach dem Zauber von Findhorn zu begeben und meine Suche nach meinem „Zuhause“ zu erneuern. Werde ich es finden? Wird der Engel von Findhorn mich so willkommen heißen wie früher? Ist der Zauber noch dort? Ich werde meine Abenteuer mit Ihnen teilen, was auch immer dabei herauskommt.

Karin Bogliolo

Glossar

Andachtsraum (engl. Sanctuary)
Ein Raum für Meditation und Gebet

Bag End
Gebiet am Ende von Pineridge, wo die ersten ökologischen Gebäude errichtet wurden.

Christus-Energie
In der westlichen Mysterien-Tradition, wie sie als Abriss in den Schriften von Alice A. Bailey in der ersten Hälfte des 20. Jahrhunderts dargestellt wurde, wird die Christus-Energie beschrieben als „eine Morgendämmerung des erwachenden Bewusstseins der Menschheit, die große parallele Wahrheit des innewohnenden Gottes – die alle Formen göttlich durchdringt ... die angeborene Göttlichkeit zum Ausdruck bringend". Göttliche Liebe, Vergebung und selbstloses Dienen, die Jesus der Christus vorlebte, gelten als Merkmale des hervortretenden Christus-Bewusstseins, und alle Menschen guten Willens, die solche Lebensprinzipien praktizieren und im Sinne haben, manifestieren auf eine Weise die Christus-Energie und werden von ihr berührt. (siehe *Die Wiederkunft Christi* von Alice A. Bailey)

Cluny Hill College, Cluny
Ein ehemaliges Hotel in der nahegelegenen Stadt Forres, welches die Gemeinschaft 1975 kaufte, und das nun viele Gäste und Mitglieder beherbergt. Hier werden viele Veranstaltungen und Programme der Lehr-Abteilung durchgeführt.

Cornerstone
Eileen Caddys Ökohaus im Zentrum der Gemeinschaft

Cullerne-Gärten (engl. Cullerne Gardens)

Das Land um Cullerne House, wo ein großer Teil der biologisch angebauten Früchte und Gemüse gezogen werden.

Cullerne House

Ein großes Haus, in dem früher Mitglieder wohnten und heute der Firmensitz der Findhorn Flower Essences ist.

Deva

Sanskrit-Wort für „Lichtwesen“, wird in Findhorn als Synonym für Engel, Lebenskraft oder Energie gebraucht.

Drumduan

Ein großes Haus in Forres, früher Unterkunft für Mitglieder und Versammlungsort, heute das Zuhause der Waldorfschule (Moray Steiner School).

Einstimmung (engl. attunement)

Eine Zeit der Besinnung, um eine Gruppe zusammenzubringen, gewöhnlich in der Stille und einander an den Händen haltend verbracht, bevor irgendeine Aufgabe oder Unternehmung begonnen wird. Dies kann mehrere Male im Lauf des Tages geschehen, vor dem Essen, vor dem Arbeiten, vor dem Programmteil eines Workshops oder sogar vor einer längeren Busfahrt. In Abteilungen und Arbeitsbereichen gibt es auch wöchentliche Einstimmungen, die mehrere Stunden dauern können und Gelegenheit bieten für persönliches Mitteilen und Austauschen, um eine Gruppe auf intensivere, tiefer gehende Weise zusammenzubringen.

Engel von Findhorn

Neun Monate, nachdem Dorothy, Peter und Eileen auf den Wohnwagenpark an der Findhorn-Bucht gezogen waren, nahm Dorothy die Präsenz des „Engels von Findhorn“ wahr. Diesen Kontakt vermittelte ursprünglich der als „Landschaftsengel“ bekannte Deva. Der Landschaftsengel überstrahlt das ganze geographische Gebiet und ist zuständig für das Land selbst, den Boden und seine Nährstoffe. Er wurde auch „Bevollmächtigter“ und Vermittler für weitere Engel-Kontakte. Im Jahre 1963 wurde Dorothy mitgeteilt, dass der Engel von Findhorn „noch nebulös, aber phänomenal schnell wachsend" war, und „... wir sind in einem gewissen Sinne Teil seines Körpers". Mehrere Jahre später, als die Gemeinschaft größer wurde, kam es zur ersten direkten Kommunikation, während welcher der Engel ausdrücklich bat: „Bilde dir keine klar umrissene Vorstellung von mir, sie würde mich begrenzen ... ich habe viele Rollen zu erfüllen und viel zu tun, und wir werden es gemeinsam tun ... Ich bin in dir und du bist in mir ... Ich bin der Geist eines Ortes, aber viel mehr." Bis zum heutigen Tage glauben viele Mitglieder der größeren Gemeinschaft, Angestellte der Stiftung, Besucher und Menschen, die sich als Angehörige der globalen Findhorn-Familie empfinden, dass sie von dem „Engel von Findhorn" berührt und gerufen wurden und jede Person irgendwie Teil des „Körpers" dieses sich ständig verändernden Engels ist.

Faßhäuser (engl. Barrel Houses)

Gruppe von fünf sehr individuellen Häusern in Pineridge, aus gebrauchten Whiskey-Fässern gebaut.

Feld der Träume (engl. Field of Dreams)

Ein Bereich von zwei Hektar innerhalb des Parks, zwischen Pineridge und dem unteren Wohnwagenpark gelegen, Erweiterung des Ökodorfes, Neubaugebiet.

Findhorn, Dorf (engl. Findhorn Village)

Das Dorf F. liegt etwa anderthalb Kilometer von der Findhorn-Gemeinschaft entfernt. Viele Mitglieder der Gemeinschaft wohnen heute im Dorf.

Findhorn-Gemeinschaft (engl. Findhorn Community)

Die sehr mannigfaltige Schar von Individuen und Gruppen, die rund um die Ideen der Findhorn-Stiftung entstanden und aufgewachsen sind.

Findhorn-Stiftung (engl. Findhorn Foundation)

Gegründet als gemeinnützige Stiftung, ist sie die juristische Person, die als Zuhause für Findhorns innerste spirituelle Praxis und deren Ausstrahlung in die Welt dient.

Focaliser (engl. focaliser)

Die Person, die eine Aktivität oder Arbeit leitet. Dies geschieht anders als durch einen Manager oder Anführer, weil der F. die Energie für die Gruppe sammelt. Der Begriff ist abgeleitet vom engl. Wort *focus* (Brennpunkt), der Focaliser ist also jemand, der die Energien einer Gruppe in einem gemeinsamen Brennpunkt vereint.

Forres

Stadt in der Nähe, recht alt und bereits in Shakespeares *Macbeth* erwähnt. Das Cluny Hill College und Newbold House sind am Stadtrand von Forres.

Gemeinschaftszentrum (engl. Community Centre, CC)

Ein großes Holzgebäude, das Küche und Speisesaal des Parks beherbergt sowie einen Aufenthaltsraum im oberen Stockwerk. Mitglieder und Gäste nehmen dort ihre Mahlzeiten ein.

Green Room Café

Café in der Universal Hall, in dem biologische Speisen und Getränke serviert werden

Kinloss

Ein Dorf in der Nähe. Der Luftwaffenstützpunkt Kinloss liegt unweit des Parks, und die Nimrod-Flugzeuge (eingesetzt für weltweite Operationen in Friedens-, Krisen- und Kriegszeiten sowie 365 Tage im Jahr als Such- und Rettungsflugzeuge) sind in der Umgebung häufig zu sehen – und vor allem zu hören!

KP

Eine wöchentliche Pflicht (und hoffentlich Freude) für alle Mitglieder der Gemeinschaft, die im Gemeinschaftszentrum oder Cluny essen – als Teil eines Aufräum-und-Reinigungs-Kommandos nach Mahlzeiten (Abk. aus dem militärischen Gebrauch: Kitchen Patrol = Küchen-Patrouille)

leiten (engl. to focalise)

Die Tätigkeit des Focaliser ist es, die Energien einer Gruppe in einem gemeinsamen Brennpunkte vereinen.

Manifestation, Gesetz der M.

Die Materialisierung von praktischen Dingen im täglichen Leben, die durch bewusste Intention, Klarheit, positives Denken und Loslassen von Erwartungen herbeigeführt wird. Ein Beispiel ist etwa der Bedarf an einem bestimmten Gegenstand, sagen wir, einem Fahrrad. Angenommen die Person, die das Fahrrad will, hat nicht das nötige Kleingeld oder den passenden Kreditrahmen, um einfach loszuziehen und es zu kaufen, dann wird sie sich zuerst sehr klar darüber, dass sie das Fahrrad wirklich braucht. Gefühle wie Zweifel und Angst werden unter die Lupe genommen und durch Klarheit und gläubiges Vertrauen ersetzt. Dann entspannt sich die Person und lässt jegliche Erwartungen fahren in bezug darauf, wie dies zustande kommen wird. Die Ausrichtung von Bedürfnis, Klarheit und Freisetzung öffnet den Weg für den nächsten Schritt. Wenn das Denken frei ist von Fragen nach dem Wie oder Wann, wird die Stimme der Intuition deutlicher vernehmbar, und die Person kann zum Beispiel ein Fahrrad in einem unerwarteten Sonderverkauf angeboten sehen oder einem alten Freund über den Weg laufen, der „zufällig" gerade sein Fahrrad verkaufen möchte. Oder sie kann einen kurzfristigen Auftrag oder Vertrag erhalten, der „aus heiterem Himmel" zu kommen scheint und ihr genau die Summe Geldes einbringt, die für das gewünschte Fahrrad benötigt wird. Eine tiefere Schicht der Manifestation ist der unerschütterliche Glaube an ein wohlwollendes Universum der Fülle: „Gott kennt deine Bedürfnisse schon vor dir, vertraue auf Ihn." (siehe *Everyday Miracles* von David Spangler, Bantam Doubleday Dell 1995)

Medwey-Gebäude (engl. The Medway Building)

Holzhaus, beherbergt die Buchhaltung und verschiedene Verwaltungsbüros.

Network News

Der vierteljährliche Rundbrief der Findhorn-Stiftung (meistens adressiert an das „Netz der Freunde und Förderer der Findhorn-Stiftung").

Newbold House

Eine unabhängige Schwester-Gemeinschaft in der Nähe des Cluny Hill College, welche ebenfalls Seminare und Kurse anbietet.

Outreach

Abteilung, die die Aussendung von Vertretern und Referenten in alle Welt koordiniert, die dort Vorträge und Workshops geben, um den lehrenden und erzieherischen Impuls Findhorns zu verbreiten.

Park (engl. The Park)

Der Bereich von rund neun Hektar, wo die Gemeinschaft ursprünglich geboren wurde. Er gehört heute zur Findhorn-Stiftung und umfasst den Wohnwagenpark (Holiday Caravan Park), Pineridge, die Universal Hall, den Zentralbereich und viele weitere Gebäude und Aktivitäten. Ein virtueller Rundgang durch den Park ist im Internet möglich: http://www.findhorn.org/virtual_tour/park/index.html

Park-Gebäude (engl. Park Building)

Ein etwas irreführend benanntes graues Steingebäude innerhalb des Parkbereichs; es beherbergt die Bibliothek, einen Versammlungsraum, das Konferenzbüro und einen Andachtsraum (Universal Sanctuary).

Phoenix-Shop

Im Laden der Gemeinschaft innerhalb des Parks werden biologische Lebensmittel, Bücher, Musik und handwerkliche Artikel verkauft.

Pineridge

Ein Bereich am Rande des Parks, der an das Feld der Träume grenzt. Früher hauptsächlich Stellplatz für Wohnwagen und Mobilhäuser, beheimatet Pineridge jetzt auch viele der neuen Ökohäuser, den Natur-Andachtsraum und die Faßhäuser.

Piste (engl. The Runway)

Gehörte im Zweiten Weltkrieg zur Luftwaffenbasis Kinloss und ist nun die Hauptstraße in den Park

Rainbow Bridge

Wochenzeitung der Gemeinschaft

Station House

Ein großes Haus im Dorf Findhorn, von einer Reihe von Mitgliedern Findhorns bewohnt.

Universal Hall, Hall

Ein großes, von der Gemeinschaft errichtetes Gebäude innerhalb des Parks. Hier werden künstlerische Darbietungen, Versammlungen und Konferenzen abgehalten. Es bietet bequem Platz für 300 Personen. Es gibt auch verschiedene weitere Räume in der Hall, darunter ein Tanz- und Schauspiel-Studio, Tonstudio, Musikraum und das Green Room Café.

Verlagsgebäude (engl. The Press Building)

Neben der Universal Hall, beherbergt Druckerei und Verlag.

Geschichte und Legenden der Findhorn-Gemeinschaft

Die Frau gleitet geräuschlos aus ihrem Bett und versucht, ihren schlafenden Mann nicht zu wecken. Ein Blick auf die Uhr – es ist 4 Uhr morgens. Doch sie braucht keinen Wecker mehr, ihre innere Uhr weckt sie jeden Morgen zur gleichen Zeit. Sie bemerkt die fein gezeichneten Eisblumen am Fenster und zieht rasch viele Schichten warmer Kleidung über, zusätzliche Socken und ein altes Paar gefütterter Stiefel. Behutsam öffnet sie die Tür das Raumes, der als Wohn- und Schlafzimmer dient, und hört das gleichmäßige, leise Atmen ihrer drei kleinen Söhne, die in ihren Kojen in dem kleinen Raum neben dem kurzen Flur fest schlafen. Sie geht an der engen Familienküche vorbei und tritt in die eiskalte Nacht hinaus; als sie von der bitterkalten Luft getroffen wird, hält sie den Atem an. Sie zieht den Wollschal fester um ihr Gesicht. Als sie sich von dem Wohnwagen entfernt, der ihr Zuhause ist, verursachen ihre Schritte kleine knirschende Geräusche auf dem Schnee. Die Frau wirft einen kurzen Blick zu den verdunkelten Fenstern zurück und ist sicher, dass David, Christopher und Jonathan noch fest schlafen.

Selbst in der Dunkelheit findet sie ihr Ziel leicht – einen kleinen, nichtssagenden Betonbau. Sie tritt ein, findet die vier inneren Türen alle weit offen, und wie gewöhnlich schlüpft sie durch die erste und schließt die Tür hinter sich. Es ist kaum damit zu rechnen, dass sie hier zu dieser nachtschlafenden Zeit gestört wird; später jedoch wird es einen morgendlichen Ansturm geben, wenn die anderen Bewohner des Wohnwagenparks die Toiletten aufsuchen.

Allmählich hört das Zittern auf. Sie sitzt still in der Meditation – und wartet. Nach einer Weile langt sie in ihre Tasche nach einem kurzen Bleistiftstummel. Er ist schon oft angespitzt worden und muss bis zum Ende aufgebraucht werden, denn es gibt kein Geld für neue Bleistifte. Sie schlägt das Notizbuch auf, das sie mitge-

bracht hat, und beginnt zu schreiben. Schneller und schneller eilt ihre Hand über die Seiten und füllt sie mit ihrer kleinen, sauberen Handschrift. Gelegentlich hält sie inne, schließt die Augen und lässt die Hand in den Schoß sinken. Dann erscheinen mehr und immer mehr Worte auf den linierten Seiten.

Schließlich ist ihre Aufgabe erfüllt. Mit einem tiefen Seufzer der Dankbarkeit verlässt sie den kleinen Raum, zieht ihren warmen Mantel etwas enger um sich, steckt das Schreibheft in die Tasche und geht zu dem kleinen Wohnwagen zurück, den sie ihr Zuhause nennt. Leise beginnt sie, für ihre Familie das Frühstück zu bereiten. Sie verschwendet keinen Gedanken daran, dass die Worte, die sie niedergeschrieben hat, eines Tages unzählige Menschen überall auf der Welt inspirieren würden. Sie weiß noch nicht, dass ihr privates morgendliches Schreiben – diese schlichten Worte voller Kraft – Menschen zu eben diesem Fleck bringen würden, um ihre eigene Verbindung zum Geistigen zu finden und um ihrer inneren Weisung zu folgen, wie sie es an diesem Morgen getan hat – und an jedem Morgen des vergangenen Jahres. Ihre Aufmerksamkeit gilt ganz dem Porridge, den sie nun kocht, und dem Gedanken, ihre Schulkinder rechtzeitig zu wecken.

Ein Jahr zuvor, an einem frischen, sonnigen November-Nachmittag, hatte Eileens Mann Peter ihren Sommerferien-Wohnwagen in eine Mulde am nordwestlichen Ende des Wohnwagenparks an der Findhorn-Bucht gezogen, in der Hoffnung, dass der etwas tiefer gelegene Platz ein wenig Schutz vor den böigen Winden bot, die unerbittlich von der Bucht her bliesen.

Die Familie Caddy und ihre langjährige Freundin Dorothy Maclean waren nach Morayshire zurückgekehrt, in der Hoffnung, dass Peter wieder angestellt würde, um das Vier-Sterne-Hotel Cluny Hill zu führen. Durch sein gekonntes Management und unterstützt von Eileens täglicher göttlicher Weisung hatte er das alte viktorianische Kurhotel zu einer Würde zurückgeführt, die die ganze Stadt Forres mit Stolz erfüllte. Die Caddys waren bei der „Wiederbelebung" des Cluny-Hill-Hotels so erfolgreich gewesen, dass dessen Eigentümer sie und viele ihrer Angestellten 1961 nach Perthshire schickten, wo sie das heruntergekommene

Trossachs-Hotel führen sollten – in der Hoffnung, sie würden dort das gleiche Wunder vollbringen. Trotz größter Anstrengungen erwies sich das fast ständig in feuchten, tristen Dunst gehüllte Trossachs als eine gewaltige Aufgabe. Nach ihrer ersten Saison wurde Peter als Manager entlassen, und die Familie kehrte in den Norden nach Morayshire zurück, wo sie viele Freunde hatten und Geschäftspartner kannten, die Peter – dessen war er sich sicher – helfen würden, eine gute Anstellung in der Stadt zu finden.

Doch als der Winter hereinbrach, war Peter immer noch arbeitslos, und die „Freunde“, die wenige Jahre zuvor im eleganten Cluny-Hill-Hotel getafelt hatten, schienen von der Bildfläche verschwunden. Auf Arbeitslosengeld angewiesen und ohne Mittel für ein Haus in der Stadt Forres oder auch nur in dem Fischerdorf Findhorn, blieb Peter und Eileen nur eine Wahl – den Ferien-Wohnwagen, den sie im Dorf gehabt hatten, in den nahegelegenen Wohnwagenpark zu ziehen und über Winter das Beste daraus zu machen. Der billigste Platz, der zur Verfügung stand, war neben einer alten Müllhalde. Dort parkten sie. Es würde nicht lange dauern, bis sie zum Cluny Hill zurückkehren würden, das wussten sie. Gott hatte Eileen unmissverständlich mitgeteilt, dass sie nach Cluny zurückkehren würden, und wenn Gott das so sagte, dann würde es so sein.

Peter war ein praktischer Mann, kräftig, athletisch und von einem scharfen, durchdringenden Verstand. Als Verpflegungs-Offizier in der Royal Air Force hatte er die ganze Welt bereist und die britischen Truppen versorgt, die in Fernost, auf dem indischen Subkontinent und im Himalaya stationiert waren. Auf einer seiner Dienstreisen hatte er Eileen Combe kennengelernt, eine elegante Frau mit klaren, spirituellen Prinzipien – und mit einem höheren Luftwaffen-Offizier verheiratet, mit dem sie fünf Kinder hatte. Im Laufe seiner Reisen blieb Peter mit der Familie Combe einschließlich deren Kindern befreundet und genoss die Dinners im Familienkreis und das Tennisspiel mit Eileen.

Im Mittelpunkt der spirituellen Praxis Eileens stand die Disziplin, sich still hinzusetzen und Gottes „Weisung“ zu empfangen. Für einen aktiven Mann wie Peter war dies kaum der Weg, sich auf den Willen Gottes einzustellen. Seine erste spirituelle Ausbildung in der „Wissenschaft der Seele" erfuhr er in einem Rosenkreuzer-Orden, und sie hatte in ihm das Bedürfnis verankert, von einem Moment zum anderen seiner Intuition zu folgen. Ob in der Luftwaffe oder im Privatleben, hatte ihn seine Praxis, augenblicklich jeder kleinen, intuitiven Erkenntnis und Eingebung zu folgen, fast immer – Schritt für Schritt oder Sprung um Sprung – zum Erfolg geführt.

Es gab jedoch einen sehr wichtigen Zeitpunkt, als Peter eine innere „Weisung" erhielt, während er tatsächlich still saß! Im Oktober 1952 war er im Nahen Osten stationiert und nahm die Gelegenheit wahr, die heiligen Stätten in Jerusalem zu besuchen. In Betrachtung des Sonnenuntergangs ruhte er sich auf einem Hügel über der Stadt aus – er dachte an nichts Besonderes, gewiss aber nicht ans Meditieren –, als er aus heiterem Himmel deutlich die Worte vernahm: „Eileen ist deine andere Hälfte." Peter war perplex. Er mochte und achtete Eileen sehr, hatte aber nie romantische Gefühle für sie gehegt. Zudem war sie verheiratet und hatte fünf Kinder! Auch gegenüber der Vorstellung von Seelenpartnern war er recht skeptisch. „Seinen Seelenpartner trifft höchstens alle Jubeljahre jemand", dachte er und tat diese Idee als lächerlich ab.

Doch er konnte nicht ignorieren, mit welcher Klarheit er die Stimme gehört hatte. Er beschloss daher, das nächste Mal, wenn er die Combes sehen sollte, Eileen zu erzählen, dass Gott ihm mitgeteilt hatte, sie seien Seelenpartner – einfach um zu sehen, wie sie darüber dachte. In jenem Jahr wurde er zum Weihnachtsessen in die Familie eingeladen – und was an jenem Dezemberabend geschah, spinnt vielleicht einen ersten Faden des Zaubers. Als Peter einen Moment allein mit Eileen fand, gestand er ihr, dass Gott gesagt hatte, dass sie für einander bestimmt seien. Sie blickten aus dem Fenster und sahen den Mond aufgehen. Eileens Antwort war schlicht: Wenn es so sein sollte, werde Gott sich um die Einzelheiten kümmern. Und so geschah es ...

Fast zehn Jahre danach zog Peter den alten Sommer-Wohnwagen in die sandige Mulde am Ende des Wohnwagenparks an der Findhorn Bay. Wenige Tage später, als der Wind um ihn heulte und ihm eisigen Schneeregen ins Gesicht trieb, pflanzte er eine Buchenhecke, errichtete so etwas wie einen Zaun und fuhr in die nahe Stadt Forres, um sich beim Arbeitsamt einzutragen und alte Geschäftskontakte zu erneuern. Er war guter Hoffnung, innerhalb der nächsten Tage auf die eine oder andere Weise eine gute Anstellung in der Stadt zu finden – etwas, mit dem er sich über Wasser halten konnte, bis er wieder als Manager des Cluny-Hill-Hotels eingestellt würde.

Die Tage jedoch schleppten sich hin und wurden zu Wochen, und aus den Wochen wurden Monate. Es erschien so sinnlos! Peter Caddy hatte mehrere Jahre in Forres gewohnt, als er das Cluny Hill leitete. Er kannte jeden, der in der Stadt jemand war. Er hatte eine Akte voll außerordentlicher Leistungen vorzuweisen, und Erfolg war ihm vertraut. Sollte ihm das Pech, das ihn im Trossachs heimgesucht hatte, hierher gefolgt sein? Dieser Gedanke kam Peter auch in den Sinn, aber er war nicht der Mann, der etwas anderes als positive Gedanken hegte. Außerdem hatten sowohl Eileen als auch Dorothy Weisung erhalten, dass sie alle im Wohnwagenpark bleiben sollten. Auch das schien sinnlos, besonders da drei Söhne im Wachstumsalter zu ernähren waren. Aber Peter vertraute der Weisung und rechnete damit, dass der perfekte Job auf ihn wartete – es war nur eine Frage der Zeit! Darüber hinaus glaubten Peter und Eileen ohne jeden Zweifel, dass sie nach Cluny Hill zurückkehren würden. Gott hatte es Eileen mitgeteilt, und Peter wusste es einfach!

Peter konstruierte einen hölzernen Anbau an die Seite des Wohnwagens, gerade groß genug für Dorothys Bett und einen Nachttisch. Dorothy war Peters Sekretärin im Cluny Hill gewesen, und auch sie war sicher, dass sie dorthin wieder zurückkehren würden. Sie konnte ebenfalls keine Arbeit finden – nicht einmal einen befristeten Job –, und so verbrachte sie ihre Zeit damit, den kleinen Wohnwagen zu reparieren und achtete darauf, alles mit Liebe zu tun und „zur Verherrlichung Gottes", wie ihre spirituelle Lehrerin es ihr beigebracht hatte.

Über viele Jahre hatten Dorothy, Peter und später auch Eileen unter der Leitung einer weisen Lehrerin namens Sheena gelernt, nach innen zu gehen und ihre innere Verbindung mit Gott zu entwickeln. Unter Sheenas Beratung hatte jeder von ihnen gelernt, die innere Führung und Weisung zu erkennen, ihr zu lauschen, ihr zu vertrauen und unbedingt zu folgen.

Als nun die Feuchtigkeit und Dunkelheit des Winters den kleinen Wohnwagen einhüllten, teilten sie die empfangenen Weisungen miteinander, so wie sie auch ihre Mahlzeiten teilten. Ein munterer Koksofen versorgte den kleinen Wohnwagen mit Wärme, und die drei Erwachsenen und die Jungen lasen oder machten Hausaufgaben, bis es Zeit war, die Esstischplatte zum Unterbau für die Matratze umzufunktionieren, die das Bett für Peter und Eileen bildete. Die Jungen schliefen in einem noch kleineren Raum; Wärmflaschen und Wolldecken waren ihre einzige Wärmequelle. Regelmäßig ging Peter nach Forres, um sich nach einer Arbeit umzusehen, kam aber stets mit leeren Händen zurück.

Eines Morgens verlor ein Lastwagen beim Abbiegen in den Wohnwagenpark einen Ballen Stroh, das sich überallhin verteilte. Peter, der gleich hinter ihm gefahren war, hielt an und sammelte das Stroh ein, das ihm für den Gemüsegarten nützlich erschien, den er anzulegen gedachte, sobald er den Spaten in den gefrorenen Boden stechen konnte. Bei einer anderen Gelegenheit machten sich Eileen und Dorothy auf, um mit Schaufeln Pferdedung einzusammeln, der ebenfalls für den Garten bestimmt war.

Der Frühling kam dankenswerterweise früh, und Peter säte oder setzte jede Art von Gemüse, die ihnen in den Sinn kam, obwohl er noch nie zuvor gegärtnert hatte. Später kamen auch Blumen hinzu, um ihrem kleinen Flecken etwas Farbe zu geben und den Wohnwagen zu schmücken. Doch selbst in der wärmeren Witterung war der Boden immer noch hart, und die sandige Erde schien kaum geeignet, das Gedeihen eines blühenden Gartens zu ermöglichen. Unbeirrt mischte Peter das eingesammelte Stroh, den Pferdedung und die Kartoffelschalen, die Eileen weggeworfen hatte, und legte einen einfachen Komposthaufen an. Bei seinen regelmäßigen Fahrten auf Arbeitssuche hielt er Ausschau nach weiteren Kompost-Zutaten – Obst- und Gemüseabfälle der Händler, alte Grasmahd von der Wiese des Wohnwagenparks, Pottasche aus Holzaschenlauge, selbst Cummings, einen Gersterückstand aus einer nahegelegenen Whisky-Destillerie! Bis Mai „dampfte" der Kompost, und Eileen hatte Weisung erhalten, dass all ihre harte Arbeit helfe, ihre eigene Strahlung und Schwingung in den Boden einzubringen.

Eines Tages hatte Dorothy eine Eingebung, sich „in die Naturkräfte einzufühlen", was ihr zum ersten Mal zu verstehen gab, dass die Natur eine Intelligenz besaß und sie lernen konnte, sich auf diese Kraft einzustellen und mit ihr zu kooperieren. Dies, dachte sie, würde einfach werden, weil sie die Natur liebte. Sie wanderte gern über die Sanddünen zum Strand oder streifte durch den nahen Wald von Randolphs' Leap, wo sich der Findhorn-Fluss und der Divvy in einem kleinen Wasserfall über Felsen und Stromschnellen vereinigten. Doch als Peter von Dorothys Anweisung hörte, sich „auf die Natur einzustimmen", hatte er andere Ideen. Unter seinem Rosenkreuzer-Lehrer Dr. Sullivan hatte er etwas über die Elementarwesen von Feuer, Erde, Luft und Wasser erfahren und sich schon oft gefragt, wie sie der Vegetation halfen, zu wachsen und zu blühen. Er fragte Dorothy, ob sie sich vorstellen könne, ihnen etwas praktische Hilfe bei ihrem gärtnerischen Abenteuer anzubieten – und sie möge bitte versuchen, mit jenen Wesenheiten Verbindung aufzunehmen!

Doch es waren nicht die Elemente-Naturgeister aus dem Elfenreich, auf die Dorothy sich einstimmte, sondern es war der strahlende Engel der Gartenerbse! Es war sozusagen der Engel der Erbsenfamilie, welchen Dorothy „Deva" zu nennen vorzog – nach dem Sanskritwort für Lichtwesen, sowie um der landläufigen Assoziation vorzubeugen, der zufolge Engel blond waren und ein wallendes weißes Gewand sowie einen goldenen Heiligenschein trugen. Dorothys Engel waren weitaus praktischer, selbst als formlose Energiefelder.

Nachdem der Erbsen-Deva seine Präsenz zu erkennen gegeben hatte, gab es sowohl für Dorothy als auch für Peter kein Halten mehr. Peter bat Dorothy bei jeder Gelegenheit, Antworten von den Devas zu empfangen, und schon bald lernte sie eine buchstäblich sehr weitreichende Präsenz kennen, die sie als „Landschaftsengel" bezeichnete. Sie lernte, dass der Landschaftsengel ein örtlicher Aspekt des Planeten-Engels war. Über ihre Einstimmung auf den Landschaftsengel erfuhr sie weiter, dass jede Pflanzenart ihren eigenen, für sie zuständigen Engel – oder Deva – besaß, bei dem der Plan für das Muster, die Gestalt, das Aussehen und Wachstum der jeweiligen Spezies lag und der alle Prozesse lenkte. Für unser menschliches Verständnis interpretierte Dorothy die Beschreibung des Engels dergestalt, dass dessen Tätigkeit und Aufgabe mit der eines Architekten vergleichbar war, der ein Gebäude entwarf und die Pläne für die Bauunternehmer vorbereitete – nämlich die Naturgeister selbst, die für das nächste Stadium zuständig waren und dann den Prozess an die Menschen weitergaben, um die eigentliche Arbeit auszuführen!

Viele „geborene Gärtner", also Menschen mit dem so genannten grünen Daumen, haben eine angeborene Einstimmung auf die Devas und Naturgeister; Peter und Dorothy jedoch, von denen keiner je zuvor ernsthaft den Wunsch oder gar die Neigung verspürt hatte, eine Spaten in die Hand zu nehmen, mussten alles von der Pike auf lernen. Und so wurde behutsam ein weiterer Faden des Zaubers für das Gewebe der Findhorn-Gemeinschaft gesponnen, als der erste Findhorn-Garten im zauberhaften Sommer 1963 unter der Obhut und Fürsorge von Devas und Menschen aufblühte. Peter, Eileen und Dorothy repräsentierten die Dreiheit Licht, Liebe und Weisheit.

Auch weiterhin schlüpfte Eileen jeden Morgen in den stillen Stunden vor der Dämmerung aus dem Bett und stahl sich leise, um ihre schlafende Familie nicht zu stören, aus dem behaglichen Wohnwagen zu dem öffentlichen Klo mitten im Wohnwagenpark, um dort, in der Stille sitzend, ihre Weisung von Gott zu empfangen.

Durch Peters harte körperliche Arbeit, Eileens standhaften Glauben und ihre innere Weisung sowie Dorothys klare Einstimmung auf die jeweiligen Engelwesen wuchs und gedieh der Findhorn-Garten. Es war klar geworden, dass Peter daran „gehindert" werden musste, Arbeit in Forres zu finden, so dass er seine „eigentliche" Arbeit beginnen konnte – die Gemeinschaft von Findhorn zu gründen. Eileen hatte Weisung empfangen, dass ihre kleine Ecke von Findhorn eines Tages ein „Lichtzentrum" würde, und obwohl keiner von ihnen wirklich wusste, was dies bedeutete, vertrauten sie auf die Weisung. Eine weitere Familie – eine Frau namens Lena, ebenfalls Schülerin Sheenas, und ihre drei Kinder – hatte einen Wohnwagen in der Nähe, und Lena, Dorothy und Eileen verbrachten oft Stunden zusammen in der Meditation und stimmten sich telepathisch auf andere Lichtzentren überall auf der Welt ein. In jener Zeit hatte Eileen eine Vision, dass ihr Zentrum in Findhorn durch ein Dreieck aus Licht mit der kleinen Hebriden-Insel Iona, dem geheiligten Sitz und Missionszentrum der Keltischen Kirche und Ausgangspunkt des Christentums auf den Britischen Inseln und Irland, und der uralten Stadt Glastonbury verbunden werden sollte, welche in der Artus-Legende das Herz von Avalon war. Cluny Hill, so die Weisung, war der eigentliche Kraftpunkt, der mit dem Glastonbury Tor in Verbindung stand. Eileen, Dorothy, Lena und eine amerikanische Freundin namens

Naomi begannen mit täglichen Visualisierungen, um die Licht-Verbindungen zwischen diesen alten Stätten zu stärken.

Im Jahre 1965 unternahmen Peter und Dorothy eine Reise nach Glastonbury, wo sie Wellesley Tudor Pole kennenlernten, den Gründer des Chalice Well Trust, ein Mann mit tiefen Überzeugungen über die Macht der inneren, unsichtbaren Welten. Es war Tudor Pole, der im Zweiten Weltkrieg die „Minute der Stille" angeregt und eingeführt hatte – eine Zeit des täglichen, landesweiten stillen Gebets um 9 Uhr abends, das, wie man sagte, dazu beigetragen habe, dass England im Krieg siegreich war. Im gleichen Jahr lernte Peter auch Sir George Trevelyan kennen, einen hochangesehenen Pädagogen, Schriftsteller und Dichter, voller Wissen über die Gesetze der Esoterik, der als der „Großvater des Neuen Zeitalters" betrachtet wird. Sir George besuchte Findhorn so oft er konnte und schätzte das Werk der Gemeinschaft sehr. Jeder, der ihn kennenlernte, liebte und achtete ihn sehr für seine einzigartige Mischung von Weisheit und Humor.

Im vierten Sommer hatte sich die Kunde von dem außergewöhnlichen Garten der kleinen Gruppe schon verbreitet, der mitten in einem Wohnwagenpark im Norden Schottlands auf Sand gebaut war, und auch die Kunde über die Meditationen und spirituellen Einstimmungen, die die Familien dort jeden Tag praktizierten. Ostern 1966 besuchten fünf Gäste den „Zaubergarten", und siebzehn weitere kamen im Frühsommer. Zwei jener Gäste sollten einen tiefen, wenn auch stillen Einfluss auf die Familien in der kleinen Gemeinschaft erhalten: Joanie Hartnell-Beavis, die mit ihrer Freundin und spirituellen Lehrerin, Liebe Pugh, in Lancashire gelebt hatte, und Robert Ogilvie Crombie, bekannt als ROC, ein Wissenschaftler, Schauspieler und brillanter Pianist, der in Edinburgh lebte. Im folgenden Jahr zog Joanie nach Findhorn und wurde schließlich Eileens beste Freundin, Helferin und Vertraute. ROC behielt immer seine Wohnung in Edinburgh, besuchte die Gemeinschaft aber jedes Jahr viele Male, wurde ihr Beschützer in den inneren Bereichen und der geistige Hüter des Landes, auf dem die Gemeinschaft gebaut wurde, sowie Peters vertrautester spiritueller Ratgeber.

ROC hatte schon seit vielen Jahren die esoterischen Künste studiert, und wenige Wochen nach seinem ersten Besuch in Findhorn hatte er ein ganz außergewöhnliches Erlebnis. Ihm eröffnete sich der Zugang zu einer Dimension, an deren Existenz er zwar geglaubt, die er aber nie aus erster Hand kennengelernt hatte – das Feenreich. Während er in dem ihm liebsten Teil des botanischen Gartens von Edinburgh spazieren ging, lernte er einen Faun kennen – einen Naturgeist, der sich selbst als Kurmos vorstellte –, und wenig später begegnete er dem großen Gott Pan persönlich. ROCs Begegnung mit dem Naturgeist und mit Pan vertiefte sein Gewahrsein jenes Reiches der Natur, und er erkannte, dass der „Zaubergarten", der in Findhorn wuchs, das Zuhause vieler solcher Wesen war. Als sein Umgang mit seinen neuen, für andere Menschen unsichtbaren Freunden zwangloser wurde, brachte ROC deren Weisheit in die Gemeinschaft ein und wurde von den Naturgeistern dort stets begeistert begrüßt.

Im Sommer 1967 wuchs der Garten – mit der Hilfe der Elfen durch ROC, der Devas durch Dorothy und der Menschen durch Peter – in eine neue Dimension der Größe und Pracht. Menschen aus dem ganzen Land wollten kommen und die üppigen Blumen und herrlichen Gemüse sehen, selbst einige von Englands berühmtesten Gärtnern und Gartenbauexperten kamen zu Besuch. Nachdem die BBC 1969 ein Fernsehteam geschickt hatte, schrieben sechshundert Leute an die Gemeinschaft und wollten sie besuchen!

Und so entfaltete sich der Zauber weiter. Die gleichen spirituellen Prinzipien – Glauben, Weisung und „Liebe als Arbeit in Aktion" – spornten die Begründer der Findhorn-Gemeinschaft auch in ihrem täglichen Leben an. Wann immer etwas oder jemand gebraucht wurde, tauchte das oder der Benötigte auf, um seine spezifischen Fähigkeiten selbstlos zur Verfügung zu stellen. Als ROC und Dorothy dachten, dass es eine gute Idee sei, ihre von den Naturgeistern und Devas empfangenen Weisungen zu veröffentlichen, kam ein Drucker namens Victor zu Besuch, und eine Broschüre mit dem Titel *The Findhorn Garden* wurde auf einer alten Gestetner-Druckmaschine hergestellt. Die Weisheit verbreitete sich überallhin – sogar in die Vereinigten Staaten von Amerika.

Eines Morgens hatte Eileen eine Vision, in der ihr sechs Zedernholz-Bungalows gezeigt wurden. Einen oder zwei Monate später wurden sechs elegante Mobilhäuser geliefert und dann von Menschen gekauft, die sich dem Werk der flügge werdenden Gemeinschaft anschließen wollten. Früher schon hatte Eileen eine Vision von einem schlichten Andachtsraum, groß genug für etwa sechzig Personen. Auch dieser wurde gebaut, genau so, wie sie ihn geschaut hatte, und das Geld dafür kam exakt zu dem Zeitpunkt, als sie die Baufirma und die Einrichtung bezahlen mussten. Als der Andachtsraum fertig war, brauchte Eileen nicht mehr in den frühen Stunden vor Sonnenaufgang zu den Toiletten des Wohnwagenparks zu wandern. Der neue Andachtsraum verfügte sogar über eine leistungsfähige Heizung!

Als Eileen und Joanie sich fragten, wie sie in den winzigen Kochnischen in ihren Wohnwagen für so viele Menschen kochen sollten – ganz zu schweigen von der Frage, wo sie zum Essen sitzen sollten –, „sah" Eileen in der Meditation ein wunderschönes Gemeinschaftszentrum mit einer professionellen Küche in Edelstahl-Ausstattung und einem Speisesaal, der groß genug war für zweihundert Menschen! Bald darauf bezahlte ein Spender, der an das Werk der kleinen Gemeinschaft glaubte, das Gebäude und die komplette Ausstattung. Man gründete den Findhorn Trust, eine gemeinnützige Stiftung, die es erlaubte, Spenden entgegenzunehmen. Viele Gäste kauften und spendeten Wohnwagen, in denen andere Besucher und Gemeinschaftsmitglieder wohnen konnten, und im Sommer 1970 lebten mehr als dreißig Menschen – vom Neugeborenen bis zu einem Achtziger – in der Findhorn-Gemeinschaft. Jeden Morgen lasen Eileen und Dorothy den Mitgliedern der Gemeinschaft im Andachtsraum ihre von Gott empfangene Weisung vor, und jeden Tag stand Peter an der Spitze der Arbeitskräfte beim Bauen, Gärtnern, Verschönern und Putzen. „Arbeit ist Liebe in Aktion" wurde zur täglichen Losung für alle, und durch diese Arbeit wuchs die Gemeinschaft ständig weiter.

Im August des gleichen Jahres kamen zwei Menschen aus Amerika zu Besuch, deren Wirken zu den größten Einflüssen auf die Gemeinschaft zählen sollte – David Spangler, ein junger Mann Mitte zwanzig, der eine große Vision und tiefe Weisheit besaß, und Myrtle Glines, seine um viele Jahre ältere Begleiterin, die für ihn so etwas wie eine Beschützerin und darüber hinaus eine selbstständige Beraterin war. Von 1970 bis 1973 lebten David und Myrtle in der Gemeinschaft, und ihre Anwesenheit legte die Saat dafür, dass nun zusätzlich zum Anbau und Wachstum von Blumen und Gemüse auch das geistige Wachstum von Menschen gefördert wurden. Sie halfen, die Lehr-Abteilung der Gemeinschaft einzurichten und betreuten das spirituelle Leben der vielen Mitglieder.

Als David in jenem August in Findhorn ankam, stimmte er sich augenblicklich auf eine machtvolle Wesenheit ein, die unter der Bezeichnung „Grenzenlose Liebe und Wahrheit" bekannt ist. Durch David gab „Grenzenlose Liebe und Wahrheit" außergewöhnliche und sehr praktische Unterweisungen für die Gemeinschaft als Ganze sowie für viele einzelne Mitglieder, und so entstand ein Vermächtnis und Werk, das als starke und zeitlose Grundlage geistiger Lehren dienen konnte.

Gebaut auf einem Fundament solcher Stärke und mit der Kooperation der verschiedenen Reiche der Natur und einem Kern aus Künstlern, Visionären, geistigen Suchern und geschickten und begabten Arbeitern wuchs die Findhorn-Gemeinschaft, um zu dem Zentrum des Lichtes zu werden, das von Eileen geschaut worden war. Nun kamen so viele Menschen, um an den Kursen teilzunehmen, die von der Lehr-Abteilung angeboten wurden, dass der Platz in den Gemeinschafts-Gebäuden um den Wohnwagenpark sehr eng wurde. Im Sommer 1975 wurde eine alte Weisung von Gott Wirklichkeit, die seit fast fünfzehn Jahren voll Vertrauen geliebt und gehütet worden war: Die Findhorn-Stiftung erwarb das Cluny Hill Hotel. Peter und Eileen kehrten mit zweihundert weiteren Menschen nach Cluny zurück!

Den Zauber sammeln

Ein Anruf aus Übersee

„Allo, oui?"

„Hi, Karin!" Ich warte einen Moment, bevor ich mich vorstelle. Ich kann Karins Gesicht vor mir sehen und hören, wie ihr Gehirn arbeitet und in den Archiven ihrer Erinnerung blättert in dem Versuch, meine Stimme zuzuordnen. Ich muss grinsen bei dieser Vorstellung. Karin kenne ich aus einer Zeit vor zwanzig Jahren – ihr warmherziges Lächeln, ihr rundliches Gesicht, das naturblonde Haar, immer lachend, jederzeit bereit, einen mit einer Umarmung zu begrüßen – ganz gleich, wie beschäftigt sie gerade war. Karin hatte viele Jahre lang die Küche in der Findhorn-Gemeinschaft geleitet, und ihr Name und Image dort waren gleichbedeutend mit Käsesoufflé ... so käsig und mächtig, dass mir jetzt noch das Wasser im Munde zusammenläuft, als ich einen Moment warte, bevor ich endlich meinen Namen nenne. Karin und ich haben seit einigen Jahren E-Mails gewechselt, aber heute will ich sie persönlich anrufen.

„Karin, hier ist Carly – in New Mexico."

„Carly! Wie schön, von dir zu hören. So eine Überraschung!", ruft sie und wechselt mühelos zu Englisch über. Eigentlich war Deutsch Karins Muttersprache, doch sie verbrachte den größten Teil ihrer Kindheit in England und lebt nun im Süden Frankreichs. Ich beneide sie ein wenig um ihre Fähigkeit, so viele Sprachen zu sprechen und probiere mein stark eingerostetes Französisch.

„Karin, comment va vous?"

Ich höre sie am anderen Ende lachen.

„Nicht mal nahe dran, Carly. Ich kann nicht glauben, dass du mich anrufst. Bist du womöglich hier in Frankreich?"

„Nein, leider nicht. Ich bin in New Mexico, und wir haben heute Frost, aber ich möchte dich über ein Findhorn-Treffen informieren, das ich in einigen Wochen ausrichte. Ich weiß, dass du dich mit dem Gedanken trägst, ein Buch zu schreiben, und ich lade zu diesem Treffen ein, um den Zauber und die Synchronizität in unseren Leben neu zu inspirieren, besonders aber, um mit neuem Leben zu erfüllen, auf welche Weise jeder Einzelne in den Zauberkreis Findhorns gezogen wurde. Nicht wenige unserer alten Freunde werden dort sein, aber auch Leute, die vielleicht gerade erst von der Gemeinschaft erfahren haben. Und, ehrlich gesagt, ich wollte einfach deine Stimme hören!"

Wir plauderten eine Weile und tranken einige Tassen Tee, jede auf ihrem Kontinent. Ich wollte Karins eigene Geschichte darüber hören, auf welchen Wegen sie nach Findhorn gekommen war, und wie zauberhafte Ereignisse sich auch weiterhin durch ihr Leben zogen, selbst nachdem sie die Gemeinschaft wieder verlassen hatte.

Das, so schien es mir, war der rote Faden, den wir alle gemeinsam hatten, nämlich wie selbst schwierige und herausfordernde Lebenserfahrungen von der Hand des Zaubers und des Segens berührt wurden. Was war es, das die Menschen in all diesen Jahren nach Findhorn gezogen hatte? Warum löste schon der Name Findhorn soviel Wärme und Hoffnung für so viele Menschen aus, und wie lebten jene zauberhaften Segnungen in den Leben der Menschen weiter, noch Jahrzehnte danach?

Karin erzählte mir von ihrem ersten magischen Moment in Findhorn:

„Ich kann mich noch genau erinnern, es geschah am Tag nach meiner Ankunft in Findhorn. Der Schock bei der Ankunft dort war schrecklich gewesen – dieser hässliche, graue, dunkle Wohnwagenpark. Nachdem ich sechs Jahre lang in Südspanien gelebt hatte, war Findhorn im Dezember 1975 einfach nur hässlich. Wir bekamen einen kleinen, beengten Wohnwagen, in dem wir schlafen sollten, und ich wollte so schnell wie möglich weglaufen."

„Und dann passierte es, ein unvergesslicher Augenblick. Wir machten eine Erfahrungswoche mit, und an einem Nachmittag wurde uns eine audiovisuelle Darbietung mit dem Titel >Liebe ist< gezeigt. Aus heiterem Himmel wusste ich plötzlich, was Liebe war! Sie war der Leim, der dem Universum Gestalt gab, die Energie, die alles zusammenhielt und alles erschuf, von der Materie bis zu Gefühlen und Geist. Ich wusste, dass alles, was existiert, von Liebe erschaffen ist, und deshalb Liebe IST. Es schien so einfach, und doch war es in jenem Moment das unglaublichste Erlebnis, das ich je hatte. In jener Minute wusste ich, dass ich nach Hause gekommen war und nichts anderes eine Rolle spielte, nicht der dunkle, graue Winter und nicht die Hässlichkeit des Wohnwagenparks. Ich wusste, es war alles Liebe, und ich war ein Teil davon. Ich war Liebe, umgeben von Liebe, erschaffen von Liebe, grenzenlos. Dies war wahrscheinlich der aufregendste und intensivste Augenblick meines Lebens.

Jene Liebe war nicht nur ein flüchtiges Gefühl, sondern erwies sich im Laufe meiner Jahre in der Gemeinschaft immer wieder als echt. Eines Tages sagte zum Beispiel jemand zu mir: >Ich spüre, dass du mich nicht magst, stimmt das?<, und ich hatte den Mut zu antworten: >Ja, das ist wahr, ich mag dich nicht.< Und wir blickten einander in die Augen und wussten, dass wir einander nicht mochten, dass wir uns vermutlich niemals mögen würden, und trotzdem empfanden wir unglaubliche Liebe. Das war der Moment, als ich tief im Inneren verstand, dass ich alle liebte, auch wenn ich sie nicht besonders mochte."

Ich seufzte, da ich sehr wohl verstand, was Karin meinte. Ich hatte viel Glück gehabt – ja, ich bin vielleicht wirklich gesegnet –, so viele Freunde in meinem Leben zu haben, und es fällt mir wirklich niemand ein, den ich als Gegner oder gar Feind bezeichnen würde. Doch hin und wieder treffe ich auf jemanden, den ich einfach nicht mag, und ich weiß nicht unbedingt, warum ich das so empfinde. Meine eigenen Jahre in Findhorn lehrten mich, sowohl mit Menschen, die ich anhimmelte, als auch solchen, die ich nicht ausstehen konnte, zusammen zu arbeiten und zusammen zu sein. In einer Gemeinschaft, die sich dem persönlichen und spirituellen Wachstum verschrieben hatte, miteinander auf Tuchfühlung zu leben, bedeutete nicht unbedingt, dass man mit allen Leuten klarkam, aber es bedeutete, dass man lernte, sich selbst treu und gegenüber anderen klar und direkt zu sein und Freundlichkeit aufrechtzuerhalten. Zu lernen und tief im Innern zu wissen, dass alle Menschenwesen Kinder Gottes waren – trotz ihrer Macken –, bedurfte täglicher Praxis im Akzeptieren, Verstehen und Vergeben – vor allem aber galt es zu lernen, sich selbst zu lieben.

Karins Stimme am anderen Ende holte mich aus meinen Gedanken zurück.

„Ich möchte dir noch etwas sagen. Viele, viele zauberhafte Momente sind mir über die Musik begegnet, hauptsächlich durch

Singen. Wenn ich singe, fühle ich mich dem Geistigen sehr nahe. Ein solcher Augenblick war eines Abends, als ich mit unserer Madrigal-Gruppe probte. Wir sangen gerade >Der Silberschwan<, ein Lied, das mich sehr bewegt."

Karins fröhliche Stimme füllte die Tausende von Kilometern zwischen uns, als sie es für mich sang:

Der Silberschwan sang zeitlebens nie.
Als der Tod zu ihm kam, öffnete er seine stumme Kehle,
lehnte den Kopf gegen die müde Brust
und sang zum ersten und letzten Mal,
und sang nimmer mehr.

„Genau in diesem Moment kam jemand in den Raum, hörte zu, wie wir das Lied zu Ende sangen, und teilte uns dann mit, dass Barbara D'Arcy Thompson gestorben war; sie war an diesem Tag in Randolphs' Leap ertrunken. Ein sehr tiefer Frieden breitete sich in dem Raum aus, und ich spürte, dass Barbara bei uns gewesen war, während wir sangen. Und wir haben es wieder gesungen, speziell für sie."

Barbara war ein langjähriges, von vielen geliebtes Mitglied der Gemeinschaft gewesen.

„Ach, Karin, da sind so viele Erinnerungen, nicht wahr? Wir könnten den ganzen Tag und noch die Nacht am Telefon verbringen. Ich hoffe, du schreibst diese Dinge auf?"

„Darauf kannst du wetten", war ihre Antwort. „Ich denke ernstlich darüber nach, dieses Buch zu schreiben. Wie wäre es – würdest du mir dabei helfen?"

„Nun, anscheinend haben wir die gleiche Wellenlänge", antwortete ich. „Wir stehen sozusagen auf der gleichen Seite des Buches. Vielleicht wird das Findhorn-Treffen in einigen Wochen der Anfang sein."

Amandas Ring aus goldenem Licht

Einige Wochen gingen ins Land, schließlich war der Tag des Treffens gekommen. Nach einem Fest allseitiger Umarmungen und aufgeregtem Geplapper nahmen endlich etwa dreißig Frauen und Männer ihre Plätze in einer Runde ein, um ihre Geschichten zu erzählen: Wie sie nach Findhorn gekommen waren und wie es ihr Leben beeinflusst hatte. Wir begannen mit einer Einstimmung – einer Praxis, die in Findhorn schon vor vielen Jahren eingeführt worden war. Wir standen für einige Minuten schweigend im Kreis und hielten einander an den Händen, um uns mit den anderen im Raum und mit dem eigenen spirituellen Zentrum zu verbinden, mit Gott im Innern, dem ewigen Licht und dem Pulsschlag der Liebe. Dazu bedurfte es keiner Worte, die Stille und das Empfinden der Einheit waren geradezu greifbar. Dann drückte jeder die Hand seines Nachbarn, und binnen Sekunden machte dieser Händedruck die Runde, Füße bewegten sich auf dem Boden und jeder setzte sich hin. Die Stille wirkte noch nach, und in vielen Augen glänzte jene besondere Art des Friedens, die dieser Kreis von Freunden ausstrahlte ... der Zauber.

Behutsam durchbrach ich die Stille, mit unsicherer Stimme noch, von Gefühlen bewegt, und schlug vor, uns reihum mit Namen vorzustellen. „Ich bin Carly", machte ich den Anfang und blickte die Person links von mir an. „Ich bin Doug ... ich bin Allison ... ich bin Amanda ... Merv ... Jack ... Linda ... Mary..."

„Wer möchte gerne beginnen?", fragte ich, in der Hoffnung, dass ich gerade jetzt nicht noch mehr sagen müsste, fügte aber dann hinzu: „Oder vielleicht heißt die Frage in Wirklichkeit: >Wo sollen wir beginnen?< Ich habe zu diesem Treffen eingeladen, um ein wenig tiefer zu ergründen, was der Zauber von Findhorn war – und ist. Um zu sehen, wie dieser Zauber über die Jahre hinweg in uns gelebt hat ... und vielleicht, um den Zauber in unserem heutigen Leben wiederherzustellen. Um uns zu erinnern an die Zielsetzung, die wie selbst uns über unsere spirituelle Reise gestellt haben, und um uns zu besinnen auf unsere Träume und Hoffnungen. Und um unsere Verbindung mit dem Engel von Findhorn bewusst neu zu entzünden. Vielleicht gilt also die erste Frage dem, was jeden von uns in diese Gemeinschaft zog – vielleicht rief?"

Amanda war die erste, die mit ihrer Geschichte einsprang.

„Für mich ist Findhorn ein Ort in meinem Geist, etwas, das meine Seele sehr schätzt, was meine Persönlichkeit jedoch zuweilen vergisst. Findhorn bringt eine Saite zum Klingen, die mir sehr lieb und wert ist, die alles in mir zu elektrisieren vermag. Von dieser Saite erklingt ein reiner Ton des selbstlosen Dienens mit einer planetaren Perspektive.

Als ich Mitte zwanzig war, erlebte ich eine >dunkle Nacht der Seele<, und ich hörte den Namen Findhorn nur einmal – von einer Frau, die ihre Nase rümpfte und in einem Ton von kaum verhohlenem Abscheu sagte: >Oh, das ist ein Ort, wo sie irgendeine komische Art von Christentum praktizieren.< Doch diese Einschätzung störte mich überhaupt nicht. Wenige Wochen später hörte ich eine ganz besonders einnehmende Melodie und erfuhr, dass sie in Findhorn aufgenommen worden war. Ich erinnere mich noch genau an die Zeit, an den Ort, das sonnige Wetter und meine Reaktion. Ich musste einfach den Ort kennenlernen, an dem Musik wie diese produziert wurde.

Ich besuchte Findhorn, und augenblicklich begann ich, innere Weisungen in Form von Visionen und Bildern zu empfangen, welche mich allmählich dazu führten, ein Mitglied der Gemeinschaft zu werden. Bei einem Gespräch mit der Personalabteilung war ich deutlich von einem Ring aus golden-weißem Licht zusammen mit dem Engel von Findhorn umgeben. Ich habe vierzehn Jahre in Findhorn gelebt."

Amanda lehnte sich im Stuhl zurück und wartete ruhig.

Elizabeth und der brennende Rock

„Hi, ich bin Elizabeth", begann eine blauäugige, gefühlsbetonte Frau. „Ich war vorher schon in Findhorn gewesen, aber im September 1989 hatte ich mich den berüchtigten >Peace Convoy Travellers< angeschlossen. Ich war verzweifelt und unglücklich, aber ich wollte einfach nicht einsehen, dass meine Lebensweise und der Alkohol die Ursache waren. In einer Anwandlung, eine Perspektive für mein Leben zu gewinnen, beschloss ich eines Nachmittags, eine alte Freundin zu besuchen. Als ich am nächsten Morgen zu den Travellers zurückkehrte und mich bis auf eine

Meile dem Grundstück genähert hatte, wo wir kampierten, flog eine Elster – eine Art Vorzeichen, einer meiner „speziellen" Vögel – vor dem Auto über die Straße. Die Zeit dehnte sich auf einmal, und die Elster sah mir einen scheinbar endlosen Augenblick lang direkt in die Augen, dann war sie verschwunden. Plötzlich wusste ich, dass einem nahen Freund oder Angehörigen etwas Schreckliches passieren würde, aber ich konnte nicht erkennen, wen es treffen würde. Ich fühlte auch, dass etwas Kleines, aber Wichtiges in mir >Klick< gemacht hatte, aber ich wusste nicht, was es war.

Ich bog in unseren behelfsmäßigen Campingplatz ein und stieg in meinen Wohnwagen, um mich umzuziehen. Ich wählte einen Rock mit einem indianischen Druckmuster, den ich gerne trug; ganz deutlich fühlte ich den Impuls, diesen Rock zu tragen. Da ich an der Reihe war, beim Essen zu helfen, zog ich einen großen Topf über das Lagerfeuer, über dem wir kochten, schürte die Kohlen vom Rand zusammen und stellte den Topf darauf. Ich war immer sehr mit mir selbst beschäftigt und unglücklich, so dass ich kaum hörte, wie jemand schrie: „Liz, dein Rock brennt!" Ich versuchte, den Rock auszuziehen, was mir aber nicht gelang. Da fing ich an, mit bloßen Händen auf die Flammen zu schlagen, die mir jedoch die Haut verbrannten. Als ich begann, zu Boden zu fallen, verlangsamte sich zum zweiten Mal an jenem Tage die Zeit. In jener Ewigkeit teilte mir eine ruhige Stimme in meinem Innern mit, dass mein höheres Selbst eine bewusste Entscheidung für mich getroffen habe, durch diese Erfahrung zu gehen, um alte Muster und Karma zu läutern, die nicht hilfreich seien. Es sei eine wunderbare Sache, würde jedoch sehr schmerzhaft werden. Als ich auf die Erde aufschlug, lief die Zeit wieder normal weiter, und ich wusste augenblicklich, dass ich mich wie verrückt hin und her wälzen musste, um die Flammen zu ersticken. Für einen kurzen Moment dachte ich noch, schmerzfrei zu sein, dann aber traf mich die Höllenqual aus oberflächlichen und tiefen Verbrennungen und ich schrie – vor Schmerzen wegen der Verbrennungen und in dem Schmerz, den ich in meinem Leben aufgebaut hatte, den zu fühlen ich mich aber weigerte.

Ich erholte mich langsam im Krankenhaus und genas bei Freunden. Mir war klar, dass ich zu roh und empfindlich war, um jemals zu den Travellers und meiner chaotischen Lebensweise zurückzukehren. Eines Tages erinnerte ich mich an Findhorn. Ich dachte daran, wie mir die Energie der Findhorn-Bucht, der Strand, die Meditationen und Zeiten im Andachtsraum helfen würden, wieder heil zu werden. Im Jahre 1987 hatte ich einige Wochen dort verbracht und an einer Erfahrungswoche teilgenommen. Ich hatte mich verliebt in die intensiv reale und >magische< Energie Findhorns und war fasziniert von der Möglichkeit, unter Menschen mit bewusster spiritueller Zielsetzung zu leben. Am nächsten Morgen tauchte ein unerwarteter Scheck vom Sozialamt auf; es war mehr als genug, um das Benzin und für einen einwöchigen Besuch zu bezahlen. Innerhalb dieser einen Woche wurde ich neu aufgeladen, hatte wieder ein Empfinden für meinen Weg und fühlte deutlich, dass in Findhorn ein Platz für mich war, obwohl ich noch nicht so klar sehen konnte, was es war. Kaum hatte ich diesen Gedanken für mich akzeptiert, wurde mir in Forres ein Platz zum Wohnen bei Leuten aus der Gemeinschaft angeboten, den ich voller Freude annahm."

Lindas Romanze

„Ich denke, jetzt bin ich an der Reihe." Eine große, elegante, blonde Frau Ende fünfzig begann zu sprechen. „Von den ehemaligen Hippies haben wir gehört", Linda zeigte ein wunderschönes, ehrliches Lächeln, das von innen kam. „Doch im Unterschied zu den meisten Menschen, die Findhorn besuchten, war ich durch und durch skeptisch. Ich war nicht auf der spirituellen Suche und hatte keines der Bücher gelesen – außer natürlich den *Zauber von Findhorn,* den ich überhaupt nicht ernst nahm. Ich wunderte mich, wie ansonsten intelligente Menschen so etwas kaufen konnten, eine solche Sammlung von ... na ja, ihr wisst schon...

Ich nehme an, meine Reise in die andere Welt begann, als ich Elisabeth Kübler-Ross kennenlernte, die Hauptrednerin bei einer Tagung, die ich organisiert hatte. Nie zuvor hatte ich jemanden kennengelernt wie sie. Sie war im Begriff, einer der berühmtesten Menschen auf der Welt zu werden und schien aus einer anderen Dimension mit einer Art von tiefem Sinn und Wissen zu kommen. Sie war ruhig, offen und in Verbindung mit der Natur und der geistigen Welt; sie war sehr, sehr tief und weise – und ohne jedes Ego.

Ich hingegen war nur Ego und Persona, angefangen bei meiner

umfangreichen Maniküre und ausladenden falschen Wimpern bis hin zu meinem seriösen Geschäftsanzug und der Aktentasche – und, um ein echtes Klischee zu bedienen, ich befand mich an einem Kreuzweg in meinem Leben. Als für einen ganzen Verwaltungsbezirk verantwortliche Leiterin einer Dienststelle des staatlichen Gesundheitssystems stand ich wieder an einem Punkt, wo es weiter und höher gehen konnte – doch es gab keine Position, die mich auch nur im geringsten reizte. Ich wollte etwas anderes machen, aber was?

Die wirkliche Geschichte begann kurze Zeit später im Esalen-Institut in Big Sur in Kalifornien. Es war das Wochenende um den Volkstrauertag, am 30. Mai des Jahres 1980, der Mount St. Helens hatte gerade seine Spitze abgesprengt, und ich beschloss, meine geradlinige Führungs-Persona abzulegen und alles zu erleben, was Esalen zu bieten hatte – vom nackt zu genießenden heißen Wannenbad bis hin zu Encounter-Gruppen. Ich erstand einige wirklich großartige marokkanische Kleidungsstücke von >Uriah Heaps<, diesem tollen kleinen Laden in Montecito, und schrieb mich für einen Gestalt-Therapie-Workshop ein!

Dort lernte ich Hugh kennen, einen – mangels besserer Begriffe – ehemaligen Hippie aus Rhodesien (heute Zimbabwe), der die ganze Welt bereist hatte und nun an einem Ort namens Findhorn lebte, im kältesten, nördlichsten Teil von Schottland. Ich hingegen war langweilig und konventionell – könnt ihr euch den Kontrast vorstellen? –, und es hat noch nie zwei Menschen gegeben, bei denen es noch unwahrscheinlicher war, dass sie am Ende zusammenkommen würden. Aber ich hatte fast augenblicklich ein sehr starkes Gefühl, den Mann getroffen zu haben, mit dem es mir bestimmt war, mein Leben zu verbringen. An jenem Wochenende redeten wir Stunden um Stunden, während wir die Wege entlang der überwältigenden Pazifikküste gingen. Er war auf dem Weg nach Oregon, ich war auf meinem Weg, einige neue Mitarbeiter in San Francisco anzulernen. Ich nahm ihn im Auto mit.

Ich sollte niemals wieder die gleiche sein. Ich war auf meiner Suche, von spirituellen Menschen zu lernen, und Findhorn war definitiv auf meiner Liste. Sechs Monate später kam ich zwischen den windgepeitschten Sanddünen an, um an einer Erfahrungswoche teilzunehmen. Ich wusste nicht einmal, dass Hugh dort sein würde – wir waren nicht in Verbindung geblieben –, aber als ich durch die Türen in den Gesellschaftsraum des Cluny Hill trat – war er da!

Ich liebte meinen ganzen Aufenthalt in der Gemeinschaft. Für mich war alles so befreiend, auf allen Ebenen. Es gibt keinen Zweifel, das Leben in Findhorn waren die drei besten Jahre meines Lebens. Ein Grund dafür war, dass ich keine Erwartungen hegte. Ich glaubte keinen der Mythen – und tue es heute noch nicht. Ich erlebte eine sehr spezielle und unersetzliche Gruppe von Menschen – jeder mit seinem oder ihrem eigenen Glauben, mit seiner Geschichte und seinen eigenen Gründen, dort zu sein –, die dort bleiben und einfach sie selbst sein konnten und nicht unbedingt die Lehren von irgendjemand anderem annehmen mussten.

Der Zauber von Findhorn war – und ist immer noch – zum Teil in dem Ort und der Anlage, zum größten Teil aber in den Menschen. Da ist einfach etwas in der Energie von diesem Gebiet unseres Planeten, das selbst jemand wie ich spüren kann.

Das ist dieses Gefühl, seine Persona hinter sich zu lassen und offen und ehrlich und fürsorglich zu sein und sich zu bemühen, anders zu agieren als auf die Weise, wie es der Rest der Welt tut. Vor allem aber liegt es an den Menschen – alle an einem Ort versammelt –, den brillantesten, talentiertesten, spirituellsten, warmherzigsten, offensten, freundlichsten einzigartigen Menschen der Welt aus allen Bereichen des Lebens, die nur eines gemeinsam haben: Sie sind auf der Suche nach etwas Besserem, und sie sind Schöpfer einer ganzen Reihe von neuen Wirklichkeiten. Diese Synthese ist für mich der Zauber von Findhorn."

„Und – ich bin neugierig – was wurde aus dir und Hugh?", fragte ich.

„Oh, das habe ich gar nicht erzählt! Hugh und ich heirateten im Mai 1983. Wir verließen die Gemeinschaft im November desselben Jahres, um seine Familie in Zimbabwe und Südafrika zu besuchen, und ließen uns dann in den Vereinigten Staaten nieder."

Merv und Bella lesen ein Buch.

„Gibt es noch weitere Geschichten zu erzählen?", fragte ich. „Anscheinend tragen wir hier den Zauber zusammen; ich bin gespannt, was dabei noch herauskommt."

„Für mich begann alles irgendwann im Frühjahr 1978", begann

Merv. „Meine Frau Bella und ich lebten in Greensboro' in North Carolina. Sie führte ein Feinschmecker-Käsegeschäft und hatte einen eigenen Partyservice, während ich für eine kleine Beraterfirma in der Schulung für Führungskräfte arbeitete.

Eines Tages, als sie sich in einer Buchhandlung umsah, stieß Bella auf ein Buch mit dem Titel *The Findhorn Cookbook*[*], welches, wie sie nach dem Durchblättern schloss, alles darüber vermittelte, wie man nicht besonders wohlaussehendes, aber extrem gesundes Essen für eine Unzahl von Menschen in einer vegetarischen Kommune zubereitete – ein Buch, das sie nicht in ihre bereits ansehnliche Sammlung von Kochbüchern einzureihen gedachte. Als sie besagtes Buch ins Fach zurück stellte, fiel ihr jedoch zufällig ein anders Buch aus dem Regal vor die Füße – es trug den Titel *The Magic of Findhorn*[**]. Nach Überfliegen des Textes auf der Umschlagrückseite entschied sie, dass es sich um eine Art von Harlekin-Romanze handelte – die Geschichte über ein englisches Paar, Peter und Eileen, die im Norden Schottlands Liebe und Glück fanden. Dies entsprach schon eher ihrer Art von Lektüre, und so kaufte sie das Buch.

Bella ist die schnellste Leserin, die ich je kennengelernt habe. Binnen ein, zwei Stunden nach unserer Rückkehr verschlang sie das Buch – und gab es dann mir mit den Worten: >Ich denke, du liest das besser auch.< – >Von mir aus<, dachte ich, >was soll's.< Und in der Tat ging es mir wie Bella; ich konnte das Buch nicht weglegen. Noch an demselben Abend, als wir zusammen im Bett lagen und bevor wir das Licht ausschalteten, drehten wir uns zueinander und sagten: >Ich glaube, wir sollten nach Findhorn gehen und uns das selbst anschauen.<

Genau dies taten wir. Wir hatten bereits beschlossen, im Sommer für ein paar Wochen Bellas Familie in Wales zu besuchen, und bei der Ankunft in England machten wir sofort Pläne, mit Bellas Bruder und seiner Frau in den Norden Schottlands zu fahren. Nun, mein Schwager reagierte reichlich allergisch auf alles, was irgendwie nach Religion oder Spiritualität roch, und war alles andere als erpicht, eine Hippie-Kommune zu besuchen, die gewiss nur die Taschen ihrer alternden Gurus (Peter und Eileen) füllten, die den Laden führten. Doch er fügte sich

* dt. Ausgabe: *Das Kochbuch der Findhorn-Familie*

** dt. Ausgabe: *Der Zauber von Findhorn*

unseren Plänen, und als wir Inverness verließen, hörte man ihn mit seinem singenden walisischen Akzent verkünden: >Ich will euch etwas sagen: Falls zufällig die Sonne scheint, wenn wir in dieser zauberhaften Gemeinschaft ankommen, dann – vielleicht – werde ich an die Vierzig-Pfund-Kohlköpfe und all den anderen spirituellen Hokuspokus glauben.< Und genau das geschah: Irgendwo zwischen Forres und dem Wohnwagenpark hörte es auf zu regnen, die Sonne brach mit ihrem ganzen Glanz hindurch – und vom Rücksitz hörte ich etwas über einen >Scheiß-Zufall<.

Wir kamen gerade rechtzeitig an, um uns der einstündigen Führung durch den Wohnwagenpark anzuschließen, die Tagesbesuchern wie uns angeboten wurde. Während mein Schwager fortfuhr, Indizien zu sammeln, die seinen Zynismus rechtfertigten, waren Bella und ich von all den Beweisen für das Gegenteil hingerissen. Die Mitglieder der Gemeinschaft erschienen uns unglaublich offen und authentisch. Keiner schien darauf aus zu sein, uns übers Ohr zu hauen. Und die Leute schienen erstaunlich bereitwillig mit einem Grad an Vertrauen oder Zuversicht zu leben, wie ich es noch nirgendwo sonst gesehen hatte. Was mich aber am Ende wirklich überwältigte, war, als ich allein im Andachtsraum saß. Kaum hatte ich mich hingesetzt, begann mein ganzer Körper von der Energie dieses Ortes buchstäblich zu summen.

Und als ich nur fünf oder zehn Minuten später aus dem Andachtsraum trat, gab es in mir keinen Zweifel mehr. Wir mussten einfach kommen und etwas mehr Zeit an diesem sehr magischen Ort verbringen.

Im Anschluss an unsere Rückkehr nach North Carolina beschlossen wir, uns zu dem anzumelden, was man in Findhorn eine Erfahrungswoche nannte, und dann für eine weitere Woche zu bleiben, um zu sehen, ob diese Gemeinschaft wirklich all das war, was unsere ersten Eindrücke uns angedeutet hatten. Um uns nicht von dem nun legendären >Zauber< des Ortes verführen zu lassen, entschieden wir, im Februar zu fahren, also gegen Ende dessen, was wir für die scheußlichste Jahreszeit im Norden Schottlands hielten. Wenn diese Gemeinschaft jemals eine Zeit der Depression erlitt, in der es ihr richtig dreckig ging – so kalkulierten wir –, dann musste es im späten Winter sein. Bevor wir irgendeine überstürzte Entscheidung trafen, um unsere komfortablen Karrieren im >Sonnengürtel< Amerikas zu beenden und uns auf die Suche nach dem heiligen Gral zu begeben, wollten wir Findhorn erst von seiner Kehrseite erleben.

Wie es sich herausstellte, hatten wir in zumindest einem Punkt recht. Findhorn war Mitte Februar kein Urlaubsziel allererster Wahl. Aber trotz des dunklen und kalten Winters schien nichts die sonnigen Geister der Menschen trüben zu können, mit denen wir jene Zeit teilten. Sie schienen genauso authentisch, der Andachtsraum ebenso greifbar summend und die spirituelle Zielsetzung der Gemeinschaft ebenso rein, wie wir es bei unserem Kurzbesuch vor acht Monaten erlebt hatten.

So kam es, dass jene zwei Wochen in unserem gemeinsamen Entschluss gipfelten, den Sprung zu wagen. Einen Tag, bevor wir abreisen sollten, standen wir zusammen in dem verschneiten Wald hinter Cluny Hill und fragten, welche Götter auch immer, ob es tatsächlich der Wille des Himmels sei, dass wir nach Findhorn ziehen und hier leben sollten.

Entschlossen, mit dieser >Weisungs-Methode< zu experimentieren, auf der die Gemeinschaft aufgebaut war, standen wir in der Stille, hielten einander an den Händen und warteten ab, welche Weisung auch immer unsere innere Stimme zu bieten haben würde. Ich hörte keine Stimme. Bella hörte keine Stimme. Statt dessen lief ein Stück Lochstreifen unmittelbar vor meinem inneren Auge vorüber. Darauf standen unmissverständlich die Worte: >Das steht fest. Macht damit weiter!<

Und so ließen wir uns auf eine Reihe aufeinander folgender Ereignisse und Erfahrungen ein, die unser beider Leben für immer veränderten."

Carlys „Aha-Erlebnis

Nach dieser Geschichte lud ich zu einer Pause mit Tee und Gebäck ein. Teepausen waren ebenfalls Leben und Seele Findhorns, und sie beschworen für mich Erinnerungen an eine bestimmte Ecke in der Küche des Cluny Hill herauf. Dort, auf einer hölzernen Thekenplatte in einer Nische über den Bohnensprossen, war ein Durcheinander von klebrigen Gläsern mit Brotaufstrichen zu Hause – Tahini, Honig, Himbeerkonfitüre, Marmelade, Erdnussbutter und Marmite – jener allgegenwärtige, glänzende, schwarze Hefeextrakt, der nach ... ja, eben nach Marmite schmeckte und den die amerikanischen Besucher in ihrer Naivität für klebrigen Schokoladenaufstrich hielten! Laibe von Vollkornbrot, Roggenbrötchen, Challah-Braids, Vadan's-Muffins oder Sprague-Erdnussbutter-Cookies, alle fanden ihren Weg direkt vom Ofen in die Snack-Ecke und wurden augenblicklich von den hungrigen Horden der Erfahrungswochen-Teilnehmer in ihrer Teepause verzehrt. Drüben im Park hatten die Gärtner aus Blackpool ihre Teepausen das ganze Jahr über im Töpfer-Schuppen, wo sie Schutz suchten vor Wind, Regen und Schnee und große Tassen mit heißem Tee oder Pulverkaffee hielten, die ihnen die klammen Hände wärmten und die Lebensgeister erfreuten. Wenn sie bei Mary Coulman (einem Senior-Mitglied mit ausgeprägten Meinungen) beliebt waren, füllten Pfannkuchen ihre Mägen, andernfalls öffneten sie einige Päckchen gesunder Schokoladenplätzchen, die sie in ihre heißen Getränke tauchten.

Als sich die Gruppe wieder zusammengefunden hatte, beschloss ich, gleich mit meiner eigenen Geschichte aufzuwarten.

„Ich hatte einen jener klassischen Aha-Momente, als ich das Wort Findhorn zum ersten Mal hörte. Ich war als Teenager mit meiner Familie nach Blackpool im Nordwesten Englands gezogen und freundete mich bald mit einer radikalen Gruppe von Jugendlichen an; die meisten von ihnen waren Gärtner, und alle waren Musiker. Dies war Ende der sechziger Jahre, und ich war in meinem Element. Wir richteten uns unsere kleine Ecke im Stil von San Franciscos berühmter Haight-Ashbury-Gegend ein – in deren bürgerlichem Rahmen das Synonym für Hippies und Alternativkultur gedieh –, lasen *Das tibetische Totenbuch* und klimperten unsere Sommer fort und träumten davon, wie die Beatles nach Indien zu gehen, um zu Füßen Maharishis zu sitzen und meditieren zu lernen.

Eines Tages machte sich Ian, einer aus unserer Gruppe, auf, um seine Großeltern in Schottland zu besuchen. Er kehrte vor Begeisterung glühend zurück, was jedoch nicht von einer intensiven Beschäftigung mit der lokalen Küche herrührte. Er kam strahlend durch die Tür und teilte uns mit, er habe in einem Ort namens Findhorn gewohnt. Wie schon Amanda vorhin sagte, erinnere ich mich genau, wo ich in dem Augenblick war, als ich das Wort Findhorn zum ersten Mal hörte. Ich erinnere mich, was ich trug, wo jeder andere im Raum saß – die Geräusche von der Straße, den Geruch im Haus! *Findhorn*. Alles in mir wusste, dass ich irgendeine

Verbindung mit diesem Ort hatte – und dies schon, bevor Ian seine Geschichte erzählte. Er beschrieb einen pensionierten Luftwaffen-Offizier, der eine >ganz saubere Kommune< leitete, zusammen mit seiner Frau – die direkt von Gott Weisungen empfing – und mit einer Handvoll lieber alter Damen und Gartenzwerge! Wir alle bogen uns vor Lachen; unser Freund Ian war kaum jemand, der mit Zwergen und älteren Damen herumtollte – ganz zu schweigen von Militärtypen! Doch noch am selben Tag gab Ian mir ein Buch in die Hand, das er von der Bibliothek der Gemeinschaft ausgeliehen hatte. Ein Stempel auf der Innenseite des Umschlages wies es als Eigentum des >Findhorn Trust< aus. In jenem Augenblick erkannte ich, dass Findhorn der Ort war, nach dem ich gesucht hatte – eine >Kommune<, die auf klarer, spiritueller Weisung beruhte – und genügend organisiert war, um tatsächlich über eine Bibliothek zu verfügen, komplett mit Leihkarten und Dewey-Dezimal-Klassifikation! Wenige Wochen später fuhr ich in Begleitung von Ian für das durch den montäglichen Bankfeiertag verlängerte August-Wochenende per Anhalter nach Findhorn hinauf – und blieb für acht Jahre!

Von dem Moment an, als ich den Namen zum ersten Mal hörte, hat mich der Zauber von Findhorn – bis heute – nie verlassen. Ich habe jeden Tag hart gearbeitet – aber wenn ich über dreißig Jahre zurückblicke, dann waren jene acht Jahre von einer konstanten, unglaublichen Freude erfüllt. Ich hatte damals – und habe heute – einige Schwierigkeiten zu bewältigen, aber meine Jahre in Findhorn und was ich an elementaren spirituellen Regeln über Liebe und Freundlichkeit, Mitgefühl, Glauben und die Hingabe an Gott gelernt habe und lebe, gibt mir noch heute Stabilität. Dafür bin ich für immer dankbar. Ich kann über dreißig Jahre und noch weiter zurückblicken und die Fäden im Muster meines Lebens sehen. Sie sind mit echtem Zauber durchwoben – und an dem Tuch wird immer noch weiter gearbeitet."

Shari und die Gesetze der Manifestation

Wir alle holten tief Luft und blickten uns um nach der nächsten Person, die ihre Geschichte erzählen würde.

„Für mich begann der Zauber im Jahre 1974, ich lebte damals in San Francisco. Am Heiligabend hat mich ein Mann mit seinem

Porsche fast umgefahren und mich am Ende zum Abendessen ausgeführt." Shari begann ihre Geschichte dramatisch, ihre blauen Augen funkelten." Im Laufe unseres Gesprächs erwähnte er Findhorn und dass er gerade einen Artikel darüber gelesen habe – im *San Francisco Chronicle,* glaube ich. Ich hatte noch nie von diesem Ort gehört, aber irgendetwas tief in meinem Innern schwang in Resonanz mit, und ich hörte, wie ich sagte: >Ich weiß nicht, woher ich das weiß, aber ich werde noch vor Ende des nächsten Jahres nach Findhorn gehen.<

Ich hatte kein Geld für eine Europareise und keine Ahnung, wie ich dorthin gelangen sollte. Aber etwas in mir hieß mich, weiter zu planen und so zu handeln >als ob<. Also buchte ich die Reise auf Kreditkarte und rief die Findhorn-Stiftung an, um eine Reservierung für Oktober vorzunehmen. Im September hatte ich immer noch nicht das Geld, dorthin zu fahren. Wenige Wochen später war ich auf einer Party und wurde einer Australierin vorgestellt, die kürzlich Findhorn besucht hatte. Als sie meine Geschichte erfuhr und von meinem Vorhaben vernahm, griff sie nach ihrem Geldbeutel und stellte mir einen Scheck über fünfhundert Dollar aus – ohne Bedingungen. Ich war bereits auf dem Wege, war ohne es zu wissen den Gesetzen der Manifestation gefolgt – dem Gesetz der Fülle, das bereits ein wesentlicher Bestandteil in dem Betrieb der Findhorn-Stiftung selbst war.

In den drei Wochen in der Gemeinschaft verliebte ich mich natürlich in den Ort und wusste, dass ich dort leben wollte. Es war ein tief-inneres Wissen, dass meine Bestimmung mit dieser eigenartigen kleinen Gemeinschaft verwoben war. Ich wohnte in einem kleinen Wohnwagen in Pineridge und wachte eines Nachts auf und sah Lichter am Fußende meines Bettes. Sie waren etwa zehn Zentimeter breit und bewegten sich in einem tanzenden Muster um meine Füße. Ich sah auf, um festzustellen, ob es draußen eine Lichtquelle gab, doch ich fand keine. Als ich meine Hände zwischen die Lichter streckte, stoben sie leicht auseinander. Dann zog ich meine Hände heraus, und sie kehrten in ihre alte Formation zurück. Ich kann es nicht erklären, aber es war höchst zauberhaft!

Während jenes ersten Besuches saß ich eines Abends in der Bücherei im Park, als ein Buch tatsächlich vom Regal fiel und vor meinen Füßen landete. Ich hob es auf, um es ins Fach zurückzustellen, und bemerkte, dass es ein Original-Manuskript von David Spanglers *The Laws of Manifestation* [Die Gesetze der Manifestation] war. Diesen Text musste ich lesen, daran gab es keinen Zweifel!

Wieder in San Francisco zurück, machte ich mich daran, die Gesetze der Manifestation in mein Leben einzubauen. Ich setzte mir das Ziel, eine Geldsumme aufzubringen, zehntausend Dollar. Damit könnte ich meine Schulden begleichen und für einige Jahre in Findhorn leben. Ich war damals arbeitslos, und so hatte ich meine Zweifel. Eines Tages bat mich eine Freundin, ihr zu helfen, Süßigkeiten zu verteilen, die sie backte und auf einem Flohmarkt in Sausalito verkaufte. Dies war die Anregung, die ich brauchte, um selbst mit Backen anzufangen und die Sachen in der Stadt zu verkaufen. Ich erkannte es als eines der ersten Gesetze der Manifestation. Am ersten Tag machte ich einige Laibe Bananenbrot und einige Schokoladen-Cookies und ging um den Ghirardelli Square und Fisherman's Wharf, wo ich Süßigkeiten an die Touristen und die Verkäufer auf dem Bürgersteig verkaufte.

Dies ging so einige Monate weiter, ich backte und verkaufte Süßigkeiten für etwa zwanzig Dollar am Tag. Es machte Spaß und war sehr unaufdringlich. Dann kam Ostern. Ich backte meine gewöhnliche Menge und hatte binnen einer halben Stunde alles verkauft. Ich erkannte, dass ich mich selbst begrenzte durch die Menge der Backwaren, die ich mit hinaus nahm. Ich ging nach Hause, backte mehr und hatte schnell wieder alles verkauft. In jener Nacht backte ich mehr, als ich früher in einem ganzen Monat verkauft hätte, und ich verkaufte am nächsten Tag alles bis auf den letzten Krümel. Wie es schien, konnte ich so viel verkaufen, wie ich backen konnte – was für ein erstaunliches Konzept – keine Begrenzungen! Dies war eine weitere fabelhafte >Regel< aus den Gesetzen der Manifestation! Ich backte Preiselbeerbrot, Bananenbrot, Karottenbrot, Brownies und Erdnussbutter-Bällchen und brachte über hundert Dollar pro Tag nach Hause.

Im Juli hatte ich mein Ziel erreicht. Ich hatte binnen drei Monaten zehntausend Dollar verdient. Ich bereitete meine Abreise vor. Ich war im Stande, die Gesetze der Manifestation zu erfüllen, um mein Ziel zu erreichen, um zurückzukehren, um den Zauber zu erleben, der Findhorn heißt."

Dougs Suche nach den Naturgeistern

„Bis heute verstehe ich nicht ganz, wie es kommt, dass die Verpflichtungen und Vorsätze, die wir in Findhorn auf uns nehmen, so lebendig werden können und uns stets begleiten“, sagte ein blondgelockter Mann namens Doug.

„1979 bot die volksbildende Abteilung der Universität von Wisconsin einen Kurs über Naturgeister und die westliche Mysterien-Tradition an – ein Blick auf den Prospekt genügte, und ich war ganz hingerissen. Der Kurs war in erste Linie für eine Universitäts-Gruppe gedacht, die einen Besuch der Gemeinschaft plante, doch meine spätere Frau und ich wussten augenblicklich, dass wir nach Findhorn gehen würden! Wir kauften einfache Tickets von PanAm.

In meiner Vorstellung erwartete ich alles in Findhorn etwas runder und vielleicht überzeichnet zu sehen. Möglicherweise ein wenig elfenhaft – mit etwas mehr dominierenden Pink- und Grautönen und die Luft erfüllt von Wunderlichkeiten.

War daran etwas Heiliges? Und ob! Es gab nicht einen einzigen Aspekt von Findhorn, der mir nicht Schönheit, Einfachheit und tiefere Bedeutung auszustrahlen schien. Jeder Teekessel, jeder Baumstumpf-Sitz hinter dem Gemeinschaftszentrum, jeder kleine Zweig – alles war durchdrungen von Bedeutung, Zweck, Leben und Freude. Und jede Tätigkeit in diesem Reich – ob es das Pflanzen eines Setzlings war, das Schälen der Kartoffel, das Winken beim Abschied oder ein tiefer einzelner Atemzug – wurde zelebriert, ging einher mit einem Gefühl der Verbundenheit und einem staunenden Schwelgen im Wunder der Schöpfung.“

„Und“, Doug hielt einen Augenblick inne, „dieses Erleben wurde – auf die eine oder andere Weise – von allen anderen dort geteilt! Es war lebendig im Lächeln, in den Umarmungen, im Fahren des Busses und im Staubsaugen des Läufers. Doch das ist noch nicht alles. Findhorn war ein sehr schöner Ort, selbst im profanen Sinne. Die Bungalows waren sauber, die Mahlzeiten waren hervorragend, die Anlagen waren hübsch, die Szenerie und die Aussichten über die Felder, die Dünen und die Bucht waren bezaubernd. Die Landschaft nahm die Aura des Heiligen sehr gut auf – auch sie leuchtete von innen heraus, schon durch die Verbindung mit allem anderen Wunderbaren. Und die Menschen in Findhorn waren faszinierend; die Gemeinschaft zog sehr farbenfrohe Leute an. Es gab auch eine Bücherei voll zeitloser Weisheit, die niemand dich zu lesen drängte, und einen Andachtsraum, den niemand dich zu besuchen aufforderte und der keine religiösen Ikonen enthielt, die irgend jemand dich zu verehren hieß.

Während meiner zwei Jahre dort trug ich stets die Frage mit mir herum: War der Zauber tatsächlich etwas im Äußeren Manifestes? War er ein reales, objektives Phänomen, das für jeden offensichtlich war? Oder war Findhorn in Wirklichkeit schon früher magisch gewesen, nun aber nur noch eine Hülle seines früheren Selbst? Mit anderen Worten: Hätte ich dort sein sollen, als es echt magisch war – als die Karotten knapp einen halben Meter lang wuchsen und die Kohlköpfe achtzehn Kilo auf die Wage brachten?!? Oder passiert der Zauber nicht wirklich, wenn man nicht ganz persönlich erlebt, dass sich in einem magischen Moment alles wie von Zauberhand fügt und klar ist?"

Wir alle saßen still und versuchten, Dougs Strom von Bemerkungen und Fragen zu verarbeiten.

Rues größte Lehrer

„Als ich nach Findhorn kam, gab es da eine Menge Überraschungen." Rue, die in der ganz frühen Zeit in Findhorn gewesen war, begann zu sprechen. „Zum einen war die Frauenbewegung dort noch nicht richtig angekommen. Frauen lebten in traditionellen Beziehungen in Familien; sie blieben zu Hause, um sich um die Kinder zu kümmern, während die Männer zur Arbeit in die Gemeinschaft gingen. Die Regierung des Ortes war meist in Männerhand. Ich war erleichtert, dort zwei oder drei andere Frauen zu finden, die sich für die Rolle der Frauen interessierten und dafür, was es bedeutet, spirituell und zugleich Frau zu sein. Außer dem traditionellen Rollenverständnis hatten wir kein Modell. Also bildeten wir eine Frauengruppe, was als recht alarmierender Schritt empfunden wurde!

Ich war jedoch nicht von der Ausübung nicht-traditioneller Jobs ausgeschlossen. Ich war mit zwei Männern für die Druckerei zuständig, und ich war die erste Frau, der die große Industrie-Geschirrspülmaschine anvertraut wurde, die bis dahin laut Küchen-Dienstplan (KP) immer einem der Männer zugeteilt war.

Die Situation wandelte sich, und so wurde ich zu gegebener Zeit eingeladen, mich an der >Regierung< der Gemeinschaft zu beteiligen, und inzwischen waren Frauen in den verschiedenen Gruppen ganz gut vertreten. Ich habe in Findhorn nie erlebt, dass jemand aufgrund seines Geschlechts wirklich daran gehindert wurde, irgendetwas zu tun. Und viele Männer wurden in die Aufgabe einbezogen, ihre Kinder zu versorgen und aufzuziehen. Doch wie auch in der Gesellschaft allgemein, waren es mehr Frauen als Männer, die einer beruflichen Tätigkeit fernblieben, um sich um ihre Kinder zu kümmern. Später – sehr zu meiner Überraschung – tat ich es auch! Die Mutterschaft wurde mein größter Lehrer in den Fächern Liebe, Erde und Intuition, und sie offenbarte mir, was wichtig und was göttlich daran ist, Mensch zu sein. So haben mich meine Kinder völlig umgekrempelt – auf eine Weise, die kein anderer Einfluss erreicht hätte."

Auch den Rest des Tages lauschten wir den vielen erstaunlichen Geschichten von Menschen, deren Leben verwandelt, ja oft völlig transformiert wurde, indem sie nach Findhorn gingen. Manche lebten dort viele Jahre lang, andere blieben nur für einen kurzen Besuch. Für sie alle aber gab es einen Moment, in dem es ihnen schien, als seien sie „nach Hause" gekommen.

Ein Weckruf

Am folgenden Morgen weckte mich das beharrliche Klingeln meines Telefons. Draußen war es noch dunkel, und als ich auf die Uhr schaute, sah ich, dass es erst fünf Uhr war. Wer in aller Welt würde mich um diese Zeit schon anrufen?

„Hallo Carly, bist du schon wach?", hörte ich, als ich den Hörer aufnahm.

„Jetzt bin ich es", antwortete ich schläfrig. „Bist du es, Karin?"

„Ja, natürlich. Oh, meine Liebe, mir fällt gerade ein, wie früh es jetzt bei euch drüben noch sein muss. Ich wollte dir nur sagen, dass ich mich entschieden habe, noch heute nach Findhorn zu reisen, um alles herauszufinden und um zu sehen, ob ich dem Zauber auf die Spur komme. Wie lief das Treffen? Hast du alle Geschichten bekommen?“ Karins enthusiastische Stimme klang in meinem Ohr.

„Ja, ich habe alle Geschichten. Und ich habe sie alle aufgeschrieben. Es war absolut...“, begann ich.

„... großartig, wunderbar. Ich werde alles darüber hören, wenn ich mich wieder melde“, unterbrach mich Karin. „Ich werde dich anrufen, wenn ich dort bin. Jetzt muss ich mich beeilen, um den Flug noch zu kriegen. Wünsch mir Glück.“

„Natürlich. Ich hoffe, du findest, wonach du suchst.“

„Das hoffe ich auch. Tschüs Carly, du kannst jetzt wieder schlafen“, waren Karins Abschiedsworte.

Dies war nun nicht mehr möglich, und so stand ich auf und stellte den Wasserkessel auf, um mir eine Tasse Tee zu bereiten. „Wenn überhaupt jemand den Zauber finden kann“, dachte ich bei mir, „dann muss es Karin sein.“

Das Abenteuer beginnt

Musik liegt in der Luft

Ja, es musste Karin sein. Ich. Ich bin am Flughafen. Endlich auf dem Weg. Ich wähle einen Platz am Fenster, um beobachten zu können, wie sich meine Reise vom Süden Frankreichs bis in den Norden Schottlands unter mir entfaltet. Ich richte mich in meinem Sitz ein, setze den Kopfhörer auf und lausche der „Music from the Magic Garden"* – einer wunderbaren Musik, die in den siebziger Jahren in Findhorn aufgenommen wurde und mein Herz und meine Seele immer noch berühren. Wir steigen in den klaren Himmel über den schneebedeckten Pyrenäen auf. Die Musik steigert noch meine Stimmung nach Abenteuer.

„Ich hatt' einen Traum vor langer Zeit
von Menschen, die wissen zu leben;
was sie sagen und tun, ist einfach und rein
ihre Liebe sie gern dazu geben."

Die Worte klingen so banal und nach grenzenlosem, naivem Optimismus in dieser zynischen, verängstigten Welt nach dem 11. September, doch einst sind sie wahr gewesen. Und wenn sie es immer noch sind? „Ihre Liebe sie gern dazu geben." Ich summe mit und versuche, meine Befürchtungen zu ignorieren, dass dies alles eine Zeitvergeudung sein könnte.

Vor einem Monat hatte ich voll Enthusiasmus an die Verwaltung der Stiftung geschrieben und sie wissen lassen, dass ich möglicherweise nach Findhorn kommen würde, um ein neues Buch über „den Zauber" zu schreiben. Die Antwort hätte nicht entmutigender ausfallen können. Man erklärte mir, dass alle sehr mit ernsten Finanz-Besprechungen und der jährlichen Internen Konferenz beschäftigt seien. Die Schreiberin gebrauchte Wörter wie „lau" und „halbherzig". Sie war nicht sicher, ob die Welt eine Geschichte über

---

* „Musik aus dem Zaubergarten"

„den Zauber" brauchte, da Findhorn anfing, Firmenkunden anzuziehen, die „bodenständiger und nützlicher" waren.

Ich fragte mich, ob überhaupt jemand Zeit haben würde, mit mir zu sprechen.

Ich wusste, dass ich auf Schwierigkeiten stoßen würde. Die Findhorn-Stiftung hat große finanzielle Probleme und Schwierigkeiten, ihren Haushalt auszugleichen; einige diffizile Entscheidungen mussten getroffen werden. Ich hatte Gerüchte gehört, dass Eigentum veräußert wurde, dass Leute wegzögen und Projekte gestrichen werden mussten. Nichts davon ist neu. Ich erinnerte mich an das letzte Mal, als dies geschah.

Ende der siebziger Jahre erlebte die Gemeinschaft ein gewaltiges, rasantes Wachstum. Die Mitgliederzahl stieg nahezu über Nacht auf fast dreihundertfünfzig, die Leute mussten kleine Wohnwagen teilen und zu mehreren in einem Raum schlafen. Zur gleichen Zeit gaben wir auch mehr Geld aus, als hereinkam, und vertrauten darauf: „Gott wird sich schon um uns kümmern." Schließlich, so dachten wir, waren wir Weltdiener, und das Universum würde uns gewiss all die Mittel schicken, die wir benötigten? Leider schienen wir vergessen zu haben, „unsere Kamele anzubinden", und plötzlich hatten wir riesige Schulden und keinen erkennbaren Weg, um sie zu reduzieren. Viele der neuen Mitglieder, die mit so viel Begeisterung und wunderbaren Ideen gekommen waren, liefen uns schon bald in Scharen davon, und Anfang der achtziger Jahre hatten wir nur noch hundertzwanzig Mitglieder, hohe Schulden und das gleiche Maß an Arbeit und Verpflichtungen wie zu der Zeit, als wir noch mehr als dreihundert waren!

Ich leitete damals die Küche im Park und wurde gebeten, unser Budget drastisch zu kürzen. Es gab keine Auswahl zwischen zwei Hauptgerichten mehr, auch nicht mehr das leckere Dessert jeden Abend. Ich musste lernen, kreativ zu sein mit der bescheidenen Kartoffel und der Tränen erregenden alten Zwiebel. Für einige Zeit sah es sehr düster aus, da unsere Buchhaltung sich abmühte, fällige Rechnungen zu bezahlen – doch meine kulinarische Kreativität erfuhr eine bemerkenswerte Steigerung.

Die Musik ging weiter und übertönte das Dröhnen der Triebwerke. Die Berge und der glitzernde Schnee waren längst hinter uns verschwunden, und wir flogen über den dunklen, winterlich grauen Ärmelkanal. Die New Troubadours sangen „Change can come in the twinkling of an eye."* Ja, rückblickend betrachtet, schien sich tatsächlich alles so schnell zu verändern – zumindest erschien es so aus der Distanz.

Jene von uns, die Anfang der achtziger Jahre noch in der Gemeinschaft geblieben waren, lehnten es ab, sich von der Angst vor Versagen beherrschen zu lassen. Ich kann mich nicht an die Einzelheiten erinnern, wie wir das taten, aber ich weiß, dass wir uns auf unsere Vision zurück besannen, ein Zentrum, in dem wir zeigten, wie wir in Harmonie mit der Natur, mit uns selbst und mit dem Geistigen leben konnten. Wir wurden wieder zu der „einen unglaublichen Familie", die die Troubadours in meinem Kopfhörer besangen. Und von neuem wurden Menschen inspiriert und von der Gemeinschaft angezogen. Dieses Mal wuchsen wir langsamer, organischer und lernten aus unseren früheren Fehlern. Binnen weniger Jahre waren wir nicht nur schuldenfrei, sondern hatten es geschafft, den Wohnwagenpark zu kaufen – das Land, für das wir viele Jahre lang Pacht bezahlt hatten. Durch die Großzügigkeit von Menschen überall auf der Welt, die durch unsere Arbeit von neuem inspiriert wurden, brachten wir die nötigen Mittel auf, und an unserem 21. Geburtstag kauften wir unser Zuhause.

Ich tauchte aus meinen Gedanken und Erinnerungen auf und blickte aus dem Fenster; ich sah die schottischen Highlands und unter mir die Cairngorm-Berge. Schottland ist ein sehr ursprüngliches und schönes Land, in dem Flora und Fauna noch ohne viel Einmischung des Menschen existieren. Ich konnte nur schroffe Berge und vereiste Lochs** sehen – es war keine liebliche Gegend, die Menschen sich zur Heimat gewählt hatten.

Ich empfand eine Mischung aus Erregung und Vorfreude, nach Hause zu kommen, alte Freunde zu treffen, und bemerkte eine flatternde Nervosität in meinem Bauch. Dies war kein gewöhnlicher Besuch für mich, sondern eine Suche, eine Entdeckungsreise. Dieses Mal würde es anders sein, und ich hatte keine Ahnung, was ich finden würde. Wie würde man mich empfangen? Ich hatte

* „Veränderung kann geschehn im Handumdrehn"

** schottische Seen

viele Freunde wissen lassen, warum ich kommen wollte, dass ich Fragen stellen und meine Augen offen halten würde für Zeichen, Hinweise, Indizien und echte Beweise für den „Zauber". Würden die Menschen vorsichtig sein, wenn sie mit mir sprachen? Würde ich auf Widerstand und Zögern stoßen ... oder auf Offenheit?

Es war Zeit, sich wieder anzuschnallen – keine Zeit mehr für Zweifel oder Vermutungen. Als wir dem kleinen Flugplatz von Inverness entgegen sanken, endete der letzte Titel auf der CD mit einem Musikstück, das „Und es gibt noch mehr..." hieß.

„Ja", dachte ich, „wahrscheinlich."

Kalte Ankunft, warmes Willkommen

Mitte Januar in Inverness im Norden Schottlands zu landen, kann entweder eindrucksvoll und dramatisch sein oder düster und trostlos. Heute schien eher Letzteres zuzutreffen; sowohl das Meer als auch der Himmel waren schiefergrau, und ich vermochte kaum auszumachen, wo das eine aufhörte und das andere anfing. Die Berge unter uns waren bar jeder Vegetation, sie ruhten während der dunklen Wintermonate, nährten die im gefrorenen Boden wartenden Samen und warteten selbst darauf, dass das Licht wiederkehrte. Die kleinen Lochs waren alle zugefroren, flach und grau.

Aber wie immer, wenn sich das Flugzeug dem einsamen Betonstreifen näherte, der die Landebahn des Flugplatzes von Inverness ist, begann mein Herz schneller zu schlagen, je deutlicher ich die Städte und Dörfer sehen und identifizieren konnte, die wir überflogen – Culloden, Dalcross, Nairn und Fort George.

„Willkommen in Inverness", sagte uns die Flugbegleiterin. „Bitte bleiben Sie auf Ihren Plätzen, bis das Flugzeug zum Stillstand gekommen ist." Es sah alles so vertraut aus; ich hatte das schon Dutzende von Malen gemacht. Es dauerte nur noch ein paar weitere Minuten, bis wir außerhalb des neuen Terminals parkten, das erst im Vorjahr vollendet wurde.

Die Stewardess öffnete die Tür, und ein Stoß eiskalter Luft erinnerte mich wieder daran, dass es Januar war in Schottland. Die Passagiere hüllten sich in ihre Mäntel und Hüte, bevor sie vom Flugzeug in die angenehmere Wärme des Terminalgebäudes eilten. Einige wenige hasteten zum Raucher-Bereich, doch die meisten gingen hinüber zur Gepäckausgabe, wo die Koffer schon bald erschienen – Inverness ist ein kleiner Flughafen.

Jedes Mal, wenn ich nach Inverness fliege, treffe ich dort auf jemanden von der Findhorn-Gemeinschaft, den ich kenne; dieses Mal ist keine Ausnahme. Da steht Vita, eine alte Freundin, die hier schon seit vielen Jahren lebt. Wir umarmen uns und können nicht glauben, dass es wirklich so lange her ist, seit wir uns das letzte Mal gesehen haben. Das ist ein zuverlässiges Phänomen unter alten Freunden in der Gemeinschaft: Die Verbindung ist immer da und wird augenblicklich wieder aufgenommen – selbst nach vielen Jahren.

Doch es war nicht Vita, die gekommen war, um mich abzuholen, sondern meine liebe Freundin Judi. Da saß sie in ihrem kleinen blauen Auto. Sie hatte sich von ihrem vollen Programm frei genommen, um mich nach Findhorn zu fahren. Insgeheim fragte ich mich, was sie wohl über den Zweck meines Besuches dachte?

Judi hat mehr als zwanzig Jahre für die Findhorn-Stiftung – das Lehr- und spirituelle Zentrum der Gemeinschaft – gelebt und gearbeitet. Im Laufe dieser Jahre war sie in vielen Abteilungen beschäftigt, darunter der Küche, der Lehr-Abteilung und im „Spiel der Wandlung", zudem war sie als Focaliser für zwei internationale Konferenzen verantwortlich. Nun lag ihre Hauptaufgabe in der Abteilung mit dem Namen „Spirituelle und persönliche Entwicklung", liebevoll S&PD genannt. Sie leitete eine sehr wichtige spirituelle Betreuungsarbeit per Telefon und E-Mail für Menschen überall auf der Welt, die nicht in der Lage waren, in die Gemeinschaft zu kommen.

Am meisten aber freute es mich, über Judis weitere Tätigkeit als Hochzeits-Zelebrantin zu hören. Sie habe sich bereits daran gewöhnt, Anrufe von Leuten zu bekommen, die sie fragten: „Willst du mich trauen?" Sie reiste durch ganz Schottland und half Paaren, ihre eigene, einzigartige Hochzeitszeremonie zu planen – häufig an ungewöhnlichen und romantischen Orten wie Schlössern, Gärten – und sogar in einem Leuchtturm.

Somit hatten wir reichlich Gesprächsstoff in der Stunde, die es dauert, um vom Flughafen nach Findhorn zu fahren. Ich stellte Dutzende von Fragen über gemeinsame Freunde und das Kommen und Gehen in der Gemeinschaft. Die ganze Zeit sah ich vertraute Szenen entlang des Weges, als wir durch die kleinen

Städte mit ihren grauen Steinhäusern fuhren, die so typisch für Schottland sind, wo die Geschäfte Namen haben wie MacGregor, MacDougal, Grand und MacKenzie. Wir fuhren über die kleine Brücke über den Findhorn-Fluss, wo das braune, torfige Wasser mich daran erinnerte, dass wir im Whisky-Land waren, und durch die kleine Stadt Forres, welche Jahr für Jahr den Preis „Schottland in Blüte" gewinnt. Jetzt waren keine Blumen zu sehen – die Bäume sind kahl und der Grant Park war heute auch für die Kinder zu kalt, die dort oft spielten.

Plötzlich stand er da, der kleine schwarzweiße Wegweiser, der nach Findhorn zeigte – der gleiche, den ich vor siebenundzwanzig Jahren zum ersten Mal sah. Mein Herz hüpfte vor Freude und Aufregung – ebenfalls wie damals. Ich konnte bereits die Findhorn-Bucht sehen und die Ansammlung kleiner Häuser am Ende der Halbinsel, das Dorf Findhorn – den Ort, der im Laufe der vergangenen Jahrhunderte mehrere Male überflutet und wieder aufgebaut wurde. Die letzte Meile führte uns am Rande der Bucht entlang, welche – jenseits des Wohnwagenparks – in die Moray-Förde mündet. Rechts von der Straße ließen wir den Luftwaffen-Stützpunkt Kinloss hinter uns, einen überaus unpassenden Nachbarn der friedliebenden Findhorn-Gemeinschaft. Mit ohrenbetäubendem Lärm hob gerade eine der Nimrod-Maschinen ab. Ich weiß, dass dies viele Male im Lauf des Tages passiert, doch keiner gewöhnte sich je an dieses Geräusch.

Hinter der Kinloss-Basis stand der letzte Meilenstein, bevor wir am Ziel ankamen. Und da waren sie schon, die ersten Wohnwagen am unteren Ende des Wohnwagenparks an der Findhorn-Bucht, einem Bereich, der in den Sommermonaten von Urlaubern aus Glasgow gefüllt wird, nun aber verlassen vor uns lag. Die Vorhänge waren zugezogen und keine Touristen kauerten in tropfenden Zelten auf den nassen Wiesen. Erst als wir in die Einfahrt abbogen und in Richtung Phoenix-Shop fuhren, sahen wir Menschen. Ich lächelte, als ich zu raten versuchte, wer die erste Person sein würde, die mich erkennen und die unvermeidliche Frage stellen würde: „Was machst du denn hier?" Aber heute erkannte ich niemanden. Vielleicht war es die Januar-Dunkelheit. Bereits um vier Uhr nachmittags war nur noch wenig Tageslicht übrig. Vielleicht waren auch alle fleißig bei der Arbeit. Ich sah sehr wenige Menschen auf der Piste, unserer Hauptstraße, die früher zum Stützpunkt Kinloss gehörte. Ich hatte gemischte Gefühle. Es tat mir Leid, nicht sofort alte

Freunde zu sehen, die auf das Auto zustürzten, um mich zu begrüßen, aber andererseits erleichtert, dass ich mich noch nicht erklären musste, da ich nicht nur zu einem Freundschaftsbesuch hier war. Ich bin hier, um ihre Leben unters Mikroskop zu legen, um zu verstehen, was sie hierher gebracht hatte und was sie hier hielt.

Nach meinem anfänglichen Entsetzen über die Hässlichkeit des grauen und trostlosen Wohnwagenparks, verliebte ich mich vor siebenundzwanzig Jahren in die Menschen, in die Art zu leben und den Geist der Freude und Liebe, die ich dort fand. Was würde ich jetzt finden? Es sah alles so sehr anders aus; wie würde es erst aussehen und sich anfühlen, wenn ich begann, sowohl das äußere als auch das innere Leben zu erforschen?

Wir fuhren an Reihen von Holzhäusern und Wohnwagen vorbei zum Feld der Träume, wo ich die nächsten zehn Tage in einem Zimmer mit Frühstück logieren würde. Heute nacht würde ich mir den Luxus eines stillen Abends für mich allein leisten, vielleicht allein umhergehen, um einige geliebte alte Gebäude zu besuchen und zu sehen, was inzwischen an Neuem hinzugekommen war.

„Jetzt" war nur für mich, damit mein Körper und meine Seele still die Verbindung aufnehmen konnte mit diesem außergewöhnlichen Ort. Ich klopfte an die Tür des Hauses „Sonnenblume" und wurde von Susanne herzlich begrüßt. Sie begleitete mich zu meinem Zimmer, wo ich mich den lebhaften Gefühlen und Gedanken überließ, die mich erwarteten, als ich hinaus über das Feld der Träume blickte. In jedem Haus waren Lichter an, und ich fragte mich, was wohl hinter diesen hell beleuchteten Fenstern vorging. Ich war noch nicht bereit, hinauszugehen und mich überall umzusehen. Morgen würde ich meine Suche beginnen, meine Suche nach der Wirklichkeit – und vielleicht nach dem Zauber dessen, was hier war. Der heutige Abend war nur für mich.

Danke für die Erinnerungen

Ich schlief unruhig in jener ersten Nacht und wurde in meinen Träumen von den zahlreichen lieben, ja geliebten Geistern besucht, die einst Teil dieses Ortes und Teil meines Lebens waren: Menschen, die an andere Orte weitergereist waren, deren Wirkung und Eindruck aber noch heute sehr wohl ein Teil von Findhorns Struktur und Gewebe bildeten.

Die erste, deren nächtlicher Besuch mir bewusst wurde, war Jennie, die in dem Bungalow an der Ecke beim Eingang wohnte. Als ich sie kennenlernte, war sie bereits weitgehend ans Bett gefesselt und konnte ihr Haus nicht mehr verlassen. Verschiedene Menschen besuchten sie im Laufe des Tages und brachten ihr Essen, das sie – mit Ausnahme weniger Haferkekse – meistens ignorierte. Andere kamen, um ihr das Haar zu waschen, was sie übelnahm, und wieder andere putzten ihr das Haus. Ich arbeitete damals in unserem kleinen Spar-Lebensmittelgeschäft, wo ich einmal in der Woche einen Anruf von Jennie erhielt. Mit ihrem sehr schottischen Akzent – sie war eine der wenigen echten Schotten in der Gemeinschaft – pflegte sie zu fragen: „Würdest du mir bitte eine Flasche Whisky und etwas Schokolade herüberbringen?"

Ich füllte eine Plastiktüte mit den Süßigkeiten und ging die fünfzig Meter zu ihrem Haus. Sie wollte immer, dass ich für einen Schwatz blieb, und ich war mehr als froh, dieser faszinierenden Frau zuzuhören, die so viel Weisheit und einen herrlichen Sinn für Humor hatte. Besorgt, sie könnte sich einsam fühlen oder langweilen, fragte ich sie einmal, was sie den ganzen Tag mit sich selbst anfange. „Ach, ich bin immer beschäftigt. Ich schlafe, und im Schlaf verlasse ich meinen Körper und lasse meinen Geist überallhin gehen, wo er gebraucht wird. Ich besuche Orte, wo Krieg ist oder Gewalt herrscht, und helfe den armen, erschreckten Seelen, die ums Leben gekommen sind, auf die andere Seite zu gelangen." Auch wenn sie ihren physischen Körper nicht mehr gebrauchen konnte, war Jennie doch auf einer anderen Ebene noch aktiv im Einsatz.

In einer BBC-Dokumentation aus den frühen Jahren der Gemeinschaft wurde Jennie in ihrem Wohnzimmer interviewt, wo sie im Kreise einiger anderer älterer Menschen saß. „Kommt es hier oft vor, dass jemand stirbt?", fragte man sie. „Ach nein", erwiderte sie mit ihrem verschmitzten Grinsen – „jeder stirbt nur einmal!" Als sie schließlich spürte, dass ihr Werk auf diesem Planeten vollbracht war, starb auch sie – nur einmal – und machte mich lächeln in dankbarer Erinnerung an diese schöne Dame.

Ich schlief eine Weile und driftete dann wieder in die Vergangenheit.

Ich stand auf der Piste vor Doris' Bungalow. Doris gehörte ebenfalls zu der älteren Generation, die schon lange vor meiner Ankunft in der Gemeinschaft gelebt hatte. In meiner Erinnerung ist sie „Doris, die für das Taschengeld zuständig war". Einmal monatlich machten wir alle uns freitags auf den Weg zu Doris' Haus, wo wir unser monatliches Taschengeld abholten. Als Angestellte der Findhorn-Stiftung erhielten wir Wohnung, Essen und Energie, und dazu einen kleinen Bargeldbetrag, der unseren persönlichen Bedarf an Toilettenartikeln, Busfahrkarten und Kleidung decken sollte, die wir nicht in „der Boutique" finden konnten – unserem „Laden", in dem wir gebrauchte Kleidung gratis erhalten konnten. Tatsächlich gaben die meisten von uns ihr Taschengeld für Schokolade, Bier und hin und wieder einen Kinobesuch aus. Somit war es immer eine glückliche Schar, die am Monatsende in Doris' Wohnzimmer zusammenkam. Doris bedachte die jüngeren Mitglieder mit einem strengen Blick und überzeugte sich davon, dass sie ihre von der Gartenarbeit schmutzigen Schuhe geputzt hatten. Sie war eine Frau, die Achtung und gute Manieren erwartete, und wir unterschrieben respektvoll ihre kleine Liste und verließen still das Haus, um unseren Freudenschrei draußen auszustoßen. Es ist unvorstellbar, wie reich man sich mit zehn Pfund in der Tasche fühlen konnte.

Vor einigen Jahren starb Doris ganz plötzlich. Eines Morgens wachten wir auf, und sie war nicht mehr da. „Wie kann das Abholen des Taschengeldes jemals wieder das Gleiche sein?", hatte ich mich gewundert.

Dieser Tage sind die Taschengelder eher reichlicher als die zehn Pfund jener frühen glücklichen Jahre, und sie werden im Büro der Buchhaltung abgeholt oder sogar im Einzugsverfahren auf die Bankkonten der Mitglieder transferiert. Ich denke, auch dies ist eine Art von Zauber – doch könnte man ihn vergleichen mit Doris, die die neuen Banknoten abzählte, und der freundlichen Schar von Taschengeldempfängern, die geduldig vor ihrer Tür eine Warteschlange bildeten?

Ich wachte auf und ging den Flur zum Bad hinunter. Die Nacht war sehr schwarz, die Sterne unglaublich hell. Über diesem stillen Feld im Norden Schottlands gibt es keinen Lichtschein wie über einer Großstadt.

Ich schlüpfte in mein warmes Bett zurück und erlaubte mir, in weitere wundersame Träume und Erinnerungen zu driften. Und natürlich, da ist sie schon, hochgewachsen und schlank, mit einem scheuen Lächeln – Joanie. Sie war eine weitere jener bewundernswerten Frauen, die schon sehr früh nach Findhorn kamen, um hier zu dienen. Ich werde sie immer als die Hüterin der Bettlaken und Handtücher in Erinnerung behalten. Gästezimmer und Vorraum ihres Haus waren von Regalen voller Bettlaken, Kopfkissenbezüge, Handtücher und Decken gesäumt. In der Frühzeit, bevor wir für unsere Wäscherei selbst verantwortlich wurden, pflegten wir am Samstag morgen mit unserem schmutzigen Bettzeug zu Joanie zu gehen und es gegen neue, frisch gereinigte Teile auszuwechseln. Geduldig ertrug sie diejenigen unter uns, die gar farblich zueinander passende blaue Laken oder weiße Handtücher wünschten, bestand aber immer darauf, dass die Gäste die besten und neuesten Stücke erhielten. Regelmäßig fuhr sie ins nahe Forres und kaufte in einem der kleinen Geschäfte der Stadt nach, was an Ersatz gebraucht wurde. Auf diesen Fahrten nahm sie oft Eileen mit zum Besuch beim Friseur.

Joanies Bungalow war direkt gegenüber der Gemeinschafts-Küche, und meine lebhafteste und wundervollste Erinnerung an sie gilt den Tagen, an denen ich das Abendessen kochte. Joanie kam am Spätnachmittag herüber, um die Küchenhandtücher und Schürzen auszuwechseln und fragte mich, was es zum Essen gebe. Ganz gleich, was es war, dankte sie mir dann fürs Kochen. Das Kochen war meine Aufgabe, es war meine Pflicht, für die Gemeinschaft zu kochen, und doch dankte Joanie mir jedes Mal, wenn sie in die Küche kam. Wenn sie die Küche wieder verließ, glühte ich von der Wärme ihrer Wertschätzung.

Joanie starb vor einigen Jahren mit Mitte achtzig in ihrem kleinen Bungalow, umgeben von Menschen, die sie liebten, ganz besonders ihre beste Freundin Eileen Caddy. Jedes Jahr, am 5. März, denke ich noch an Joanie – an ihren Geburtstag, der auch der Geburtstag meines Sohnes Michael ist. Jedes Jahr an ihrem gemeinsamen Geburtstag schenkte sie ihm etwas Geld, und jedes Jahr schenkte er ihr eine Blume.

In der Zeit, die von der Nacht übrig blieb, begrüßte ich eine Prozession von alten Freunden, die nicht länger auf der materiellen Ebene unter uns waren. Barbara D'Arcy Thompson drohte, uns den Honig in braunen Papiertüten auszugeben, wenn wir die Gläser nicht zurückbrachten! Sie verließ uns eines kalten Wintertages, als sie in den dunklen, reißenden Wassern des Findhorn-Flusses bei Randolph's Leap ertrank.

Evelyn war so fest entschlossen, ihren neunzigsten Geburtstag zu feiern, dass sie dies schon einige Jahre vor der Zeit tat, für den

Fall, dass sie stürbe, bevor sie diesen Meilenstein erreicht hätte. Sie musste etwas geahnt haben, denn tatsächlich wurde sie keine Neunzig. Ich bin so froh, dass sie ihren großen Tag hatte – ihre spezielle Teegesellschaft im Gemeinschaftszentrum inmitten all derer, die sie in ihren Herzen trugen.

Da war auch Elfreda, mit der ich viele Jahre im Chor der Gemeinschaft sang und die mir die Füße massierte, wenn ich krank war ... Inara, die die letzten Jahre ihres Lebens in einem nahe gelegenen Pflegeheim verbrachte, weil sie zu krank war, um sie in der Gemeinschaft versorgen zu können ... und Mary Coulman, die einen Widerwillen gegen Knoblauch, aber eine Liebe zu Babys hatte und an Weihnachten rosa Zuckermäuse für die Kinder anfertigte. .... So viele spezielle Menschen, die in dieser Gemeinschaft so geliebt wurden.

Die letzte Person, die mich in dieser langen und schlafarmen Nacht besuchte, war Elizabeth Grindley, viele Jahre meine Nachbarin. Sie litt unter einer zunehmenden Behinderung und war in den siebenundzwanzig Jahren, die ich sie kannte, nie im Stande gewesen, ohne Hilfe zu gehen. Jeden Tag fuhr sie einen kleinen dreirädrigen Wagen von ihrem Häuschen zum Mittagessen ins Gemeinschaftszentrum zurück. Jeder, der sie kannte, erinnerte sich an das Pendel, das sie über allem, was unser Büfett zu bieten hatte, schwingen ließ, um zu erspüren, welche Speisen gut für sie wären und welche sie meiden sollte. Elizabeth war eine Heilerin und jederzeit bereit, jedem von uns zu helfen. Sie starb nur wenige Wochen, bevor ich hier zu meiner Suche eintraf.

Ich liege wach und frage mich, warum diese Frauen mich in der Nacht besucht haben, in meiner ersten Nacht in Findhorn. Schließlich bin ich gekommen, um den heutigen Zauber des Ortes zu finden, nicht den Zauber früherer Jahre. Um festzustellen, was jetzt hier ist, mag es vielleicht nötig sein, mich zurückzuerinnern und von jenen zu lernen, die diese Gemeinschaft ins Leben brachten und hier von Anfang an dienten. Viele dieser Frauen kamen zu einer Zeit in ihrem Leben nach Findhorn, als sie hätten anfangen können, langsamer zu treten, sich zu entspannen und sich einem bequemen Ruhestand zu widmen. Statt dessen entschieden sie sich, hierher zu kommen und an einer Gemeinschaft zu bauen, einem Zentrum des Geistes und der Liebe, einem Lichtzentrum der Klarheit und Wahrheit. Sie trafen die Wahl, sich zu verändern und zu wachsen und sowohl dem Geistigen als auch der Menschheit bis zum Ende ihres Erdenlebens zu dienen. Sie gaben sich ganz, und sie gingen hinüber, als ihr spezielles und einzigartiges Werk vollbracht war. Ich werde mich ihrer erinnern, wenn ich heute meine Suche beginne. Ich kann sie fast hören, wie sie mir zuflüstern: „Erinnere dich an die Vergangenheit, aber hänge nicht an ihr, sondern lasse sie los. Damals war es wichtig ... wir alle hatten unsere Aufgabe zu erfüllen ... und wir haben unglaubliche Zeiten erlebt. Nun gehe in die Gegenwart und finde den Zauber, der auf dich wartet."

Es ist immer noch dunkel draußen, aber in meinem Innern fühle ich mich gewärmt und geführt von den Geistern des frühen Findhorns, die mich ermutigen, mich zu öffnen für die Erfahrungen, die vor mir liegen.

Veränderung kann geschehen

Das Feld der Träume

Es ist vier Uhr früh an einem frostkalten Januarmorgen, aber ein einsames Licht scheint bereits aus dem kleinen gelben Holzhaus in der Mitte des Feldes – oder vielmehr dem, was bis vor einigen Jahren noch ein Feld war. Trevor, der Bäcker, ist wach und macht sich bereit, den kurzen, schmalen Weg zu seiner kleinen Bäckerei zu gehen. Er zieht sich leise an, um seine Frau Birgitte und Tochter Emma nicht zu wecken. Bald wird sich der warme, köstliche Duft des backenden Brotes von seinem Ofen aus verbreiten – Vollkornlaibe, Roggenbrot, Mohnbrötchen, alle bereit zur Lieferung an den Phoenix-Shop und später ins Café, wohin Kunden zum Mittagessen kommen und zu ihrer heißen Suppe eifrig das knusprige Brot verschlingen werden. Trevor zieht sich die Wollmütze über die Ohren, und dann macht sich eine einsame Gestalt unter dem weiten Sternenhimmel auf den Weg zur Arbeit.

Vor zwanzig Jahren wäre dieses Feld am Rande des Wohnwagenparks noch von den Stoppeln der Gerste bedeckt gewesen, die hier im vorangegangenen Sommer reifte. Ich wohnte damals in einem der alten Bungalows am Rande des Feldes und beobachtete oft die strahlenden, karminrosa und goldenen Sonnenaufgänge über den fernen Hügeln, während ich meine erste Tasse Tee trank. Im Frühling sahen wir den Traktoren mit Pflügen zu, die den Boden aufrissen. Das erste Wort meines kleinen Sohnes war denn auch „Traktrak". Dann folgte die Saat, und nur wenige Wochen später bedeckten winzige grüne Schößlinge dieses riesige Feld und verwandelten es in einen zartgrünen Teppich. Im August wogten schwere goldene Ähren in der Sommerbrise, bis der Tag der Ernte kam, an dem gewaltige gelbe Mähdrescher die Felder auf und ab fuhren, gefolgt von den aufgeregt kreischenden Möwen aus der Findhorn-Bucht. Für die Kinder kam der beste Teil des Jahres nach der Ernte, wenn sie lachend und spielend um die Strohballen rannten, auf sie hinauf kletterten und einander herausforderten, den Sprung in die Tiefe zu wagen.

Auf eben diesem Feld erwache ich heute morgen, in einem hübschen Holzhaus namens Sonnenblume – in einem Haus, das vor zwanzig Jahren noch nicht einmal erträumt war und nun das Zuhause von Susan Gibson und ihrem zehnjährigen Sohn Jonathan ist. Der Duft von frischem Brot macht mir bewusst, dass ich hungrig bin, und so gehe ich in das gemütliche kleine Esszimmer hinunter, in dem Susan mein Frühstück bereitet hat. „Sonnenblume" ist eine der neuen Unternehmungen der Gemeinschaft – ein Bed & Breakfast-Haus, in das Besucher aus aller Herren Länder einkehren, die die Findhorn-Gemeinschaft für einige Tage oder länger erleben möchten – ob sie an einem bestimmten Programm teilnehmen oder nicht.

Susan wird mich offensichtlich gut versorgen. Zum Frühstück bekomme ich eine Schale köstlichen frischen Obstsalats und knusprige frische Brötchen. Ich entscheide mich für echten englischen Tee, statt aus dem großen Angebot an Kräutertees zu wählen.

Während ich an meinem Tee nippe, beginnen Susan und ich, einander etwas besser kennenzulernen.

„Wie lange bist du schon hier?", frage ich.

„Dieses Haus wurde vor knapp zwei Jahren fertig", antwortete Susan. „Doch ich habe die Gemeinschaft schon mit Jonathan besucht, seit er noch recht klein war. In der Sommerzeit nahmen wir wiederholt an Erfahrungswochen für Familien teil. Jonathan kam mit einem Loch im Herzen auf die Welt, und nach seiner Herzoperation mit fünf Jahren brachte ich ihn zur Erholung und Genesung hierher. Ich fühlte irgendwie einen inneren Drang, ihn hierher zu bringen."

„Wo hast du damals gelebt?", fragte ich.

„In Spanien", sagte sie. „Ich lebte dort achtzehn Jahre, und davor auf der Kanaren-Insel Teneriffa. Jonathan hatte ständig allen erzählt, dass er, wenn er groß wäre, hierher kommen und hier leben wollte, und so dachte ich eines Tages: >Warum nicht jetzt? Warum sollten wir warten, bis er älter ist?<"

„Es war also Jonathan, der euch hierher gebracht hat?" Ich erzählte Susan, dass ich glaube, dass mich mein damals noch nicht geborener Sohn Michael, der inzwischen sechsundzwanzig Jahre ist, vor vielen Jahren das erste Mal hierher geführt hatte.

Sie nickte. „Ich kann nicht genau ausmachen, was mich dazu gebracht hat, hierher zu ziehen und in Findhorn zu leben – ich wusste nur, dass dies der Ort war, wo ich meinen Sohn in einer spirituellen Umgebung aufziehen und versuchen konnte, ein einfaches und friedliches Leben zu führen, fernab von so viel Materialismus und unnötigem Konflikt. Von dem Augenblick an, in dem ich die Entscheidung fällte, entfaltete sich alles ganz einfach und leicht, und nun bin ich hier."

„Und bist du glücklich, jetzt hier zu leben?", fragte ich sie.

„O ja, ich genieße es wirklich, hier zu sein, und während ich wohl der Energie dieses Ortes gewahr bin, sind mir die Menschen, mit denen ich lebe, das Wichtigste. Ich kann hier ich selbst sein – völlig akzeptiert werden – und ganz ich sein! Die Menschen hier sind freundlich und liebevoll, und die Umgebung ist wunderschön. Ja, es gibt auch Herausforderungen – die gibt es überall –, aber ich spüre, dies ist der richtige Ort für mich, und ich habe keine Sehnsucht, woanders zu sein. Auch Jonathan nicht."

Während ich mit Susan plaudere, spüre ich, dass meine Suche nach dem Zauber hier in Findhorn bereits begonnen hat, ohne dass ich vor die Haustür getreten bin. Doch jetzt bin ich so weit, mich in einen überraschend sonnigen Tag hinauszuwagen und zu sehen, was er für mich bereithält.

Bevor ich jedoch irgendein anderes Ziel ansteuere, muss ich unser Verlagsbüro besuchen und Carol begrüßen. Carol ist die Leiterin unseres Büros. Ich kenne sie seit mehr als zwanzig Jahren, und unsere Kinder sind hier zusammen aufgewachsen. Heute gehört es zu unseren liebsten Dingen, einander Fotos unserer Enkel zu zeigen. Ich weiß nicht, was wir ohne Carol tun würden; sie ist so absolut zuverlässig und engagiert für Findhorn Press. Dies bedeutet für Thierry und mich, dass wir anderswo leben und arbeiten können in der Gewissheit, dass hier für alles gesorgt wird.

Es sind nur wenige Schritte bis zum oberen Ende der Piste, wo das Verlagsgebäude steht. Jedes Mal genieße ich den Moment von neuem, die Tür des Büros zu öffnen und Reihen über Reihen unserer Bücher gegenüberzustehen. Obwohl es noch recht früh ist, finde ich Carol bereits bei der Arbeit.

„Hi, Carol, ich bin angekommen", rufe ich, als ich sie hinten im Büro sehe, wo sie einige Bestellungen bearbeitet. Das Nächste, was ich erlebe, ist eine mächtige Umarmung, in der ich verschwinde, denn Carol ist deutlich größer als ich, und sie strahlt auf mich herab.

„Karin! Wie geht es dir? Hast du eine gute Reise gehabt? Wann kommst du zum Abendessen?", fragt sie, fast ohne eine Pause zwischen ihren Fragen zu lassen. Ich wundere mich, welche ich zuerst beantworten soll? Das Abendessen natürlich! Carol weiß, dass ich ihre Kochkunst liebe – besonders die köstlichen biologischen Gemüse aus ihrem Garten.

Ich mache einen kleinen Rundgang durchs Büro. Dies dauert nicht lange, denn es sind nur zwei kleine Räume, und jeder verfügbare Raum ist mit Büchern und Verpackungsmaterial gefüllt. Von hier aus werden unsere Lieferungen in alle Welt verschickt.

Ich habe heute morgen nicht viel Zeit, mit ihr zu plaudern, denn meine Suche wartet auf mich. Doch bevor ich etwas anderes mache, halte ich es für das Beste, im Green Room Café eine Tasse Tee zu trinken.

Das Café ist ein Treffpunkt in der Gemeinschaft. Es ist ein Teil der Universal Hall, und man serviert hier nicht nur Tee und Kaffee, gesunde biologische Snacks und Mittagessen, sondern auch phantastisches süßes, klebriges französisches Gebäck. Ich kann bereits raten, wer dort so früh am Morgen anzutreffen sein wird – und da ist er, sitzt wie gewöhnlich in seiner Ecke – Ken. Es ist einer von den Menschen, ohne die keine Gemeinschaft existieren kann, denn er kann alles reparieren. Bei so vielen Gelegenheiten war er mein Retter, hat Schlösser ausgewechselt, Fahrräder instandgesetzt, Regale aufgebaut, Wände gestrichen und Dinge repariert, die kein anderer geschafft hat. Seine eine Haupttätigkeit ist jedoch, im Café zu sitzen, Tee zu trinken und jeden, der hereinkommt, freundlich anzulächeln. Was er jetzt gerade tut. In einer sich rapide verändernden Welt bin ich so froh, dass es immer noch ein paar Dinge gibt, auf die ich mich verlassen kann.

Es ist noch zu früh für die morgendliche Menge, im Café zu sein, abgesehen von Ken und Trevor, dem Bäcker, der gerade ein Blech heißen Brotes geliefert hat. Nun ist schon ein Zauber da – der Duft des Brotes, das frisch aus dem Ofen kommt. Ich setze mich mit meiner Tasse Tee dazu, und wir holen die Neuigkeiten aus der Gemeinschaft nach, bevor ich meinen Spaziergang um den Park fortsetze. Ich bin interessiert zu entdecken, was neu ist und was gerade gebaut wird. Und es gibt auch einen ganz speziellen Freund, den ich in Pineridge zu besuchen hoffe.

Pineridge

Von meinem heißen Tee erwärmt, gehe ich die Straße nach Pineridge hinauf. Es ist fast zehn Uhr, und das winterliche Maximum an Tageslicht ist in diesen nördlichen Breiten erreicht. Zu meiner Rechten kann ich das ganze Feld der Träume überblicken, mit all den neuen Häusern und anderen, die noch im Bau sind. Ich bemerke ein Haus mit einem Grasdach und frage mich, wer darin wohl wohnt. Und dort ist das Haus, das Mary Inglis kürzlich baute; es sieht aus, als wohnte sie bereits darin.

In Pineridge ankommend, sehe ich zur Linken ein ungewöhnliches, fast fertiges Haus mit Wänden, die wie Strohballen aussehen; dies muss das Haus sein, das Karl und Deborah bauen. Ich hoffe, im Laufe dieser Tage mit ihnen zu sprechen.

Einige Meter weiter befindet sich ein kleines, fliederfarbenes Gebäude, das rundherum von einem gewaltigen Geschenkband verziert ist, das auf die Außenwand gemalt wurde – die Boutique! Dies scheint in der Tat ein recht großartiger Name für dieses kleine Haus zu sein, aber immerhin handelt es sich um eines der meistbesuchten Häuser in der Gemeinschaft! Der Standort der Boutique hat sich im Lauf der Jahre – seit ihren bescheidenen Anfängen (1970) in einem Kleiderschrank im Gästezimmer von Mary Hilton – mehrere Male verändert, doch seit vielen Jahren ist es nun dieses farbenfrohe Betongebäude. Ich trete ein und erkenne den vertrauten Geruch von alternden Socken. Hierher bringen Mitglieder der Gemeinschaft Kleidungsstücke und jegliche nützlichen Gegenstände, die sie nicht länger brauchen, und hier können sie alles auswählen und mitnehmen, was ihnen gefällt – kostenlos. Als meine Kinder noch klein waren und wir sehr wenig Geld hatten, war es von unschätzbarem Wert, hier für sie „neue" Kleidungsstücke zu finden, wenn sie aus ihren alten hinausgewachsen waren – die wir wiederum hier zurückließen, damit sie jemand anderes „erben" konnte. Hin und wieder hatte ich das Glück, etwas wirklich Gutes und Neues zu finden – gewöhnlich die Hinterlassenschaft eines Besuchers. Manchen Stücken konnte man auf ihrem Weg durch die Gemeinschaft folgen; ich erinnere mich besonders an ein blaues Wollkleid von mir, das ich in späteren Jahren an mehreren anderen Frauen sah. Nicht selten kam jemand auf mich zu und kreischte: „Oh, das ist mein Mantel/Jacket/

Rock/Schal, was du da trägst." Ich rechnete halbwegs damit, das blaue Wollkleid hier am Ständer hängend wiederzusehen.

Ich setzte meinen Weg um Pineridge fort und passierte das neue Treibhaus – doch darin ist zu dieser Jahreszeit nicht viel zu sehen. An der Ecke ist das Instandhaltungs- und Wartungsgebäude, und da ist immer noch eine Reihe der alten Wohnwagen vorhanden, die alle so vertraut aussehen. Viele von ihnen waren – und sind immer noch – das Zuhause von manchen lieben alten Freunden. Hier ist der Wohnwagen, in dem meine Freundin Ann lebte – jetzt ist sie in Südafrika. Dort ist Ludjas Wohnwagen – oh, ich erinnere mich noch an die Aufregung, als sie einige Bäume in ihrem Garten fällte. Der blaue Wohnwagen war einmal Virginias Zuhause – als sie in die Vereinigten Staaten zog, kaufte ich ihren Haartrockner ab. Hier zur Rechten ist Marias Bungalow – sie muss da dreißig Jahre oder länger gewohnt haben. Und hier ist Annas Haus. Anna wurde auf Anhieb meine Freundin, als ich vor siebenundzwanzig Jahren hier ankam. In diesem sehr kleinen Bungalow zog sie ihre vier Kinder groß, die jetzt über die ganze Welt verstreut sind.

Schließlich ist hier der alte Freund, nachdem ich eigentlich Ausschau halte – mein Weihnachtsbaum. Er war im Innern unseres Wohnwagens geschmückt und aufgestellt worden, und nach Weihnachten pflanzten wir ihn nach draußen. Das war vor einem Vierteljahrhundert. Und hier ist er immer noch, mittlerweile fast zehn Meter hoch. Jedes Mal, wenn ich in die Gemeinschaft komme, besuche ich meinen Baum. Wir plaudern ein wenig, berichten einander, wie es uns geht und schwelgen in Erinnerungen an das, was im Laufe der Jahre geschehen ist. Ich stelle mir gerne vor, dass er immer hier sein wird – mein Stück Findhorn, das mich noch überleben wird.

Vor mir liegt nun Bag End, wo die ersten Ökohäuser gebaut wurden. Echte Häuser. Vor zwanzig Jahren gab es hier nur Wohnwagen. Kleine Wohnwagen wie der, in dem Binka und Michael mit ihren Kindern Elysia und Coren wohnten. Und hier stand einst Judis Wohnwagen. Ich halte einen Moment inne und erinnere mich an ein lustiges Wochenende, an dem wir gemeinsam die Innenwände hellblau gestrichen haben. Nun stehen hier große Holzhäuser, die zur Steigerung des Komforts nahe beieinander gebaut wurden. Es gibt einen zentralen Fahrradschuppen, und die Gärten sehen bereits recht gut angelegt aus. Sie müssen dort schon länger sein, als ich dachte.

Ich folge der Biegung des Weges der Straße und sehe nun die Fasshäuser vor mir – fünf bemerkenswerte Bauten und eine der Hauptattraktionen für jeden Touristen, der hierher kommt. Alle diese Häuser wurden – jedes auf seine Weise anders – aus alten Whisky-Fässern gebaut, die bei einer der örtlichen Destillerien nicht mehr benötigt wurden. Das erste kam vor etwa fünfzehn Jahren an, und wir alle verfolgten amüsiert und staunend zugleich, wie Roger sein Fasshaus baute. An sehr warmen Tagen konnte man noch den Duft des Whiskys riechen, der das Holz getränkt hatte. Später bauten Craig und May ein weiteres Fass, welches wuchs und wuchs, als sie mehr und mehr Räume anbauten, wenn weitere Kinder kamen. Nun gibt es fünf Fasshäuser, einschließlich Johns Doppelfass!

Pineridge ist ein überaus erstaunlicher Ort, der an allen Ecken und Kanten etwas Neues und Interessantes zu bieten hat. Das Fass-Ensemble hinter mir lassend, gelange ich nun zu den Ateliers. Ich blicke in das Webstudio, das genau so aussieht wie am Tag meiner ersten Ankunft – bis auf die gleichen Farben auf dem ältesten Webstuhl! Ich kann nicht umhin, einzutreten und es mir näher anzusehen.

Drinnen finde ich Kathryn an einem Spinnrad. Dies ist kein ungewöhnlicher Anblick, noch handelt es sich, wie in manchen schottischen Touristen-Attraktionen, um eine pittoreske Aktivität, die nur für die neugierigen Blicke der Besucher gezeigt wird. Kathryn sitzt einfach still für sich allein und spinnt ein Garn, das sie später zu einem Gewebe verarbeiten wird.

Mehrere alte Webstühle gibt es hier. Auf einem entsteht ein kleiner Teppich, er ist schon fast fertig. Auf dem ältesten, sehr großen Webstuhl schimmern die klaren Farben und Muster eines Sonnenaufgangs-Bildes. Das ursprüngliche Sonnenaufgangs-Bild war ein Geschenk, das die Gemeinschaft von den Donavaurd-Webern aus Pitlochry in Zentralschottland erhielt, als 1967 der Andachtsraum eröffnet wurde. Das Bild besteht aus Hunderten leuchtender Farben, die aus einer intensiven Mitte aus funkelndem, weichem Licht nach außen strahlen. Wenige Jahre später wurden der alte Webstuhl, das einzigartige Muster und die Technik, das Wandbild zu weben, an die Weber in unserer Gemeinschaft weitergegeben. Bis heute, dreißig Jahre später, wurde die Methode wiederholt weitergereicht, und die Bilder werden immer noch gewebt. Wieder einmal staunte ich, wie die feinen farbigen Fäden zu einem Muster gewoben sind, das die Schönheit eines Sonnenaufgangs in Schottland so herrlich wiedergibt – eines Sonnenaufgangs wie dem, den ich nur wenig früher über dem Feld der Träume beobachten konnte.

Kathryn führt mich im Studio herum, das sich überhaupt nicht verändert zu haben scheint, seit ich es vor so vielen Jahren zum ersten Mal besucht hatte. Ich hatte eine Reihe von Jahren in einem Bungalow gegenüber des Webstudios gewohnt und konnte manchmal den Webern und Spinnerinnen bei der Arbeit zuzusehen – an warmen Sommertagen arbeiteten sie häufig im Freien.

Doch nun ist es mitten im Winter, und ich verlasse zögernd die warme und ruhige Atmosphäre des Webstudios. Ich bemerke, wie hoch die Bäume auf der Wiese gegenüber gewachsen sind, und ich gehe an dem Gebäude mit dem Büro von „Trees for Life" vorbei zu meinem ersten Termin – in der Töpferei.

Der Zauber des Töpfers

Ich betrete die Töpferei, und anstelle des stechenden Geruchs von nassem Ton kommt mir das Aroma von heißem Toast mit Konfitüre entgegen. Brian frühstückt gerade. Der Mann, nach dem ich suche, sitzt da auf einem der sehr bequem aussehenden Lehnstühle, seinen Toast in der einen und eine große Tasse Kaffee in der anderen Hand.

Brian ist schwer zu beschreiben. Vielleicht könnte ich es so versuchen: Er sieht aus wie ein großer, rundlicher Gartenzwerg – allerdings ohne Zipfelmütze und Stiefel! Wahrend der Jahre, die ich in der Findhorn-Gemeinschaft lebte, hatte ich oft von einer Gruppe von Künstlern und Handwerkern – Frauen und Männern – gehört, die Anfang der siebziger Jahre gekommen waren, die Handwerker-Studios und Werkstätten eingerichtet und die Künste nach Findhorn gebracht hatten. Brian Nobbs war einer von ihnen.

Brian ist ein stiller, jovialer Mann, der stets heiter ist und lächelt und eine Leidenschaft für gutes Essen und Wein besitzt – die ich mit ihm teile. Er ist der Töpfer der Gemeinschaft und leitet das Töpfer-Studio hier in Pineridge seit vielen Jahren. Er war zwar schon in der frühen Zeit der Gemeinschaft nach Findhorn gekommen – lange vor mir –, doch er war eine Reihe von den Jahren fort, die ich hier als Mitglied der Stiftung verbrachte.

Ich würde liebend gerne mehr über Brian wissen und seine Geschichte hören, wie er nach Findhorn kam, und so warte ich, bis er seinen Toast aufgegessen hat, und werfe so lange einen Blick auf all die Töpferwaren in den Regalen. Da stehen Kerzenhalter und Krüge, Teebecher, Teller und Vasen, manche verkaufsfertig, andere warten noch auf den Brand im Ofen. Einige Stücke berühre ich behutsam; sie sind glatt und sinnlich mit ihren feinen Farben.

Ich sehe, dass Brian nun den letzten Bissen seines Frühstücks gegessen hat und bereit scheint, meine Fragen zu beantworten.

„Nun, was willst du wissen?", fragt er und stellt sein Geschirr in das Becken.

„Ich habe gehört, dass du ein reiches und faszinierendes Leben hattest, Brian. Ich würde gern erfahren, wie und warum du überhaupt nach Findhorn gekommen bist."

„Nun, es gab eine Reihe von quasi wundersamen Ereignissen, die dazu führten. Zuerst war da ein Experiment mit einem Ouija-Brett in einer Gruppe von Freunden, was dazu führte, dass wir eine spirituelle Weisung erhielten, wir sollten Vorbereitungen treffen, eine Künstler- und Handwerker-Gemeinschaft in Schottland aufzubauen. Das war im Jahre 1969. Wir sollten helfen, >das neue Zeitalter vorzubereiten<. Du kannst dir wohl vorstellen, wie seltsam sich das für uns anhörte!"

Selbst jetzt, beim Erzählen, sieht Brian noch etwas überrascht aus. Er spült gerade Tasse und Teller ab und stellt sie ordentlich auf das Trockenbrett.

„Dann, etwa ein Jahr später, hörten wir etwas über dieses Findhorn und beschlossen endlich, hierher Kontakt aufzunehmen. Stelle dir unsere Überraschung vor, als sie uns sofort antworteten und mitteilten, dass wir schon erwartet würden. Peter Caddy lud uns sein, nach Findhorn zu kommen und die Ateliers zu bauen und zu leiten. Eileen Caddy hatte Weisung erhalten, dass eine Gruppe von Künstlern kommen werde, und sie hatten in Vorbereitung für deren (unsere!) Ankunft bereits seit einem Jahr Geld gesammelt! Sie waren überzeugt, dass wir die erwartete Gruppe waren, und Peter schrieb: >Bitte beeilt euch und kommt.<"

Nachdem ich so viele Jahre in der Findhorn-Gemeinschaft gelebt hatte, konnte mich eine Geschichte dieser Art nicht mehr völlig überraschen.

„Was geschah als Nächstes; offenbar bist du ja gekommen?", frage ich ihn.

„Ja, ich kam hier herauf, um mir die Sache anzusehen, aber ich hatte große Zweifel an der ganzen Angelegenheit. Ich war schon einige Jahre ein Mönch gewesen, Katholik, und war mir nicht sicher, dass sich dieses >New-Age<-Geschäft mit meinem spirituellen Weg überhaupt vereinbaren ließ. Tatsächlich traf ich hier an einem Sonntag ein, und meine erste Frage war, wo ich die heilige Messe besuchen könnte."

„Und was hast du gemacht? Gab es denn eine katholische Kirche in der Gegend?"

„Nun, etwas sehr Eigenartiges ist geschehen – ich brauchte gar keine Kirche zu finden. Ich erfuhr, dass der polnische Priester P. Andrew Glazewski – ein Mann, den ich sehr achtete und bewunderte, dem ich aber noch nie begegnet war –, zufällig an diesem Tage in Findhorn und gerade im Begriff war, hier im Andachtsraum seine tägliche Messe zu lesen."

Brian hielt einen Augenblick inne, erinnerte sich an jenen Moment der Überraschung und Freude. „Anschließend war ich ganz sicher, dass ich hierher geführt worden war, und beschloss zu bleiben."

„Was geschah weiter, Brian; hast du den Zauber gefunden?"

Sein Gesicht leuchtete auf, als er an jene frühen Tage zurückdachte. „Wir fanden ihn sehr wohl! Ich kann mich an keine Zeit in meinem Leben erinnern, die irgendetwas hatte, das auch nur annähernd dem Staunen und Entdecken gleichkam, das jene frühen siebziger Jahre für mich und die anderen in der Künstlergruppe bedeuteten."

Ich erinnerte mich an meine eigene Ankunft und die frühen Erlebnisse in den Siebzigern, die so erfüllt waren von Neuem, Aufregendem, Erstaunlichem ... wir fühlten uns alle wie Pioniere. Brian hatte noch mehr zu sagen.

„Findhorn war wie ein unglaubliches Erwachen zu der Erkenntnis, wie schlichtweg wunderschön es ist zu existieren. Ich vermochte kaum zu glauben, welche vollständige Erneuerung sich in jenen ersten Jahren spürbar in mir vollzog. Ich sagte einmal zu einem anderen Mitglied der Künstlergruppe, dass ich mich fühlte wie jemand, der neu geboren wird. Auf gewisse Weise war es sogar ein wenig wie das Erlebnis der >Wiedergeburt< in Kreisen evangelikaler Christen."

„Ist es jetzt immer noch so? Erleben es die Menschen, die heute nach Findhorn kommen, immer noch so?", fragte ich ihn – oder vielleicht mehr mich selbst.

Brian wurde nachdenklich und versuchte, sein Empfinden in Worte zu fassen.

„Das Erleben für den Neuankömmling von heute ist viel nüchterner. Das Wachstum der Menschen zu betreiben, ist natürlich ein weitaus ernsteres Unternehmen, als gewaltige Kohlköpfe hervorzubringen. Ein wenig von dem berauschenden Element der alten Tage wäre tatsächlich eine feine Sache, und manchmal werden die Gruppen der Erfahrungswoche zumindest für einen Höhepunkt an diese Stelle gebracht. Aber – und das haben mir schon viele gesagt – genau die Dinge, die ihr Interesse ursprünglich angezogen haben, scheinen manchmal zu fehlen."

Das klingt recht traurig. Ich frage mich, was passiert ist. Ist etwas von dem Zauber verschwunden? „Was ist es, das jetzt fehlt, ist es etwas Wichtiges oder einfach der Glanz der frühen Tage?", fragte ich.

„In mancher Hinsicht haben wir alle etwas von dem >Glanz< jener frühen Zeiten verloren", fährt Brian fort. „Doch es war wirklich ein Kind im Bade, und es besteht die Gefahr, dass es jetzt nicht mehr da ist."

Ich beginne mich zu fragen, ob dies möglicherweise der Fall ist, und dränge ihn weiter. „Gibt es noch Menschen hier, die bewusst mit den Naturgeistern arbeiten?", frage ich.

„O ja", antwortete er sofort, sehr zu meiner Erleichterung. „Ich denke, viele tun dies immer noch, aber es wird oft nur als eine Angelegenheit der Gärtner betrachtet, und viele Menschen legen die Naturgeister sozusagen als nicht wirklich relevant beiseite. Erst gestern fragte mich eine Teilnehmerin der Erfahrungswoche, warum wir dieses Gewahrsein überhaupt entwickelt hätten, wenn wir nicht in den Gärten arbeiteten. Ich wusste nicht so recht, wie ich ihr antworten sollte, doch nun, da wir wieder darüber sprechen, habe ich eine Vorstellung."

Ich denke eine Weile darüber nach und erinnere mich, dass ich mich, als ich in der Gemeinschaft lebte, immer gegen jede Art von Gartenarbeit oder Aktivität im Freien gewehrt hatte. Der kalte Wind und der Regen erschienen mir stets ein guter Grund, in einer warmen Küche zu arbeiten!

„Meinst du, es wäre sinn- und wertvoll für uns alle, an unserer Verbindung mit der Natur zu arbeiten – mit den Naturgeistern?" Mich fröstelt bei dem Gedanken, im tiefsten Winter draußen im Garten zu arbeiten.

Es sieht aus, als hätte ich nun Brians Lieblingsthema angeschnitten. „Ja, ich denke, das würde uns alle etwas lehren. Mit dieser Erweiterung des Bewusstseins ist noch ein weiterreichender, universeller Wert verbunden. Es hat tatsächlich recht wenig damit zu tun, größere und bessere Kohlköpfe hervorzubringen. Der wahre Wert liegt in dem, was es für mein Erleben der Wirklichkeit gebracht hat, und in der wundervollen Qualität, um die es mein ganzes Leben bereichert hat! Ich glaube, jede Person, die sich der Vielfalt von bewusstem Leben gewahr wird, das sie umgibt, wird eine immens gesteigerte Freude und Begeisterung am Lebendigsein erfahren. Ein klarer Vorteil solcher Bewusstheit ist, dass wir unseren Platz im Universum mit ganz anderen Augen sehen werden."

Brian holt tief Luft und blickt aus dem Fenster hinüber zum Feld der Träume. „Dann könnten wir uns mit der Welt um uns herum mit umfassenderem Einfühlungsvermögen austauschen und einiges von der kühlen, manipulativen Distanz verlieren, die uns die Ausbeutung unseres schönen Planeten ermöglicht und erleichtert hat. Letzten Endes ist dies der Schlüssel zu einer ökologischen Wende, weil es auch diese Wahrheit birgt: Wenn wir in bewusster Kooperation mit der Natur zusammenarbeiten, wird die Natur selbst mächtig darauf ansprechen. Stelle dir nur vor, wie viel erreicht werden könnte, wenn dies geschähe!"

Wir verstummten einen Moment und ließen der Bedeutung und Konsequenz Zeit, sich ein wenig zu setzen. Das kleine Töpferstudio schien plötzlich sehr friedlich – und sehr groß und weit, fast so, als ob die Decke verschwunden wäre.

„Wie steht es mit dir, Brian", frage ich leise. „Hast du noch diese Erfahrung, verbindest du dich noch mit den Naturgeistern – und >siehst< du sie?"

„Ja, ich erlebe all dies immer noch", beginnt Brian bedächtig, „aber es ist gewöhnlich nicht so mit den traditionellen Bildern aus den Märchen verbunden wie die Erlebnisse, die ich früher hatte. Ich glaube, solche machtvollen Bilder aus der Mythologie sind einfach ein praktisches Mittel, um unsere Aufmerksamkeit zu gewinnen, und natürlich bergen sie viele Schichten wichtiger Symbolik."

Ich nickte zustimmend und wechselte das Thema, auch weil mir zunehmend bewusst wurde, dass unsere Zeit zusammen nun ihrem Ende zuging.

„Es gab eine Zeit, als du die Gemeinschaft verlassen hast – für recht lange, wie mir scheint. Was hat dich dazu veranlasst?"

Brian schaut auf die Uhr – ich denke, er möchte gerne bald wieder an seine Töpferarbeit zurück. Dann antwortet er: „Die Gründe für meine Entscheidung, zu einem recht starren und fundamentalistischen Katholizismus zurückzukehren, und in der Tat zu den Benediktinern, sind komplexer Natur. Dazu gehörte auch eine gewisse Angst, verursacht von meiner zunehmenden Fähigkeit, auch in andere Bereiche zu dringen, als sich mein psychisches Gewahrsein entfaltete."

„Ich stelle mir vor, dass es auf den psychischen Ebenen auch Schattenseiten gibt?", frage ich nach.

„Ja, ich fragte mich selbst, ob ich genügend wisse, um eine Verstrickung in schlaue, dämonische Fallen oder Netze zu vermeiden. Doch meine Erfahrungen beseitigten auch jeglichen Zweifel daran, dass das Geistige real ist und es auch andere Wohnstätten gibt als die rein physisch-materiellen."

„Was hast du dann getan?"

„Dies führte zu mehreren Jahren weiterer Erfahrungen innerhalb eines christlich-mythischen Ethos, die mir tieferes Vertrauen gaben und an sich sehr bereichernd waren. Am Ende wurde mir der Mangel einer echten Berufung klar, und ich erkannte auch, dass ich allen Grund hatte, auf Gottes Schutz zu vertrauen, solange meine Intentionen dem Guten und Wahren galten. Binnen weniger Jahre, nachdem ich wieder ins Kloster gegangen war, erkannte ich, dass es wichtig wäre, nach Findhorn zurückzukehren. Viele Jahre früher hatte ROC mir mitgeteilt, dass ich vorbereitet würde, eine Bestimmung zu erfüllen, die der seinen ähnlich sei, und dass ich in Findhorn nach seinem Tode eine ähnliche Aufgabe erfüllen würde. Damals schien dies unvorstellbar, aber 1992 bestätigte Peter Caddy, dass ihm eine völlig unabhängige Quelle mitgeteilt habe, dass dies so sei. Dorothy Maclean hat so etwas auch schon öffentlich gesagt, und sie lädt mich regelmäßig zu ihren Workshops ein, damit ich zu ihren Gruppen spreche."

„Und das ist der Grund, warum du noch hier bist, Brian?"

„Ja, deshalb bin ich immer noch hier und spreche zu den Gruppen, wenn ich darum gebeten werde, und halte allgemein die Fackel am Leuchten, die Dorothy und ROC entzündeten und nährten."

Wir umarmen uns zum Abschied, und ich verlasse Brian und

seine Töpferei, um meinen Weg fortzusetzen. Wem werde ich wohl als Nächstem begegnen auf meiner Abenteuerreise zur Erforschung des Zaubers von Findhorn? Als der kalte Wind mich begrüßt, hoffe ich, dass eine Tasse heißen Tees dabei sein wird. Beim Blick auf meine Armbanduhr stelle ich fest, dass es schon Zeit zum Mittagessen ist. Ich ziehe den Mantel etwas enger um mich und gehe rasch von Pineridge zum Gemeinschaftszentrum hinüber.

Mittagessen mit Rosie

Zitternd komme ich am Gemeinschaftszentrum an. Es sind nur einige Minuten zu gehen, aber der Wind ist grausam schneidend, und ich bin froh, die heitere Wärme des Speisesaals zu erreichen. Das Küchenpersonal bringt gerade das Mittagessen heraus – zwei große Töpfe Suppe, Bleche voll heißem Gemüse, Schüsseln mit Salaten und frisches, knuspriges Brot. Ich habe gehört, aufgrund der derzeitigen finanziellen Einschränkungen sei das Essen nicht so gut wie früher. Doch dann stelle ich fest, dass einige meiner Lieblinge immer noch da waren: gebratene Pastinaken, mit Rosmarin bestreute Back-Kartoffeln, Rote-Bete-Scheiben – und ein Blech voll Tofu-Lasagne. Was da aussieht wie eine Tomatencremesuppe, duftet köstlich; vielleicht werde ich aber statt dessen die Zwiebelsuppe probieren.

Bevor wir mit dem Essen beginnen, nehmen wir uns einige Momente Zeit, um uns gemeinsam einzustimmen und das Essen zu segnen. Wir bilden einen Kreis um die Tische und halten einander an den Händen, während jemand vom Küchenpersonal einen Segen spricht. Dann spüre ich den vertrauten Händedruck. Wenn ein Segen oder eine Einstimmung vorüber ist, drückt die leitende Person sanft die Hände ihrer Nachbarn links und rechts, und dieser Händedruck wird dann als Signal durch die ganze Runde weitergegeben.

Ich nehme einen Teller, fülle ihn mit Speisen meiner Wahl, buttere mir eine Scheibe braunen Vollkornbrots und blicke mich im Speisesaal nach einem bekannten Gesicht um.

Der Geräuschpegel steigt, und immer mehr Menschen kommen in den Raum. Ich sehe eine Gruppe hungrig aussehender Gäste, die im Garten gearbeitet haben. Ihre Wangen sind gerötet, sie reiben die kalten Hände aneinander und freuen sich offensichtlich auf eine heiße Mahlzeit und etwas Entspannung nach einem arbeitsreichen Morgen.

Dann bemerke ich meine alte Freundin Rosie und winke ihr, zu kommen und mit mir zu Mittag zu essen.

„Hi, Karin, ich habe gehört, dass du hier bist. Stimmt es, dass du ein Buch über uns schreiben willst?“, fragt sie, setzt sich auf die Bank neben mich und blickt mich leicht spöttisch an.

„Ja“, antworte ich lächelnd. „Das stimmt. Jemand muss es doch tun, warum nicht ich? Ich versuche herauszufinden, ob der Zauber hier noch existiert. Was meinst du? Arbeitest du noch im Outreach?“

„Ja, ich reise immer noch um die Welt. In wenigen Tagen starte ich nach Irland, um dort einige Vorträge zu halten und Tanz-Workshops zu geben. Mhmmm ...“ Rosie nimmt einige Löffel von ihrer Suppe, bevor sie weiterspricht. „Du weißt ja, Karin, dass Findhorn draußen in der Welt immer noch als eine Art Leuchtfeuer der Hoffnung gesehen wird. Und Eileen und Dorothy werden außerordentlich geachtet wegen ihrer Disziplin und ihrem Gehorsam, ein Leben mit Gott als Mittelpunkt zu führen. Sie sind eine so starke Inspiration für andere, und obwohl sie mittlerweile ihre Achtziger erreicht haben, sind sie weiterhin im Dienst.“

„Ja, das bestätige ich gern, und ich kann es gewiss verstehen. Sie haben ihr Leben gegeben, um ihrer inneren Weisung zu lauschen und ihr ohne Fragen zu folgen. Aber was ist mit dem Rest der Gemeinschaft, wie wird sie von dort >draußen in der Welt< gesehen?“, frage ich.

Rosie fährt fort. „Viele Menschen haben einen gewaltigen Respekt vor der Tatsache, dass Menschen hier aufgegeben haben, was man als >Normalität< und >Sicherheit< empfindet, um Teil dieses Experiments zu sein – um mit anderen aus unterschiedlichen Glaubenswelten, Hintergründen, Kulturen und Altersgruppen zusammen zu leben und zu arbeiten. Viele Menschen haben alle möglichen Gründe zu meinen, dass sie wohl liebend gerne in einer Gemeinschaft lebten, doch sie sehen auch das Engagement, die Verpflichtung, persönliche Verantwortung und die erworbenen Fähigkeiten, die gebraucht und eingebracht werden ...“

Plötzlich gibt es eine fröhliche Unterbrechung, da einige Leute mich entdecken und herüberkommen, um mich zur Begrüßung zu umarmen.

„Ich genieße diese gebackene Pastinaken wirklich – die können wir in Frankreich nicht bekommen –, und die Kartoffeln sind auch ganz gut ..." bemerke ich, zu Rosie gewandt, als ich meinen Kassettenrecorder anstelle. Wir kehren zum Thema unseres Gesprächs zurück, und ich bearbeite Rosie mit weiteren Fragen in der Hoffnung, einen weiteren seltsamen Faden des Zaubers zu identifizieren.

„Du bist jetzt seit vielen Jahren hier. Wann bist du hier ursprünglich angekommen?"

„Oh, das war die übliche Geschichte. Wir hatten in Kanada einen kleinen Hof bewirtschaftet und einige Bücher über Findhorn gelesen; so wurden wir neugierig. Wir brachten unsere Kinder – alle drei waren unter vier Jahren – mit, die ihre Großeltern hier in der alten Welt kennenlernen konnten, und besuchten Findhorn."

Ich kann mich noch erinnern, wie ich Rosie das erste Mal sah, mit dem kleinen Andrew im Kinderwagen und den Mädchen, Alexandra und Heather, die sich fest an die Hände ihrer Mutter klammerten. Was für ein mutiger Entschluss muss es damals gewesen sein, als junge Familie hierher umzuziehen.

„Es war mehr Ians Idee als meine", erklärt Rosie. „Ich war viel zu beschäftigt mit dem Versuch, mit drei keinen Kindern klarzukommen, um noch irgendwelche Entscheidungen zu treffen."

„Und zwanzig Jahre später bist du immer noch hier, und die Kinder sind erwachsen. Was hat dich all die Jahre hier gehalten?"

Rosie legt ihre Gabel ab und überlegt.

„Ich nehme an, wir haben uns einfach immer mehr engagiert – als die Kinder klein waren, waren wir Teil der Elterngruppe, die die Waldorfschule in Forres (Moray Steiner School) starteten. Später folgte die Organisation und Leitung von Familienwochen, zu denen wir andere Familien mit Kindern einluden, zu kommen und an unserem Leben und unserer Arbeit teilzunehmen. Diese Wochen waren immer sehr beliebt. Als unsere eigenen Kinder aufwuchsen, engagierten sie sich in dem Jugendprojekt, das unsere Teenager ins Leben gerufen hatten. Später begannen sie auch Jugendwochen für andere junge Leute anzubieten."

Mein Sohn Michael war ebenfalls in dieser Gruppe von Teenagern, die das Geld aufbrachten, um selbst ein Haus zu bauen, in dem sie sich treffen und ihre Parties veranstalten, wo sie laute Musik spielen und die ganze Nacht hindurch reden und die Welt verbessern konnten.

„Wir sind gewiss nicht mit der Intention hierher gekommen, zwanzig Jahre zu bleiben", fährt Rosie fort. „Wir waren eben einfach immer mit anderen Dingen beschäftigt. Ian hat in vielen Bereichen gearbeitet – zum Beispiel an der Halle, und dann ließ er sich inspirieren, den Natur-Andachtsraum zu bauen. Mein Schwerpunkt waren hauptsächlich die Lehrtätigkeit und Erziehung, Veröffentlichungen, Sakraler Tanz und die Iona-Gruppe."

Rosie beendet die letzte Pastinake und nimmt ihren Teller und die Suppenschale mit, um zu einer ihrer zahlreichen Aktivitäten zu verschwinden.

„Karin, es ist herrlich, dich zu sehen ... ich werde dich gewiss später noch erwischen ..."

„Aber was ist mit den Kindern, haben sie davon profitiert, hier zu leben?" Rosie ist schon fast am Ausgang des Speisesaals und legt ihr schmutziges Geschirr im Abwasch-Bereich ab.

„Keine Zeit jetzt, frag sie selbst", ruft sie zu mir zurück.

„Aber was ist mit ...", rufe ich ihr noch nach. Doch sie ist nicht mehr zu sehen.

Mit Herz und Sinn

„Bus nach Cluny!" Barnaby steckt den Kopf um die Tür und ruft uns, die darauf warten, mit dem Bus zum Cluny Hill College zu fahren. Ich nehme meine Sachen auf und gehe hinaus auf die Piste, wo Herbie auf uns wartet.

Herbie ist ein Bus. Grace und Frances sind ebenfalls Busse. Wann immer ein neues Fahrzeug für die Gemeinschaft in Dienst gestellt wird, erhält es einen Namen, gewöhnlich von der Transport-Abteilung. Ich habe nie erfahren, warum gerade diese Namen gewählt wurden, aber sie machen es einfach, einander zu erzählen, dass „Herbie die Nachmittagsfahrt übernimmt" oder dass „Grace uns am Wochenende nach Erraid bringt". Weil die verschiedenen Örtlichkeiten der Gemeinschaft meilenweit auseinander liegen, sind diese Busse unverzichtbar, und Generationen von Gästen und Mitgliedern sind vom Park nach Cluny und zurück chauffiert worden, von Cluny nach Randolph's Leap, und vom Park zu den Inseln vor der Westküste, Iona und Erraid. Die Busse bringen auch die Kinder zur Waldorf-Schule in Forres und nehmen an Samstagen die neuen Gäste am Bahnhof auf. Es hat mehrere

Generationen von Bussen gegeben, die emsig hin und zurück gefahren worden sind – manche von ihnen, wie Jasmine, Daphne, Henry und Woodstock haben schon vor vielen Jahren ihre letzte Fahrt zu dem großen Busdepot im Himmel angetreten – und vor ihnen allen war Peters getreuer Morris Traveller, Sir Galahad!

Früher fuhren die Busse auch wöchentlich in die nahe Stadt Elgin, wo Mitglieder der Gemeinschaft einkaufen oder den Zahnarzt aufsuchen konnten. Zur Weihnachtszeit gab es immer mehrere Ausfahrten nach Inverness oder Aberdeen für die ernsthaften Weihnachts-Einkäufer. Im Sommer, wenn ein Tag unerwartet warm wurde, war es nicht ungewöhnlich, dass jedermann seine Arbeit Arbeit sein ließ, rasch ein Picknick vorbereitete und in die Busse sprang, die den Strand bei Rose Isle oder Primrose Bay ansteuerten, oder die herrlichen Rhododendron-Gärten in Black Hills. Diese Busse bergen manche liebe Erinnerung für mich. Natürlich ist es jetzt anders. Die Busse sind immer noch da, aber heutzutage haben viele Mitglieder ihr eigenes Auto. Vor zwanzig Jahren waren nur fünf oder sechs Wagen an der Piste geparkt; jetzt ist es oft schwierig, einen Parkplatz zu finden. Ich nehme an, das gehört zum Fortschritt.

An diesem Nachmittag bin ich froh, mit dem Bus zu fahren. Ich sehe viele alte Freunde darin, die mir von ihren Plätzen durchs Fenster zulächeln. India, Judy, Rosie (das war es also, was sie vorhatte!), Mari und Dürten sind unter ihnen. Und natürlich kenne ich auch unseren Fahrer, den lächelnden Barnaby. Wir fahren alle hinüber nach Cluny zur Internen Konferenz.

So weit ich mich zurück erinnern kann, hat es diese Konferenz jedes Jahr gegeben. Sie ist eine Zeit, in der die Stiftung eine Pause in ihrem Gästeprogramm macht. Sie betrachtet, was im Laufe des vergangenen Jahres geschehen ist, und bewertet, wie sich jede Abteilung entwickelt hat und arbeitet, denkt über ihr Jahresbudget nach und schmiedet Pläne für die Zukunft. Weil keine Gäste zu versorgen sind, ist dies auch eine Zeit, in der die Mitglieder sich entspannen und Spaß miteinander haben können. Es gibt spezielle Mahlzeiten, abendliche Ausspracherunden mit besonders gewagten Parodien und Ausflüge zu örtlichen Naturschönheiten. Es ist eine Zeit für die >Familie<, in der diese zusammenkommen und im >Familienkreis< Freude und Spaß haben kann.

Dieses Jahr jedoch fühlt es sich anders an. Die Konferenz wird ohne die übliche Unterbrechung des Programms abgehalten. Die

Gäste sind noch da, und die Arbeit in den Abteilungen geht normal weiter. Ich weiß, dass es innerhalb der Stiftung große finanzielle Probleme gibt, und vielleicht ist es nicht angebracht oder erschwinglich, die Arbeit für eine Woche ruhen zu lassen. Ich bin am dritten Tag der Konferenz eingetroffen, und am heutigen Nachmittag ist die Schlussveranstaltung. Die Interne Konferenz ist nur für Mitarbeiter und Mitglieder der Stiftung – also nicht für die ganze Gemeinschaft –, doch als ehemaliges Mitglied auf Besuch wurde ich eingeladen, als stille Beobachterin daran teilzunehmen. Ich bin äußerst interessiert zu sehen, wie die Stiftung mit ihren finanziellen Herausforderungen umgeht und welche Vorschläge zu ihrer Lösung eingebracht werden.

Nach kichernden, geräuschvollen acht Kilometern mit Herbie treffen wir in Cluny ein, fahren den kurzen Zufahrtsweg hinauf und halten direkt vor dem Haupteingang. Ich bin schon lange nicht mehr hier gewesen; das Cluny Hill scheint immer größer auszusehen, als ich es in Erinnerung hatte. Gleich innen ist ein Empfangsbereich mit Anschlagtafeln, die mit Hunderten kleiner bunter Haftnotizen bedeckt sind. Es ist schön zu sehen, dass es in diesen Tagen der E-Mails immer noch Menschen gibt, die es vorziehen, einander zu schreiben.

Es ist noch eine halbe Stunde Zeit bis zum Beginn der Veranstaltung, und so nehme ich die Gelegenheit wahr, mich umzusehen. Ich trinke eine Tasse Tee und bin gespannt, ob ich alten Freunden über den Weg laufe. Ich gehe in den Gesellschaftsraum, in dem genügend bequeme Sessel und Couchs zur Verfügung stehen. Im Kamin prasselt ein Feuer, und auf den Tischen sind Zeitungen und Bücher verstreut – scheinbar genau so, wie sie auch das letzte Mal lagen, als ich hier war! Einige Leute entspannen sich, ins Gespräch vertieft, mit ihren heißen Getränken, andere scheinen nach dem guten Mittagessen ein Schläfchen zu halten; ich sehe jedoch niemanden, den ich kenne. Ich gehe durch den Speisesaal, einen sehr schönen, großen Raum mit vielen Tischen, an denen Mitglieder und Gäste sitzen und ihre Mahlzeit einnehmen. Am südlichen Ende des Saales ist ein riesiges Panoramafenster, das einen Blick über den Golfplatz der Stadt und die fernen Berge bietet.

Es fühlt sich alles so vertraut an. Ich habe fünfundzwanzig Jahre in der Gemeinschaft gelebt, aber nie im Cluny Hill gewohnt. Doch gelegentlich habe ich hier gearbeitet, und an vielen Workshops und zahlreichen Feierlichkeiten in diesem Saal teilgenommen. Durch die Pendeltür geht es in den Servierraum, dahinter ist die Küche. Einige fröhlich aussehende Leute sind noch beim Abwaschen und füllen die großen Geschirrspüler mit Tellern und Tassen vom Mittagessen. Die Küche sieht bereits makellos aus und ist bereit für das Abendessens-Team, das die nächste Mahlzeit zubereiten wird. Die Gerüche von frisch aufgebrühtem Kaffee, frisch geschnittenem Gemüse und röstenden Zwiebeln sind alle sehr vertraut.

Alle, die ich kenne, müssen bereits im Ballsaal sein, wo die Veranstaltung heute Nachmittag abgehalten wird. Ich gehe den langen, engen Korridor entlang und mit raschen Schritt am Raucher-Raum vorbei. Diesen Raum mag ich wohl am wenigsten in Cluny; es ist der einzige öffentliche Raum in der Gemeinschaft, in dem Rauchen erlaubt ist. Zu Zeiten des Cluny Hill Hotels – und Peters und Eileens erstem Aufenthalt hier – war es eine elegante und beliebte Cocktailbar, offen für Hotelgäste und lokale Würdenträger. Als die Gemeinschaft das Objekt im Jahre 1975 übernahm, wurde die Bar zum Raucher-Raum. Hier gibt es für mich keinen Zauber – auch wenn ich erzählen hörte, dass wir in unserem ersten Sommer hier die Bar geöffnet hielten, um die Reisegesellschaften zu bedienen, die bei den früheren Eigentümern gebucht hatten. Der nicht unterzukriegende Hugh Ferrar – ja, derselbe Hugh, der später die elegante Linda geheiratet hat – war der Chef-Barkeeper, der bis in die frühen Morgenstunden die Messing-Armaturen polierte.

Das Gewirr vieler Stimmen führt mich zu dem Raum, der einst der größte Ballsaal in Forres war, als man dieses Gebäude noch als Luxushotel kannte. Herren im Smoking und Damen in langen, paillettierten Abendkleidern tanzten zu der Musik eines örtlichen Orchesters. Heutzutage wird dieser Raum hauptsächlich für sakralen Tanz oder Gruppenspiele mit den Gästen genutzt und nur gelegentlich für traditionelle schottische Tänze und Feierlichkeiten.

Doch heute dient der Ballsaal dem letzten Teil der Internen Konferenz, und fast alle hundert oder mehr Stühle sind besetzt von Menschen, die in kleinen, lebendigen Gruppen miteinander sprechen oder still auf den Beginn der Nachmittagsveranstaltung warten. Ich finden einen Platz im vorderen Teil des Raumes und sehe mich um, wer da ist. Ich erkenne viele Gesichter – und mehrere Leute winken mir zu, offensichtlich überrascht, mich hier zu sehen. Es sind auch viele Gesichter da, die ich überhaupt nicht kenne – Menschen, die sich in den letzten Jahren der Stiftung angeschlossen haben. Aber es sind immer noch genug vertraute Gesichter um mich, so dass ich mich in dieser Versammlung zu Hause fühlen kann.

In der vorderen Reihe sitzen die Personen, die die Sitzung leiten werden. Ich erkenne Mari, zur Zeit Focaliser der Stiftung, und neben ihr Geoffrey, den Finanzdirektor, mit dem im späteren Verlauf der Woche zu sprechen ich mich schon freue. Ich kenne Mari seit fünfundzwanzig Jahren – sie ist eine der Personen, deren Hochzeitstorte ich gebacken und glasiert habe, als sie Loren auf der Insel Erraid heiratete. Die beiden haben zwei erwachsene Kinder, Ona und Teva, und nach vielen Jahren, die sie an der Waldorf-Schule unterrichtete, ist Mari nun Vorsitzende des Führungsteams der Stiftung.

Wie bereits an anderer Stelle erwähnt, gibt es vor allen Treffen und Aktivitäten in der Gemeinschaft eine kurze Zeit der Stille und inneren Verbindungsaufnahme, die uns erlaubt, die Geschäftigkeit unseres Tages abzulegen und unsere ganze Aufmerksamkeit ins Hier und Jetzt zu bringen. Diese Einstimmung am Beginn jeglicher Aktivität ist von großer Bedeutung; sie gibt uns nun die Chance, unsere Herzen und Sinne füreinander zu öffnen, so dass wir die Arbeit des Nachmittags als eine zusammenhängende Gruppe erfüllen können.

Ich habe gehört, dass schon am Vormittag eine Reihe kleiner Gruppen Ideen zusammengetragen hat, um für das kommende Jahr einen ausgeglichenen Haushalt zu erzielen und um dazu beizutragen, die Ausgaben in allen Bereichen der Stiftung zu senken. Die Summe, die benötigt wird, um das Haushaltsloch zu stopfen, erscheint unerreichbar groß. Ich frage mich, welchen Inhalts diese Vorschläge wohl sein mögen und wie drastisch die Einschnitte sein werden, um die Bank zu befriedigen.

Einer nach dem anderen stehen die Sprecher der einzelnen Gruppen auf, um über ihre Diskussionen und Empfehlungen zu berichten. Als stille Beobachterin habe ich reichlich Zeit, zuzusehen und zuzuhören, ohne mir darüber Gedanken machen zu müssen, welche Stellung ich dazu beziehen würde. Mir fällt auf, dass viele der Sprecher neue Gesichter sind, und ich merke auch, dass manche von ihnen Dinge sagen, die ich in der Vergangenheit schon viele Male gehört habe. Ich bemerke aber vor allem, dass jeder mit Respekt und Aufmerksamkeit zuhört. Keiner springt auf und wirft ein: „Aber das haben wir doch früher schon probiert, und das haben wir schon ein Dutzend Mal gehört!" Alles wird angehört, und jeder Sprecher erhält Beifall und Dank für seinen Beitrag.

Aus manchen Vorschlägen spricht sehr viel Überlegung und Mut. Einige sprechen davon, die Taschengelder und Urlaube zu kürzen und die Arbeitszeiten zu verlängern. Andere Sprecher schlagen vor, Abteilungen zusammenzulegen, um Kosten einzusparen, wieder andere, Eigentum zu verkaufen, um Geld zur Schuldentilgung einzunehmen. Jede einzelne Person im Raum scheint sich einbezogen und verantwortlich zu fühlen für das, was geschieht. Hier handelt es sich nicht nur um ein Problem für die Führung und das Finanzteam, sondern es ist eine Herausforderung für die ganze Arbeitskraft, und dem jüngsten Neuankömmling wird mit ebensoviel Aufmerksamkeit zugehört wie dem Finanzdirektor.

Diese Aufmerksamkeit und Achtung gibt jedem den Mut, sich zu Wort zu melden und laut zu sprechen – und selbst unpopuläre und schwierige Dinge zu empfehlen, Risiken einzugehen und die Angst zu überwinden, verlacht oder nicht angehört zu werden. Manche Menschen sprechen begeistert und voller Kraft, andere eher leise, ungewohnt der öffentlichen Rede, aber doch willens, jetzt gesehen und gehört zu werden.

Wie immer, gibt es auch eine Teepause, und wir folgen dem Weg zurück in die Küche, wo große Kannen Tee und Kaffee bereitstehen. Es wird sehr viel miteinander besprochen und in kleinen Gruppen erwogen; jeder diskutiert über die Ideen, die vorgetragen wurden. Ich nehme deutlich wahr, dass diese finanzielle Hürde ernste Aufmerksamkeit verlangt.

Dann geht es wieder zurück in den Ballsaal, wo die Mitglieder des Führungsteams ihre Vorschläge unterbreiten. Auch ihnen wird mit Verständnis und Unterstützung zugehört. Sie sind die Menschen, die letztlich einige möglicherweise unpopuläre Entscheidungen werden treffen müssen. Das Kuratorium hat ihnen die Aufgabe anvertraut, den Haushalt auszugleichen und die Schulden zu reduzieren – keine einfache Sache in dieser Zeit: Die Besucherzahlen sind nach den Luftangriffen in den Vereinigten Staaten vom 11. September zurückgegangen, und schon früher im gleichen Jahr hatten sie unter der in England verbreiteten Maul- und Klauenseuche gelitten. Findhorn ist gegen äußere Einflüsse nicht immun.

Die Diskussionen dieses Nachmittags scheinen zu einem Ende zu kommen. Es gibt offensichtlich noch viel zu tun und zu sagen, aber was heute gesagt und getan werden konnte, ist geschehen. Wir beenden die Sitzung mit einem typischen Findhorn-Ritual: Wir halten uns an den Händen, schließen die Augen und singen gemeinsam:

Alles ist gut, das weiß ich.
Ich kann mich getrost ändern und wachsen.

Während wir diese Worte wieder und wieder bestätigend singen, bin ich tief bewegt, wieder einmal Teil dieser erstaunlichen Gruppe von Menschen zu sein, die liebevoll geistig verbunden sind. Niemand scheint einen Zweifel daran zu haben, dass dieses gegenwärtige Hindernis überwunden wird und alle bereit sind, das Nötige zu tun, um zu gewährleisten, dass dieser Ort weiterbestehen wird, um auch künftige Generationen von spirituellen Suchern zu inspirieren. Auch wenn ich zur Zeit nicht hier lebe und arbeite, so weiß ich doch, dass dies meine Familie ist, und ich bewahre sie in meinem Herzen und gewähre ihnen meine Unterstützung zum Überwinden ihrer derzeitigen Herausforderungen.

Am Ende des Tages

Herbie und Barnaby fahren uns zurück zum Park. Ich fange an, mich von all dem, was ich heute erlebt habe, etwas überwältigt zu fühlen. Es ist das, für das ich hierher gekommen bin, was ich erfleht habe, doch die Mischung aus den Begegnungen mit so vielen alten Freunden, der Intensität der Energie hier und dem Bedürfnis nach einiger Zeit der Stille für mich allein sagt mir, dass ich mich in mein warmes kleines Zimmer im Haus Sonnenblume zurückziehen sollte. Ich will heute Abend auf meinem Zimmer bleiben und die Erlebnisse des Tages Revue passieren und sich in mir sortieren lassen. Ich möchte mir einige Notizen machen und anfangen, die ersten Spuren auf meiner Suche zu finden.

Nur zwei weitere Dinge sind heute noch zu tun. Es ist bereits dunkel, als wir am Park ankommen. Ich steige aus dem Bus und gehe hinunter zum Phoenix-Shop. Hier gibt es alles zu kaufen, von biologischen Lebensmitteln und Weinen bis hin zu Kleidung, Kunsthandwerk, Karten, Büchern und Musik. Es erstaunt mich immer wieder, wie viel man in einem so kleinen Raum unterbringen, ja präsentieren kann. Als ich nun den Laden betrete, bietet sich mir von neuem ein Bild, das mich an Aladins Höhle denken lässt, so voller Farben, Gerüche und Klänge. Hinter jeder Ecke ist etwas Neues zu finden. Ich habe beschlossen, einige neue Leckereien zum Knabbern zu erwerben.

Als ich durch die engen, labyrinthartigen Gänge gehe, finde ich schließlich die Käse-Ecke, wo ein herrliches Aufgebot an Käsesorten liegt. Mit Leichtigkeit werde ich hier etwas finden, das ich später genießen kann! Neben dem Käse gibt es Regale und Fächer mit einer großen Auswahl von biologischen Früchten und Gemüsen, und ich finde auch einige Becher Joghurt im Kühlschrank. Vor mir auf dem Fußboden kniet David, der Geschäftsführer, der gerade einige Regale füllt, während er mit Harry, dem Manager des Holiday-Wohnwagenparks, spricht. Ich sage „Hallo" und gehe dann Richtung Ausgang, wo Jan an der Kasse ist. Es ist schön, all die altvertrauten Gesichter hier zu sehen. Jan deutet auf einige köstlich aussehende Muffins auf der Theke, und ich beschließe, der Versuchung nachzugeben und ergänze meinen Einkauf um ein Exemplar.

Jetzt werde ich nur noch mit einer weiteren Person sprechen, bevor ich mich ins Bett fallen lasse. Ich möchte meine Freundin Carly in New Mexico anrufen. Carly wird mir helfen, mein Buch zu schreiben. Ich bin diejenige, die hier all die Abenteuer erlebt, und sie wird mir helfen, alles zusammenzustellen. Ich blicke auf die Uhr und erinnere mich, dass es dort, wo Carly lebt, sieben Stunden früher ist – ich möchte sie nicht wieder mitten in der Nacht wecken.

Ich kann ihr Telefon klingeln hören, sehr weit weg auf einem anderen Kontinent. Dann meldet sich eine sanfte Stimme: „Hallo, hier ist Carly."

„Hi, Carly, hier ist Karin. Ich bin gerade am Ende meines ersten Tages in Findhorn angelangt."

„Karin, ja! Ich habe den ganzen Vormittag an dich gedacht! Ich bin so froh, dass du mich anrufst. Wie geht denn alles? Hast du schon etwas von dem Zauber gefunden?" Ihre Stimme ist voller Enthusiasmus.

„Es war ein so voller Tag. Ich habe schon so viel getan, mit so vielen Menschen gesprochen. Überall kommt mir Zauber entgegen. Aber *der* Zauber ... ich weiß noch nicht. Ich denke, ich habe noch einen langen Weg vor mir. Aber auf der Spur bin ich schon, glaube ich."

„Willst du mir sagen, welche Spuren du gefunden hast?", fragt sie.

„Noch nicht, ich habe in den nächsten Tagen noch eine Menge

Detektivarbeit vor mir. Aber ich muss mich jetzt entspannen und erst einmal alles sich setzen lassen", verrate ich ihr. „Ich fange an, mich sehr müde zu fühlen."

„Dann melde dich wieder und halte mich auf dem Laufenden", bittet sie.

„Ja, das werde ich", versichere ich ihr.

„Ich schicke dir ganz viel gute Energie, Karin – und ich wünschte, ich wäre auch dort!", fügt sie hinzu.

„Gute Nacht, Carly ... ach nein, für dich ist es ja noch nicht so weit. Also einen schönen Tag!"

„Danke dir. Gute Nacht, Karin, und süße Findhorn-Träume!"

Müde, aber voll innerer Erregung und Erwartung für das, was an den vor mir liegenden Tagen geschehen wird, mache ich mich auf den Weg zu meinem Zimmer. Ich lege mich nieder, entspanne mich, schalte mein Denken aus und sinke in einen tiefen Schlaf. Ja ... das fühlt sich an wie Zauber.

Sonnenaufgang, Sonnenuntergang

Julia im Paradies

In den ersten Augenblicken nach dem Erwachen bin ich nicht ganz sicher, wo ich mich befinde. Ich muss sehr tief geschlafen haben, denn das letzte, woran ich mich erinnere, ist, dass ich gestern abends dankbar ins Bett gesunken bin. Draußen ist es noch sehr dunkel, aber bei einem Blick auf die Uhr stelle ich fest, dass es bereits acht Uhr ist. Die Zeit reicht gerade noch für eine Dusche und das Frühstück, dann wartet meine erste Verabredung.

Als ich hier ankam, rieten mir mehrere Personen, dass ich wirklich mit Julia sprechen müsse. Ich kenne Julia nicht, obwohl ich mich zu erinnern meine, sie im Laufe der Jahre hier gesehen zu haben. Wie es hier oft geschieht, traf ich sie natürlich schon an meinem ersten Tag und fragte, ob sie bereit sei, mit mir zu sprechen. Sie scheint zu den Menschen zu gehören, die auf der Stelle „Ja!" sagen, und so bin ich nun hier, beobachte einen weiteren unglaublichen Findhorn-Sonnenaufgang und warte darauf, dass Julia kommt. Ich setze besser den Kessel auf und mache noch eine Tasse Tee.

Wenige Minuten später platzt eine lachende, dunkelhaarige, energiegeladene, tatkräftig aussehende Frau in den Raum und begrüßt mich mit einer herzlichen Umarmung. Julia und ich machen es uns vor dem offenen Kamin gemütlich und trinken unseren Tee. Auf die bequeme Art der Menschen, die nicht alle Präliminarien der Höflichkeit benötigen und nicht zu erklären brauchen, wer sie sind, fühlen wir uns sofort wie alte Freundinnen. Natürlich will ich wissen, was sie zuerst hierher gebracht hatte, und warum sie in Findhorn ist.

„Es ist die Art, wie wir miteinander leben, und zu wissen, dass wir alle etwa auf dem gleichen Gleis fahren", antwortet sie, ohne dass ich die Frage wirklich zu stellen brauche. Obwohl sie Argentinierin ist, spricht sie perfekt Englisch, wenn auch mit einem entzückenden Akzent. Sie hat eine tiefe, kehlige Stimme. „Ich habe schon in anderen Gruppen gelebt, war politisch sehr engagiert, war in der Frauenbewegung, arbeitete mit Flüchtlingen und Einwanderern, das war meine Leidenschaft. Aber da fehlte immer noch etwas, der Aspekt der Selbsterkenntnis, der Aspekt meiner Verbindung mit Gott, die in all jenen Dingen nie existierte. Und hier kann ich alles haben." Sie spricht voller Energie.

Für mich klingt das recht erstaunlich. Dann erinnert sie sich an etwas anders. „Vielleicht bis auf die politischen Dinge, die hier nicht so vertreten sind – aber vielleicht kann ich diejenige sein, die sie einbringen kann."

Ja, denke ich bei mir, das wird sie gewiss tun!

„Spielt das eine Rolle", frage ich, „dass das Politische fehlt?"

„Nein, vielleicht nicht, denn an dessen Stelle tritt die Arbeit, die wir hier tun, und das, was mit den Menschen geschieht, wenn sie hierher kommen."

„Und was geschieht mit den Menschen hier; was tun wir, um sie zu transformieren?"

„Bah, ich denke nicht, dass wir irgendjemanden transformieren!", platzt sie heraus.

Ich lache bereits und finde Julia erfrischend anders und respektlos.

„Ich denke, die Menschen werden durch die Energie und die Atmosphäre dieses Ortes transformiert", fährt sie fort. „Wenn sie hierher kommen, geschieht etwas mit ihnen. Zu der Bereitschaft, die die Menschen selbst mitbringen, gehört, dass sie wollen, dass etwas geschieht. Hier ist der Boden fruchtbar, und so geschieht es eben."

„Was geschieht, und wie?", will ich nun wirklich wissen.

„Ich weiß nicht, was es ist. Wenn ich es wüsste, könnten wir es in Flaschen abfüllen und verschicken!" Sie lacht herzlich, und ihre dunklen Augen funkeln. „Manchmal frage ich mich selbst. Wenn die Gemeinschaft durch schwierige Zeiten geht und die Dinge sehr unangenehm sind – wie sie es in jüngster Zeit waren –, und ich spreche zu den Gästen, die hier eine solche Zeit erlebt haben, dann bin ich immer überrascht. Während wir alle gekämpft und gelitten haben, schienen sie alle diese fabelhafte Erfahrung zu genießen: Liebe zu spüren, sich offenen Herzens zu begegnen, eben etwas von diesem Zauber. Und dann erkenne ich, dass es definitiv gar nichts mit uns zu tun hat!"

Ausgelassen lacht sie, und ich bin entzückt und erstaunt, wie bereitwillig sie ihre Wahrnehmungen mit mir teilt und mit wie viel Humor, Freude und Offenheit.

„Wir mögen ganz mit dem Budget beschäftigt sein, was nicht gerade ein ausgesprochen erbauliches Thema ist, und dennoch haben die Menschen immer noch jenes Erleben. Also muss es etwas sein, das über und jenseits von dem ist, was wir tun oder sagen, oder der Qualität der Energie unserer Gemeinschaft in einem bestimmten Augenblick." Sie ist plötzlich still, wirkt tief nachdenklich. Dann fährt sie fort: „Es ist Gnade, was da kommt. Ich denke, das ist aufgrund der Erwartung, die die Menschen mitbringen oder ihres tiefen Verlangens, das dann mit Gnade erfüllt wird – und es geschieht."

Ich bemerke, dass die Sonne nun ganz über den Horizont gestiegen ist, oder zumindest so hoch, wie sie im Norden Schottlands im Winter überhaupt gelangt, und heute scheint ein sonniger Tag zu werden. Julia spricht weiter, voller Erregung. „Und es wird allezeit geschehen. Wenn es einmal geschehen ist, dann kann der Mensch nicht mehr zurück, dann kann er nicht wieder ganz verschlossen sein und sich nicht erinnern. Das ist es, was mir am besten daran gefällt. Wenn ich mit Menschen spreche, die vor langer Zeit hier waren – und sei es nur für eine Woche vor dreißig Jahren –, dann ist es immer noch da, was auch immer es war. Es hat nichts zu tun mit irgendeiner einzelnen Person hier, sondern es hat zu tun mit etwas, das hier kollektiv bewahrt wird. Ich weiß nicht, warum es hier geschieht, oder ob es auch anderswo geschieht, aber gewiss geschieht es hier."

Julia macht wieder eine Pause. Ich frage mich, ob ich nun hören werde, was dieses „es" ist, das „geschieht". Ich durchbreche das Schweigen mit einer weiteren Frage.

„Ist es Liebe, ist es die Art, wie man voller Achtung und Fürsorge miteinander umgeht, ist es die Art, wie man einander zuhört?"

„Ja." Julia wird wieder beseelt und lebhaft. „Dieses Zuhören ist etwas, das wir die ganze Zeit tun. Jeden Tag, in jeder Abteilung, hat jeder die Chance mitzuteilen, wie es ihm geht und was mit ihm vorgeht, so dass dies gehört und aufgenommen werden kann. Wir haben in jeder Abteilung auch eine wöchentliche Einstimmung, die uns Gelegenheit bietet, tiefer zu gehen."

Ich erinnere mich an jene wöchentlichen Einstimmungen. Dazu nehmen alle, die in einer Abteilung – der Küche, dem Garten, der Instandhaltung, der Buchhaltung oder wo auch immer – miteinander arbeiten, einen Nachmittag ihrer Arbeitswoche frei, um miteinander zu sprechen, miteinander zu teilen, über das Geschäft zu reden. Vor allem aber, um sich die Zeit zu nehmen, einen liebevollen Kreis der Unterstützung zu erschaffen, in dem jedem zugehört wird und in dem sich jeder getragen und geborgen weiß. Diese Zeit ist genauso wichtig, vielleicht noch wichtiger als die Zeit, die man mit Kochen oder dem Unkrautjäten im Garten verbringt. Es ist die Zeit, um aus einer Anzahl von Individuen eine Gruppe zu erschaffen, gemeinsam zu meditieren, Spaß und Lachen miteinander zu teilen und das Geistige zu berühren, das hier präsent ist, und es in unserem Arbeiten und Leben zu verankern.

Ich tauche aus meinen Erinnerungen wieder auf und komme zu Julia zurück. Sie spricht: „Ich brauchte lange Zeit, um zu erkennen, welchen Vorteil und Nutzen es hat, zu artikulieren, wie ich mich gerade fühlte. Ich glaubte nicht, dass dies irgendetwas bewirken könnte – vielleicht weil ich immer ziemlich zurückhaltend gewesen bin und mich nicht zu sehr auf die Unterstützung anderer Menschen verlassen habe. Was soll's, dachte ich; wenn ich sagte, dass es mir miserabel geht – wen kümmerte es? Wie könnte das etwas ändern? Aber dann erkannte ich, dass es die Art und Weise veränderte, wie ich selbst mich mit einem Gefühl, einer Person oder Situation empfand. Plötzlich, wenn ich nur darüber spreche, ist es nicht länger nur mein Problem, sondern es ist auch bei jemand anderem, und das hilft. Es wird von der Gruppe getragen. Und die Menschen werden sich erinnern, sie werden später zurückkommen und mit mir sprechen, um zu hören, wie es mir geht.

Mehr als auf jede andere Weise kommen die Bande, die wir hier zusammen knüpfen, durch das Miteinander-Arbeiten zustande. Ich weiß, dass ich diesen Menschen absolut vertrauen kann, dass sie sich um mich kümmern, dass ich akzeptiert werde, wie ich bin – und das ist einfach umwerfend! Das hat mir genügend Selbstwertgefühl ermöglicht, um mich zu bewegen und zu verändern und um zu erforschen, wie es wäre, wenn ich aufhörte, mich auf eine bestimmte Weise zu verhalten oder aufhörte, etwas zu tun.

Ich spüre, dass hier niemand über mich urteilt. Es ist schön und in Ordnung, es ist fein für mich, so zu sein, wie ich bin, und es ist auch schön, mich zu verändern. Dieses Akzeptiertsein berührt meine Seele. Das ist ziemlich einzigartig, diese Bereitwilligkeit, einander, die ganze Gruppe, die ganze Gemeinschaft zu akzeptieren."

Ich fühle mich allmählich fast ein wenig außer Atem in dem Versuch, mit Julias Begeisterung mitzuhalten. Es ist ein riesiges Herz, das in ihrem geräumigen Brustkorb schlägt. Ich weiß auch, worüber sie spricht, und stimme mit ihr überein. „Ja, Julia, ich weiß. Ich habe dies nirgendwo sonst gefunden. Nicht einmal annähernd. Viele großartige Menschen findet man überall, aber nichts, wie es hier geschieht. Dann komme ich hierher zurück, und – uhps! –, da ist es wieder, hat auf mich gewartet."

Ich fange an zu fühlen, dass wir ein wenig zu sentimental werden, zu sehr darin schwelgen, wie wundervoll dies alles ist. Da muss es doch auch eine andere Seite geben. „Julia, ist dies alles real – oder ist es nur Schein, Illusion? Der >Glanz von Findhorn<, existiert er noch?"

Julia ist nachdenklich, versucht eine Antwort zu finden, die für sie real ist.

„Ich bin nicht immer sicher, ob es ihn gibt, diesen Glanz. Vielleicht ja, gelegentlich, wenn wir es übertreiben mit unseren Aussagen, wie wundervoll es ist, hier zu leben. Der andere Teil, den ich persönlich sehr schwierig finde, ist, wenn ich das Gefühl habe, dass wir hier leben und funktionieren ohne irgendeinen Bezug zur Außenwelt. Alles fängt hier an und hört hier auf, und wir vergleichen nur mit uns selbst und messen uns nicht mit allem anderen, das um uns herum geschieht. Ich finde das schwierig.

Manchmal werden wir ein wenig selbstzufrieden. Ich werde leicht nervös, wenn wir sagen, dass wir diese ganze >Weltarbeit< leisten. Ich denke, es gibt viele Menschen, die auf verschiedenste Weisen Arbeit für die Welt leisten, vielleicht sogar besser als wir. Aus praktischer Perspektive, das heißt in der physischen Welt, tun es viele besser als wir. Auf der spirituellen Ebene, denke ich, machen wir es sehr gut, aber andere machen es genau so gut. Doch ich denke nicht, dass wir in unserem Verständnis der materiellen Welt gleichermaßen exzellent sind. Ich wünschte, dass wir näher dorthin kommen. Ich denke, wir erreichen eine Stufe der Reife, auf der wir wirklich Materie ins Geistige verwandeln können und umgekehrt, und das, meine ich, ist das fehlende Bindeglied."

Ich finde es so überaus erfrischend, jemandem zuzuhören, der diesen Ort von ganzem Herzen liebt und zugleich realistisch sehen kann, an welchen Stellen immer noch eine Menge Arbeit zu leisten ist.

„Nach sechs Jahren bist du immer noch hier, Julia – warum?"

Ihre Antwort ist einfach. „Wo sonst könnte ich mit Menschen leben, die alle – auf die eine oder andere Weise – mehr Bewusstsein und Gewahrsein in unser Leben bringen? Das ist es, was wir hier tun. Arbeiten mit dem Prinzip der Achtung voreinander, und uns selbst daran erinnern, dass wir ständig mit dem Geistigen verbunden sind und uns auf diese Verbindung stützen und beziehen können. Wir können auch einen Raum offen halten für andere Menschen, die kommen und sich daran beteiligen wollen – und das ist ein großes Geschenk."

Julia macht sich bereit aufzubrechen und zieht Schuhe und Mantel an. Breit grinsend blickt sie zu mir zurück.

„Wenn die Dinge schwierig werden, dann brauche ich mich nur immer daran zu erinnern, dass ich hier im Paradies lebe, mit all den Schwierigkeiten eines Paradieses – aber es ist das Paradies."

Das scheint mir ein gutes Abschiedswort zu sein.

Ich stelle die Tassen weg, und werfe einen Blick auf meinen Terminplan. Ich habe wirklich einen Terminplan erstellen müssen für die Zeit, die ich hier bin, um sicherzustellen, dass ich zu so vielen Menschen wie möglich sprechen kann. Ich habe auch eine „Zeit für glückliche Zufälle" eingeplant – Zeit, um einfach „nichts Bestimmtes" zu tun, spazieren zu gehen und geschehen zu lassen, was auch immer geschehen will. Nun, mein nächster Termin sieht aus, als würde er interessant werden. Es wird Zeit, sich fertig zu machen, um in den kalten, hellen Morgen hinaus zu treten.

Erforschung des Heiligen

Genau im Zentrum der „Innenstadt" Findhorns steht ein kleinerer, dunkelgrüner Wohnwagen. Was wir oft „Innenstadt" nennen, ist in Wirklichkeit eine Ansammlung von Gebäuden – das Gemeinschaftszentrum, die Lebensmittel-Lagerschuppen, das Büro für die Öffentlichkeit, die Rezeption, der Andachtsraum und einige weitere kleine Holzgebäude, deren Nutzung jedes Mal eine andere zu sein scheint, wenn ich zu Besuch komme. Alle diese Gebäude stehen gleich bei den ursprünglichen Gärten, in denen alle die berühmten riesigen Gemüse wuchsen, und gleich neben der Stelle, wo die legendäre Müllhalde war und alles begann. Dort steht jener kleine, dunkelgrüne Wohnwagen – eben der, den Peter vor vierzig Jahren hierher gebracht hat und in dem die Familie während jener ersten Jahre „auf Tuchfühlung" lebte – Peter und Eileen und ihre drei jungen Söhne Christopher, Jonathan und David. In dem kleinen Anbau wohnte einst Dorothy Maclean. Dieser bescheidene Wohnwagen war das kleine, sehr lebendige Herz dessen, was sich zur Findhorn-Gemeinschaft entwickeln sollte.

Vor wenigen Jahren fing der alte Wohnwagen an, etwas mitgenommen auszusehen. Seit die Caddys vor mehr als dreißig Jahren in ein geräumigeres Quartier gezogen sind, haben hier verschiedene andere Mitglieder der Gemeinschaft gewohnt, die kamen und gingen, und in späteren Jahren wurde aus dem alten Wohnwagen ein Büroraum. Selbst ich habe in den achtziger Jahren darin gearbeitet, damals war es das Personalbüro. Als dann der Boden einbrach und es aussah, als würde der alte Caravan in Stücke gehen, musste eine Entscheidung über seine Zukunft getroffen werden. Sollte man ihn fortschleppen, um Platz für etwas Neues zu schaffen? Oder sollte man ihn lassen, wie er war, als eine Art Gedenkstätte für unsere Gründer und unsere Geschichte? Am Ende wurde die Entscheidung getroffen, ihn zu renovieren – eine langwierige und liebevoll ausgeführte Aufgabe –, und nun ist er wieder ein Büroraum. Heute besuche ich ein Treffen der „Gruppe für spirituelle und persönliche Entwicklung", die ihn zur Zeit für ihre Gespräche und Verwaltungsarbeit nutzt.

Ich stecke den Kopf durch die Tür und sehe vier Menschen, etwas beengt in dem größeren der beiden Räume. Ich erinnere mich, dass dieser Raum das Wohnzimmer war, als die Familie Caddy hier wohnte, zudem das Esszimmer und nachts das Eltern-Schlafzimmer! Mit einiger Schwierigkeit rücken die vier zusammen – für Berührungsängste ist hier kein Platz. Wie um Himmels willen hat es die Familie Caddy geschafft, so lange in diesen kleinen Raum zu passen?

Einander vorzustellen, ist nicht nötig. Ich kenne diese Menschen gut, und sie wissen, warum ich hier bin. Doch es fühlt sich seltsam an, hier bei ihnen zu sitzen und Fragen zu stellen.

„Hallo Leute", beginne ich aufgekratzt. „Danke, dass ihr Zeit für mich habt."

Keiner spricht spontan. Vermutlich warten sie darauf, dass ich meine Fragen stelle.

„Vielleicht könntet ihr mir erzählen, wie ihr alle hierher gekommen seid, was euch an diesen Ort gezogen hat und wie lange ihr hier schon lebt?", schlage ich vor.

Margo ist die erste, die mir antwortet. Sie ist Holländerin und hat eine weiche, sanfte Stimme. „Ich lebe hier jetzt seit zehn Jahren", teilt sie mir mit.

Kaum zu glauben, dass es so lange ist, denke ich. Es scheint erst gestern gewesen zu sein, dass sie meinen alten Wohnwagen in Pineridge übernahm, als ich gerade mit Thierry woanders hinzog.

„Wie bist du hierher gekommen, Margo, was ist deine Geschichte?"

„Eine Freundin war hier gewesen, und als sie mir davon erzählte, wusste ich einfach, dass ich kommen und Findhorn besuchen musste. So wie alle anderen, kam ich für eine Erfahrungswoche, und während unserer Führung durch den Park – genau genommen als wir gerade in dem Natur-Andachtsraum waren – sagte >etwas< zu mir: >Du wirst hier leben.< Als ich nach Hause zurückkehrte, blieb diese Stimme in meiner Erinnerung, aber ich bin eine vorsichtige, ja sogar argwöhnische Person, und so kam ich noch einige Male zu Besuch hierher, um es mir genauer anzusehen. Schließlich jedoch erkannte ich, dass ich bereit war, zu kommen und hier zu leben, mich am Leben hier zu beteiligen.

„Was war das für eine Erkenntnis? Woher wusstest du, dass es richtig für dich war?"

Auf ihre stille, ernste und nachdenkliche Weise antwortet Margo: „Mehr als alles andere liebte ich die spirituellen Werte und die spirituelle Praxis und wie sie in unser tägliches Leben und Arbeiten eingebracht wurde. Und der Austausch mit Menschen, wie wir mit den täglichen Herausforderungen umgingen und Lösungen und Wege auf der höchstmöglichen Ebene erarbeiteten."

Plötzlich unterbricht ein sehr lautes Geräusch unsere Runde. Eine der Nimrods vom Luftwaffenstützpunkt Kinloss hebt gerade ab. Wir lächeln – wir sind alle daran gewöhnt, dass dies mehrere Male am Tag passiert, und wir hören einfach für eine Minute auf zu sprechen, bis der Lärm verebbt. Dann fährt Margo fort: „Ich habe mich lange Zeit mit dem Buddhismus beschäftigt. Ich liebe das spirituelle Leben, aber ich liebe auch das normale, tägliche, menschliche Leben. Ich gehe oft in buddhistische Zentren, um mich wieder aufzuladen, aber immer komme ich zum Leben und Arbeiten hierher zurück."

Ich frage sie nach der Art ihrer Aufgabe in der Gruppe für spirituelle und persönliche Entwicklung.

„Wir unterstützen das Personal und die Anwärter, die hier leben, wir entwickeln Ausbildungsprogramme und Supervisionspläne. Eine andere Aktivität ist die Durchführung von Gesprächen zur Selbsteinschätzung mit unseren Leuten sowie Lebensberatung und natürlich auch die spirituelle Begleitung."

„Wie kamst du zu der Entscheidung für diese Arbeit?", frage ich sie.

„Oh, ich sah die Stelle in der *Rainbow Bridge* angeboten, und sie hat mich sozusagen angesprochen. Ich hatte ein inneres Wissen, dass es richtig für mich war."

„Davon gibt es hier eine ganze Menge", bemerke ich. Ich danke Margo mit einem warmherzigen Lächeln und richte meine Aufmerksamkeit auf Judy, die neben ihr sitzt.

Ich frage mich, ob es irgendetwas gibt, an dem Judy im Laufe ihrer langen Karriere hier in der Gemeinschaft *nicht* beteiligt war! Sie war eine hervorragende und enorm erfahrene Spielleiterin für das *Spiel der Wandlung,* wir arbeiteten zusammen in der Personalabteilung, sie war mehrere Jahre lang Focaliser der Gemeinschaft, war ein Mitglied des Kuratoriums gewesen und hatte zwei Kinder großgezogen. Darüber hinaus war sie auch eine begnadete Köchin. Mein Lieblingsrezept – Spaghetti mit Gorgonzola-Sauce – habe ich von ihr „geliehen", und sie backt auch wunderbare Kuchen. Vor Jahren, bei einer unvergesslichen Gelegenheit, als unsere Freunde Pauline und Alex heirateten, schufen wir gemeinsam einen sehr schönen und eleganten Hochzeitskuchen mit einer Glasur in Weiß und Türkis. Ich würde Judy auch als eine sehr private Person beschreiben, die hart an sich gearbeitet hat, um ihre angeborene Schüchternheit zu überwinden und ihre Begabungen im Dienst für die Gemeinschaft und den Planeten einzusetzen. Wir lächeln einander an, die Fragestellerin und die Befragte.

„Warum bist du noch hier, Judy? Das ist eine lange Zeit gewesen." Ich stelle diese Frage oft, und hoffe, Antworten zu finden, die mir auf meiner Suche helfen.

Judy denkt einen Moment nach und antwortet dann: „Weil ein Teil von mir immer noch hört, das dies der Ort ist, wo ich sein soll. Ich kam ursprünglich aus Neugier und blieb, weil ich einfach wusste, dass dies der Ort ist, an den ich gehörte. Es war das letzte, was ich erwartet hatte. Mehrere Male habe ich versucht fortzugehen, und was jedes Mal unweigerlich geschah, war so dramatisch, dass ich dies in einem weiteren Sinne innerlich nicht unterstützen konnte. Ich würde nicht sagen, dass es ein Gefühl des Zaubers ist oder ein Empfinden von Ehrfurcht. Was mich hier festhält ..."

Judy hält einen Moment inne und lächelt, als sie die Wahrheit ihrer eigenen Worte erkennt. „Was mich hier trägt, ist Gott. Manchmal argumentiere ich und schimpfe sogar dagegen. Manchmal denke ich, dass es der letzte Witz ist, was Gott mir antun könnte: Jemanden wie mich, der nicht besonders gesellig und schon gar kein Herdentier ist, in einer Gemeinschaft zu halten!"

Judy lacht über den Streich, den Gott ihr gespielt hat. „Ich wäre zur Einsiedlerin viel besser geeignet", fährt sie fort. „Es ist eine Ironie des Schicksals, dass ich immer noch hier bin."

„Du bist hierher gekommen, als du sehr jung warst. Wie hat es dich verändert?"

„Nun, ich habe mein ganzes Erwachsenenleben hier verbracht, mittlerweile fünfundzwanzig Jahre. Ein großer Teil von dem, was ich bin, wie ich denke und wie ich die Welt betrachte und mit Menschen und den Fertigkeiten umgehe, die ich erworben habe – das alles geschah hier. Ich kann mir nicht vorstellen, irgendwo sonst gewesen zu sein und wie es dann aussähe. Ich fühle mich sehr wie ein Teil dieses Ortes."

Ich scheine dies schon einmal von jemandem gehört zu haben.

„Gefällt dir das? Gefällt dir, was dir hier geschehen ist?", frage ich nach.

Judy sieht aus dem Fenster auf die Zweige, die sich in dem kräftigen Wind draußen biegen. „Meistens. Ich mag, was mit mir als Person geschehen ist; ich mag sie, die ich bin. Ich mag die Art, wie ich die Welt betrachte. Ich denke, dass ich von diesem Ort geformt und poliert worden bin – und zuweilen auch gestört, geprügelt und grün und blau geschlagen. Es ist nicht nur Zucker und Glanz, hier zu sein."

Nach siebenundzwanzig Jahren weiß ich, dass auch dies stimmt. „Judy", frage ich sie, „was meinst du mit >von diesem Ort<, was bedeutet dies für dich?" Ich weiß, ich werde auch andere Menschen bitten, wirklich zu definieren, was >dieser Ort< für sie bedeutet.

„Das Land, die Leute", antwortet sie. „Die Prozesse zwischen den Menschen, die Evolution der Strukturen. Es ist ein wenig, als beobachtete man, wie ein Kind aufwächst, wie seine Entwicklung sich durch die verschiedenen Phasen vollzieht. Und dann erkennt man, wie eine ganze Gruppe von Menschen ebenfalls durch

Wachstumsphasen und Entwicklungszyklen geht. Ich kann hier als Individuum leben, als Teil einer Abteilung oder der Gemeinschaft, und ich kann beobachten, wie sich diese erstaunliche Geschichte vor meinen Augen entfaltet, eine unendlich komplexe Geschichte. Es ist fast so, als betrachtete ich ein Schauspiel."

Ja, wie ein Schauspiel, ein Film, ein fortdauerndes Drama. (Mit einem heimlichen inneren Lächeln frage ich mich, ob es nicht manchmal auch wie eine Seifenoper ist?!)

„Die Geschichte hat so etwas wie einen Wiederholungsaspekt, aber die führenden Männer und Frauen wechseln ständig. Alles ist das Gleiche und alles verändert sich – beides ist richtig. Der Prozess, darin zu leben, manchmal eine tragende Rolle zu verkörpern, manchmal nur eine Statistenrolle ohne Text zu haben ... ich habe aufgehört zu versuchen, mir zu erklären, was es ist. Alles, was ich sagen kann, ist völlig unangemessen."

Ich denke, sie macht es in Wirklichkeit sehr gut – und sie hat noch mehr zu sagen.

„Dann gibt es die ganze innere Welt. Die Erforschung, was oder wer Gott ist." Nun beginnt Judy, die Fragen zu stellen. „Und was ist das Lichtnetz, was ist der Landschaftsengel? Was ist der Engel von Findhorn? Wie unterscheiden sie sich? Werde ich jemals einen Deva sehen? Ich spüre sie, aber werde ich sie jemals sehen? Die Summe all dieser Dinge, und viel, viel mehr – das ist es, was diesen Ort ausmacht."

Aber wie lauten die Antworten?

„Sie entziehen sich jeder Beschreibung", sind Judys letzte Worte für mich.

Ich schüttele verwundert den Kopf. „Ich denke, dass es die Menschen vor fünfundzwanzig Jahren leichter hatten, ein Buch über Findhorn zu schreiben", vermute ich. „Mit der heutigen Komplexität ist es unmöglich. Ich kann das nicht. Alles, was ich tun kann, ist zu beobachten und zuzuhören – und je mehr ich beobachte und zuhöre, desto mehr erkenne ich, dass ich gar nichts weiß."

Der dunkelhaarige junge Mann, der mir gegenüber sitzt, lacht. Vielleicht hat er einige Antworten für mich. Vielleicht weiß er etwas. Javier ist Spanier, lebt seit einer Reihe von Jahren hier und hat nun zwei kleine Kinder.

„Nun, Javier", beginne ich, „was, meinst du, ist das Spezielle hier? Warum bist du noch hier?"

„Was mich am Anfang hierher brachte, war die schiere Schönheit dieses Ortes. Die Schönheit, die ich hier in der Natur, in den Menschen und in allem um uns herum ausgedrückt fand."

Ich sehe mich in diesem kleinen Wohnwagen um. Er mag auf eine höchst interessante Geschichte zurückblicken, doch ich vermag seine Schönheit gerade nicht so recht zu sehen. Aber ich weiß, was Javier meint. Er spricht über eine innere Schönheit, die man nur sehen kann, wenn man mit jenem Teil in einem selbst in Kontakt ist, der schön ist.

„Nun, es ist die Arbeit mit Gästen und neuen Mitgliedern, was mich hier hält. Ich finde, der Zauber von Findhorn scheint am stärksten am Anfang zu sein, wenn die Menschen zum ersten Mal herkommen. Nach einigen Jahren scheinen wir uns daran zu gewöhnen."

„Das ist wohl bedauerlich", antworte ich. „Aber es bedeutet nicht, dass der Zauber nicht mehr hier ist. Wenn er für die Gäste und neuen Mitglieder hier ist, dann ist er hier. Er muss etwas mit dem zu tun haben, was man zu finden erwartet. Doch für mich klingt das traurig ... sich an den Zauber zu gewöhnen."

Javier erzählt mir seine Geschichte weiter. „Ich war sehr überrascht von dem, was mit mir geschah, als ich zum ersten Mal hier ankam. Ich war sehr verschlossen, und plötzlich, wie aus heiterem Himmel, fing ich an, freudig auf andere zuzugehen. Es war sehr schön. Die Kultur hier bietet eine Menge Voraussetzungen, die es den Menschen erlauben, Elemente von dem hervorzubringen, was und wer sie wirklich sind, und sie mit anderen zu teilen. Hier ist eine Kombination von Gewahrsein, von Sensitivität, von Füreinander-Sorgen – und einfach das gewöhnliche Leben in der Gemeinschaft."

Ich beginne zu empfinden, dass Javier den Zauber immer noch spürt.

„Die Menschen scheinen mehr Gefühl für sich selbst hier zu finden und fühlen sich kraftvoller. Einige Menschen, die zum ersten Mal hierher kommen, sagen mir, dass sie Gott näher sein wollen. Manche wollen lernen, wie sie die Verbindung mit ihrer Intuition aufnehmen oder innere Weisung empfangen können. Andere haben das Gefühl, gerade nach Hause gekommen zu sein. Die Menschen, die am meisten davon zu haben scheinen, hier zu sein, sind diejenigen, die ihre Prioritäten sehr klar halten und sich erinnern, wozu sie hierher gekommen sind. Wenn sie dann wieder abreisen, gehen sie mit einer größeren Zielgerichtetheit in ihr Leben zurück; sie wissen, wer sie sind und was sie vom Leben wirklich wollen."

Javier scheint über den Zauber hier eine ganze Menge zu wissen; vielleicht ist er nicht ganz so sehr daran gewöhnt, als er abschließend mit großer Begeisterung erklärt:

„Ich bin sehr leidenschaftlich in Bezug auf meine Arbeit hier. Dies ist ein heiliger Ort."

Ich blicke auf zu der Frau, die neben ihm sitzt, meine liebe alte Freundin Judi, und frage sie: „Was denkst du, Judi? Ist dies ein heiliger Ort?"

Judi ist nicht geneigt, diese Frage allzu einfach zu beantworten. „Dazu bräuchte ich erst eine Definition von >heilig<", antwortet sie.

„Ist dieser Ort etwas Besonderes? Ist dies ein Ort Gottes? Ist dies ein Ort des Geistes?" Ich hoffe, dass es dies ist, was sie hören will. Nun scheint sie bereit zu sein, mir zu antworten.

„Wenn ich alle diese Worte wählen könnte, würde ich die Frage bejahen. Aber Findhorn ist nicht der einzige Ort, der heilig ist. Für mich ist jeder Ort ein Ort Gottes und auf eigene Weise etwas Besonderes. Was aus meiner Sicht für diesen bestimmten Ort gilt, ist, dass es hier eine Menge Leute gibt, die ihre Aufmerksamkeit auf ihre Verbindung mit Gott richten. Und weil das hier so viele Menschen tun, wird es in gewisser Weise auf der Form-Ebene greifbarer. Es ist nicht im Untergrund, nicht etwas selten Ausgesprochenes, sondern es wird darüber gesprochen, und das ist ein Teil des täglichen Lebens. In der Bibel heißt es: >Im Anfang war das Wort<, und wenn du etwas in die Form bringen willst, musst du darüber sprechen – zuerst ist da eine Idee, dann wird sie zum Wort. Es gibt eine Menge Wörter in dieser Gegend, die dazu beitragen, den Geist greifbar und berührbar zu machen. Ja, er ist greifbarer, zugänglicher, leichter fassbar – besonders für Leute, die ihn normalerweise nicht spüren, wie unsere Besucher und Gäste. Dies ist ein ganz besonderer spiritueller Ort; das Geistige ist in der Atmosphäre, und es wird darüber gesprochen."

„Wenn aber nun jeder Ort irgendwie heilig ist, warum und wie werden Menschen dann gerade hierher gezogen?", frage ich.

„Eine Gruppe, in der ich neulich war, wurde gefragt, warum sie hier waren", antwortet Margo. „Da kamen ganz unterschiedliche Antworten, jede Person hatte einen anderen Grund, hier zu sein. Auch definieren sie das Leben in Gemeinschaft auf unterschiedliche Weisen. Manche Menschen kommen einfach gerne her, um sich einige Stunden ins Café zu setzen, andere leben hier seit zwanzig Jahren und sind hundertprozentig dabei. Diese Gemeinschaft ist für viele verschiedene Menschen viele verschiedene Dinge. Und wir alle sind ständig dabei, diese Gemeinschaft zu erschaffen, jeder auf seine oder ihre eigene Weise."

„Danke, Margo, ich weiß, was du meinst", antworte ich. „Sage mir: Wenn die Stiftung nicht länger existierte, wäre die Gemeinschaft dann immer noch da? Wie wichtig ist die Stiftung für das, was jetzt hier geschieht? Ich sehe euch, die Findhorn-Stiftung, die ihr Schritte unternehmt, euch zu verändern. Ist es nötig, dass die Stiftung weiter so existiert, wie sie ist?"

Diese Frage hat mich schon einige Zeit beschäftigt. Nun, da die Gemeinschaft größer und in sich stärker wird, ist es da weiterhin notwendig, dass die Stiftung die Energie hält, wie sie es in den zurückliegenden vierzig Jahren getan hat? Judi scheint einige Antworten für mich zu haben.

„Ich will zuerst die vorausgehende Frage ansprechen, warum Menschen sich hierher gezogen fühlen – und dabei will ich in die Quantenphysik gehen!"

Ich schlucke und überlege. Quantenphysik? Ich habe noch nicht einmal *Die tanzenden Wu-Li-Meister* gelesen!

„Ich denke, wir sind tatsächlich ein lebendiges Beispiel für das, worüber Maharishi Mahesh Yogi, der Meister der Transzendentalen Meditation, spricht", fährt Judi fort. „Er hat immer gesagt, wenn ein Prozent der Bevölkerung meditiere, werde dies die ganze Gegend beeinflussen. Dies wurde bewiesen, als in New York die Verbrechensrate zurückging. So etwas geschieht auf einer Schwingungsebene in dem Gebiet um einen Ort, in dem das Denken der Menschen auf eine bestimmte Weise eingestimmt ist. Während wir hier nach wie vor unseren Kummer, Angst oder was auch immer für Probleme haben, gehen wir doch an einem Punkt immer wieder zum Geistigen zurück. Jeden Tag verbinden wir uns mit dem Geistigen. Das beeinflusst tatsächlich die Schwingungsebene in diesem Teil der Welt. Da er dann auf einer bestimmten Ebene schwingt, werden Menschen davon angezogen, weil ihre eigene Schwingung auf einer bestimmten Ebene ist, und danach halten sie Ausschau. Damit harmonieren sie."

„Aber was ist mit ...", beginne ich, doch Judi ist jetzt in Fahrt und spricht weiter.

„Dann denken sie sich eine Menge guter Gründe aus, warum sie sich hierher gezogen fühlen, aber der Grund, warum sie hier sind, warum sie hierher passen, sind ihre Schwingungen, die damit harmonieren. Wir tun das immer noch, es ist um uns und immer präsent. Wenn nun die Stiftung nicht hier wäre und die Gemeinschaft hier die Schwingungsebene bewusst aufrechterhielte, so würde die Energie bleiben. Wenn sie weiterhin meditieren und ihre Verbindung mit dem Geist bewahren, wenn sie auch mit ihrer spirituellen Praxis weitermachen, Taizé-Lieder singen und all die andere Wege gehen, auf denen Menschen sich mit dem Geistigen in Verbindung setzen, dann wird die Energie bleiben. Wenn sie es jedoch nicht tun, weil sie es vergessen, dann wird auch die Energie nicht bleiben, weil die Schwingung sich verändert; die Meditierenden wären nicht mehr da. Die Antwort lautet also: Ja, die Stiftung ist wichtig als eine ständige Erinnerung an den zentralen Kern, der die Schwingung auf dieser Ebene aufrechterhält – und nein, sie ist nicht wichtig, solange sie jeder selbst aufnimmt und diese Aufgabe erfüllt."

„Dann bedarf es also keiner Hüter des Zentrums, deren Aufgabe es ist, die Schwingungen auf einer genügend hohen Ebene zu halten?", kommentiere ich.

Ich denke an all die engagierten Menschen, die im Andachtsraum hingebungsvoll lange Stunden in der Meditation verbringen, um die Energie zu halten, die dort erzeugt wird. Ich erinnere mich besonders an Eileen und ihre Bereitwilligkeit, diese Arbeit fortzusetzen.

„Ja, und wenn sie es wirklich vergäßen und die Schwingungsebene nicht hier wäre, würden sich die Menschen, die aufgrund dieser Schwingungen gekommen sind, die hier Häuser gebaut haben, sehr unbehaglich fühlen und schließlich fortziehen wollen."

Ich frage mich, ob sich alle die „neuen" Menschen, die auf dem Feld der Träume ihre Häuser bauen, dessen bewusst sind, was sie Generationen von hingebungsvollen Menschen schulden, die die Schwingungen dieses Zentrums im Laufe von vierzig Jahren erschaffen und gehalten haben – und die dies auch weiterhin tun.

Doch nun ist meine Zeit mit dieser Gruppe vorüber. Ich quetsche mich aus dem Wohnwagen und wundere mich von neuem, wie die Gründer dieser Gemeinschaft sieben Jahre lang in diesem kleinen Raum wohnen konnten. Es waren diese drei Menschen, Eileen, Peter und Dorothy, die es wagten, diese Entdeckungsreise ins Geistige zu starten, und es sind Menschen wie Margo, Javier, Judi und Judy, die das Werk heute fortführen.

Wenn er es baut, werden sie kommen

Die vier Mitglieder der „Gruppe für Spirituelle und persönliche Entwicklung“ quetschen sich nacheinander aus dem engen Raum und folgen mir. Ich kann verstehen, warum sie sich gewöhnlich einfach S&PD [Spiritual and Personal Development] nennen, die volle Bezeichnung ist ein wenig zungenbrecherisch. Bei einem Blick auf die Uhr stelle ich fest, dass ich sowohl die mittägliche Meditation im Andachtsraum als auch das Mittagessen im Gemeinschaftszentrum versäumt habe. Ich muss wohl ins Green Room Café gehen und sehen, was sie dort heute anzubieten haben.

Zum Glück ist alles ganz in der Nähe, hier im Park. So sind es nur wenige Schritte durch die zentralen Gärten, vorbei am Verlagsgebäude, und schon bin ich im Café. Im Sommer wäre es gefüllt von hungrigen Menschen, die im Innern und im Freien auf der Terrasse sitzen, wo in der Hoffnung auf warmes, sonniges Wetter ein Dutzend Tische bereit stünde. Heute sind nur wenige im Café und essen zu Mittag. In einer Ecke, mit der Zeitung und einem Sandwich beschäftigt, sehe ich die vertraute bärtige Gestalt von David aus dem Phoenix-Shop. An einem anderen Tisch löffelt Alex still seine Suppe und isst etwas Brot dazu. Das ist etwas, auf das ich mich verlassen kann – im Café die Stammkunden zu sehen, die ihre Mahlzeiten einnehmen und ihren Kaffee trinken.

Gleich hinter mir kommt mein alter Freund John herein.

„Hi, John“, begrüße ich ihn. „Wollen wir zusammen zu Mittag essen? Ich würde so gerne mit dir reden.“

„Ja, gerne“, antwortet er. „Du schreibst ein Buch. Willkommen unter den Schriftstellern.“ Vor einigen Jahren schrieb John *Simply Build Green,* ein Buch über die ökologisch gebauten Häuser hier in der Gemeinschaft.

„Noch nicht, ich zähle noch zu den Anwärtern. Vielleicht kannst du mir ja helfen“, sage ich hoffnungsvoll.

„Gewiss doch. Holen wir uns etwas zu essen und setzen uns in die Ecke dort drüben.“

Ich sehe mir die Speisekarte an. Ich weiß, dass alles, was hier serviert wird, wahrscheinlich am Ort gewachsen und biologisch angebaut ist. Ich bestelle eine gebackene Kartoffel mit Käse und als Beilage Salat. John wählt ein Stück Quiche und bestellt einen

Cappuccino. Wir gehen zu einem Tisch in einer ruhigen Ecke und warten auf unser Essen.

John ist Amerikaner, sein Alter ist schwer zu schätzen. Er hat ein hübsches, jungenhaftes Gesicht, dunkles, lockiges Haar und ein vergnügtes Lächeln. Ich weiß, dass er seit etwa 1980 in der Gemeinschaft gelebt hat, deshalb kann er unmöglich so jung sein, wie er aussieht!

„Okay, John“, beginne ich, „kommen wir zum Geschäft. Reden wir, bevor das Essen da ist. Was hat dich ursprünglich nach Findhorn gebracht?“, stelle ich die vertraute Frage.

„Ich kam damals hauptsächlich, weil ich mich gerufen fühlte“, antwortet er. „Es fühlte sich einfach richtig an, wie beabsichtigt. Ich meditierte in meinem kleinen Andachtsraum zu Hause in Portland, Oregon, und fragte, wohin ich im Rahmen meines spirituellen Weges gehen sollte. Ich bekam die Eingebung, das britische Konsulat anzurufen und mich nach Einreisevisa für Amerikaner zu erkundigen; dies würde mir zeigen, ob Findhorn der >richtige< Ort für mich sei. Ich war vorher schon zweimal als Gast hier, 1978 und 1979. Nun, zu meiner vollständigen Überraschung, erfuhr ich, dass ich von den Einwanderungsbehörden als Britischer Staatsbürger betrachtet wurde, da ich in England geboren war, obwohl meine Eltern beide Amerikaner waren. Mein Vater und meine Mutter waren in den frühen Fünfzigern für einige Jahre in England stationiert. Dies schien mir ein recht deutliches >Zeichen< zu sein, dass ich nach Findhorn gehen sollte.“

Ich versuche auszurechnen, wie alt John demzufolge sein musste, wenn er Anfang der fünfziger Jahre geboren wurde. Mit Schrecken stelle ich fest, dass er wohl fast fünfzig war! Ich sehe ihn mir etwas genauer an, ob ich irgendwelche Fältchen entdecken kann. John spricht weiter.

„Ich arbeitete als Ingenieur für eine große multinationale Firma, aber ich erkannte früh, dass dies nicht meine Karriere war. Ich brauchte etwas, das mich mehr ausfüllte, das auch ein Gefühl von Sinn und Ziel mit sich brachte. Als ich Findhorn besuchte, fand ich dieses Gefühl, auch wenn ich mir bei meinen ersten Besuchen dort nicht sicher war, ob ich hier jemals leben würde. Und als ich schließlich kam, dachte ich, es wäre nur für ein oder zwei Jahre.“

„Wie bist du dann zum Ökodorf gekommen?“

Unser Essen wird von einem blonden jungen Mädchen gebracht, das einen Nasenring trägt. Es scheint, dass unsere jungen Leute hier die gleichen seltsamen Gewohnheiten haben wie ihre Freunde im Ort. Unser Essen sieht sehr frisch und köstlich aus, und ich widme mich meiner gebackenen Kartoffel, während John weiterspricht.

„Wenige Monate, nachdem ich in die Gemeinschaft gezogen bin, war viel davon die Rede, den Wohnwagenpark in ein lebendiges Beispiel für die Kooperation mit der Natur auf allen Ebenen zu verwandeln – nicht nur die Gärten, sondern auch ein Ökodorf zu erschaffen. Wir begannen, darüber zu diskutieren, alle Wohnwagen zu ersetzen und saubere Energie einzuführen und ökologische Häuser zu bauen. Ich erinnere mich noch, wie ich dachte: >Ja, das ist wohl der Grund, warum ich hierher gekommen bin<, wohl wissend, dass dies ein langfristiges Projekt würde, nicht eines für ein oder zwei Jahre. Ich konnte gewiss nicht vorausgesehen haben, dass es die zweiundzwanzig Jahre dauern würde, die ich jetzt schon hier bin."

John nippt an seinem Cappuccino, als ich mich an etwas erinnere.

„Gab es da nicht Anfang der achtziger Jahre eine Konferenz über diese ganzen Dinge?"

„Ja, das stimmt, mein erstes offizielles Engagement für das Ökodorf war als Teil der Gruppe, die die Konferenz zum Thema >Bau eines planetaren Dorfes< im Herbst 1982 organisierte. Wir arbeiteten etwa ein Jahr daran, und es gab sehr viel Aktivität auf das eigentliche Ereignis hin, zu planen und zu träumen, wie ein Ökodorf tatsächlich aussehen würde."

Ich musste mich nur umsehen, um zu erfahren, was Johns Träume erschaffen hatten.

„Erinnere dich nur, dass sich die Gemeinschaft damals in der schlimmsten Krise ihres Lebens befand, die Konten waren gewaltig überzogen, wir hatten Schulden, und es gab keinen erkennbaren Weg, sie zu tilgen. Über die Hälfte der dreihundertzwanzig Menschen, die noch 1979 in der Gemeinschaft gelebt hatten, waren bis 1981 fortgezogen, und so gab es eine echte Sinn- und Zweck-Krise. Eine Weile sah es wirklich schwarz aus."

Ich erinnere mich wohl, wir fragten uns damals sogar, ob wir als Gemeinschaft überhaupt überleben könnten. Aber auch in unseren dunkelsten Momenten gab es immer Menschen wie John, die unsere Träume nicht aufgaben und die Vision für die Zukunft bewahrten. John nimmt einen Bissen von seiner Quiche und schiebt sich eine Locke aus der Stirn.

„Dann kam die Vision von dem Ökodorf auf. Sie stammte ursprünglich von David Spangler und beruhte auf einer Durchgabe von dem Wesen, das er >John< nannte. Sie handelte von der Notwendigkeit von >archetypischen< Zentren der Demonstration, in denen nach den Prinzipien des Lebens in Harmonie mit der Natur, uns selbst und dem Geistigen gearbeitet werden konnte. Als die Idee in der Gemeinschaft Wurzeln schlug, gab sie uns allen ein neues Gefühl der Hoffnung und Vision. Unmittelbar nach der Konferenz begannen wir den Spendenaufruf, der die Mittel einbrachte, um den Wohnwagenpark zu erwerben."

Ich erinnere mich, dass wir das Land damals noch von Captain Gibson pachteten, dem der Wohnwagenpark gehörte, deshalb konnten wir keinerlei dauerhafte Gebäude errichten.

„Zwei Jahre später", sagte John enthusiastisch, „hatten wir es geschafft und unsere finanzielle Situation tatsächlich völlig herumgedreht."

Ich erinnere mich noch so gut an jene Zeit. Die ganze Gemeinschaft engagierte sich für den Spendenaufruf, und wir alle brachten unsere Ideen und Energie in das Projekt ein. Eileen hatte persönlich zehntausend Briefe unterschrieben, die zu Freunden und Förderern überall hinausgingen. Bis November 1983 hatten wir die 300.000 Pfund fast aufgebracht, die benötigt wurden, um den Wohnwagenpark zu kaufen. Wir hofften, dies bis zu unserem einundzwanzigsten Geburtstag zu schaffen – es schien ein symbolischer Akt des Glaubens zu sein, an diesem Termin unser eigenes Zuhause zu haben. Menschen von überall auf der Welt schickten kleine und große Beträge, und alle fühlten sich als Teil dieses inspirierenden Projekts.

Der Tag unseres einundzwanzigsten Geburtstags war am 17. November 1983. Es gab viele Festlichkeiten und Partys, und irgendwann versammelte sich die ganze Gemeinschaft in der Universal Hall, um gemeinsam zu meditieren. In diesem Moment, stand jemand – ich weiß nicht mehr, wer – auf und teilte uns mit, dass wir es fast geschafft hätten, wir bräuchten nur noch einen kleinen Betrag, um unser Ziel zu erreichen. Da standen wir alle auf und legten alles Geld, das wir bei uns hatten, in eine Schale. Das scheinbar Unmögliche war erreicht.

Später an jenem Tag, zur elften Stunde, unterschrieben wir den Vertrag, durch den dieses Land in unser Eigentum überging, so dass wir nun die Hüter dieses kleinen Stückes Erde sein durften.

Meine Erinnerungen geben John Zeit, sein Mittagessen zu beenden.

„Natürlich dauerte es lange, bis wir so weit waren, dass wir bauen konnten", erzählt er weiter. „Es war tatsächlich erst 1990, dass wir mit Bag End begannen. Aber es war wertvolle Traumzeit, in der wir erforschen und lernen konnten, worum es beim Bau eines Ökodorfes wirklich ging. Und wir hatten die Zeit, unsere grundlegende Philosophie und Einstellung zu dem Konzept zu formulieren."

John blickt mich gespannt an. „Du solltest wirklich all die Papiere darüber lesen; das ist wichtig, weißt du."

„Ich weiß, ich weiß", antworte ich. „Aber ich habe jetzt keine Zeit. Ich muss mich darauf verlassen, dass du mir alles darüber sagst."

John lacht, und ich fahre mit meiner Befragung fort. „Wann hast du das erste Mal davon geträumt, dass das Feld mit Ökohäusern bebaut würde?"

„Als wir im Jahr 1989 die Windmühle errichteten, beschloss die Familie Bichan, der die benachbarte Farm gehörte, eine Baugenehmigung zu beantragen, um einige Häuser auf einem zweieinhalb Hektar großen Teil ihres Feldes zu errichten. Anfangs gefiel uns diese Idee nicht, aber nachdem sie uns gerade erlaubt hatten, die Windmühle auf ihr Land zu stellen und das Kabel über ihr Feld zu führen, legten wir keinen Einspruch ein, und sie erhielten die Baugenehmigung. Dies bedeutete jedoch, dass das Feld nie wieder landwirtschaftlich genutzt würde. Nach etwa fünf Jahren leicht angespannter nachbarlicher Beziehungen, in denen wir nervös beobachteten, wie verschiedene Bauunternehmer das Potenzial abschätzten, konnten wir schließlich einen Preis zusagen und das Feld selbst kaufen. Das war 1995. Ich denke, etwa 1993 sah ich persönlich, auf welche Weise es für uns sinnvoll war, die Fläche zu bebauen, und das fühlte sich an wie ein Teil des großen Planes. In jenem Jahr gründeten Patrick Nash und ich die Eco-Village Ltd., um die Erschließung durchzuführen."

Ich erinnere mich, dass Thierry und ich einmal überlegt hatten, unser Findhorn-Verlagsgebäude und ein Haus auf dem Feld der Träume zu bauen. Damals fühlte es sich alles an, als ob es viel zu lang dauern würde, aber angesichts dessen, was seitdem erreicht wurde, scheint alles im Handumdrehen geschehen zu sein.

„Wie viele Häuser gibt es jetzt auf dem Feld der Träume, und wie viele weitere sind geplant?“, frage ich ihn. Ich weiß, dass ich hinausgehen und sie selbst zählen könnte, aber es ist sehr kalt draußen und ich erwarte, dass John alle diese Informationen auswendig weiß.

„Elf Häuser sind jetzt fertiggestellt, zwei befinden sich im Bau, und weitere einunddreißig sollen noch gebaut werden. Insgesamt werden es vierundvierzig Gebäude sein – und vierzehn davon werden Ein- bis Zwei-Zimmer-Reihenhäuser sein, keine freistehenden Häuser“, teilt mir John mit. Ich bin froh, dass ich nicht das gemütliche Café verlassen und dies alles selbst abzählen muss.

John selbst wohnt in einem Fasshaus am Ende von Pineridge. Es ist das größte der fünf Fasshäuser – geräumig genug, um ein zweites Stockwerk zu haben –, und John hat sein Wohnzimmer oben; es bietet einen herrlichen Blick über das Feld der Träume und die Findhorn-Bucht.

„Ich begann mit meinem Fass im Juli 1993 und zog ein Jahr später ein. Wir erhielten die Fässer von der Böttcherei im nahegelegenen Craigelliche, wo sie nur lagerten. Ursprünglich kamen sie von einer Destillerie in Dundee, die geschlossen wurde. Diese Fässer waren echte „Gefäße für den Geist“, in denen der Whisky verschnitten wurde, und nicht etwa Gärungsfässer, die recht übel riechen. Sie besitzen einen herrlichen Duft und standen etwa sechzig Jahre lang im Dienst. Das Holz stammt von Douglasien* im Nordwesten Amerikas, in Europa werden diese Bäume auch Oregon-Kiefer genannt. Sie kommen also genau von dort her, wo ich aufgewachsen bin.“

„John, ich weiß, dass zu deinen weiteren persönlichen Erfolgen der Bau unseres ersten Windgenerators namens >Moya< gehört. Und mir ist ein Gerücht zu Ohren gekommen, dass du planst, einen weiteren zu bauen. Ist das wahr?“

„Moya haben wir bereits 1988 gekauft, bevor wir dafür eine Baugenehmigung hatten, und sie wurde errichtet und in Dienst gestellt im Oktober 1989 – an einem Freitag, dem Dreizehnten, um genau zu sein. Möchtest du die groben Daten für dein Buch, Karin?“

Ich war erleichtert, dass er mir die Information anbot, da ich

* Kieferngewächs (Pinacea), auch Douglasfichte oder Douglastanne genannt (Anm.d.Ü.)

mich wirklich nicht durch all die technischen Daten kämpfen wollte.

„Moya ist 32,5 Meter hoch und hat eine Kapazität von 75 Kilowatt. Sie hat uns bis jetzt zuverlässig etwa zwanzig Prozent unserer Elektrizität geliefert, das heißt etwa 1,5 Millionen Einheiten, und über zweitausend Tonnen Kohlendioxid-Ausstoß gespart."

Ich weiß, dass John, mehr als jeder anderer in der Gemeinschaft, die Vision bewahrt und sehr viel von der harten Arbeit geleistet hat, um die Idee von einem ökologischen Dorf in die Wirklichkeit umzusetzen. Ich höre voller Bewunderung zu, als er fortfährt:

„Dieses Jahr hoffen wir, eine viel größere Maschine aufzustellen, in der Größenordnung von 850 Kilowatt, die unseren gesamten Elektrizitätsbedarf decken wird und noch mehr. Es stimmt, ich war der Verantwortliche für das Projekt. Ich hatte 1985 eine Vision und habe mich dafür eingesetzt. Ich kann nicht sagen, es sei >meine< Idee gewesen, sondern nur, dass die Idee zu mir gekommen ist. Ich denke, dies geschah, weil es ein Teil des größeren Planes für Findhorn war. Unsere Aufgabe – meine Aufgabe – ist es, mich auf das einzustimmen, was dieser Plan ist, und ihm Gestalt zu verleihen. Aber wir tun dies nicht alleine."

Dies erinnert mich irgendwie an das, was Brian mir gestern erzählt hatte. Beide, John und Brian, wissen, dass sie mit den unsichtbaren Reichen der Natur und des Geistigen zusammenzuarbeiten haben; beide leisten dabei sehr unterschiedliche Arbeit, doch mit dem gleichen Engagement an Dienst und Geist.

„Und du bist nach zwanzig Jahren immer noch hier, John; wie kam das?", frage ich ihn schließlich.

Das Mädchen mit dem Nasenring hat unsere Teller abgeräumt; für das Café beginnt nun die nachmittägliche ruhige Zeit zwischen Mittagessen und Tee. Vielleicht sollten wir es bald verlassen.

„Ich bin noch hier, weil ich immer noch inspiriert bin und mich aufgerufen fühle, hier zu sein", teilt John mir mit. „Die Vision, das Experiment der Zusammenarbeit zwischen den drei Reichen – Menschen, Devas und Elementarwesen – weiterzuführen und danach zu streben, ein Modell echter Einheit mit der Natur für das 21. Jahrhundert zu erschaffen, ist unwiderstehlich. Findhorn als eine verhältnismäßig reife, geplante Gemeinschaft ist immer noch ein wegweisendes Licht auf diesem aufregenden Terrain. Die Menschheit braucht dringend positive Beispiele für das Mögliche – und ich denke, wir leisten da recht gute Pionierarbeit."

Ich weiß nicht, was wir dem noch hinzufügen könnten. John steht auf, um zu seiner Arbeit zurückzukehren. Ich denke, ich werde einfach gehen und selbst zum Feld der Träume hinüberwandern und die Häuser zählen.

Rogers Fass

Ich gehe in Richtung Feld der Träume zu meinem gemütlichen Zimmer im Haus Sonnenblume – und zähle die Häuser auf meinem Weg. Ja, John hatte Recht, es sind elf. Ich versuche mir auszumalen, wie es aussehen wird, wenn hier einst vierundvierzig Häuser stehen, wenn die Bäume herangewachsen sind und alle Häuser von Blumenbeeten und kleinen Gemüsegärten umgeben sind. Dann werden wir uns kaum noch daran erinnern können, dass sich hier einst ein Feld voller goldener Gerste befand.

Ich ruhe mich auf meinem Bett eine halbe Stunde aus, verarbeite die vielen neuen Informationen und sortiere meine Notizen vom Vormittag. Dann mache ich mich mit erneuerter Energie auf den Weg zu meinem nächsten Termin – wieder am anderen Ende von Pineridge, wo ein weiterer >Pionier< ganz anders wohnt. Auf meinem Weg komme ich an einigen der >Mobilhäuser< vorbei, die niemals irgendwohin bewegt wurden und nach mehr als dreißig Jahren immer noch an Ort und Stelle stehen. Dann komme ich zu der Gruppe der Fasshäuser. Johns Haus ist zur Linken; vor mir steht das erste Fasshaus, das gebaut wurde, es ist Rogers.

Roger scheine ich schon ewig zu kennen, und doch fühle ich mich immer, als ob er mir ganz unbekannt wäre. Wir sind beide seit mehr als siebenundzwanzig Jahren Teil der Gemeinschaft, aber unsere Wege haben sich nur selten gekreuzt; wir haben nie in der gleichen Abteilung zusammengearbeitet oder der gleichen Gruppe von Freunden angehört. Für mich war Roger immer der Intellektuelle mit der tief gefurchten Stirn, der bei Versammlungen der Gemeinschaft sehr schnell und sehr lange sprach – ein Philosophen-Typ mit sehr starken Überzeugungen, die oft im Widerspruch zu den Ansichten aller anderen standen. Der Mann, der sich vor vielen Jahren mit eigenen Händen aus einem riesigen Whiskyfass ein elegantes Zuhause gebaut hatte – eine so außergewöhnliche Leistung, dass selbst die angesehene Zeitung *Observer* kam, um das Gebäude und Roger für eine farbige Sonntagsbeilage zu fotografieren. Mir ist klar, dass Roger wahrscheinlich keine Ahnung davon hat, dass es zwei Gelegenheiten gab, bei denen er einen tiefen Eindruck in meinem Leben hinterließ.

Das erste Mal war in meiner ganz frühen Zeit in der Gemeinschaft. Roger war damals Focaliser der Lehr-Abteilung, was mir als eine sehr bedeutende Position erschien. Ich hatte in der Küche gearbeitet und die Mahlzeiten für die ganze Gemeinschaft zubereitet und ging nach einer langen und anstrengenden Schicht nach Hause, als ich Roger auf der Straße nach Pineridge begegnete. Völlig unerwartet nahm er mich in die Arme und dankte mir überschwänglich, dass ich so köstliches Essen kochte. Er konnte nicht wissen, wie fertig und entmutigt, müde und niedergeschlagen ich mich in jenem Augenblick gerade fühlte. An seine wenigen Worte der Dankbarkeit erinnere ich mich noch nach über fünfundzwanzig Jahren.

Viele Jahre später arbeitete ich in der Abteilung für Öffentlichkeitsarbeit, und eine meiner Aufgaben war es, Journalisten durch die Gemeinschaft zu führen und sie interessanten und eloquenten Mitgliedern vorzustellen. Natürlich wollten Journalisten immer das Fasshaus besuchen, welches in jenen – und besonders an heißen – Tagen noch nach Whisky duftete. Ich versuchte, Roger nicht unnötig zu stören, denn ich stellte mir vor, dass er es ziemlich satt hatte, dass immer wieder Leute kamen, die einen Blick in sein Zuhause werfen wollten. Aber an jenem Tag sah Roger uns und lud uns ein, hereinzukommen. Er machte eine große Kanne Tee und war willens und sehr erfreut, mit dem Journalisten zu sprechen. Und sprechen konnte er. Er erzählte uns viele Geschichten, die ich noch nie zuvor gehört hatte, und fesselte unsere Aufmerksamkeit für eine lange Zeit. Der Journalist war tief beeindruckt. Ich ebenfalls.

Heute bin ich gut vorbereitet auf das Interview mit Roger. Ich habe bereits beide Seiten einer leeren Tonbandkassette mit „Roger" beschriftet, wohl wissend, dass er vermutlich einige Zeit plaudern würde! Ich komme an seinem Whiskyfasshaus an, das mittlerweile im Kreise von vier weiteren Fasshäusern steht – jedes ganz unverwechselbar gestaltet –, klopfe behutsam an die Tür, und ein strahlender, gut einen Meter achtzig großer Amerikaner tritt mir entgegen. Er bittet mich einzutreten und stellt den Wasserkessel auf.

Doch zuerst möchte ich schildern, in welcher Umgebung ich mich nun befinde; ich kann mir kaum vorstellen, dass viele Menschen jemals das Innere eines Hauses gesehen haben, das aus einem Whiskyfass gebaut ist. Es ist natürlich ein sehr großes Fass, in dem einst Unmengen von Whisky verschnitten wurden. Als man es zu diesem Zweck nicht länger benötigte, wurde es zerlegt, nach Findhorn herüber gebracht und dann an diesem äußeren Ende von Pineridge wieder zusammengefügt, mit einem großen Panoramafenster und einem hübschen Kupferdach versehen. Natürlich ist innen alles rund. Das Wohnzimmer nimmt den größten Teil der Fläche ein, und in die Kurve ist eine kleine Küche gebaut. Der einzige Teil des Hauses, der überhaupt gerade ist, ist eine Wand, die den Wohnbereich vom Bad trennt. Hinter der Couch ist eine Leiter, die zu Rogers Bett auf einer Art Dachboden etwa drei Meter über uns führt.

„Was um Himmels willen machst du, wenn du mitten in der Nacht auf die Toilette musst?" Ich kann mir diese Frage nicht verkneifen und entschuldige mich ob ihrer Intimität und meiner Neugier. „Ist es nicht gefährlich, wenn es stockdunkel ist?"

„Ich bin es gewohnt", antwortet Roger lachend und fordert mich auf, es mir auf der Couch gemütlich zu machen.

Der Tee ist fertig, und Roger informiert mich, dass wir wirklich nicht sehr viel Zeit haben; im Fernsehen werde bald ein gutes Fußballspiel übertragen. Ich erinnere mich, dass Roger Mitte der siebziger Jahre einer der wenigen Menschen in der Gemeinschaft war, der tatsächlich einen eigenen Fernseher besaß. Wenn sehr wichtige Dinge in der Welt passierten – etwa der Watergate-Skandal oder die letzte Folge von MASH –, wurde Rogers Fernsehgerät zum unverzichtbaren Gemeinschaftsgut.

Da unsere Zeit knapp bemessen ist, komme ich gleich zum Thema und spreche ein wenig schneller als gewöhnlich, um mit Roger Schritt zu halten.

„Warum bist du nach all diesen Jahren noch hier?", fragte ich gerade heraus.

„Ich bin seit Jahren hier, und das ist mein fünfzehntes Jahr im Fass. Warum ich immer noch hier bin, weiß ich nicht. Ich wünschte, ich wüsste es, dann könnte ich verzückt und begeistert darüber schwärmen. Aber um ganz freimütig zu sein, ich denke, es ist, weil ich so viel von mir in Findhorn investiert habe – siebenundzwanzig Jahre Lebenszeit sind keine geringe Investition. Besonders mein eigenes Zuhause hier zu bauen. Das ist ein Akt der Verwurzelung."

Er nimmt seinen Teebecher und spricht immer noch sehr schnell. „Die Wahrheit ist, dass ich keinen Platz gefunden habe, der irgendwie besser ist. Und ich habe mich gründlich umgesehen, auf mehreren Kontinenten. Jeder Ort hat seine eigene Qualität, aber Findhorns eigene Qualität ist sein lebensprühendes Gefühl von Gemeinschaft, das immer noch vorherrscht. Du kannst daran so intensiv teilhaben, wie du es wünschst, aber dieses Empfinden von Gemeinschaft durchdringt immer noch alles. Das heißt, ein Teil zu sein von einem Haufen von Leuten, die in wesentlichen Dingen gleichen Sinnes sind – sogar wenn sie sich häufig starrköpfig, revierbezogen und schwierig wie immer zeigen. Aber das grundlegende Bestreben und Engagement bleibt bestehen – eine menschliche, ökologisch bewusste, spirituell wache, auf persönliches Wachstum orientierte Stadt zu errichten, die fähig ist, ihre Rechnungen selbst zu bezahlen. Im Moment ist die Sache mit dem Rechnungen-Bezahlen eine Herausforderung. Deshalb müssen wir ein Schnittmuster nehmen, das zur Stoffgröße passt. Das Wunder ist, dass wir, die Gemeinschaft, nach vierzig Jahren noch hier sind."

Es braucht Tempo und ein großes Maß an gedanklicher Beweglichkeit, um all dies in dreißig Sekunden zu sagen! Ich bin froh, es aufzeichnen zu können, statt versuchen zu müssen, mir Notizen zu machen.

„Warum ich noch hier bin?", wiederholt Roger meine Frage. „Ich bin besessen. Meine Aufmerksamkeit ist hauptsächlich auf die Gemeinschaft fixiert, weniger auf das Persönliche. Das Ganze ist einfach der Punkt, wohin meine Aufmerksamkeit stets zurückkehrt. Ich fühle mich mit Findhorn irgendwie verheiratet. Ich habe auch den Luxus, diese Ehe jedes Jahr zu überdenken und die Vertragsbedingungen zu erneuern oder zu ändern. Ich scheine mich auch ständig in neuen Projekten zu engagieren, die mich frisch halten."

„Okay, Roger, nun weiß ich, warum du noch hier bist, aber was, denkst du, bringt neue Menschen und Besucher hierher?"

„Es gibt eine gewisse mythische Resonanz hier, die die Menschen beschäftigt und sie anzieht, hierher zu kommen. Dies geschieht gewöhnlich in einer Phase des Übergangs, an einem Punkt der Öffnung in ihrem Leben. Der ursprüngliche Mythos ist noch intakt, dies bringt die Menschen hierher. Und dann gibt es den Dauerhaftigkeits-Faktor, dass wir nach vierzig Jahren immer noch hier sind."

„Ja, das ist etwas ganz Besonderes; so viele andere Orte sind auf der Strecke geblieben. Gibt es wirklich etwas Einzigartiges hier?“ Ich blicke mich in diesem recht eigenartigen und gewiss andersartigen Haus um. Es ist wirklich bemerkenswert. Doch Roger hat mehr zu sagen.

„Es ist die Atmosphäre hier. Findhorns Unterschied ist das Umfeld, von dem jedes Programm getragen und gehalten wird; es ist die Atmosphäre hier.“

„Ja, das stimmt schon, aber was macht diese Atmosphäre aus?“

„Es ist der ganze Zugang zum Leben hier, wo die spirituelle Dimension nicht nur etwas ist, über das man redet, sondern das ein fester Bestandteil des Lebens ist, der so eine deutlich höhere Lebensqualität und Verbundenheit zwischen den Menschen bietet.“

Es ist schwierig, Roger festzunageln, um eine vollständige Antwort auf meine Fragen zu geben. Ich blicke aus dem Fenster und bemerke, dass es dunkler wird, fast Zeit für sein Fußballspiel. „So kommen die Menschen also mehr wegen der Atmosphäre als wegen der Workshops?“, frage ich.

„Absolut, es spielt fast keine Rolle, was die Workshops zum Thema haben; es ist das erlebte Ganze, worum es hier geht.“

„Nun, was *ist* dieser Ort, Roger; was meinst du, was wir sind?“

„Es ist uns noch nie gelungen, uns auf eine Antwort zu dieser Frage zu einigen. Findhorn ist keine Kirche, kein Kloster, kein Ökodorf – jedenfalls noch nicht –, es ist auch keine geschäftliche Organisation. Wir sind von allen diesen Dingen etwas, und nichts davon ganz. Das ist das Wesen des Ortes. Eine Mysterienschule vielleicht – und sogar für uns selbst ein Mysterium! Wir wissen einfach nicht, wie wir uns selbst beschreiben sollen: Wir sind ganzheitlich, synergistisch, kollektiv, kommunal, spirituell, werden immer geschäftlicher, auf gewisse Weise erzieherisch, nicht konventionell, und einzigartig. Wir sind eine Art Zentrum – ein hübsches Wort, das zu passen scheint. Ein Zentrum, das nach seinen eigenen Maßstäben lebt.“

„Welches sind diese Maßstäbe?“, dränge ich ihn weiter.

Roger zieht die Augenbrauen hoch, reibt sich die Nase und nimmt schnell einen Schluck Tee, bevor er seine Antwort vom Stapel lässt: „Natürlich ist das nur meine Version. Es hat viele Versuche gegeben, diese Frage zu beantworten, und sie neigen dazu, sich zu den kontroversesten Diskussionen zu entwickeln, die wir haben, auch wenn wir alle wissen, worüber wir sprechen und alle übereinstimmen. Aber grundsätzlich geht es darum, ein Zentrum zu erschaffen, das sich in erster Linie auf universelle, spirituelle Werte konzentriert, auf Maßstäbe, die alle Religionen oder spirituellen Wege der Welt beseelen oder ihnen gemeinsam sind. Zum Beispiel uns selbst, andere, die Natur und Gott zu ehren. Das Leben so zu leben, wie wir alle wissen, dass es sein kann, unter einem gemeinsamen Dach, einen Platz zu erschaffen, der so himmlisch ist, wie wir es können – so würde ich es beschreiben. Das Erlebnis der Verbundenheit, des Friedens und der Einheit zu erfahren, das wir im Andachtsraum und in der Meditation haben, und es in unser Arbeitsleben zu bringen, in unser Gesellschaftsleben, unsere Erziehung und Ausbildung. Die Gegenwart Gottes zu praktizieren, so würde ich es nennen. Das ist nichts Einzigartiges für das Neue Zeitalter, sondern es ist das klassische spirituelle Bestreben. Es ist das, was jede Organisation, die sich einem Bewusstsein des Geistigen widmet, ganz zu verwirklichen versucht. Wir sind eine Gemeinschaft, die sich bemüht, ein Gefühl von Verbundenheit und Ganzheit zu kultivieren."

Roger blickt auf die Wanduhr, nimmt die Fernbedienung vom Teetisch, richtet sie auf den Fernseher, stellt diesen an und die Lautstärke stumm.

„Roger, ich weiß, dass du nun das Fußballspiel sehen willst, aber hast du vielleicht noch ein Schlusswort für mich?"

Er grinst und zitiert eine berühmte Zeile von Christopher Fry: „>Die Dinge haben jetzt Seelenformat. Das Unternehmen heißt, Gott erforschen.< Das ist der Name des Spiels."

Roger nimmt mich warmherzig in die Arme und überragt mich um mehr als Haupteslänge. Als ich das Fasshaus verlasse, höre ich die Geräusche von anfeuernden Fußballzuschauern und die Stimme eines Kommentators, der noch schneller spricht als Roger.

Wächter am Meer

Als ich Rogers Fasshaus verlasse, wird mir bewusst, dass nur noch etwa eine Stunde Tageslicht an diesem schottischen Winternachmittag bleibt. Doch ich habe nach der Intensität der heutigen Gespräche das Bedürfnis nach stiller Zurückgezogenheit und frischer

Luft. Ich beschließe, zu den Dünen und an den langen, sandigen Strand zu gehen, der die Moray-Förde säumt. Findhorn liegt auf einer Halbinsel zwischen der Findhorn-Bucht auf der einen und der viel größeren Moray-Förde auf der anderen Seite. Wir haben hier das Glück, dass es nur weniger Minuten bedarf, um die Strände zu beiden Seiten zu erreichen. Das alte Fischerdorf Findhorn liegt an der Spitze der Halbinsel, die Bucht bietet für die zahlreichen Segel- und Ruderboote einen geschützten Hafen.

Heute wähle ich den „Rückweg" zum Strand, vorbei an dem Fass, in dem May, Craig und ihre Kinder wohnen, dann über den Zaun und einen kurzen Weg durch den Wald hinunter. Zu meiner Rechten tut die Windmühle Moya, was sie tun muss: Sie dreht sich im Wind, von dem es hier reichlich gibt, und erzeugt die Elektrizität, die uns warm halten wird. Dann wende ich mich nach links und nehme den Weg zu den Dünen.

Es ist ein viel begangener Pfad, der mich hinunter zum Strand führen wird. Es ist ein Lieblings-Spazierweg für die Mitglieder der Gemeinschaft und Gäste, die etwas Abstand und eine Zeit der Stille wünschen. Es ist nicht ungewöhnlich, „Cairns" zu finden, kleine Hügel aus Steinen oder Muster aus Muscheln und Kieseln, die besinnliche Spaziergänger am Wegesrand zurückgelassen haben. Die Dünen sind mit Heidekraut und Ginster bedeckt, die im Frühling und Sommer einen schönen Teppich bilden, zuerst goldgelb und später purpurviolett. Doch jetzt, im Januar-Zwielicht, sehe ich hier nichts als zerstreut wachsendes Buschwerk und kahle Wurzeln.

Ich spaziere weiter und folge dem sandigen Pfad, bis ich zu dem Platz komme, den ich gesucht habe. Vor mir ist eine sehr große Düne, viel höher als jede andere, wie ein einsamer Wächter, der auf den Forschungsreisenden wartet. Ich bin früher viele Male hier gewesen. Im Winter, wenn wir Schnee hatten, brachte ich die Kinder mit ihren Rodelschlitten hierher, welche wir auf den Grat der Düne hinauf zogen, um dann, laut kreischend vor Begeisterung, die steile Seite hinunterzurutschen. Wieder und immer wieder, voller Energie, machten sie weiter, stapften und schleppten hinauf und rutschten hinunter.

Im Sommer war hier der perfekte Platz zum Sonnenbaden mit seinem goldenen Sand hoch über dem Strand und der weiten Aussicht über die Moray-Förde bis zu den Bergen dahinter. Heute gibt es weder Schnee noch Wärme, aber als ich oben auf der

Düne stehe, halte ich den Atem an vor Staunen. Vor mir zeigt sich der allerschönste Sonnenuntergang – karminrot, sanft purpurn und korallenrosa mit einem rotglühenden Sonnenball, der hinter den fernen Bergen versinkt. Ich setze mich in den Sand auf dem höchsten Punkt der Düne und lasse die Schönheit und Majestät dieses Augenblicks über mich hinweg leuchten und mich durchdringen.

Wie schon oft in der Vergangenheit, ist ein Moment wie dieser mit der tiefsten Meditation vergleichbar, die ich im Andachtsraum erlebe. Beide sind von unübertrefflicher Schönheit, wenn ich den innersten und kostbarsten Teil meines Wesens berühren kann. Hier, allein auf dieser Düne, bin ich eins mit dem Universum, vermag die Unendlichkeit von Zeit und Raum zu spüren. Ich bin verbunden mit allem, das ist.

Dann erinnere ich mich, dass ich hierher gekommen bin, um nachzudenken, um zu überlegen, was es ist, das ich hier tue, und wie ich meine Suche in Angriff nehme. Ich habe angefangen, Fragen zu stellen und zuzuhören. Ja, es ist nötig, dass ich zuhöre und immer wieder zuhöre. Ich besuche so viele Menschen und Bereiche der Gemeinschaft, wie die Zeit zulässt, und lasse Erinnerungen aus der Vergangenheit und Erlebnisse in der Gegenwart zu mir sprechen. Gibt es noch etwas anderes, das ich tun soll, frage ich mich.

Die Sonne ist nun fast ganz verschwunden, und jenseits der Moray-Förde, vielleicht dreißig Kilometer von hier, gehen allmählich die Lichter in den Häusern an. Mich fröstelt und mir wird bewusst, dass ich mich allmählich sehr kalt fühle hier oben auf dieser exponierten Düne, wo der Wind sogar durch meinen dicken Mantel bläst. Ich stolpere den sandigen Hang hinab, bis ich den Weg wiederfinde und folge ihm langsam zurück, mit vorsichtigen Schritten in der einbrechenden Dunkelheit. Als ich Pineridge erreiche, ist es fast völlig schwarz, nicht einmal der Mond ist zu sehen, und die ersten Sterne leuchten über meinem Weg nach Hause.

Nach Hause? Ist es das, was dieser Ort ist – Zuhause? Viele Jahre lang hat es sich gewiss so angefühlt. Zuhause ist auch ein Wort, das ich in den vergangenen Tagen häufig gehört habe. Viele Menschen hier sprechen von dem Gefühl, „nach Hause zu kommen". Mir dämmert die Erkenntnis, dass ich nicht mehr die gleiche Person bin, die Frankreich verlassen hat. Findhorn hat mich verändert, selbst in der kurzen Zeit, die ich nun wieder hier bin. Ich kann nicht länger so tun, als sei ich die objektive Berichterstatterin, die nach dem „Zauber“ forscht. Der Zauber ist ein Teil von mir. Von nun an kann ich nur berichten, was ich fühle und was andere Menschen mir erzählen, und nicht weiter versuchen, außerhalb dieses Geschehens zu stehen. In gewissem Sinne ist das beruhigend. In einem der Bücher von Alice Bailey sagt Djwal Khul, dass „Theologie ein Laster des akademischen Denkens“ sei und meint damit, dass man das Göttliche nicht begreifen kann, indem man es von außen beobachtet. Wenn ich innerhalb des Prozesses bin, dann ist mein Berichterstatten wahrheitsgemäßer.

Ich kann jetzt die Lichter von den Häusern auf dem Feld der Träume sehen, die mir meinen Weg zum Haus Sonnenblume weisen. Was für ein schöner Name für ein Haus, besonders in der winterlichen Dunkelheit. Ich trete ein in die anheimelnde Wärme und erinnere mich, dass ich heute bei Carol und David zu Abend essen werde, die in einem kleinen Dorf einige Meilen von hier wohnen. Ich freue mich auf ein köstliches Mahl, guten Wein und einen entspannenden Abend mit engen Freunden. Ich denke, heute Abend werde ich meine Aufgabe beiseite legen und einfach die Gesellschaft und das Essen genießen. Morgen wird meine Suche weitergehen.

Alte Freunde, neue Freunde

Zwischenräume und Überraschungen

Susan kennt allmählich meine morgendlichen Gepflogenheiten; sie weiß, welchen Tee ich mag und toastet mein Brot perfekt. Die Marmelade steht auf dem Tisch, und jeden Morgen wartet eine Schale mit anderem frischen Obst auf mich; heute sind Kiwi und Banane an der Reihe. Während ich mein Frühstück genieße, höre ich, wie sie ihren Sohn drängt, sich für die Schule fertigzumachen. Auch ich muss mich fertigmachen für mein erstes Gespräch an diesem Morgen.

Geoffrey wurde kürzlich zum Finanzdirektor der Stiftung ernannt, was in dieser schwierigen Zeit wohl eine sehr große Herausforderung sein muss. Die Schulden sind erdrückend, die Bank wünscht Tilgungen, und das Kuratorium will einen ausgeglichenen Haushalt sehen. Bei der Internen Konferenz sah ich, dass sich alle Arbeitskräfte einbezogen und verantwortlich fühlten, doch am Ende werden es Geoffrey und das übrige Führungsteam sein, die die Entscheidungen treffen müssen, um die Situation zu wenden.

Doch heute morgen ist Geoffrey hier und bereit, mir einige Zeit zu schenken, um mir bei meinem Projekt zu helfen. Er hat mir sogar angeboten, für unser Interview ins Haus Sonnenblume zu kommen. Ich öffne die Haustür und bitte ihn, die Schuhe auszuziehen, obwohl es mir Leid tut, ihm keine Hausschuhe anbieten zu können. Doch das Haus ist warm, und vielleicht wird er sie nicht benötigen.

„Hallo Geoffrey, es ist schön, endlich mit einem Engländer zu sprechen“, begrüße ich ihn.

„Ich bin kein Engländer“, erwidert er, „ich bin aus Cornwall.“

„Das ist doch englisch“, insistiere ich.

„Nein, das ist kornisch. Wir in Cornwall sehen das anders“, korrigiert er mich.

Für den nicht-britischen Leser sollte ich erklären, dass Cornwall die Gegend im äußersten Südwesten Großbritanniens ist. Alles, was ich über Cornwall weiß, ist, dass es eine köstliche, dicke „clotted cream“ produziert (die aus süßem Rahm und unzähligen Kalorien besteht) und einst berühmt war für seine Seeräuberhöhlen, in denen aus Frankreich geschmuggelter Weinbrand gelagert wurde. Land's End an der Spitze Cornwalls ist der südlichste Punkt der Britischen Hauptinsel. Ich beschließe, mit Geoffrey nicht weiter über Nationalitäten zu diskutieren; möge er denn kornisch bleiben.

„Tatsächlich aber fühle ich mich mehr wie ein Australier als alles andere. Ich habe dort achtzehn Jahre gelebt und arbeite schwer daran, meinen australischen Akzent zu behalten“, offenbart er mir nun.

Für meine Ohren klingt Geoffrey immer noch sehr englisch, aber ich kann gut damit leben, mit einem kornischen Australier zu sprechen.

„Der Pioniergeist Australiens sagt mir mehr zu als das Establishment des Vereinigten Königreichs.“

„Was hast du in Australien gemacht?“, frage ich ihn fasziniert.

„Ich habe dort einige Zeit im Immobiliengeschäft gearbeitet. Ich habe auch Freiwillige ausgebildet, um Menschen mit Aids zu helfen. Und ich habe für einige Krebshilfe-Organisationen gearbeitet.“

„Was hat dich dann hierher gebracht?“, musste meine nächste Frage lauten.

„Die Institution, für die ich gerade arbeitete, hatte Stellen abgebaut, und ich wusste, dass ich sehr bald überflüssig würde. Also begann ich mich zu fragen, wohin das Leben mich als Nächstes führen würde? Ich habe mich immer vom Leben in einer Gemeinschaft angezogen gefühlt, und so verbrachte ich einige Monate in spirituellen Gemeinschaften in verschiedenen Teilen der Welt.“

„War Findhorn eine dieser Adressen?“

„Ja, mir gefiel die Vielfalt hier, und dass sie alle Glaubensrichtungen umfasste. In anderen Gemeinschaften hatte ich das Gefühl, dass ich einem bestimmten Glauben angehören musste, was hier nicht der Fall war. Es wurde bald deutlich, dass ich hierher ziehen wollte, und 1998 kam ich schließlich an.“

Geoffrey blickt über das Feld der Träume auf die neu gebauten Häuser. „Mein Eintritt in die Stiftung war zuerst ziemlich ereignislos, es war einfach die ganze normale Art, wie Menschen hier ankommen. Aber sobald man herausfand, dass ich aus der Finanzwelt kam, wurde ich gebeten, beim Haushalt zu helfen."

„Und das hast du seitdem getan?", frage ich

„Nein, tatsächlich fiel es mir sehr schwer, hier zu leben, und ich kehrte schließlich nach Australien zurück. Dann kam ich wieder zu einem Besuch her und erkannte zum zweiten Mal, dass es hier ist, wo ich zu sein hatte."

„Oh, zweite Ankunft also. Inwiefern unterschied sie sich von der ersten?"

Geoffreys Stimme verändert sich plötzlich; sie wird weich und verletzlich, als er weiterspricht. „Als ich dieses Mal zurückkam, fühlte ich mich so geliebt und wertgeschätzt, einfach so sehr geliebt. Und plötzlich erkannte ich, dass ich nirgendwo anders sein wollte. Die Menschen, die ich in den neun Monaten kennengelernt hatte, als ich das erste Mal hier war, waren so ehrlich erfreut, mich wiederzusehen, dass ich dieses Mal ganz sicher wusste, dass Findhorn der Platz war, wo ich sein sollte."

„So, und nun, da du hier bist, mittendrin, wie siehst du da, was in der Stiftung geschieht, in der Gemeinschaft?"

„Nach meiner Erfahrung gibt es ein zyklisches Geschehen sowohl im Leben einer Organisation als auch im individuellen, persönlichen Rahmen. Die Kurve gleicht einer Parabel. Jede Organisation geht da durch. Aus dem zu schließen, was ich sehen kann, scheinen wir uns dem Ende einer Abwärtsbewegung zu nähern. Nun haben wir eine Wahl."

Mir fällt auf, dass Geoffrey seine Wahrnehmungen und Erfahrungen deutlich anders beschreibt als einige der Menschen, mit denen ich bereits gesprochen habe.

„Wenn wir uns in der Welt neu definieren können, Spiritualität und Geschäft unter einen Hut bringen und dann die verschiedenen Aspekte unseres Wesens tatsächlich erden, dann haben wir eine innere Bedeutung. Wenn wir über Liebe in Aktion sprechen, aber Gäste haben, die in unsere Arbeitsabteilungen gehen, wo wir nur Kleinigkeiten von symbolischer Bedeutung machen, dann können sie das in keine Beziehung zu ihrer Arbeit zu Hause oder im Büro stellen."

Ich denke, damit hat er Recht. Gewiss sind die Arbeitsgewohnheiten hier eher verschieden von denen in der „Welt draußen". Ich bin überrascht und fasziniert von dem, was ich höre und bitte ihn, fortzufahren.

„Wenn es in unserem Arbeitserleben nicht einige Intensität gibt, dann gibt es keine wirkliche Erdung unserer Mottos, dass >Arbeit Liebe in Aktion< sei. Ihr Arbeitserleben hier ist so verschieden von ihrem normalen Leben. Erlauben wir uns weiter Teepausen und lange Gesprächsrunden während des Arbeitstages, oder werden wir das ändern? Das Leben >draußen< erfährt heutzutage viel mehr Druck als vor zwanzig oder dreißig Jahren. Es ist notwendig, dass wir den Menschen etwas in die Hand geben, das sie mit nach Hause nehmen können und das ihnen hilft, mit der Wirklichkeit ihres alltäglichen Lebens und Arbeitens klarzukommen."

Ich zögere, etwas auszusprechen, das mir durch den Sinn geht.

„Ich habe eine vielfältige Mischung von Menschen hier angetroffen; die meisten von ihnen sind engagiert und arbeiten hart, aber es gibt auch einige, die, sagen wir, sich lieber drücken." Ich hoffe, damit niemanden beleidigt zu haben.

„Ja", sagt Geoffrey. „Wir sind sehr gut im einfühlsamen Mit-Tragen, aber mit einigen der heikleren Punkte scheinen wir nicht wirklich umzugehen. Wir sprechen über sie, und dann kommen wir vom Thema wieder ab."

Mir wird bewusst, dass ich selbst von einem der heikleren Themen >abkomme<, aber ich bin nicht sicher, ob ich diese Gedankenkette noch weiter verfolgen möchte – zumindest nicht gerade jetzt. Ich mache mir eine Notiz, mich später darum zu kümmern. Ich kehre zurück zu meinem eigentlichen Interesse und Zweck.

„Geoffrey, ungeachtet aller existierenden Probleme und Herausforderungen weiß ich, dass du zustimmen wirst, dass es immer noch etwas Einzigartiges und Wundervolles hier gibt. Was, meinst du, ist der Zauber?"

Als Geoffrey lächelt, straft sein Gesicht die fünfzig Jahre Lügen, die er, wie ich weiß, schon gelebt hat. „Für mich besteht er aus einer Vielzahl zauberhafter Augenblicke. Singen ist meine Art, mich mit dem Geistigen zu verbinden, und die Taizé-Feier zu leiten, ist eine zauberhafte Zeit für mich. Da fließen mir oft die Tränen, ich fühle mich so gesegnet und wohl."

Ich nehme mir vor, mich morgen Vormittag dem Taizé-Lieder-Singen anzuschließen und freue mich darauf, eine andere Seite von Geoffrey kennenzulernen. Doch er hat noch mehr zu sagen. „Für mich liegt die Essenz der Gemeinschaft im Gemeinschaftszentrum und im gemeinsamen Essen. Das begann für mich im Speisesaal von Cluny, wo ich das Gefühl hatte, mich in einem Tempel aufzuhalten, in dem wir durch unser Miteinander mit Gott verkehren. Manchmal werde ich ungehalten über Menschen, die mit ihrem Geschirr kommen und sich Essen holen, das sie dann auf ihrem Zimmer verzehren. Ich möchte zu ihnen sagen: >Wenn es das ist, wie du fühlst, warum bist du dann noch hier? Wenn du die Intensität nicht mehr verträgst, wenn du Mauern um dich hochziehen musst, wozu bist du dann hier?<"

Während ich wohl verstehe, was er sagt, weiß ich doch auch, dass die meisten Leute zuweilen das Bedürfnis empfinden, sich aus der intensiven Energie und dem ständigen Strom von Menschen zurückzuziehen. In einer Gemeinschaft zu leben, kann sehr lustig sein, aber manchmal weiß ich, dass ich einige Zeit für mich allein brauche. Geoffrey scheint eine Person von enormer Energie zu sein, der ständig bereit ist, von sich selbst zu geben.

„Und Freude", ergänzt er. „Ich neige dazu, lieber mehr mit Menschen zusammen zu sein, die neu hier sind, weil bei ihnen oft Freude zu finden ist. Manche Menschen, die schon lange hier sind, sehen elend aus. Gewiss bedeutet dies, dass sie in ihrem Leben einiges verändern sollten. An Nitzan habe ich besonders Freude; er ist eine junge, inspirierende, lebhafte, belebende und freudige Seele. Er hat in der Hall gearbeitet und die abendlichen Ausspracherunden organisiert. Er ist einfach eine Freude. Ich hoffe, du wirst noch mit ihm sprechen."

Dies hoffe ich auch. Ich muss herausbekommen, wo er wohnt.

„Weißt du", sagt Geoffrey, „es gibt einige Menschen hier, die sagen, dass sie neuen Leuten nicht so nahe kommen möchten, weil diese wieder abreisen würden, und dann wären sie traurig. Das ist töricht. Wir müssen dieses Geschenk wertschätzen. Ich bin traurig, dass Nitzan wieder abreist, aber ich feiere das Geschenk, dass er hier gewesen ist. Welch eine extrovertierte Persönlichkeit! Ich will mehr von dieser lebhaften Energie. Ich werde inspiriert von den Menschen, die zu uns kommen."

Geoffrey kennt noch mehr Aspekte des Zaubers, über die er mir erzählen will. „Ich erhalte auch ein sehr klares Wissen über meine nächsten Schritte hier. Das ist ein Teil des Zaubers. Hier ist ein Ort von gleichgesinnten Menschen, ein Querschnitt der Menschheit, mit dem ich faszinierende Gespräche führen kann. Der Zauber ist also in all diesen Traditionen, die wir hier haben und die uns erlauben, uns mit dem Geistigen zu verbinden. Zum Beispiel sich vor einer Versammlung einzustimmen. Manchmal empfindet man es als eine Gewohnheit, aber ich bin wirklich froh, dass wir es tun. Und sich kurz auszutauschen, auch das verbindet uns. Wenn wir dies tun, erschaffen wir einen >sakralen Raum< für unsere Treffen."

„Sieht aus, als sei die Welt hier voller Zauber für dich, Geoffrey." Ich denke, ich muss recht haben, denn er findet noch etwas.

„Dann gibt es noch KP (den Küchendienst) an Donnerstagen."

Das will ich nun wirklich wissen: Wo liegt der Zauber des Geschirrspülens – besonders in jenen enormen Töpfen und Pfannen mit Käsesauce oder Resten überbackener Kartoffeln, die so fest am Boden haften?

„Ich habe in Gemeinschaften überall auf der Welt den Abwasch gemacht, und wenn es uns allmählich langweilig wird, dass noch ein weiterer Teller kommt, dann fange ich an, eine kleine Melodie zu pfeifen. Das hilft mir, die Freude am Abwaschen zu finden – selbst im Topfbecken. Die Gäste lieben es immer und kommen zu mir, aber den Angestellten ist das manchmal peinlich. Für mich aber ist es – Zauber!"

Geoffreys Gesicht leuchtet auf, während er über den Küchendienst spricht. „Weißt du, diese Suche nach dem Zauber ...", verrät er mir, „es passiert wirklich, wenn du nicht danach Ausschau hältst. Sie passieren in den Zwischenräumen, die Überraschungen."

„Wahrscheinlich hast du Recht", gebe ich zu. „Aber ich habe das Gefühl, danach suchen zu müssen, damit ich es in Worte fassen kann."

„Das wird eine Herausforderung für dich werden." Geoffrey lächelt, dann macht er einen weiteren Versuch, mir zu geben, wonach ich suche. „Der Zauber von Findhorn ist, dass wir eine Chance haben, dazu beizutragen, die Integration von Geist und Mensch zu erproben und zu demonstrieren. Es geht längst nicht mehr um das Klösterliche, Abgeschiedene, die Hippie-Kommune, sondern es geht darum, wie wir mit dem normalen Geschäftsleben und normalen Menschen arbeiten können. Wie können wir helfen, Herzen zu verbinden? Wie können wir in der realen Welt etwas Positives bewirken?

Es scheint fürwahr eine Menge Zauber in Geoffreys Leben zu geben, und ich bin froh, dass er es geschafft hat, ihn für mich in Worte zu fassen.

Obwohl ich mich noch frage, wie ich ihm erklären könnte, dass „klösterlich" noch niemals ein Wort gewesen ist, das diese Gemeinschaft zutreffend beschrieben hätte.

Alans Glücksknopf

Der Samstagmorgen ist im Park eine sehr geschäftige Zeit. Am Samstag beginnen und enden die wöchentlichen Programme; die Teilnehmer der Workshops der vergangenen Woche bereiten sich auf ihre Abreise vor, während die neuen Gäste bereits eintreffen. Die Mitglieder der Stiftung rücken in voller Stärke zum Samstags-Großputz an. In kleinen Gruppen ziehen sie mit Mopps und Eimern, Staubsaugern und Staubtüchern in die Bungalows und Wohnwagen. Andere tragen Bleche mit frisch gebackenem Brot, Marmelade, Frühstückskost und Tee, um die Vorräte an Frühstücks-Notwendigkeiten in den Gästequartieren aufzufüllen.

Das Gemeinschaftszentrum ist das reinste Bienenhaus. In der Küche wird das Mittagessen bereitet, der Speisesaal wird gründlich gereinigt und poliert, und Gäste treffen ein, um sich für ihre Erfahrungswoche oder einen Workshop einzuschreiben. Überall sind Grüppchen, in denen man sich umarmt und verabschiedet nach einer Woche, in der man einander kennen und lieben gelernt hat.

Ich sehe Geoffrey in einer Putzkolonne (KP!). Zu den einzigartigen Traditionen hier in Findhorn gehört, dass von jedermann ungeachtet seiner sonstigen Aufgabe oder seines Titels – vom Finanzdirektor und Focaliser der Stiftung bis hin zum jüngsten Mitglied, das sonst im Garten arbeitet – erwartet wird, dass er sich an dem samstäglichen Großputz in den Gästequartieren beteiligt. Jede Person nimmt auch turnusmäßig einmal in der Woche am Geschirrspülen im Gemeinschaftszentrum oder in der Küche von Cluny teil. Es gibt einige Menschen (wie Geoffrey), die diesen Dienst an der Gemeinschaft lieben, doch es ist nicht jedermanns Lieblingsrolle im Gemeinschaftsleben. Ich erinnere mich wohl, wie ich manchmal mit mir kämpfte, an einem Samstagmorgen früh aufzustehen, um die Gästezimmer zu putzen. Doch nach anfänglichem Widerstand erwies es sich stets irgendwie als Spaß, wenn wir alle zusammenkamen und unsere Herzen in die Arbeit legten.

Geoffrey ortet mich aus der Entfernung und bemerkt, dass meine Hände leer sind. „Karin", ruft er grinsend, „lege deinen Kassettenrecorder ab und hilf mir in Evelyns Bungalow."

Alle Bungalows, die nun zur Unterbringung von Gästen genutzt werden, tragen den Namen der Person, die sie ursprünglich bewohnte; in diesem Falle war es Evelyn.

„Geoffrey, ich bin in einer halben Stunde mit Alan J. verabredet und gerade auf dem Weg zu ihm", bat ich ihn und fühlte etwas von der alten Trägheit.

„Komm schon, Karin, das ist doch erst in einer ganzen halben Stunde; weiß du nicht mehr, wie viel Spaß das macht?"

„Okay, Geoffrey, natürlich komme ich, das hatte ich vergessen", sage ich schon deutlich munterer, angesteckt von dem Enthusiasmus in seiner Stimme.

Geoffrey gibt mir einen Mopp, und wir machen uns auf den Weg zu den Bungalows hinüber. Eine andere Person – ein Gast, der eine zweite Woche bleibt – ist bereits damit beschäftigt, die Betten zu machen. Geoffrey beginnt den Küchenboden zu wischen, und ich schalte im Wohnzimmer den Staubsauger ein. Im Handumdrehen ist der kleine Bungalow – einer jener Zedernholz-Bungalows in Eileens Vision – blitzsauber und bereit für die Neuankömmlinge.

Bald mache ich mich auf den Weg zu einem der kleinen Bungalows in Pineridge. Ich suche nach einem alten Freund, der nicht mehr in der Lage ist, sich an der körperlichen Arbeit in der Gemeinschaft zu beteiligen. Das Haus, in dem meine liebe Freundin Elizabeth Grindley so lange Jahre gelebt hatte, ist nun Alans Zuhause. Ich kenne Alan seit dem ersten Tag, an dem er hier ankam.

Zu meinen lebhaftesten Erinnerungen an ihn gehört sein sechzigster Geburtstag – unglaublich, dass dies schon wieder zwanzig Jahre her ist. An jenem Geburtstag beschloss er, sich am 100-Meter-Lauf im Rahmen der bevorstehenden Highland-Wettkämpfe im nahen Forres zu beteiligen. Es war schwer vorstellbar, dass Alan dies schaffte. Er war ein stämmiger, untersetzter Mann, vielleicht ein wenig übergewichtig und definitiv kein Sportlertyp. Aber er schien fest entschlossen, es zu tun, um sich selbst zu beweisen, dass er es konnte. Er ist diese Art von Mann – wenn er sich etwas in den Kopf gesetzt hat, dann tut er, was auch immer erforderlich ist, um sein Ziel zu erreichen. Nicht lange zuvor hatte er, der jahrelang ein sehr heftiger Raucher gewesen war, beschlossen, das Rauchen aufzugeben. Vom selben Tag an führte er keine einzige Zigarette mehr an die Lippen. Manchmal fiel ihm das sehr schwer, aber seine Entschlossenheit half ihm hindurch.

Im Laufe der nächsten Monate sah man ihn oft für das Rennen trainieren; er lief im Bereich der Gemeinschaft oder an einem der nahen Strände. Während ich ihn unterstützte und ermutigte, war ich insgeheim besorgt, er könnte sich schaden. Der Tag des Rennens kam, und mein kleiner Sohn Michael und ich begleiteten Alan zum Grant Park, wo die Highland Games abgehalten wurden. Es war ein sonniger, warmer Nachmittag – ungewöhnlich für Schottland, wo Gelegenheiten wie diese nur allzu oft von Regen und kaltem Wind begleitet wurden. Schließlich wurde der 100-Meter-Lauf, das große Ereignis des Nachmittags, aufgerufen. Alan ging mit den anderen Läufern an den Start. Ich erinnere mich noch, wie mir auffiel, dass die meisten von ihnen unter fünfundzwanzig Jahren schienen, und alle sahen sehr fit aus. Ich wusste, dass Alan nervös sein musste, aber sein Gesicht spiegelte völliges Vertrauen wieder. Er grinste zu uns herüber, und seine „Teufelsbrauen" erhoben sich zum Gruß.

Dann rannten sie los, und nach nur wenigen Sekunden war alles vorüber. Alan kam als letzter durchs Ziel, aber ich konnte an seiner Miene erkennen, dass er sich als Sieger empfand. Er hatte getan, was er sich vorgenommen hatte, und das war sein Sieg. Ich habe noch ein Foto, das kurz nach dem Rennen aufgenommen wurde und Alan strahlend und von Freude erfüllt zeigte.

Die folgenden zehn Jahre lebte und wuchs Alan weiter mit seiner inneren Courage und Entschlossenheit. Als Mitglied der Stiftung arbeitete er in der Küche, leitete das Langzeit-Gästeprogramm, wurde Generalsekretär, war verantwortlich für die Öffentlichkeitsarbeit und stand später auch der Führungsgruppe vor.

Gut zwölf Jahre später, im Alter von zweiundsiebzig Jahren, als sich die ersten Zeichen einer Parkinson-Erkrankung bemerkbar machten und Alans Augenlicht nachließ, ging er nach Nepal. Er hatte im Zweiten Weltkrieg bei nepalesischen Gurkhas gedient und sein zunehmendes Interesse für den Buddhismus zog ihn jetzt wieder dorthin. Er konnte nicht ahnen, wie tiefgreifend diese Reise sein Leben noch einmal verändern würde. Von dem Mangel an jeglicher Art von Gesundheitsversorgung dort war er so schockiert, dass er nach seiner Rückkehr nach Findhorn das Erbe, das seine Mutter ihm hinterlassen hatte, verwendete, um den Nepal Trust zu gründen, der in einigen sehr abgelegenen Dörfern Gesundheitsposten einrichtete. Alan hatte mit Mitte siebzig noch einmal eine wichtige Arbeit gefunden, für die er sich engagieren konnte.

Heute lebt Alan in diesem kleinen Bungalow in Pineridge, und er hat mich eingeladen, auf eine Tasse Tee hereinzukommen. (Vielleicht sollte ich an dieser Stelle etwas über alle diese Tassen Tee sagen, die ich überall trinke. Zum einen liebe ich Tee, alle Arten von Tee, von grünem über Kräuter- bis Schwarztee. Er hilft mir auch, mich in dem bitterkalten Winterwetter von Schottland aufzuwärmen. Und schließlich ist Tee hier ein Teil der Kultur. Er ist das, wozu die Menschen einen in ihre Wohnung einladen, um nicht Kaffee, nicht Wein oder Fruchtsaft, sondern „eine schöne Tasse Tee" mit ihnen zu trinken.)

Alan erwartet mich und hat den Kessel bereits aufgesetzt. Wir machen unseren Tee in seiner kleinen Küche und gehen dann ins Wohnzimmer. Alan ist nun fast achtzig. Er kann nur noch sehr wenig sehen, dazu muss er sich mit seiner Parkinson-Krankheit arrangieren. Doch er lebt immer noch allein, und sein Haus sieht makellos rein und bestens gepflegt aus.

„Wie geht es dir so?", frage ich ihn.

„Nicht schlecht. Ich kann nicht mehr viel sehen, aber irgendwie geht es weiter. Und es gibt immer wieder etwas Neues zu tun."

„Was ist es, was du jetzt so tust, Alan? Kommst du noch viel hinaus?"

„Nun, ich gehöre jetzt zu den Ältesten in der Gemeinschaft. Es fällt mir schwer, keinen ordentlichen Job mehr zu haben, aber ich bin immer noch engagiert, wo und soviel ich kann. Wenn ich Dinge wahrnehme, die mir nicht gefallen, dann mache ich immer noch den Mund auf."

„Und du hast immer noch den Nepal Trust?", frage ich ihn.

„Nein, das habe ich jetzt anderen überlassen, aber natürlich habe ich immer noch damit zu tun, und so wird es auch bleiben, so lange ich kann." Er nimmt seine Tasse auf und trinkt einen Schluck Tee, bevor er fortfährt: „Ich verbringe wohl viel Zeit damit, einfach hier zu sitzen, in einem ständigen Zustand der Reflexion. Jetzt, da ich auf körperlichem Gebiet nicht mehr viel arbeiten kann, vermag ich eine Menge innere Arbeit zu leisten. Ich habe zum Beispiel festgestellt, dass ich mich nun ganz den geistigen Dimensionen hingeben kann. Ich habe jetzt alle Zeit, die ich möchte, um meine innere Welt zu erforschen. Das ist sehr aufregend."

„Hörst du viel darüber, was in der Gemeinschaft vorgeht?", möchte ich wissen.

„Natürlich", antwortet er. „Ich habe viele Besucher. Die Menschen bringen mir Essen oder kommen einfach auf einen Schwatz herein. Ich bleibe gerne in Kontakt mit allem, was vorgeht."

„Und was denkst du über alles heute? Hat sich etwas verändert?"

„Natürlich hat sich etwas verändert, manches zum Guten, anderes zum Schlechteren. Ich erinnere mich, wie wir einander vor Jahren noch viel mehr vertraut haben, einfach unsere Arbeit getan und Dinge gemeinsam gemacht haben. Heutzutage haben sie Verträge für Angestellte und Manager. Ich dachte immer, dass wir hier etwas anderes ausprobieren, eine neue Art zu leben, aber nun werden wir immer mehr wie irgendeine andere Firma." Alan blickt etwas traurig, wie er mir all dies erzählt.

„Aber du bist immer noch hier, Alan. Was hat dich all die Zeit hier gehalten?"

„Nun, die Liebe und Inspiration, die mich ursprünglich hierher geführt haben, sie sind immer noch da. Wir haben vielleicht auf einigen Ebenen mit Schwierigkeiten zu kämpfen, mit vielen Herausforderungen umzugehen, aber es gibt immer noch eine Menge, was hier ganz speziell ist", antwortet er und sieht deutlich glücklicher aus.

Er nimmt einen weiteren Schluck Tee und fährt fort: „Ich weiß keinen anderen Ort, wo so viele besondere und wunderbare Menschen sind, und so viel Liebe. Ich habe das Gefühl, in einer Art von Geschwisterlichkeit mit all diesen gleichgesinnten Seelen zu leben. Und natürlich ist die spirituelle Dimension hier sehr wichtig für mich. Ich bin einfach sehr glücklich, hier zu sein. Ich will dir eine Geschichte erzählen, die dir zeigt, wie glücklich ich bin."

Ich kann seine Freude spüren und freue mich darauf, diese Geschichte zu hören.

Alans Lächeln wird breiter, als er beginnt: „Schau, kannst du diesen Knopf sehen, den ich hier trage? Es ist ein Panik-Knopf. Wenn ich irgendwie in Schwierigkeiten bin, brauche ich nur darauf zu drücken, und auf der Stelle ruft mich jemand von der Gemeinschaft an oder kommt her, um nach mir zu sehen und sich zu vergewissern, dass mit mir alles in Ordnung ist. Neulich erhielt ich plötzlich einen Anruf von jemandem, der fragte, ob bei mir alles in Ordnung sei und mir mitteilte, dass der Panik-Knopf gedrückt worden sei. Ich war das gewiss nicht gewesen ... doch dann erinnerte ich mich, dass eine Freundin hier gewesen war und mich besucht hatte. Als sie sich verabschiedete, um zu gehen, hat sie mich fest umarmt, und das muss den Druck auf meinen Panik-Knopf verursacht haben. Und jetzt nenne ich ihn meinen Glücks-Knopf." Lachend deutet er auf seinen Knopf. „So kannst du sehen, wie glücklich ich hier bin. Ich habe wunderbare Freunde, die für mich sorgen und mich fest umarmen. Was brauche ich mehr?"

Ich denke, da hatte er nicht Unrecht.

„Ich nehme an, das heißt, dass wir dich noch einige Zeit hier haben werden?"

„Ja", bestätigt er lächelnd. „Ich werde hier sein – eben als ein alter Kauz. Aber die Evolution der Gemeinschaft wird in einem großen Grade von den jüngeren Leuten abhängen. Wir dürfen nicht zuviel in der Vergangenheit verweilen. Sie müssen weiterkommen und weiter am Neuen bauen."

Damit mag er wohl Recht haben, aber ich bin froh, dass wir immer noch unsere älteren, weiseren Menschen haben, die diesen Ort innerlich tragen. Menschen, die die Geschichten aus der Vergangenheit kennen, die geholfen haben, diesen sehr speziellen Ort zu bauen, und die willens sind, trotz ihres Alters und nachlassender Gesundheit etwas beizutragen, was immer sie können. Darin liegt sehr viel Zauber.

[Einige Wochen später, als ich wieder in Frankreich war und an diesem Buch schrieb, hörte ich von meiner Freundin Judi, dass Alan gerade in großem Stil seinen achtzigsten Geburtstag gefeiert hatte. Er hatte um einen „Spaß-Abend" in der Universal Hall gebeten, und alle seine Freunde gaben den ganzen Abend vor einem vollen Haus Lieder, Parodien und Tänze zum Besten. Judi selbst sang das Lied „Zeit, mit dem Leben zu beginnen" aus dem Musical *Pippin,* was ein großartiges Lied sein muss, wenn es für einen Achtzigjährigen gesungen wird, besonders für diesen! Eine Gruppe von Männern kam in Ballettröckchen heraus und führte einen Tanz aus *Schwanensee* auf, und die Teenager, nicht zu übertreffen, tanzten eine Nummer aus *Saturday Night Fever.*

In der Pause bedurfte es des Atems mehrerer Personen, um die achtzig Kerzen auf Alans Geburtstagstorte auszublasen, und es wartete eine lange Reihe von Menschen, die ihm „Happy Birthday" wünschten. Später, als die Darbietungen vorüber waren, wurde das Publikum eingeladen, Alan seine Wertschätzung zu bekunden, und einer nach dem anderen erzählten die Anwesenden Geschichten und dankten ihm für das, was er der Gemeinschaft geschenkt hatte.

Dutzende von Menschen haben dieses Ereignis organisiert und dazu beigetragen – die Darbietenden, die Bäcker und Kaffeeköche und natürlich all jene, die anschließend alles wieder aufräumten und putzten. Das gehört zu den Dingen, die die Gemeinschaft so gut macht – das Feiern ihrer Helden und Heldinnen, der gewöhnlichen Mitglieder der Gemeinschaft, die im Laufe der Jahre viel von sich selbst gegeben haben. Bei Gelegenheiten wie diesen werden die Liebe und Wertschätzung, die wir für einander empfinden, am deutlichsten greifbar.

Es tut mir leid, dass ich Alans Geburtstagsparty versäumt habe. Vielleicht werde ich an seinem neunzigsten dort sein.]

Lichtnetz

Bei einem Blick auf die Uhr stelle ich fest, dass ich gerade noch genügend Zeit habe, um zur Mittags-Meditation in den Andachtsraum zu gehen. Ich nehme Alan in die Arme und achte darauf, nicht seinen Glücksknopf zu drücken; dann gehe ich rasch in den zentralen Bereich des Parks zurück, wo der Andachtsraum ist. Rund um den Andachtsraum ist es normalerweise sehr still, denn jedermann weiß, dass hier wahrscheinlich Meditierende sind, zu jeder Stunde des Tages oder der Nacht. Arbeitsabteilungen, Gruppen aller Arten sowie Einzelpersonen kommen hierher für einige stille Momente der spirituellen Inspiration und um nach innen zu lauschen. Dreimal am Tag, am frühen Morgen, am Mittag und am frühen Abend finden Gemeinschafts-Meditationen statt, oft mit einem bestimmten Anliegen.

Dies war der erste Andachtsraum, der (1968) gebaut wurde, und es war der Ort, wo Eileen die Weisungen mitteilte, die sie früh morgens empfangen hatte. Diese Weisungen waren oft sehr spezifisch und teilten den frühen Mitgliedern der Gemeinschaft genau mit, welche Arbeit an diesem Tage zu tun war. Peter sorgte immer dafür, dass dies genau so ausgeführt wurde, wie die Weisung empfahl. Eines Tages sagte Eileens geistige Führung, dass die Gemeinschaft eine Küche und einen Speisesaal für zweihundert Menschen bauen sollte, was sehr erstaunlich klang, da die Gemeinschaft zu jenem Zeitpunkt aus nur zehn Mitgliedern bestand! Peter setzte sofort die Entwürfe und den Bau dessen in Gang, was das Gemeinschaftszentrum werden sollte, und bald war das Holzfachwerkgebäude errichtet. Innerhalb von einem Jahr war es für die schnell wachsende Gemeinschaft bereits wieder zu klein, und seitdem wurde es mehrere Male erweitert.

Dann kam der Tag, als Eileens innere Stimme ihr mitteilte, dass sie ihre Weisung nicht länger mit der Gemeinschaft teilen sollte; statt dessen sollten die Menschen lernen, auf ihre eigene innere Stimme zu lauschen. Eileen erklärt nach wie vor, dass dieses Lauschen nach innen eine der höchsten Weisen ist, wie wir dem Planeten dienen können, und sie selbst meditiert natürlich weiterhin täglich und empfängt ihre Weisung.

Ich betrete den Vorraum des Andachtsraumes und ziehe die Schuhe aus, die ich auf das Ablagebrett unter der Bank stelle. Ich bemerke, dass da bereits einige weitere Schuhpaare stehen und an den Haken darüber Mäntel und Schals hängen.

An der Tür, die in den eigentlichen Andachtsraum führt, steht zu lesen:

Frieden
allen, die dieses, mein Heiligtum betreten.
Möge Mein Frieden auf euch kommen,
möge Meine Liebe euch erfüllen,
möge Mein Licht jeden eurer Schritte leiten.
Legt alles Alte ab und werdet neu in Meinem Geiste.

Ich öffne die Tür und sehe zwei Reihen mit goldenem Samt bezogener Stühle und einige Kissen in einem Kreis um eine brennende Kerze in der Mitte des Raumes. Eine Leuchte strahlt das Sonnenaufgangs-Bild mir gegenüber an und in der Ecke stehen frische Blumen. Etliche Menschen sitzen bereits mit geschlossenen Augen in stiller Meditation. Ich finde einen Stuhl und mache es mir bequem, blicke noch einmal um mich und schließe dann die Augen. Ich nehme wahr, dass weitere Menschen den Raum betreten. Die Atmosphäre ist unbeschreiblich friedvoll. Generation um Generation von Gemeinschaftsmitgliedern haben auf diesen Plätzen in der Stille gesessen, auf ihre innere Weisung gelauscht, gebetet, heilende Energie in die Welt gesandt, Frieden in Kriegsgebiete konzentriert und manchmal einfach still auf ihre Verbindung mit höheren Wesen gewartet.

Heute um 12.15 Uhr ist, wie jeden Tag seit einigen Monaten, eine Friedensmeditation des Lichtnetzes. Als ich meine Aufmerksamkeit nach innen wende, höre ich Carols sanfte Stimme.

„Willkommen zu unserer täglichen Lichtnetz-Meditation. Diese Meditation begann als spirituelle Antwort auf die Terrorangriffe in den Vereinigten Staaten im September und geht nun weiter als ein Akt des Dienstes für diesen Planeten.

Lasst uns jeder in unser Herz-Zentrum einkehren, in jenen Ort des tief-inneren Friedens im Mittelpunkt unseres Wesens, und alles beiseite legen, was im Laufe des Tages geschehen ist, um hier und um ganz präsent zu sein in diesem Andachtsraum.

Auf der Ebene des Herzens wollen wir uns verbinden mit jedem anderen in diesem Andachtsraum. Und mit jedem anderen in unserer Gemeinschaft.

Wir heben unser Bewusstsein zu einem Punkt etwas oberhalb unseres Scheitels und verbinden uns nun mit unserer Seele, die wir in ihrer Schönheit und Wahrheit sehen. Wir wissen, dass wir alle Teil der einen großen Seele sind.

Von der Seelenebene aus richten wir uns aus auf das Lichtnetz, zu allen Gruppen und Einzelpersonen, die im Dienste dieses Planeten meditieren. Wir sehen das Lichtnetz als ein hell leuchtendes Netz, das unseren Planeten mit seinem Licht umgibt und schützt.

Wir richten uns aus auf die Engel-Reiche und begrüßen die Anwesenheit von Michael und Raphael, jenen beiden großen Engelwesen, die die Menschheit schützen und behüten.

Und wir richten uns aus auf Shamballah, das Zentrum, das den Willen Gottes kennt.

Da wir nun als Gruppe ein Gefäß erschaffen haben, um die göttlichen Qualitäten Liebe, Licht und Kraft zu empfangen, öffnen wir uns, um als Kanäle zu dienen, um diese Energien zu empfangen und sie in dem Andachtsraum zu erden und zu verankern."

Für die nächsten etwa zwanzig Minuten lasse ich mich ganz tief in die Stille sinken, um diese Worte mit mir zu nehmen und sie eins mit mir werden zu lassen. Für eine Weile bin ich mir noch meines Atmens gewahr, der Geräusche des Windes draußen und meines Körpers auf dem Sitz. Ich versuche bewusst, alles Hörbare und alle Wahrnehmungen loszulassen, aber – wie immer – je mehr ich es versuche, desto schwieriger wird es. Nur wenn ich alles Streben loslasse und einfach ich selbst bin, kann ich jenes Zentrum der Stille berühren, die innere Stille, wo es für wenige, selige Momente nichts anderes als Frieden gibt.

Später, nach diesen Augenblicken der Zeitlosigkeit, werde ich wieder gewahr, dass Carol spricht.

„Nun ist die Zeit für uns gekommen, die göttlichen Qualitäten Liebe, Licht und Kraft, die wir in diesem Andachtsraum verankert haben, an den Planeten hinauszustrahlen. Dies tun wir, indem wir bewusst und zielgerichtet die Große Invokation sprechen, danach stimmen wir drei Mal das OM an."

Gemeinsam rezitieren wir die Große Invokation, ein Gebet, das der Menschheit im Jahre 1945 gegeben wurde und das seitdem in fast siebzig Sprachen überall auf der Welt rezitiert wird.

Aus dem Quell des Lichts im Denken Gottes
ströme Licht herab ins Menschendenken.
Es werde Licht auf Erden!

Aus dem Quell der Liebe im Herzen Gottes
Ströme Liebe aus in alle Menschenherzen.
Möge Christus wiederkommen auf Erden!

Aus dem Zentrum, das den Willen Gottes kennt,
lenke planbeseelte Kraft die kleinen Menschenwillen
zu dem Endziel, dem die Meister wissend dienen!

Durch das Zentrum, das wir Menschheit nennen,
entfalte sich der Plan der Liebe und des Lichts
und siegle zu die Tür zum Übel!

Mögen Licht und Liebe und Kraft
den Plan auf Erden wiederherstellen!

Als wir den letzten Satz vollendet haben, fährt Carol mit leiser Stimme fort:

„Wenn wir jetzt das erste OM anstimmen, möchten wir die Qualität Liebe visualisieren, wie sie von diesem Andachtsraum hinausstrahlt, um die Herzen jedes Menschenwesens zu berühren, und besonders jene, die leiden und bedrückt sind – gleich welcher Rasse, Farbe oder Glaubens sie sind. Lasst uns auch sehen, wie

Liebe die Gedankenformen der Angst, des Hasses und der Gewalt verwandelt."

Gemeinsam lassen wir alle im Raum nun das erste OM erklingen.

„Wenn wir nun das zweite OM anstimmen, möchten wir die Qualität Licht von diesem Andachtsraum aus über den ganzen Planeten hinausfließen sehen und besonders zu den militärischen, politischen und geistlichen Führern, auf dass lichtvolle Entscheidungen getroffen werden."

Während wir dieses OM erklingen lassen, visualisiere ich einige der Führer der Welt, die gerade Entscheidungen treffen, die das Leben von Millionen Menschen beeinflussen werden.

„Schließlich, wenn wir das dritte OM anstimmen, wollen wir die Kraft visualisieren, die von diesem Andachtsraum hinausstrahlt, auf dass sich der göttliche Plan für die Erde zur höchsten Erfüllung entfalte."

Wir verweilen noch einige Minuten in der Stille, dann steht einer nach dem anderen auf, um den Andachtsraum zu verlassen. Draußen, im Vorraum, immer noch schweigend, finden wir unsere Schuhe und Mäntel und gehen nun zurück in die Geschäftigkeit unseres Tages, ein jeder bereichert durch das Erlebnis, das wir gerade miteinander und dem Planeten geteilt haben.

Die Suche

Noch immer erfüllt von dem Frieden des Andachtsraumes gehe ich still zum Mittagessen ins Gemeinschaftszentrum hinunter. Nach meinem geschäftigen, aber erfreulichen Vormittag bin ich recht hungrig und sehr erfreut, meine geliebten gebackenen Pastinaken und Kartoffeln wieder auf dem Speiseplan zu sehen. Ich weiß es zu schätzen, dass die meisten Gemüse aus dem örtlichen biologischen Anbau sind und das Brot von Trevor und seinen Kollegen hier in der Bäckerei gebacken wird.

Ich wähle einen Tisch neben jemandem, den ich nicht kenne. Wir begrüßen einander, und er stellt sich als John vor. Nicht der John, der in dem Doppelfasshaus wohnt, sondern der John, der in dem Grasdach-Haus auf dem Feld der Träume wohnt. Wie es scheint, haben die Johns hier ein Faible für ungewöhnliche Häuser! Das Grasdach, das zufällig genau gegenüber dem Haus ist, in dem ich logiere, ist mir aufgefallen, und ich finde es interessant, meinen Nachbarn kennenzulernen. Ich erfahre, dass John bereits in den sehr frühen Tagen der Gemeinschaft hier gelebt und die Gemeinschaft schon vor meiner Ankunft 1975 wieder verlassen hatte. Nun war er zurückgekehrt, um wieder hier zu leben, und hat ein Haus gebaut mit einer Wiese auf dem Dach. Eileen nennt Leute wie John ihre >heimkehrenden Tauben< – frühere Mitglieder, die beschließen, zurückzukehren und ein zweites Mal hier zu leben.

John erzählt mir viel über die ganz frühe Zeit in der Gemeinschaft. Er pflegte die Caddy-Söhne nach der Schule zu unterrichten und war mit Begeisterung der Mann für alle Aktivitäten im Freien, der Mitglieder der Gemeinschaft auf Wanderungen und Kletterpartien mitnahm. Nach unserem Mittagessen kehre ich zum Haus Sonnenblume zurück, wo Susan bereits das Kaminfeuer angezündet hat. So ist es sehr behaglich und warm für meinen nächsten Besucher.

Im Laufe der vergangenen Tage habe ich über ein neues Projekt namens >Die Suche< gehört, und nun kommt jemand von dieser Gruppe herüber, um mit mir darüber zu sprechen.

Es klopft an der Tür, und eine sehr englisch aussehende Frau stellt sich als Joycelin vor. Ich biete ihr eine Tasse Tee an (natürlich!), und wir machen es uns vor dem Kamin gemütlich.

„Was ist die >Suche<?", frage ich sie gerade heraus, da ich gar nichts darüber weiß.

„Es ist ein zu Hause zu erarbeitendes Programm zur Erforschung deiner spirituellen und persönlichen Entwicklung. Das schriftliche Arbeitsmaterial zum Selbststudium kann man allein, zusammen mit einem Partner, einer Gemeinschaft, einer Gruppe oder sogar durch Diskussion im Internet verwenden." Joycelin hat einen sehr klaren englischen Akzent, der in Findhorn unter den deutschen, amerikanischen, neuseeländischen, schottischen und vielen anderen Nuancen auffällt.

„Alle machen es also zur gleichen Zeit?", frage ich.

„O nein", erwidert Joycelin. „Jeder kann es in seiner eigenen Gangart machen – im Laufe von sechs Monate bis zu einem Jahr – und dann weiter betreiben, sein Leben lang! >Die Suche< sagt dir nicht, was du denken oder glauben sollst, sondern flicht Fragen und Aktivitäten ein, die sich auf das konzentrieren, was für dich wichtig ist."

„Erzähl mir mehr darüber", bitte ich fasziniert.

„Es gibt sechs Abschnitte, um die Person durch den Kurs zu führen. Eine der ersten Aufgaben ist es, dich selbst und deine Lebensgeschichte zu erforschen – alle Dinge, die dir passiert sind, die guten und die schlechten, und wie deine Werte und spirituellen Erfahrungen sich entwickelt haben. Später lernst du Wege, um positive Veränderungen herbeizuführen und dein tägliches Leben als eine spirituelle Erfahrung zu leben."

„In gewisser Weise klingt es wie das Leben hier in der Gemeinschaft", bemerke ich zu Joycelin.

„Ja und nein. Wir versuchen nicht bloß, die Essenz Findhorns einzufangen, sondern auf eine sehr undogmatische Weise die Essenz zeitgenössischer Spiritualität zu vermitteln. Das ist es natürlich, worum es auch in Findhorn geht."

Ich stehe auf und lege wieder einen Scheit ins Feuer. Es hat etwas so Beruhigendes und Tröstliches, ein offenes Feuer zu beobachten.

„Das Problem war, all dies einzufangen und dergestalt durch das geschriebene Wort zum Ausdruck zu bringen, dass die Menschen leicht etwas damit anfangen können. Es war schwierig, etwas zu Papier zu bringen, das fast unmöglich zu beschreiben ist."

„Ich verstehe. Das ist genau die Herausforderung, in der ich im Augenblick stehe, indem ich versuche, den Zauber dieses Ortes zu beschreiben." Falls >Die Suche< es bewältigt hat, werde ich es vielleicht auch schaffen.

„Eine unserer größten Herausforderungen war es, alle nötigen Nachforschungen anzustellen und das Material rasch zu schreiben und zu testen. Am Ende erkannten wir, warum es so gemacht werden musste. Wir hatten keine Zeit, um anzufangen zu denken und uns zu plagen; wir mussten eine andere Arbeitsweise finden und alles intuitiv tun."

Das klang sehr nach der Art und Weise, wie ich nach meinen Antworten suchte – mit Hilfe meiner Intuition und hoffentlich auch mit Hilfe der Engel.

„Warum wurde >Die Suche< hier in Findhorn erarbeitet und geschrieben?", wollte ich wissen.

„Weil Findhorn ein Ort ist, wo du über Dinge, die wichtig sind, wirklich sprechen kannst – wie über das Nach-innen-Lauschen und spirituelle Erfahrungen. Fast überall sonst musst du vorsichtig sein, über Gott zu reden. Hier ist es ein Teil des täglichen Lebens."

„Ist das der Grund, warum du dich entschieden hast, hier zu leben?", frage ich sie direkt.

Joycelin blickt aus dem Fenster über das Feld der Träume. „Ja, das ist es zum Teil“, antwortet sie. „Und es ist auch die Schönheit dieses Ortes, die Wildheit. Mich von der Gemeinschaft gehalten und getragen zu fühlen. Hier habe ich ein ganz spezielles Empfinden, angenommen zu sein. Es gibt ein unsichtbares, aber greifbares Netz, das alles umfasst; es ist für jeden hier, aber die Menschen erleben es auf unterschiedliche Weisen.“

„Sag mir mehr über dieses Netz, von dem du sprichst.“

Joycelin hält einen Moment inne, um nachzudenken und antwortet dann: „Ich denke in Bildern und Farben“, beginnt sie. „Ich erlebe ein feines Netz aus winzig kleinen Teilchen eines vielfarbigen Regenbogens, die zusammen ein Netz aus weißem Licht bilden. Hier kannst du dich ihm irgendwie näher fühlen. Die Schleier sind hier dünner.“

In dem Feuer kann ich auch Funken vieler Farben sehen, welche manchmal in einer blitzartig auflodernden, weißen Flamme verschmelzen.

„Ich bin Quäkerin, weißt du“, fährt Joycelin fort. „Ich weiß, was es bedeutet, sich zu verpflichten, in der Stille zu sitzen. In der Stille zu sein, gibt jedem von uns die Freiheit, nach unserer eigenen inneren Wahrheit zu suchen und sie zu finden. Und natürlich ist es von großer Wichtigkeit, deine Wahrheit zu erfahren und sie dann in deinem täglichen Leben anzuwenden.“

„Du bist Quäkerin, und ich weiß, dass viele Menschen hier unterschiedliche Glaubensüberzeugungen haben. Was haben wir, nach deinem Empfinden, alle gemeinsam?“

„Ja, Menschen von allen Hintergründen und Religionen kommen hierher, und alles wird akzeptiert. Unser Glauben ist, dass wir alle zusammenarbeiten können. Es herrscht ein tiefer Respekt für jeden und Anerkennung und Akzeptanz unserer Unterschiede. Wir hören einander aufmerksam zu.“

Das ist genau die Art und Weise, wie ich es ausgedrückt hätte, denke ich bei mir.

„Was, würdest du sagen, ist der Zauber hier, Joycelin?“

„Ach, du meinst den >Noch-etwas-mehr-Faktor<“, antwortet sie mit einem Lächeln. „Ja, da ist etwas hier, und davon gibt es mehr, als jemals offenbar sein wird.“

„Aber irgendwie muss ich es doch in Worte fassen, um den Menschen draußen zu erzählen, was es ist“, beharre ich.

Joycelin überlegt einen Augenblick, und ich spüre, dass sie mir helfen will. „Wenn du dich selbst in der Stille sammeln kannst, vermagst du zuweilen jenes >Noch-etwas-Mehr< zu berühren. Das wirklich Wichtige ist, dass du – wenn du entdeckst, was es ist – lernst, was du damit anfängst", erklärt sie mir und blickt mich direkt an.

Als Joycelin sich vorbereitet zu gehen, erkenne ich, dass ich besser darüber nachdenken sollte: Was fange ich mit dem Wissen an, falls und wenn ich es finde?

Der kleinste Zauberer

Heute Abend bin ich wieder zum Essen eingeladen, dieses Mal von der Familie Featherstone, von Cornelia, Alan und ihrem sechsjährigen Sohn Kevin.

Alan und Cornelia kenne ich schon lange. Alan kam 1978 nach Findhorn und war für mich immer ein Held, obwohl es unwahrscheinlich ist, dass er dies weiß! Er ist einer der Menschen, die eine umfassende Vision haben, deren Handeln zwar lokal sein mag, deren Wirken jedoch planetar ist. In den achtziger Jahren, während der Konferenz „Eine Erde: Aufruf zur Tat", stand Alan in der Universal Hall auf und verpflichtete sich, ein Projekt zu starten, das helfen sollte, den kaledonischen Wald in den schottischen Highlands wiederherzustellen. Dies führte zur Gründung des Projekts „Trees for Life", ursprünglich als ein Teil der Findhorn-Stiftung, und später als separate gemeinnützige Gesellschaft mit der Basis in der erweiterten Findhorn-Gemeinschaft. Über viele Jahre hinweg hat Alan Gruppen von Freiwilligen mitgenommen, um heimische Bäume im Glen Affric zu pflanzen, und bis heute haben sie an die 500.000 neue Bäume gesetzt.

Dies ist für mich oft der Weg, wie der Zauber arbeitet. Alans Beherztheit und Hingabe hat einen gewaltigen, positiven Unterschied bewirkt, nicht nur in den schottischen Highlands, sondern auch an vielen anderen Orten auf der Welt. Alan und „Trees for Life" haben zu Recht zahlreiche Auszeichnungen für ihre Arbeit empfangen, darunter den Schumacher-Preis des Jahres 2002.

Ein weiteres von Alans Projekten ist die Produktion der „Trees for Life"-Kalender und -Tagebücher, mit der er in den achtziger Jahren begann. Alan ist um die ganze Welt gereist und hat bedrohte Baumarten fotografiert. Diese Aufnahmen bietet er in Form von exquisit schönen Fotografien auf Kalendern und Terminbüchern an. Zu der Zeit meines Besuches war er auch mit den Vorbereitungen für die Konferenz „Restore the Earth" beschäftigt, wo er zusammen mit vielen anderen, die sich ebenfalls mit Leidenschaft für die Heilung der Erde einsetzen, beabsichtigt, das 21. Jahrhundert zum „Century of Restoring the Earth" („Jahrhundert zur Wiederherstellung der Erde") zu erklären. Wie ich Alan kenne, wird er sich gewiss so sehr für diese Projekt engagieren, wie er es für „Trees for Life" tut, und wird damit zukünftige Generationen inspirieren, sein Werk fortzusetzen und hoffentlich zu vollenden.

Cornelia, eine Ärztin, kam 1987 aus Deutschland nach Findhorn. Wie die meisten neuen Mitglieder arbeitete sie und lernte neue Fertigkeiten in den Abteilungen der Gemeinschaft – in der Küche, den Gärten und im Unterkunftsbüro, sie nahm Buchungen neuer Gäste entgegen und fuhr die Busse der Gemeinschaft. Doch es dauerte nicht lange, bis sie sich auch um die Gesundheit und das Wohl ihrer neuen „Familie" kümmerte, und bald wurde sie zum Focaliser der Abteilung „Ganzheitliche Gesundheit". Cornelias Engagement und Leidenschaft gelten dem Heilen des ganzen Menschen, und sie setzt ihre Fertigkeiten und Mitgefühl auf jeder Ebene ein. Ich erinnere mich wohl an eine phantastische Massage, die Cornelia mir im Bodhi-Raum in Cluny gegeben hat, und an die vielen Male im Lauf der Jahre, als ich ihren Rat suchte.

Eines ihrer heroischen Projekte war, 1997 ein sehr wertvolles Buch mit dem Titel *Medical Marriage* zusammenzustellen, welches die Weisheit sowohl der komplementären als auch der Schulmedizin vereint und eine unschätzbare Quelle für Ärzte, Pflegepersonal und Heilpraktiker geworden ist. Cornelia arbeitet heute als praktische Ärztin in der nahen Stadt Lossiemouth und stellt all ihre Fertigkeiten in den Dienst der Menschen in ihrem Einzugsbereich. Das Haus der Featherstones ist am Ende der Piste, neben der Universal Hall. Als ich in den Vorraum trete, erkenne ich bereits die Anzeichen dafür, dass ein Kind in diesem Hause lebt – ein Fahrrad, Spielzeug, kleine Schuhe und Mäntel. Ich höre das freudige Kreischen von kleinen Jungen, die drinnen spielen. Kevin und sein bester Freund Clancy sind auf dem Fußboden beschäftigt und machen etwas sehr Interessantes mit einigen kleinen Rädern. Ich setze mich eine Weile zu ihnen, bis köstliche Düfte aus der Küche mich in die Versuchung führen, Alan zu besuchen, der unser Abendessen kocht. Ich weiß, dass Alan sich veganisch ernährt, und so bin ich besonders interessiert zu sehen, was er heute Abend kocht. Es riecht gewiss gut.

Kevins kleiner Freund ist nun nach Hause gegangen, und Kevin hilft Cornelia, den Tisch zu decken. Er gibt sich große Mühe, sich zu merken, welcher Teil des Bestecks an welchen Platz gehört. An Ende entscheidet er, dass es doch nicht allzu wichtig ist, und legt die Messer und Gabeln auf ganz eigene Weise aus. Nun ist das Essen fertig und ich darf all die interessanten Speisen probieren, die aus der Küche kommen. Kartoffeln mit einer Sauce, die nach Blauschimmelkäse schmeckt, jedoch keinen enthalten kann, denn Käse ist ein Milchprodukt. Es gibt auch eine Currysuppe mit Poppadums (würzigen indischen Chips) und eine Platte mit einem großen Berg verschiedener frischer Gemüse.

Während des ganzen Mahles reden wir über Geschehnisse in der Gemeinschaft, neue Projekte in Alans und Cornelias Leben und natürlich über das Buch, das ich schreibe. Von Zeit zu Zeit, zwischen köstlichen Happen seines Essens, beteiligt sich Kevin an der Unterhaltung. Ich bin besonders interessiert, ihn kennenzulernen; während des größten Teils seines jungen Lebens war ich nicht in Findhorn und kenne ihn nur als eines der kleinen, lebhaften Kinder, die hier umher rannten. Wir scheinen einander mit einer gewissen Aufmerksamkeit zu mustern. Meine eigenen Kinder wuchsen in der Gemeinschaft auf und führen nun, als Erwachsene, ihr eigenes Leben in der Welt, wie es alle ihre Freunde tun, die ebenfalls hier lebten. Ich frage mich, wie ein junges Kind heute mit dem Leben in der Gemeinschaft im 21. Jahrhundert umgeht.

Cornelia erzählt mir, dass Kevin zwar an der Waldorf-Schule der Gemeinschaft eingeschult wurde, ihm dies aber nicht passte und er nun eine der örtlichen staatlichen Schulen besucht. Das passierte auch mit meinem Sohn Michael. Nun kann Kevin es gar nicht erwarten, in die Schule zu gehen und macht sich dort sehr gut. Dies zeigt mir erneut, dass jedes Kind seine eigenen Bedürfnisse hat, und wenn wir darauf achten, können wir ihnen in ihrer jeweiligen eigenen Entwicklung helfen – und sie wiederum werden uns helfen.

Gegen Ende unseres Essens frage ich Kevin, ob er schon Lesen gelernt habe. Er lächelt nachsichtig und rennt auf sein Zimmer, um eines der netten Roald-Dahl-Bücher zu holen. Ohne im geringsten zu zögern, beginnt er mir vorzulesen, flüssig und mit viel Ausdruck. Er versteht, was er liest, und genießt es außerordentlich. Ich bin sicher, ihm gefällt noch mehr die Tatsache, dass ich mit offenem Mund dasitze, staune und von seinem Können sehr, sehr beeindruckt bin.

Als wir ihn überreden können, seine Vorlesung zu beenden (was nicht einfach ist), beginne ich, auf Deutsch mit ihm zu sprechen. Cornelia ist Deutsche, und ich weiß, dass sie häufig in ihrer Muttersprache mit ihm spricht. Wieder ohne zu zögern, unterhält er sich mit mir ebenso glücklich und gewandt in deutscher wie in englischer Sprache. Was immer er gerade tut, ob er in wechselnden Sprachen liest oder spricht, begleitet er mit einem verschmitzten Grinsen. Er weiß, dass ich beeindruckt bin, und ist ganz glücklich, mich noch etwas zu ertragen.

Schließlich ist es Zeit für Kevin, ins Bett zu gehen. Mir wurde die Aufgabe übertragen, ihn die Leiter zu seinem Hochbett hinauf zu bringen, und dieses Mal war die Reihe an mir, ihm vorzulesen. Er hat ein Buch mit deutschen Abendgebeten ausgewählt. Als ich anfange, das zu lesen, was er ausgesucht hat, liest er es leise mit – er kann sowohl deutsch als auch englisch lesen. Ein weiteres entzücktes Grinsen verrät mir, dass er dies ebenso genießt wie ich. „Okay, Kevin, ich bin beeindruckt", sage ich, und als seine Augen schläfrig werden, stecke ich behutsam seine Bettdecke fester um ihn. Vorsichtig steige ich die Leiter wieder hinunter und kehre zu dem Gespräch mit Alan und Cornelia zurück, zu dem gelegentlich ein kleiner, schläfriger Kommentar aus Kevins Zimmer zu vernehmen ist.

Nun beginne ich selbst, mich schläfrig zu fühlen; es war wieder ein langer und geschäftiger Tag. Ich danke meinen Gastgebern für ein köstliches Abendessen und einen faszinierenden Abend, und gehe den kurzen Weg zu meinem eigenen Bett. Der Himmel ist klar und die Sterne blinzeln mir zu – etwa wie vorhin Kevins Augen. Ich lächle über mich selbst, denn jetzt habe ich drei Helden in der Familie Featherstone: Alan, Cornelia und Kevin, den kleinen Zauberer.

Sonntag, lieber Sonntag

Die Hall

Wie könnte ich beschreiben, was ich heute morgen in der Universal Hall erlebte? War es Zauber, oder waren es bloß Emotionen? War es Realität im Hier und Jetzt, oder waren es nur Erinnerungen aus der Vergangenheit?

Nach einem gemütlichen Sonntagsfrühstück war ich zur Universal Hall hinüber gegangen, um an einem Ritual teilzunehmen, das ich früher immer irgendwie versäumt hatte. Heute jedoch, auch unter dem Gesichtspunkt, alles zu erleben – oder jedenfalls so viel, wie mir in dieser Zeit möglich war – beschloss ich, einen Versuch zu wagen.

Die Hall zu betreten – besonders nachdem ich doch längere Zeit nicht da gewesen bin –, ist für mich immer ein Erlebnis, das mich tief bewegt. Es gab so viele wichtige, kreative, lustige und inspirierende Ereignisse in diesem Gebäude, an denen ich beteiligt war.

So viele Erinnerungen, so viel Freude und Kreativität, so viel Spaß, Lachen, Tränen, Hochzeiten, Abschiede – sie alle waren ein so wichtiger Teil meines Lebens in der Gemeinschaft. Und erst die schier endlosen Zusammenkünfte, wenn wir uns ausgesprochen haben, wenn wir uns nicht einig waren – ja, wir waren uneins! – und redeten und redeten, bis es unmöglich schien, überhaupt zu einer Entscheidung zu gelangen. Dann besannen wir uns darauf, welche Hilfe aus der Stille wachsen kann, und wir schlossen die Augen und ließen uns von unserem inneren Wissen leiten. Seltsam ... wie einfach es dann war, Entscheidungen zu finden – mit unserem Herzen und mit unserem Verstand!

Als ich 1975 hier ankam, war die Hall noch ein Rohbau und bestand nur aus dem Zementboden, einem Dach und Wänden. Für die Kinder war das ein herrlicher Platz, wo sie auf Rollschuhen umhersausen konnten, bis der Tag kam, als der Fußboden verlegt wurde und das Rollschuhlaufen zu Ende war.

Ich war nicht hier, als der Bau der Hall begann, aber ich kenne jemanden, der das miterlebte. Mit Lyle bin ich seit siebenundzwanzig Jahren befreundet. Er kam einige Jahre vor mir in die Gemeinschaft, und in meiner Erinnerung hatte er immer mit Bauprojekten zu tun. Schließlich begann er ein eigenes Geschäft, in dem Sonnenkollektoren hergestellt werden und das heute als private Firma von einem anderen Mitglied der Gemeinschaft betrieben wird. Ich hatte das Gefühl, dass Lyle mir über jene Anfangszeit der Hall erzählen könnte, und so schrieb ich und fragte ihn, wie es geschah, wie alles anfing. Wie kam die Errichtung dieses herrlichen Gebäudes überhaupt zustande?

Jetzt, als ich hier an dem Haupteingang stehe und die Buntglasfenster und die Kristallglaswand aus Farbe und Licht sehe, erinnere ich mich, was er schrieb. Ich gebe es hier wieder, genau so, wie er mir geschrieben hat:

> *Liebe Karin,*
>
> *Du fragtest nach der Hall. Der Bau wurde im Juli 1974 begonnen. Ich bin ziemlich sicher, dass es der 1. Juli war. Peter schrieb mir im Februar jenes Jahres und fragte, ob ich zurückkommen und beim Bau dieser schlichten Allzweckhalle helfen wolle, die in drei bis sechs Monaten fertig sein sollte.*

Ich erinnere mich gut, wie ich schmunzeln musste, als ich diese Zeile las: Der Bau der Hall dauerte schließlich über zehn Jahre – und sie ist definitiv kein schlichtes Gebäude! Doch zurück zu Lyles Brief:

> *Als meine Frau Elizabeth und ich nach einem kurzen Aufenthalt im Februar 1971 abreisten, hatten wir vor wiederzukommen, und dies schien nun ein Zeichen zu sein, dass die Zeit dafür gekommen war. Elizabeth, Sara (damals knapp zwei Jahre alt) und ich trafen im Mai ein, doch der Bau verzögerte sich, weil es nicht genug Zement für den Beton gab.*
>
> *Angus war sehr mit Instandhaltungsarbeiten beschäftigt, und Richard und einige andere, die zum Hall-Team kom-*

men sollten, bauten gerade das Verlagsgebäude fertig. Ich baute den neuen Lebensmittel-Lagerschuppen zusammen, der schließlich gegenüber der Rezeption aufgestellt wurde.

Das Land, auf dem die Hall und das Verlagsgebäude errichtet wurden, erhielten wir von Mr. Wilke im Tausch gegen ein Stück hinter dem Park, das zum ursprünglichen Verkauf gehörte; das geschah, wie ich meine, im Frühling oder Sommer vor meiner ersten Ankunft im Nov. 1971. Die Baugruppe war ein Teil des Instandhaltungsteams, Angus war der Focaliser für alle. Aber bald wurde klar, dass der neue Bau eine andere Energie manifestierte, und die Hall bekam ihre eigene Abteilung mit Richard V. als Focaliser. Angus hat meine Anerkennung dafür, dass er bei der Instandhaltung blieb und in der Gemeinschaft den Brennpunkt dafür lieferte, während sein Herz deutlich für die Hall schlug.

Doch nun zurück zu der Zement-Sache. Zement ist das graue Pulver, das man mit Sand, Kies und Wasser mischt, um Beton zu erhalten. Gewöhnlich kommt Beton in großen Mischfahrzeugen und wird für die Fundamente eines Gebäudes in Gräben gegossen; dabei kommt er kaum mit Menschenhand in Berührung. Um dem Materialmangel beizukommen, kauften wir etwa 25 Tonnen Zement, die wir im Verlagsgebäude stapelten. Als wir die Fundamente gossen, war die Zementknappheit zwar vorüber, aber wir mussten unseren Zementvorrat aufbrauchen. Die großen Betonmischer kamen mit Sand, Kies und Wasser zu uns, und wir schaufelten den Zement in Findhorn selbst dazu. Mit dem Beton gossen wir dann die Fundamente für die Hall.

Bei unseren Einstimmungen fragten wir uns, warum die Umstände zu gebieten schienen, dass wir all diese zusätzliche Arbeit machen und den Zement von Hand dazugeben mussten. Wir erkannten übereinstimmend, dass es wichtig war, weil durch unsere Hand-habung des Zements – sowohl beim Einlagern im Verlagsgebäude als auch beim Einfüllen in die Mischmaschinen – mehr Liebe in die Fundamente gegeben wurde. Dies war besonders für die Fundamente wichtig, aber es war auch der Beginn eines Prozesses, in dem wir alle Materialien, die zum Bau der Hall verwendet wurden, segneten und ihnen Liebe mitgaben.

Wenn ich an diese Zeit zurückdenke, erkenne ich, dass fast alle Materialien von so vielen Menschen wie möglich gehandhabt oder berührt wurden. Wann immer Betonstein-Lieferungen eintrafen, gab es eine gemeinschaftliche Aktion, bei der die meisten Mitglieder die Blöcke in Menschenketten um das Gebäude herum reichten. Jeder Quadratzoll der Balken im Dach wurde geflämmt und dann sorgfältig gebürstet, um die natürliche Schönheit des herrlichen Douglasien-Holzes zur Geltung zu bringen.

Ungezählte Tage, Wochen und Jahre beanspruchte die liebevolle und vollendete Gestaltung der Sandstein-Mauern um die vielen Wände der Halle herum. Alle Holzteile um Fenster und Türen sowie die Fronten der Sitzebenen wurden zuerst mit einer Bandschleifmaschine geglättet und dann in stundenlanger, liebevoller Handarbeit von Mitgliedern und besonders Gästen geschliffen. Selbst das Sperrholz auf dem Dach wurde gebürstet, um die Maserung und Strahlung des Materials hervorzuheben. Es ist eine der elementarsten Lektionen, die wir beim Bau der Hall lernten: Die Energie, die man in die Erschaffung eines Gefäßes oder Raumes oder >Tempels< steckt, wird widergespiegelt – jedes Mal, wenn man diesen Raum betritt. Wenn diese Energie Liebe, Achtung und Einstimmung auf den Geliebten und aufeinander gerichtet ist, dann wird auch die gleiche Energie zurückfließen.

In der Hall hatten wir ein klares Empfinden davon und machten es uns bei unserer Zusammenarbeit zu einer Priorität, unsere Beziehungen zueinander und mit Gott bewusst, klar und harmonisch zu halten. Und wenn dies nicht augenblicklich möglich war, dann nahmen wir uns am Ende der Woche dafür Zeit, die Dinge zu sortieren.

An eine Geschichte erinnere ich mich noch deutlich: Wir warteten darauf, mit dem Bauen anzufangen. Peter war gerade von seiner ersten USA-Reise zurückgekehrt, und wenige Tage später folgten ihm Wayne und Bella, zwei Sensitive, mit denen er sich in Kalifornien zusammengetan hatte. Peter beauftragte Angus und mich, Pfosten in die Erde zu schlagen, um ganz genau die Ecken der Hall zu markieren. Bella, die eine Sensitivität für solche Dinge hatte, würde sie kontrollieren, um sich davon zu überzeugen, dass wir den Bau an der richtigen Stelle planten und genau nach den Energielinien dort ausgerichtet hatten. Angus nickte wissend, und ich tat einfach, was ich geheißen wurde – ohne von „Energielinien" und Kraftpunkten irgendetwas zu verstehen oder zu spüren.

Die Hall ist ein fünfseitiges Bauwerk und passt unter Berücksichtigung all der vom örtlichen Bauamt geforderten Zugeständnisse gerade eben auf den Bauplatz. Uns wurde das Kriterium vorgegeben, dass die Mittellinie des Gebäudes auf den acht Kilometer entfernten Kraftpunkt auf dem Cluny Hill in Forres ausgerichtet sein sollte. Von der Mulde zwischen den Dünen aus, wo die Hall gebaut werden sollte, war nichts davon zu sehen. Angus kletterte auf die oberste Sprosse einer 1,8-Meter-Leiter, die wir auf den höchsten Sandhügel hinter dem Bauplatz gestellt hatten. Ich zog ein langes weißes Maßband von der mittleren Ecke an der Rückseite des geplanten Gebäudes über die Erde von Angus weg in Richtung Cluny Hill. Ich ging damit seitlich hin und her, bis Angus bestätigte, dass es genau Richtung Kraftpunkt zeigte, der etwas links vom Nelson-Turm des Cluny Hill war, den er von seinem erhöhten Aussichtspunkt aus – auf Zehenspitzen oben auf der Trittleiter – gerade durch die Bäume sehen konnte. Als die Mittellinie des Gebäudes somit „fachmännisch" festgelegt war, fingen wir an zu messen und äußerst akkurat – das heißt bis auf 1-2 Millimeter – jede Ecke des Gebäudes mit Hilfe von Nägeln zu markieren, die wir in die Enden der in die Erde getriebenen Pfosten hämmerten.

Als wir fertig waren, erstatteten wir Peter und der Kerngruppe Bericht. Peter und Bella kamen herunter, um zu kontrollieren, ob das Gebäude korrekt ausgerichtet war. Bella schritt zuerst den Bereich ab, wo nun der große Versammlungsraum ist. Sie stellte sich auf einen Punkt, der etwa drei Meter von dem Zentrum des Saales entfernt im hinteren Teil der Hall war und erklärte, dass dies der Kraftpunkt sei. Alle Energie aus der Umgebung fließe zu diesem Punkt. Angus und Peter probierten es ebenfalls, nickten wissend und bestätigten so ihre Aussage. Ich stellte mich auf den Punkt, drehte mich um 360 Grad und spürte überhaupt keine Energie, dachte aber „von mir aus". Ich fragte, warum es nicht genau in der Mitte des Auditoriums sei. Sie antwortete, wenn der Kraftpunkt genau in der Mitte des Gebäudes sei, würde die Energie es zerreißen. Interessanterweise kann ich anmerken, dass nun Redner und andere Darbietende ganz spontan die Nähe von „Bellas Kraftpunkt" zu suchen und zu finden scheinen. Einige Sänger sagen – und das ist auch meine Erfahrung –, dass sie das Empfinden haben, von diesem Punkt aus den ganzen Raum erreichen und füllen zu können.

Aber das ist noch nicht das Ende der Geschichte. Bella kontrollierte die Markierungen für alle Ecken, indem sie sich daneben stellte, sich darauf konzentrierte und dann bestätigte, dass sie „punktgenau" seien. Sie kam zu der letzten Ecke (neben dem Kamin), die dem Verlagsgebäude am nächsten liegt. Dieser Pfosten steckte in einem kleinen Sandhügel, etwa drei Meter höher als alle anderen Pfosten, die unten in der Mulde standen. Nachdem sie sich darauf eingestimmt hatte, erklärte sie, wenn wir das Gebäude wirklich bauen würden, müsse diese Ecke ein wenig weiter hinaus geschoben werden, näher zum Verlagsgebäude hin. Ich war sprachlos, und augenblicklich sprang mein Verstand ein und hielt entgegen: „Nein, ich bin sicher, dass dieser Punkt stimmt. Wir haben alle Dimensionen doppelt kontrolliert. Außerdem kommen die Bagger heute Nachmittag, und wir werden morgen mit den Aushubarbeiten beginnen. Wir können die Pläne jetzt nicht mehr ändern, das bedeutete zuviel Papierkrieg, und dafür ist keine Zeit mehr."

Und dann erkannte ich, dass wir von dem Referenzpfosten aus bergauf gemessen hatten. Wenn man den Hügel abtrug und das Maßband auf die Höhe der anderen Pfosten absenkte – also horizontal führte –, käme man mit der gleichen Distanz von den benachbarten Pfosten tatsächlich näher ans Verlagsgebäude, da ja die Hypotenuse im rechtwinkligen Dreieck stets länger ist als jede der beiden anderen Seiten. Und mit dieser Erkenntnis gelangte ich zu einer inneren Akzeptanz der „anderen Wirklichkeit". Wenn eine ältere, großmütterliche Lady intuitiv – ohne Maßband! – einen Fehler wahrnehmen konnte, der uns beim Vermessen unterlaufen war, dann musste, wie ich meine, gewiss auch etwas an ihrer Wahrnehmung über den Kraftpunkt und die Energielinien in der Hall dran sein. Am wichtigsten war für mich, dass sich mir, beginnend mit diesem Erlebnis, gewissermaßen eine Tür nach der anderen für ein neues Verständnis meiner selbst und Gottes öffnete, während ich mit vielen Brüdern und Schwestern in Freude, Liebe und Anmut arbeitete und entdeckte, wer wir wirklich sein können.

Herzliche Grüße, Lyle

Ich öffne die Türflügel, die wie zwei mehrfarbige Engelsflügel gestaltet sind, und gehe die geschwungene Holztreppe hinauf. Von oben blicke ich auf die Buntglaswand zurück. Wenn das Licht von außen hindurchfällt, ist es eine wahre Farbenpracht. Der amerikanische Künstler James Hubble erschuf, assistiert von der hiesigen Künstlerin Janet Banks sowie von vielen Freiwilligen aus der Gemeinschaft, dieses überwältigende und herrliche Kunstwerk aus Glas.

Jubilate Deo

Nun sind noch weitere Menschen in die Hall gekommen, und wir gehen in den großen Versammlungsraum. Wie immer halte ich den Atem an, als ich diesen Raum betrete. Ich weiß, wie viel Liebe und Sorgfalt in seinen Bau geflossen sind, wie viele Hunderte von Menschen mit ihrer Geschicklichkeit, mit Zärtlichkeit und Großzügigkeit zu seiner Vollendung beigetragen haben. Ich kann spüren, wie diese Liebe zu einem Teil der Mauern und der Balken und sogar der Sitze geworden ist, auf denen ich mich niederlassen werde. Zu dem Gefühl der Heiligkeit, das dieser Ort ausstrahlt, haben Menschen wie Lyle, Richard, Dieter, Ian und so viele andere beigetragen.

Während die meisten Plätze purpurfarben bezogen sind, gibt es auch einige größere, sehr bequeme Stühle, die mit goldenem Samt bedeckt sind. Ich erinnere mich noch an die Zeit vor über fünfundzwanzig Jahren, als meine Freundin Elfreda alle die Polsterungen angefertigt und angepasst hat. Sie würde sich freuen zu erfahren, dass es immer noch so gut wie neu aussieht. Diese Stühle wurden für uns bereit gestellt, auf einigen liegen gelbe Broschüren. Ich werfe noch einen kurzen Blick zum Balkenring hinauf, der um die Spitze des Hallendachs geht, und vergewissere mich, dass er immer noch die Natursteinfarbe zeigt, wie seit vielen Jahren. Vor langer Zeit hatte ein wohlmeinendes Mitglied den Ringbalken mit einem grellrosa Material verkleidet, das nach seinem Empfinden für die Farbe der bedingungslosen Liebe stehe. Es gab einen gewaltigen Aufschrei seitens der übrigen Mitgliedschaft, und schließlich wurde das Rosa entfernt und durch die nüchternere Natursteinfarbe ersetzt.

Nun ist bereits etwa ein Dutzend Menschen hier. Ich setze mich und schlage die Broschüre auf, um Text und Noten der Taizé-Lieder zu sehen. Diese Lieder stammen aus der internationalen ökumenischen Gemeinschaft in Taizé, die jedes Jahr Hunderttausende von überall auf der Welt besuchen, um gemeinsam zu singen und zu beten. Dies gilt besonders im Sommer, wenn dort viele Gruppen junger Menschen begrüßt werden. Diesen inspirierenden Liedern zuzuhören und sie selbst zu singen, kann ein tiefes spirituelles Erlebnis sein.

Ich schaue mich um, um zu sehen, wer diese morgendliche Feier leiten wird, und bin nicht überrascht festzustellen, dass es Geoffrey ist – einer der Finanzdirektoren der Stiftung sowie außerordentlicher Bungalow-Putzmann und Geschirrspüler, der in seiner „Freizeit“ auch Segelkurse für junge Leute gibt. Nun ist er der Geoffrey, der das Taizé-Singen und -Tanzen leitet, und ich bin verblüfft, dass es häufig die am meisten beschäftigten Menschen sind, welche die meiste Zeit zu haben scheinen, um für andere dazusein und ihnen mit ihrem Können zu dienen. Geoffrey ist wohl einer dieser besonderen Menschen.

Mehr und mehr Menschen treffen ein, bis alle golden gepolsterten Plätze besetzt sind und die Menschen weiter hinauf zu den purpurnen Reihen gehen. Ich bin überrascht, dass nun mindestens sechzig oder siebzig Leute hier sind.

Geoffrey bittet uns, aufzustehen und einen – mittlerweile sehr großen – Kreis zu bilden, und wir fassen einander alle an den Händen. In einigen Momenten der Stille lassen wir uns ganz auf dieses Erlebnis ein und besinnen und sammeln uns auf das Hier und Jetzt. Da hebt eine Stimme an und singt. Zuerst hört man nur eine, dann kommt eine zweite Stimme dazu, und schließlich fallen mehr und mehr Stimmen ein. Ich erkenne die Melodie und singe ebenfalls mit. Während wir singen, führt uns Geoffrey in einem Kreistanz, der uns erlaubt, Blickkontakt mit jedem Mitglied unserer Gruppe aufzunehmen.

„Jubilate Deo, jubilate Deo."

Ich blicke in die Augen der Person vor mir.

„Jubilate Deo, jubilate Deo."

Ich spüre, wie sich mein Herz öffnet, und ich erlaube dem Wesen vor mir, mich kennenzulernen.

„Halleluja."

Bereits nach wenigen Minuten fühle ich mich mit dieser Gruppe von Menschen zutiefst verbunden. Wir sind alle hier, um unsere Liebe miteinander zu teilen, um Gott in jedem von uns zu sehen. Das ist etwas, das ich in meinem täglichen Leben vermisse – und das ich heute hier wiederfinde. Durch die Musik, an diesem speziellen Ort, umgeben von gleichgesinnten Seelen, fühle ich mich hier so sehr zu Hause. Ich kann an den leuchtenden, offenen Gesichtern, die vor mir vorübergehen, erkennen, dass sie sich ebenfalls so fühlen. Es ist ein Moment der tiefen Verbundenheit von jedem mit jedem anderen, mit dem Geist in jedem von uns. Durch unsere Hände und unsere Augen erkennen wir an, dass wir eins im Geiste sind.

Der Tanz ist vorüber, wir lösen die Hände und kehren zu unseren Plätzen zurück. Mit geöffneten Herzen gehen wir nun tiefer in die Stille. Einige Menschen beten, einige meditieren, und manche werden inspiriert, Worte auszusprechen, die sie bewegen.

Wir singen wieder, wir singen mehrstimmig in Harmonie ... wir singen, bis unsere Herzen und Stimmen eins sind. Freude, Frieden und Schönheit sind greifbar, hier in unserer Mitte. Der Geist ist hier unter uns – und wir schicken diese Energie der Liebe und Heilung in die Welt hinaus.

„Gloria in excelsis Deo."

Eine Stunde später verlasse ich die Hall und fühle mich unendlich glücklich, von Freude und tiefem Frieden erfüllt. Ich habe meine Seele berührt, ich habe mein Herz geöffnet, und ich fühle mich weich und sanft.

Auf dem Weg durch die Gärten zum Gemeinschaftszentrum beginne ich noch etwas anderes zu fühlen – Hunger. Zeit zum Brunch. Ich habe meine Seele genährt, nun gilt es, meinen Körper zu speisen.

Glückliche Familien

Der Sonntagsbrunch im Gemeinschaftszentrum ist eine beliebte Zeit, die die ganze Gemeinschaft gerne zusammen verbringt. Dieser Brunch ist entspannter als die Mahlzeiten während der Woche, und das Küchenteam bereitet gewöhnlich etwas Besonderes vor. Man sitzt gerne herum, trinkt Kaffee und redet mit Freunden. So ist es keine Überraschung für mich, dass sich bereits eine große Menge versammelt hat, als ich mit den anderen von der Taizé-Feier herüberkomme.

Einige Sachen stehen bereits draußen – schmackhaftes Müsli, eine Auswahl von getrockneten Früchten, ein großer Berg leckeren Käsegebäcks und Körbe frisch gebackenen Brotes, aber wir warten immer noch darauf, dass die großen Durchreichen von der Küche geöffnet und das warme Überraschungsgericht ausgegeben wird.

Immer mehr Menschen kommen an, und wir beginnen uns am Schalter zu einer Warteschlange zu formieren in der Hoffnung, bald unser Essen abzuholen. Die Tür zur Küche öffnet sich, und einer der Köche streckt den Kopf um die Ecke.

„Tut mir Leid, Leute", teilt er uns mit, „es wird heute etwas später, die Eier sind noch nicht fertig."

Da ertönt ein wohlgelauntes Murren, und man geht zu den Kaffeemaschinen oder schenkt sich einen der vielen verschiedenen Kräutertees ein. Die Kinder rennen nach draußen und spielen lachend und schreiend, da sie von den zügelnden Händen der Erwachsenen freigelassen sind. Ich bin hungrig, und so buttere ich mir eines der Käsescones und setze mich an einen Tisch, an dem zwei alte Freunde, Trevor und Stephen, miteinander plaudern. Es scheint eine gute Gelegenheit, sich ihnen anzuschließen und zu erfahren, wie es ihnen so geht, sowie ihre Kinder kennenzulernen. Oft kann ich schwer erkennen, welche Kinder und Eltern zusammengehören, da sich alle Kinder Erwachsenen gegenüber so zwanglos und selbstverständlich wie zu ihren eigenen Eltern verhalten. Oft sitzen Kinder aus mehreren Familien bei den Mahlzeiten zusammen.

Eine halbe Stunde später plaudern wir immer noch und warten auf das Erscheinen des warmen Essens. Das Müsli und das Obst verschwinden in hungrigen Mägen, die Scones scheinen sich bereits in Nichts aufgelöst zu haben.

Endlich vollzieht sich die ersehnte Öffnung. Wir stehen alle auf, versuchen einen Kreis zu bilden und fassen einander für den Segen an den Händen. Wir gehen einige Augenblicke – wie vor jeder Mahlzeit – in die Stille, und einer der Köche spricht einen Segen. Dann holt sich ein Andrang der Massen seine Teller mit Rührei und etwas Gemüseähnlichem. Sind es Möhren oder Zucchini? Schwer zu sagen. Mitten in der Menge erspähe ich die Personen, mit denen ich verabredet bin, und wir machen uns auf den Weg durch den Speisesaal, in der Hoffnung, einen ruhigen, freien Tisch zu finden. Schließlich geben wir auf, was die Ruhe betrifft, finden aber einen Tisch für uns in der Nachbarschaft einer lauten, aber fröhlichen Gruppe von Gästen.

Bei mir sind Karl und Deborah und ihre beiden Kinder, der neunjährige Jake und die vierjährige Kezia. Wir vergewissern uns, dass die Kinder essen, dann setzen wir uns, um miteinander zu reden. Ich erinnere mich, Deborah erstmals vor etwa fünfzehn Jahren getroffen zu haben, damals war sie zwanzig. Wir nahmen zusammen an einem Workshop mit dem Titel „Die Meisterschaft" teil. Dies war einige Jahre bevor sie Karl kennenlernte, und sie war eine sehr attraktive junge Frau, die gerade ins Leben aufbrach. Sie scheint sich in der Zwischenzeit überhaupt nicht verändert zu haben und ist noch ebenso lebhaft und energiegeladen. Kaum zu glauben, dass sie nun Mitte dreißig ist.

Karl lernte ich kennen, als ich in der Personalabteilung arbeitete. Er kam mit dem Wunsch, sich der Gemeinschaft anzuschließen, zu einem Vorstellungsgespräch. Wir hatten es sehr schwer miteinander. Damals – vor vierzehn Jahren – glaubte ich, dass man, um Mitglied der Gemeinschaft zu werden, Dinge auf eine bestimmte Weise tun und einem bestimmten Weg folgen müsse. Karl wollte die Dinge auf seine Weise tun, und so prallten wir beide aufeinander. Er war ein willensstarker, selbstständiger junger Mann, und ich war eine eher konservative, ältere Frau, die von ihm erwartete, dass er sich an die Regeln hielt.

„Wie lange seid ihr schon alle hier?", beginne ich.

Deborah wendet sich zu Karl, der hungrig seine Rühreier verzehrt. „Soll ich reden, solange du isst?", schlägt sie vor. Er scheint mit dieser Aufgabenverteilung glücklich zu sein.

„Nun, wir kamen etwa vor drei Jahren zu Besuch hierher zurück, nur für ein paar Monate. Wir hatten schon sieben Jahre in London gelebt und dort ein Haus gekauft. Wir wussten, dass wir in einer Gemeinschaft leben und etwas mit Tanz machen wollten, dachten aber absolut nicht, dass es hier sein würde. Wir wollten nicht einmal, dass es hier sein würde. Karl war in dieser Frage recht unnachgiebig – nicht Findhorn!"

Wir alle lächeln, sehr wohl wissend, was geschehen kann, wenn wir in einer Sache unnachgiebig sind, die wir nicht tun wollen.

Jake, gelangweilt von unserem Gespräch, nimmt seinen Teller und sucht sich einen anderen Platz.

„Wenn ihr euch da so sicher wart, warum seid ihr dann zurückgekommen?", frage ich weiter.

Karl ist mit seinem Rührei fertig und übernimmt die Konversation, damit Deborah nun mit ihrem Essen beginnen kann. „Wir nahmen uns ein Jahr Zeit, um herumzureisen und zu entscheiden, wo wir leben wollten. Wir wussten, dass wir ein Leben in einer Gemeinschaft wollten, das einige der Dinge umfasste, die wir hier gelernt hatten, aber wir wollten nicht, dass es hier wäre! Unsere Arbeit ist mit viel Reisen verbunden, und wir hatten das Gefühl, dass Findhorn zu isoliert und von London zu weit entfernt war."

Nun verlangt Kezia nach etwas Aufmerksamkeit. Karl sieht nach, ob sie alles hat, was sie braucht, bevor er weiterspricht. „Dann kamen wir auf einen Besuch hierher zurück, und ich merkte, dass ich hier auflebte und glücklicher war als die ganzen letzten Jahre in London. Wir hatten das Gefühl, Findhorn habe uns gewissermaßen zurückgeholt, und ich erkannte die Veränderungen erst, nachdem sie bereits geschehen waren. Es wurde immer schwieriger zu unterscheiden – zwischen dem Traum, >irgendwo< in einer Gemeinschaft zu leben und alles zu tun, was wir wollten, und der Tatsache, dass wir es hier tun. Plötzlich erschien es sinnvoll, hier zu bleiben. Als ich schließlich meinen Widerstand aufgab, stellte ich fest, dass so viele der Elemente, nach denen ich suchte, tatsächlich hier waren – ich hatte sie nur nicht sehen können."

„Wonach hattest du gesucht, Karl?", frage ich und bin mir darüber im Klaren, dass es recht schwierig ist, inmitten des hohen Geräuschpegels, der uns umgab, konzentriert bei unserem Gespräch zu bleiben. Quer durch den Saal rufen die Leute einander zu, und dazu kommen noch all die anderen fröhlichen, ausgelassenen Geräusche, die zu einem Mahl in der Gemeinschaft gehören. Doch Karl versucht tapfer, mir zu antworten.

„Ich suchte nach einem Leben, zu dem auch die Künste und der Tanz gehörten – und die Möglichkeit, Leute hier herauf zu bringen, um das zu tun. Und in einer Gemeinschaft zu leben, die nicht isoliert war."

„Und habt ihr das gefunden?"

„Ja, definitiv. Im Laufe der sieben Jahre, die wir fort waren, hatte sich die Gemeinschaft verändert, und manches war anders gewichtet; erst war es einfach die Stiftung, und nun entwickelte es sich zu einer größeren Gemeinschaft mit vielen Gruppen und Geschäften. Die Bevölkerung hier ist mannigfaltiger, und es gibt viele Leute, mit denen ich auf einer künstlerischen Ebene kommunizieren kann. Und alles hier hat sein Zentrum in spirituellen Grundwerten. Ich brauche es, ständig an Gott, an den Geist, an das Arbeiten an mir selbst erinnert zu werden. Ich brauche Herausforderungen – und das ist einer der Gründe, warum ich es so sehr schätze, hier zu sein, dass die Menschen mich ständig herausfordern und mehr von mir verlangen. In London fand mein geistiges Leben im Verborgenen statt, war etwas Privates und Selbstgefälliges; ich konnte es mit niemandem teilen. Hier wird es nicht nur akzeptiert, sondern ermutigt. Im Alter von neununddreißig Jahren habe ich zum ersten Mal in meinem Leben ein Gefühl von Integration. Ich kann meine Familie, meine Tanzarbeit und mein gesellschaftliches Leben unter einen Hut bringen und alles um eine geistige Mitte formen. Bevor ich hierher kam, war mein Leben sehr fragmentiert, und nun habe ich eine Chance, alles zusammenzubringen."

Dies tut er gerade, vor meinen Augen. Er behält seine Kinder im Auge, beantwortet die Fragen eines Kollegen über seine Arbeit, lächelt zu seiner schönen Frau hinüber und gibt sein Bestes, um mir zu helfen, einige Antworten auf meine Fragen zu finden.

Karl nimmt den Faden wieder auf: „Die Sache mit Findhorn und dem Wissen, dass man es braucht, hierher zu kommen, dass es richtig für einen ist ... es ist nicht immer angenehm, wenn das geschieht. Es kann mit totaler Panik, mit emotioneller Angst und Zusammenbruch einhergehen – oder es kann eine gewaltige Erleichterung und Freude bringen zu wissen: Es ist richtig.

Das ist etwas, woran ich mich selbst erinnere, und das ich auch von so vielen anderen gehört habe.

„Es geht auch darum zu wissen, wie viel ich beitragen kann, nicht nur, was mir zu tun gegeben wird. Ich liebe es einfach, hier zu sein; für mich ist es genau die Art zu leben, die ich will."

Kezia rennt fort, um mit einigen Freunden zu spielen, und Deborah nimmt den Faden wieder auf.

„Für mich ist hier immer Zuhause gewesen, seit dem ersten Tag, als ich hier ankam. Wir sind damals fortgegangen, weil Karl seine Ausbildung abschließen musste. Deshalb war ich sehr froh, als wir beschlossen, hierher zurückzukehren."

Was findest du so besonders hier?"

„Ich liebe diese phantastische Mischung von Menschen, mit denen ich so umfassend, intellektuell, spirituell, emotionell und mit meinem ganzen Herzen zusammenkommen kann – und dies alles in der schönsten Landschaft. Das ist hier etwas ganz Spezielles. Hier leben großartige Menschen, und wir haben saubere Luft und eine herrliche Umgebung. Ich brauche das alles."

Ihr Blick schweift über den Speisesaal, wo ihr Sohn mit einer Gruppe anderer Kinder umherrennt.

„Ich sehe Jake, wenn er unten an der Bucht ist, und er hat hier die Weite des Wassers und die Berge. Und er hat den Himmel über sich, den braucht er als Halt, denn der Himmel ist größer als er. Er kann sich zu dem entfalten, der er wirklich ist, und das ist ein Kind mit enormer Energie. Die Freiheit, die er hier hat, ist gut für ihn. In London mussten wir ihn dauernd zügeln, und obwohl wir das hier bis zu einem gewissen Grad immer noch tun müssen, hat er hier eine Menge Freiheit, sich Ausdruck zu geben."

„Geht er in die Steiner-Schule?", frage ich.

„Ja, er ist in der dritten Klasse, und Kezia geht in den Kindergarten. Jake hatte schon in London eine Waldorf-Schule besucht – was für mich auch gut war, da es der einzige Platz war, wo ich mich zu Hause fühlte."

Karl meldet sich wieder zu Wort: „Die Eltern der Waldorf-Schüler sind hier willensstärker, eigenwilliger, kommunikativer, deshalb sind bei Elternversammlungen in der Schule die Qualität der Kommunikation und die Quantität des zu Erreichenden viel besser, als es in London war."

„Und mir gefällt auch die Tatsache, dass ich hier in einem Experiment lebe – denn darum geht es hier ja", fügt Deborah hinzu. „Es ist weder richtig noch falsch, wir tun alle unser Bestes. Wir machen Fehler auf unseren Wegen, aber wir fühlen uns dafür verantwortlich, die Dinge besser zu machen. Was wir tun, bewirkt etwas. Das ist aufregend. Wer weiß, was das größere Bild zeigen oder wie alles ausgehen wird?"

Ich frage Deborah, wo sie arbeitet.

„Ich unterrichte hier Tanz, und manchmal arbeite ich außer Hauses, deshalb liebe ich es, hierher zurückzukommen. Ich brauche es, fortzugehen; ich könnte nicht die ganze Zeit hier sein. Ich brauche es zu reisen. Aber Findhorn ist ein phantastischer Platz, um hierher zurückzukehren!"

„Ja", stimme ich ihr zu, „dieses Gefühl habe ich auch jedes Mal."

„Zu den Dingen, die ich wirklich will in meinem Leben, von denen ich geträumt habe, gehört auch, in der Nacht die Sterne sehen zu können und immer noch innerhalb Fahrrad-Distanz von einer heißen Schokolade zu sein. Dies sind meine beiden wichtigsten Kriterien für ein gutes Leben, und beides habe ich hier. Ich kann mit dem Rad zur Arbeit fahren, dann in die heiße Wanne und die Sterne sehen – da ist doch alles geboten, was ich will. Ich brauche es auch, oft in die Natur zu kommen, denn da schöpfe ich meine Kraft."

Ich genieße es, Deborahs Begeisterung und Lebensfreude zu lauschen und zu sehen, wie sich ihr Gesicht aufhellt, wenn sie über ihre Träume spricht – Träume, die sie selbst verwirklicht hat. Plötzlich fällt mir eine der wichtigsten Fragen ein, die ich ihnen stellen wollte.

„Euer Haus, das Strohballenhaus ... ich war in Pineridge und habe gesehen, dass es gebaut wird. Wie ist es dazu gekommen?"

Begeistert erzählt mir Karl die Geschichte des Solus-Hauses.

„Die Geschichte dieses Hauses ist sogar noch älter als unsere Geschichte mit Findhorn. Es wurde ursprünglich für die Stiftung entworfen, um Unterkunft für einzelne Mitglieder der Gemeinschaft zu bieten. Jedes Zimmer sollte sehr groß werden und ein Hochbett haben. Das Projekt hatte schon alle notwendigen Phasen absolviert – Planungsbewilligung, Bauzeichnungen, Baugenehmigung –, doch dann kam es zum Stillstand. Es war nicht genug Geld da, um das Haus zu bauen, und so wurde das ganze Projekt für eine Weile auf Eis gelegt."

„Und dann habt ihr es übernommen?"

„Nein, nicht sofort. Als wir nach Findhorn zurückkehrten, interessierten wir uns für das Projekt einer Gemeinschafts-Wohnanlage und hatten auch eine Gruppe weiterer Interessenten, mit denen gemeinsam wir das verwirklichen wollten. Doch aus vielen Gründen hat es einfach nicht geklappt. Also standen wir vor der Frage, wo wir leben sollten. Und dann kam uns die Idee: Warum nicht das Solus-Haus? Alles ging damals rapide vorwärts. Wir übernahmen das ganze Projekt. Es ist zwar nicht unser ideales Traumhaus, aber es bietet uns Wohnraum für die nächsten Jahre, bis die Gemeinschafts-Wohnanlage zustande kommt. Auf diese Weise wird ein Haus gebaut, das es verdient, gebaut zu werden, und während wir unser eigenes Zuhause errichten, dienen wir auch der Gemeinschaft, indem wie dieses Projekt unterstützen."

„So könnt ihr sowohl euch selbst als auch der Gemeinschaft eine Dienst erweisen", stellte ich fest.

„Ja, so fühlt es sich an. Das Geld kam durch ein Wunder zu uns, und nun können wir unser Geld, unsere Begeisterung und unseren Wunsch vereinbaren, rasch vorzugehen und dieses Haus gebaut zu bekommen. Was auch immer wir in der Zukunft tun werden, haben wir also das Gefühl, etwas hinterlassen zu können und so auf eine schöne, einfache Weise zu dem beizutragen, was hier geschieht. Wir werden etwas Konkretes, Greifbares zurücklassen – auch wenn es >nur< aus Stroh ist!"

Wir lachen.

„Es hat mir auch gezeigt, wie wir etwas bewirken können", fährt Karl fort. „Wähle einfach etwas aus, und dann tue es. Es ist wirklich sehr einfach, in der Welt etwas zu bewirken, auf unterschiedlichste Weisen. Und es ist ein herrliches Haus. Und wir haben auch eine Gelegenheit, von unserer festen Vorstellung, wie wir unser Heim haben wollten, loszulassen. Wir kommen immer auf die Tatsache zurück, dass es allein ums Dienen geht – nicht nur darum, uns selbst ein Traumhaus zu bauen."

„Ja", merke ich an, „ich habe so viel über dieses Haus gehört; es ist sehr viel Begeisterung, Inspiration und Leben mit ihm verbunden."

Deborah stimmt zu. „Es ist wirklich ein unglaubliches Erlebnis, etwas zu bauen, das bei so vielen Menschen Interesse weckt. Wir haben von Leuten gehört, dass sie sich schon darauf freuen, Zeit in unserem Haus zu verbringen. Wir werden darin vermutlich nie allein sein! Ich hatte mich auf ein wenig Privatsphäre gefreut, aber jetzt sieht es nicht danach aus, dass daraus etwas wird."

„Das ist alles eine so wunderbare Erfahrung", fügt Karl hinzu. „Ich hatte all diese Vorstellungen über mein Leben, was am besten für mich sei oder das Beste für meine Familie. Welche Art von Haus ich wollte und wo es stehen sollte – und dass es nicht in Findhorn sein würde! Ich habe alle diese Dinge übergeben und abgegeben und tun müssen, was Eileen uns geduldig immer wieder sagte – mich nach innen wenden. Es ist notwendig, dass ich alle meine Ideen nehme, alles loslasse und tief in mein Inneres gehe, um dort ganz still und empfänglich zu werden und zu lauschen. Dann vertraue ich dem, was kommt, ob es Worte der Weisung sind, eine Inspiration oder ein Impuls, oder ob es eine Tür ist, die sich plötzlich auftut. So oft habe ich erlebt, dass es völlig anders kommt, als ich es mir je vorgestellt hatte. Aber das Ergebnis und der Vorteil sind immer erstaunlich und eine echte Belohnung. Das Solus-Haus zu bauen ... in der Universal Hall zu arbeiten ... zu leben, wo wir jetzt sind ... Kinder zu haben."

Wir hören das Scheppern von Geschirr; es klingt, als wenn der Brunch fast vorüber und das Geschirrspül-Team an der Arbeit ist. Ein kleines Baby krabbelt dem Klirren entgegen; ein größeres Kind nimmt es hoch und dreht es um, so dass es in eine sicherere Richtung weiterkrabbelt.

„Dann ist also alles sehr, sehr gut?", frage ich und muss lächeln, dass ich diese typische Findhorn-Formel gebrauche.

„Manchmal gerate ich in Panik", sagt Deborah, „ganz bestimmt. Karl ist überwältigt und ich drehe durch! Es hat Zeiten gegeben, in denen wir eine Menge Energie in ein Projekt gesteckt haben – wie die Sache mit der Gemeinschafts-Wohnanlage – und dann wird nichts daraus. Damals bekam ich die Panik, denn ich brauchte ein Zuhause. Ich hatte mein Haus in London losgelassen, ich hatte Abenteuer gewollt, aber jetzt brauchte ich plötzlich ein Zuhause. Alles hat viel länger gedauert, als ich dachte, und mit zwei Kindern ist das schwierig."

Es ist interessant zu hören, dass nicht alles lichtvolles Zuckerschlecken ist.

„Aber für mich wurde immer gesorgt", fährt Deborah fort, „das darf ich nicht vergessen. Das ist die Wirklichkeit. Meine Panik ist nicht die Wirklichkeit, nur eine emotionelle Reaktion, die ich habe, wenn schwierige Dinge geschehen."

Kezia ist zu ihren Eltern zurückgekehrt und schreit jetzt laut. Sie klettert auf Deborahs Knie, schluchzt weiter und will sich noch nicht beruhigen lassen.

Karl wendet sich um, um mit einem Freund zu sprechen, und Deborahs Aufmerksamkeit ist jetzt ganz bei ihrer Tochter. Ich flüstere dieser außergewöhnlichen kleinen Familie ein „Danke euch allen" zu. Sie lächeln zurück und ich weiß, dass die Zeit, die sie mir geschenkt haben, etwas Kostbares ist. Ich weiß auch, dass sie willens sind, auf jede ihnen mögliche Weise zu dienen. Sie wissen und akzeptieren, dass sie in einem beispielhaften Zentrum leben und sind bereit, ihr Leben nicht nur mir, sondern jedem zu öffnen, der an dem teilhaben möchte, was hier geschieht.

Wir scheinen die letzten im Saal zu sein, die noch essen, und das Abwasch-Team verlangt nach unserem Geschirr. Mir wird auch klar, dass ich zu meiner nächsten Verabredung – unten bei der „Lebenden Maschine" – bereits zu spät komme, und so sage ich Deborah und Karl rasch Lebewohl und eile die Piste hinunter, vorbei an all den leeren Wohnwagen. Dort, ganz am Ende der Straße, ist der Ort, den ich meine.

Die Lebende Maschine

Keuchend, weil ich den ganzen Weg hierher gerannt bin, komme ich vor einem Gebilde an, das auf den ersten Blick wie ein sehr großes Treibhaus aussieht. Doch ich weiß bereits, dass dies etwas ganz anderes ist – eine Kläranlage. Freilich keine gewöhnliche Feld-, Wald- und Wiesen-Kläranlage, sondern ein ökologisches Klärsystem. Ich werde jedoch nicht einmal versuchen, sie in Einzelheiten zu beschrieben, denn ich weiß zwar wohl, was Abwasser ist, aber alles andere ist mir ein Mysterium. Auch wenn ich mir nicht vorzustellen vermag, wie ich den Zauber von Findhorn gerade hier finden könnte, habe ich doch das Gefühl, nichts unversucht lassen zu dürfen. Und wenn es jemanden gibt, der mit helfen kann, den Zauber in Findhorns Kläranlage zu finden, so ist es meine Freundin Pauline.

Und da ist sie schon, sie hat auf mich gewartet. Pauline ist schon viel länger in der Gemeinschaft, als ich mich erinnern kann. Als Teenager kam sie mit ihren Eltern hierher, ist nun mit Alex verheiratet und hat zwei Söhne, Barney (22) und Craig (11). Ich habe mit Pauline an der Zeitschrift *One Earth* gearbeitet und ihre Hochzeitstorte gebacken und glasiert, als sie und Alex heirateten, aber es war vor allem das Singen, was mir und Pauline viele glückliche gemeinsame Stunden geschenkt hat. Wir waren beide im Laufe der Jahre Mitglieder einer Reihe von Chören, und lange Zeit gehörten wir auch einer Frauen-Singgruppe an, in der wir mehrstimmig Volkslieder sangen. Als ich Pauline sehe, habe ich sofort den Anfang eines jener Lieder im Ohr.

Im Laufe der Jahre hat Pauline sehr viel zum Leben der Gemeinschaft beigetragen, angefangen von der Zubereitung der Mahlzeiten für Hunderte in der Gemeinschafts-Küche bis hin zum Amt des Focalisers für den gesamten Bereich des Parks – und natürlich durch ihr Singen, das mir immer in Erinnerung bleiben wird. Sie ist eine sehr beliebte Frau. Sie organisierte sogar den Brunch für meinen Hochzeitsempfang, als Thierry und ich 1992 heirateten.

Ich freue mich sehr, sie zu sehen, und wir versprechen uns, später eine Tasse Tee miteinander zu trinken. Aber jetzt ist gerade eine Gruppe zu einer „Führung" angekommen, und ich will mich ihnen anschließen, um etwas über die Lebende Maschine zu erfahren. Die Gruppe kommt vom Social Venture Network; sie ist für das Wochenende zu Besuch um kennenzulernen, was hier oben passiert und um eine „Findhorn-Erfahrung" zu bekommen.

„Willkommen in einer der attraktivsten Kläranlagen Europas", beginnt Pauline. „Hier im Park wird das Abwasser in diesem Treibhaus behandelt, in diesen Tanks vor Ihnen. Im Sommer könnten Sie hier ein enorm üppiges Wachstum von Blumen und anderen Pflanzen bewundern, die in diesen Tanks gedeihen."

Wir sehen uns um und stellen fest, dass hier selbst mitten im Winter viele Pflanzen wachsen.

„Die unterschiedlichsten Ansiedlungen von Bakterien, Algen, Mikroorganismen, zahlreiche Arten von Pflanzen und Bäumen, Schnecken, Fischen und anderen Lebewesen leben, gedeihen, interagieren und >arbeiten< in diesen Tanks; sie schaffen dabei eine ungemein attraktive Umgebung und reinigen das Wasser", informiert uns Pauline mit klarer, sanfter und sehr englischer Stimme.

Die Wärme, die selbst jetzt im Winter innerhalb des Treibhauses herrscht, macht mich etwas schläfrig, und meine Gedanken gehen ihre eigene Wege, während wir durch das Gebäude wandern, bis ich Pauline plötzlich sagen höre: „Und hier, am Ende der Tankreihe, ist das geklärte Wasser rein genug, dass wir es direkt ins Meer leiten können."

„Dann ist es also nicht rein genug für Trinkwasser?", fragt jemand aus der Gruppe.

„Lebende Maschinen können Wasser tatsächlich bis zur Trinkwasserqualität klären. Wir tun dies nicht, weil wir hier in der Gegend verpflichtet wären, das Wasser zu chlorieren, bevor wir es wieder verwenden dürfen. Wir arbeiten derzeit an einer Nutzung des recycelten Wassers, vermutlich für eine Baumschule."

„Gibt es Lebende Maschinen wie diese auch anderswo?", fragt jemand.

„Ja", antwortet Pauline. „Zur Zeit sind weltweit mehr als zwanzig Lebende Maschinen in Betrieb. Je nach Klima können diese im Freien, in schützenden Treibhäusern wie diesem, oder überdacht aufgebaut werden. Manche dieser Maschinen erzeugen Wasser zum Waschen oder zur Bewässerung, und die meisten erzeugen auch nützliche Nebenprodukte wie Fische und Pflanzen."

Pauline lächelt, als sie uns jetzt erzählt: „Wenn Sie hier auf dem Gelände die Toilettenspülung betätigen, füttern Sie diese Fische, Schnecken und andere Geschöpfe, natürlich auch die Pflanzen."

Meine Gedanken wandern wieder ab, und ich frage mich, ob sich jene Menschen, die hier vor vielen Jahren mit den Lehrprogrammen angefangen haben, vorgestellt hätten, dass Findhorn eines Tages eine Muster-Kläranlage vorweisen könnte!

Am hinteren Ende des Treibhauses ist ein kleiner Wasserfall von anscheinend kristallklarem Wasser. Ich bemerke auch, dass es hier absolut keine unangenehmen Gerüche gibt.

Unsere Führung ist nun zu Ende, und die Social-Venture-Gruppe geht zu ihrer nächsten „Findhorn-Erfahrung" weiter. Pauline und ich machen uns auf den Weg zu meinem Bed & Breakfast-Zimmer zu einer Tasse Tee und einem langen Plausch. Als ich den Wasserkessel fülle, werfe ich einen fragenden Blick zu Pauline.

„Ist schon in Ordnung", sagt sie lachend, da sie meinen Gedanken aufgefangen hat. „Das ist nicht das Wasser aus der Lebenden Maschine. Doch wenn du das nächste Mal die Spülung betätigst, wirst du genau wissen, wohin es geht."

Liebe Grüße aus Paris

Laut Eintrag in meinem sehr vollen Terminkalender ist meine nächste Station das Cluny Hill College, wo ich den Rest des Tages verbringen werde. Doch die Transportfrage ist noch nicht geklärt. An den Wochentagen sind regelmäßig Busse der Gemeinschaft unterwegs, die die Leute hin und zurück bringen, aber heute ist Sonntag, und da scheint es keinen zu geben, den ich nehmen könnte. Und weil Sonntag ist, verkehrt auch keiner der öffentlichen Busse vom Dorf Findhorn nach Forres. Meine

Alternativen sind ein Fußmarsch von acht bis zehn Kilometern nach Forres und weitere anderthalb Kilometer hinauf auf den Cluny Hill, oder per Anhalter zu fahren oder ein Taxi zu bestellen. Ich komme zu dem Ergebnis, dass das Taxi die bequemste und einfachste Wahl ist.

Dann fällt mir ein, dass ich eine weitere Möglichkeit habe. An den Anschlagtafeln in der Gemeinschaft habe ich zahlreiche Notizen gesehen, in denen private Mitfahrgelegenheiten angeboten werden. Sollte ich das ausprobieren – oder eines der Taxiunternehmen im Dorf Findhorn oder in Forres anrufen? Immer wieder Entscheidungen! Am Ende befinde ich erneut, dass der einfachste und schnellste Weg vermutlich das Taxiunternehmen in Findhorn ist. Ich weiß, dass die Fahrer dort sehr freundlich und hilfreich sind.

Fünf Minuten später ist das Taxi bereits da, und weitere zehn Minuten später werde ich vor dem Haupteingang des Cluny Hill College abgesetzt. Ich komme genau pünktlich zu meiner nächsten Verabredung, Viviane wartet schon an der Rezeption auf mich.

Viviane lernte ich vor über zehn Jahren kennen, als mein Mann Thierry und ich Paris besuchten. Ich erinnere mich an ihre kleine Wohnung voller riesiger Pflanzen, und wie wir, wenn wir hinaustraten, genau vor uns den Eiffelturm sehen konnten. Woran ich mich am besten erinnere, war Vivianes herzliches und freundliches Willkommen, und dass sie uns für eine Woche ihr Wohnzimmer überließ, wo wir schlafen konnten.

Im Lauf der Jahre habe ich sie bei verschiedenen Gelegenheiten wiedergesehen und konnte sie auch einmal in unserem Heim in Findhorn willkommen heißen. Letztes Jahr hatten wir ein köstliches Abendessen in ihrem Apartment in Paris, und wie jedes Mal genossen wir ihre Gastfreundlichkeit und Herzlichkeit.

Ich bin beglückt, dass sie jetzt während meines Aufenthaltes zufällig in Findhorn ist und ich von ihr hier vielleicht einen Blick auf das Leben aus einer anderen Perspektive gezeigt bekomme. Als gelegentliche Besucherin wird Viviane die Veränderungen wahrscheinlich deutlicher wahrnehmen als die hier dauerhaft Wohnenden – Veränderungen zum Besseren oder zum Schlechteren.

Viviane wohnt im Cluny Hill College, wo sie an einem Workshop teilnimmt. Ich habe versucht, sie in den Programmpausen zu erreichen, da ich wohl weiß, wie sehr die Teilnehmer hier beschäftigt werden.

Wir begrüßen uns auf typisch französische Art und küssen einander mindestens zweimal pro Wange. Nun, da ich in Frankreich lebe, habe ich mich an diese ganze Küsserei gewöhnt. Während wir die ersten Minuten französisch parlieren, gehen wir in den Gesellschaftsraum und finden eine komfortable Couch vor dem knisternden Feuer im offenen Kamin.

Ich schalte meinen Kassettenrecorder ein und meine Sprache auf Englisch um.

„Danke, dass du dir trotz deines vollen Programms etwas Zeit genommen hast, Viviane. Ich bin so froh, dass du hier bist und ich deine Gedanken und Empfindungen darüber erfahren darf, was an Findhorn das Besondere und den Zauber ausmacht. Erzähle mir über das erste Mal, als du nach Findhorn gekommen bist."

„Das war 1985, wie ich meine, und es geschah auf sehr umständliche und wundersame Weise. Ich hatte das Buch *der Zauber von Findhorn* gelesen und auch an einem Workshop in Eourres teilgenommen, einem von Findhorn inspirierten Zentrum in den Französischen Alpen. Dann hatte ich das Gefühl, dass nun die richtige Zeit sei, sich auf den Weg zu machen und das >Original< zu sehen."

„Was hattest du erwartet, hier zu finden?", frage ich sie.

Viviane lächelt über meine Frage. Sie ist eine sehr schöne Frau und sieht keineswegs wie knapp achtundsiebzig Jahre aus. Ich kann nicht glauben, dass die >innere Viviane< jemals älter als neugierige und kindliche einundzwanzig sein wird!

„Ich suchte nach etwas – nach Gott, nehme ich an, oder nach einem Grund zu leben. Also meldete ich mich zu einer Erfahrungswoche an, und sowie ich nach Cluny kam, spürte ich plötzlich – wie Hunderte vor und nach mir –, dass ich nach Hause gekommen war."

Sie hat Recht, dies habe ich schon oft gehört.

„Seitdem bin ich immer wieder einmal nach Hause gekommen. Ich liebe diesen Ort. Ich muss einfach wissen, dass es ihn gibt. Manchmal, wenn ich wieder einige Monate in der >wirklichen Welt< gewesen bin, höre ich auf zu glauben, dass er tatsächlich existiert. Dann kommt ein Brief mit dem Werbestempel >Erwarte ein Wunder<, und ich beschließe, wieder für ein paar Wochen zurückzukommen."

„Hat sich Findhorn verändert, seit du zum ersten Mal hier warst?"

„Ja, es hat sich verändert, es verändert sich ständig – aber das tue ich ja auch. Manche Veränderungen gefallen mir nicht: Die Gärten von Cluny sind nicht annähernd mehr, was sie früher waren und für mich in den zahllosen Bildern immer noch sind, die ich in meinen ersten Jahren hier aufnahm. Viele Leute, die ich kenne, sind fortgegangen, aber es gibt auch neue. Findhorn ist weder besser noch schlechter, es ist in einem Zustand der ständigen Evolution. Ich komme zurück, weil ich den Ort liebe und immer hoffe, dass er mich heilen und nähren wird – und das tut er auch immer."

Ich bin so froh, dies zu hören. Viviane verdient es, genährt und versorgt zu werden. Sie ist eine so extrem liebevolle und gebende Frau. Ich weiß, dass sie immer noch mehrmals in der Woche spät am Abend ihr Apartment verlässt, um für die Telefonseelsorge zu arbeiten, wo sie am Telefon Menschen zuhört, die in Not und oft auch verzweifelt sind und niemanden sonst haben, an den sie sich um Hilfe wenden können. Ich muss noch lachen, wenn ich an eine Geschichte denke, die sie mir von ihren Nachbarn erzählte, die sie spät nachts das Haus verlassen und am nächsten Morgen zurückkehren sehen. Sie hegten einen schweren Verdacht in Bezug auf das, was Viviane des Nachts zu unternehmen pflegte! Träfe er zu, so wäre sie wohl das älteste leichte Mädchen in Paris!

„Du arbeitest nachts bei der Telefonseelsorge, du praktizierst Yoga, du ziehst bemerkenswert schöne Pflanzen und du übersetzt Bücher aus dem Englischen ins Französische. Du hast auch einen großen Freundeskreis, unternimmst Reisen, so oft es geht, und du liebst es, nach Findhorn zu kommen. Was ist sonst noch wichtig in deinem Leben?"

„Was sonst noch wichtig in meinem Leben ist?" Viviane denkt einen Augenblick nach und fährt dann fort: „Auch wenn ich für eine Frau meines Alters ein ziemlich aktives Leben führe und viele Freunde und Interessen habe, empfinde ich das Bedürfnis nach einer anderen Dimension irgendeiner Art. Du magst es Spiritualität nennen. Es mag sein, dass ich einen weiteren Versuch in bedingungsloser Liebe haben will!"

Ich meine, ein „Versuch in bedingungsloser Liebe" ist kein schlechter Vorsatz, ganz gleich in welchem Alter.

Viviane blickt aus dem Fenster über den Golfplatz und zu den Bergen in der Ferne.

„Es gibt auch noch weltlichere Überlegungen", fährt sie fort. „Ich habe immer in einer Großstadt gelebt, doch ich sehne mich nach einem Platz, wo die Natur geachtet wird, wo Schönheit seit Jahren kultiviert wurde, wo ich aufs Meer hinaus blicken und in der Erde graben kann in den Cullerne-Gärten. Zudem bin ich recht gesellig und neugierig auf die menschliche Natur. Findhorn ist ein Ort, wo ich einem breiten Spektrum von fabelhaften Leuten aus der ganzen Welt und aus allen Bereichen des Lebens begegne. Einige von ihnen sind gute Freunde geworden. Wie unterschiedlich wir im Leben >draußen< auch sein mögen, haben wir doch den Geist und Zauber von Findhorn gemeinsam."

„Kannst du mir definieren helfen, was dieser Zauber ist, Viviane? Was ist einzigartig hier?", frage ich sie.

„Natürlich gibt es einiges Einzigartige hier in Findhorn, aber wie soll ich es definieren? An erster Stelle ist es ganz offensichtlich ein Kraftpunkt und ein Lichtpunkt. Das ist sozusagen serienmäßig eingebaut und mag schon lange, bevor der Mensch auf der Erde erschien, so gewesen sein. Ich bin nicht sehr sensitiv für geheimnisvolle Schwingungen und sehe – zu meinem tiefen Bedauern – niemals Elementarwesen, die sich in den Bäumen verstecken, aber ich kann spüren, dass es da etwas gibt."

Ich bin wie Viviane, ich habe noch nie einen Naturgeist oder ein Elementarwesen gesehen. Und auch ich weiß, dass es hier etwas gibt. Und irgendwie, sehr bald, muss ich genau herausfinden, was dieses Etwas ist – und fähig sein, es in Worte zu fassen. Ich werde später etwas weiter darüber nachdenken, doch jetzt möchte ich gerne mehr von Viviane hören.

„Wie steht es mit Herausforderungen; sind dir hier welche aufgefallen?"

„Herausforderungen? Nun, manchmal, aber nicht oft. Die enge Nähe gemeinsamer Unterkünfte genieße ich nicht besonders, aber kürzlich wurde mir aufgrund meines Alters das Privileg gewährt, in solitärem Glanze zu schlafen. Bei anderen Gelegenheiten – und das steht dazu nicht so sehr im Widerspruch, wie es scheint – habe ich mich in Findhorn einsam gefühlt. Jeder ist hier so beschäftigt, beschäftigt, beschäftigt, und mir fehlen die Gelegenheiten zu langen, verschlungenen Gesprächen."

Damit kann ich gewiss etwas anfangen. Mit so vielen Menschen um sich herum, die alle beschäftigt und engagiert sind, kann man sich manchmal durchaus einsam fühlen.

„Du nimmst diese Woche an einem Workshop teil. Wie ist das für dich, und betrachtest du Findhorn als ein Seminarzentrum wie andere?"

Viviane verzieht angewidert das Gesicht, dass ich so etwas auch nur denken könnte.

„Findhorn ist gewiss kein gewöhnliches Seminarzentrum, was auch immer das sein mag", erklärt sie. „Doch im Laufe der Jahre hat es eine wahrlich beeindruckende Art und Weise entwickelt, Workshops zu organisieren und mit Gruppen umzugehen. Es funktioniert jedes Mal. Ich werde mit einer Gruppe völlig Fremder zusammengeworfen, die gewöhnlich alle weit jünger sind als ich und mit denen ich nichts gemein zu haben scheine – und bis zum Ende der Woche sind wir die engsten Freunde geworden. Um eine Metapher aus der französischen Küche zu verwenden: >la mayonnaise a pris< (die Mayonnaise ist steif geworden)."

Ja, ich erinnere mich, dass ich hier eine vorzügliche französische Köchin vor mir habe. Leider muss sie mich jetzt verlassen und sich wieder ihrer Gruppe anschließen.

„Nur noch eine letzte Frage, Viviane, dann werde ich dich gehen lassen. Wie hat es dein Leben beeinflusst, nach Findhorn zu kommen?"

Ihre Augen leuchten, als sie mir antwortet: „Ganz einfach: Findhorn hat mein Leben verwandelt. Einst, in einer Zeit großen Schmerzes, dachte ich, ich würde mein Leben gern hinter mir lassen und in Findhorn leben. Ich ging und besuchte Carol Riddell, die hier seinerzeit Mitglied war, ein sehr kluges Wesen. Sie sagte zu mir: >Dir ist es nicht bestimmt, in Findhorn zu leben, aber warum nimmst du Findhorn nicht mit nach Hause?<"

„Und das hast du getan?"

„Ja, das habe ich getan, und das tue ich auch weiter. Ich bringe etwas von dem Geist Findhorns – Liebe, Wärme, Verständnis, Frieden und Heilsames – in meine gewöhnliche Welt ... und weißt du was?"

Sie stand auf, küsste mich wieder auf beide Wangen. Dann verriet sie: „Es wirkt!"

Anja und die Erfahrungswoche

Da ich noch etwas Zeit vor dem Abendessen habe, beschließe ich, zu dem Kraftpunkt hinaufzugehen, der sich auf einem Hügel hinter dem Cluny Hill College befindet. Ich verlasse das Gebäude durch den Hintereingang und finde in der zunehmenden Abenddämmerung den Zugang zu dem Weg, der spiralförmig nach oben führt. Schon viele Geschichten habe ich über diesen Kraftpunkt gehört, Schilderungen seltsamer Erlebnisse, die Menschen hier gehabt haben. Manche sprechen von Kommunikationen mit Brüdern aus dem All, andere davon, ein intensives Licht gesehen zu haben. Es sind viele Jahre vergangen, seit ich hier das letzte Mal hinaufgestiegen bin, doch als ich dem gewundenen Pfad folge, fühlt es sich noch sehr vertraut an.

Ich erreiche den höchsten Punkt des Hügels und finde mich von Sträuchern und Bäumen umgeben. Nervös blicke ich mich um, entdecke aber nichts Fremdes oder Ungewöhnliches. Vielleicht fehlt mir die Sensitivität für die Energien hier. Doch die Stille ist mir willkommen; der Augenblick in der Natur will genossen werden, bevor ich in die geschäftige Energie des großen Gebäudes unter mir zurückkehre.

Langsam trete ich den Rückweg an, und nach dem Abendessen komme ich zurück in die einladende Wärme des komfortablen Gesellschaftsraumes. In Kürze werde ich mich den Gästen der Erfahrungswoche in dem Raum über mir anschließen.

Die Erfahrungswoche ist das „Willkommensprogramm" für alle Erstbesucher der Gemeinschaft. Man sagte mir, wenn ich „den Zauber" überhaupt irgendwo finden sollte, so werde es gewiss hier geschehen. Seit rund dreißig Jahren ist das Sieben-Tage-Programm der Erfahrungswoche praktisch unverändert geblieben, und Tausende und Abertausende von Neuankömmlingen haben ihre erste Kostprobe vom Leben und Arbeiten in einer spirituellen Gemeinschaft genossen (manchmal auch nicht!). Das Programm besteht aus mehreren Elementen, die zusammen eine vielseitige und tiefgreifende Erfahrung bilden.

Eines dieser Elemente ist die Synthese aller verschiedenen Persönlichkeiten der Teilnehmer; Menschen aller Altersstufen, Herkünfte und Kulturen kommen von allen Ecken der Welt. Jeder kommt aus seinem eigenen, speziellen Grund nach Findhorn, und natürlich bringt jeder seine eigenen Erwartungen mit. Jede Gruppe ist einzigartig und wird immer durchzogen und zusammengehalten von dem „Zauber", dem „Faktor X", den zu identifizieren ich hier bin. Jede Erfahrungswochen-Gruppe hat zwei Focaliser, die jedermann ermutigen und helfen, sein Leben, seine Träume, seine Hoffnungen und Ängste, seine Herausforderungen und Erfolge mitzuteilen. Jede Woche kommt es zu emotionellen und spirituellen Durchbrüchen, und zwischen den Gruppenmitgliedern wächst ein gewaltiges Maß an Vertrauen, Unterstützung und Liebe.

Ein Teil dieses „Zusammenwachsens zur Gruppe" wird durch Spaß, Lachen und Tanz herbeigeführt. Recht früh gibt es Gruppenspiele, die helfen, Barrieren niederzureißen und den Menschen erlauben, ihr inneres Kind wiederzuentdecken und zu genießen. Der sakrale Tanz ist eine weitere Gelegenheit; Kreistänze und schöne Musik verbinden die Gruppe ohne Worte oder Gedanken.

Eine weiteres wichtiges Element für den Erstbesucher – wie für alle, die nach Findhorn kommen – ist die Arbeitserfahrung. Jeder arbeitet die ganze Woche über halbtags. Jede Person wird aufgefordert, nach innen zu gehen, um zu entdecken, von welcher Abteilung oder von welchem Arbeitsbereich sie sich angezogen fühlt. Wird man durch die Einstimmung geführt, ist es gewöhnlich verblüffend einfach, den richtigen Ort zu wählen. Häufig finden sich Menschen, die Hausarbeit normalerweise hassen, auf seltsame, aber unwiderstehliche Weise zu der Abteilung für Hausarbeiten gezogen und stellen wenig später fest, dass sie mit großer Freude Toiletten putzen! Der Büroarbeiter mag sich Unkraut jätend im Garten wiederfinden und der Lehrer sich den Bauarbeitern anschließen und Mauern errichten!

Das dritte Element in der Erfahrungswoche sind Lernmöglichkeiten; es werden Gelegenheiten geboten, Vorträge von Gemeinschaftsmitgliedern zu hören, die spezielle Fertigkeiten besitzen. So mag die Gruppe im Laufe der Woche etwas über ökologisches Bauen und umweltverträgliches Gemeinschaftsleben von John vom Ökodorf erfahren, oder – wie im Falle der Gruppe, der ich mich diese Woche angeschlossen habe – Lily mag kommen und über biologisches Gärtnern und die Zusammenarbeit mit der Natur sprechen. Die Gruppe besucht auch die Töpferei, die Weberei, die Lebende Maschine und andere Bereiche der Gemeinschaft, um deren Arbeit kennenzulernen.

Die spirituelle Hauptdisziplin in Findhorn ist die Meditation, sowohl allein als auch in der Gruppe, und die neuen Gäste werden gemeinsam meditieren sowie an vielen Gemeinschaftsmeditationen im Wochenverlauf teilnehmen. Menschen, die solches noch nicht erlebt haben, erhalten Hilfe beim Lernen, wie man in die Stille geht und auf die innere Stimme lauscht.

Die Erfahrungswoche ist nicht nur ein äußerst volles Programm, sondern oft auch eine Zeit intensiver emotionaler Veränderung und Transformation. Deshalb überrascht es nicht, dass Gäste an ihrem freien Nachmittag gerne den Phoenix-Shop aufsuchen, um eine Tafel Schokolade zu erwerben und diese auf einen stillen, einsamen Spaziergang am Strand mitnehmen!

Ich erinnere mich lebhaft an meine eigene Erfahrungswoche 1975. Ich erinnere mich an die Menschen, die mit mir daran teilnahmen und an die beiden Mitglieder, die sich als Focaliser um uns kümmerten. Ich kann mich entsinnen, wo ich arbeitete, wie ich mich fühlte und wie jene Woche mein Gefühl in Bezug auf mich selbst und zu dem, was ich mit dem Rest meines Lebens anfangen wollte, völlig veränderte. Dies klingt nach einer umfassenden Transformation innerhalb einer kurzen Woche, doch bei mir traf dies sehr wohl zu. Heute, siebenundzwanzig Jahre danach, will ich diese Zeit wieder beobachten und daran teilnehmen, und ich hoffe, mich mit jemandem aus der Gruppe zusammentun zu können, der bereit ist, sich von mir einige Tage lang „beschatten" zu lassen. Wird Findhorn seinen „Zauber" ein zweites Mal bei mir wirken lassen?

Nun komme ich zu dem Dutzend Teilnehmern und zwei Focalisern, die sich über das innere Leben austauschen. Dies ist eine Zeit, in der jemand (in diesem Falle ich) in die Gruppe kommt und etwas über einen Bereich seines oder ihres inneren Lebens und seiner spirituellen Erfahrungen mitteilt. Die Teilnehmer ihrerseits sprechen so viel, wie sie sich fähig fühlen, über ihr inneres Wesen – ihre Verbindung zum Geistigen, Gott, das Universum, Liebe, Engel oder was auch immer Spiritualität für sie bedeutet. Ich mache mit einigen Geschichten und Erfahrungen aus meinem Leben den Anfang und fordere sie dann auf, das gleiche zu tun. Langsam, vorsichtig beginnen sie, sich sicher genug zu fühlen, um zu sprechen. Viele Geschichten stehen irgendwie mit dem Tod eines geliebten Menschen in Zusammenhang. Am Ende des Abends frage ich, ob es eine Person gebe, die willens ist, ihre Erfahrungen in dieser Woche mit mir zu teilen. Ohne im geringsten zu zögern, meldet sich eine junge Frau namens Anja.

Anja ist eine hübsche Frau mit glänzendem, kastanienbraunem Haar und einem scheuen Lächeln. Sie ist Sozialarbeiterin bei Kindern in Holland und mit ihrem Mann Jan hierher gekommen. Bevor ich mich zu unserem ersten Interview mit ihr setze, danke ich der Gruppe und frage, ob ich im Laufe der Woche noch einmal bei ihnen auftauchen dürfe. Sie sind alle einverstanden. Ich fühle mich bereits mit ihnen verbunden – durch den Zauber, der zu wirken scheint, wenn wir uns verwundbar machen und mit anderen teilen, wenn wir auf würde- und liebevolle Weise zusammenkommen.

Heute Abend habe ich nur wenig Zeit mit Anja, deshalb wird unsere „Beschnupperungssitzung" kurz ausfallen. Ich bin erstaunt, dass diese Frau mir erlauben wird, an ihrem Erleben hier teilzuhaben. Sie scheint eine stille, geerdete Stärke zu besitzen und doch offen zu sein für alles, was der Geist ihr zu bieten hat.

Ich frage sie, wann sie zum ersten Mal etwas über Findhorn hörte.

„Ich habe dieses Buch zu Hause, es ist natürlich auf Holländisch und ich weiß nicht, wie es auf Englisch heißt, aber es enthält eine Lektion für jeden Tag, die ich täglich lese. Es ist von Eileen Caddy."

„Das muss *Opening Doors Within** sein", helfe ich ihr aus und bin stolz, dass es wieder ein Titel aus unserer eigenen Verlagsproduktion war, der jemanden hierher geführt hat.

„Ja, das muss es sein", bestätigt sie. „Ich habe auch einige andere Bücher über Findhorn, und ich wollte schon immer einmal zu Besuch kommen. Ich wollte Eileen Caddy kennenlernen und habe mich gefragt, wie wohl die Gemeinschaft ist."

„Wo wirst du morgen arbeiten?", frage ich sie – und mich selbst, ob es die Küche sein würde, mein eigener Lieblingsarbeitsplatz?

Anja sieht sehr glücklich über ihre Wahl aus, als sie mir antwortet: „Als unsere Focaliser uns sagten, dass wir alle einen Teil des Tages arbeiten würden, fühlte ich ganz stark, dass ich im Garten sein will. Ich liebe es, im Freien zu sein."

„Selbst jetzt, im eiskalten Januarwetter?", frage ich ungläubig und fröstele bei dem Gedanken.

„Ja", antwortet sie lachend, „sogar jetzt. Ich werde in den Cullerne-Gärten arbeiten."

---

* dt. Ausg.: *Herzenstüren öffnen*

Ich frage sie, ob sie hofft, die Naturgeister dort zu spüren.

Anja ist nachdenklich. „Ich glaube, jeder kann auf irgendeiner Ebene mit der Natur kommunizieren, mit Pflanzen, Tieren und natürlich mit Menschen. Es kommt darauf an, wie sensitiv ich sein kann. Ich liebe es, draußen in der Natur zu sein, das ist wichtig, und auch wichtig für die Pflanzen, das zu spüren."

Ich merke, dass ich gerade eine ganz besondere junge Dame kennenlerne, die bereit ist, während ihres Aufenthaltes hier in die Tiefe zu gehen.

Nun ist es Zeit für mich, zu meinem behaglichen Bett im Haus Sonnenblume heimzukehren, und Zeit für Anja und die Gruppe, einen guten Nachtschlaf zu bekommen, bevor der nächste intensive und aufregende Tag beginnt.

Anja und ich vereinbaren, uns zur Morgenmeditation im Andachtsraum zu treffen, und ich biete ihr an, sie anschließend zu den Cullerne-Gärten mitzunehmen. Sie schlägt auch ein gemeinsames Mittagessen vor, und ich weiß bereits, dass ich es genießen werde, Anja kennenzulernen.

Ich rufe ein Taxi für meine Rückfahrt zum Park, und schon bald bin ich in meinem Zimmer, müde von einem so langen und fleißigen Tag – müde jedoch im glücklichen Sinne, nach so vielen wunderbaren Erlebnissen an einem einzigen Tag.

Segnungen und Überraschungen

Michael und die Engel

Ich erwache nach einer Nacht lebhafter Träume; zweifellos versucht mein Verstand, die vielfältigen Erlebnisse des gestrigen Tages zu verarbeiten. Die ganze Nacht gingen mir Fragen durch den Kopf. Es sind so viele wunderbare Menschen hier, so viele Dinge geschehen, so viel ist zu tun und zu sehen – und wie werde ich sagen können, was der Zauber wirklich ist? Sich wohl zu fühlen, hier zu sein – ist das schon Zauber? Liebevolle, offene Menschen zu finden – ist das der Zauber? Gewiss muss es damit doch noch mehr auf sich haben! Ich mache mir Mit, dass mir immer noch reichlich Zeit bleibt – um so viel mehr zu tun, so viele weitere Menschen kennenzulernen, dass ich dem Zauber bestimmt auf die Spur kommen werde.

Eine heiße Dusche und das Frühstück holen mich in diesen neuen Tag. Es überrascht mich immer noch, wie wenig Tageslicht es hier im Januar gibt, doch ich bin froh, zu sehen, dass es draußen trocken ist und die Sonne sich bemüht, hinter den Wolken hervorzukommen.

Ich werfe einen Blick in meinen Terminkalender und stelle fest, dass mein erstes Treffen mit Michael im Medway-Gebäude sein wird, doch zunächst bin ich mit Anja zur Meditation im Andachtsraum verabredet. Es ist noch dunkel, als ich die Piste überquere. Der erste Bus aus Cluny ist gerade angekommen; er bringt Anja und andere Gäste zu ihrer vormittäglichen Arbeit in den Cullerne-Gärten und anderen Abteilungen im Park. Auf dem Weg zum Andachtsraum hole ich sie ein. Der Vorraum ist heute morgen gedrängt voll, und ich habe einige Mühe, einen Haken für meinen Mantel zu finden. Meine blauen Veloursledersiefel stelle ich zu den Schuhregalen, die bereits mit Winterstiefeln und Turnschuhen gefüllt sind.

Anja und ich – begleitet von Wayne, einem weiteren Mitglied

der Erfahrungswochen-Gruppe – finden Plätze und schließen uns in der Stille den Dutzenden Meditierenden an, die bereits hier sind. Ich habe die Augen noch geöffnet und sehe mich nach alten Freunden um, die noch in den Andachtsraum kommen könnten. Heute morgen leitet Margo die Meditation. Als sie sieht, dass alle einen Platz gefunden haben, schaltet sie das Licht draußen vor dem Eingang ein, um Nachzüglern zu signalisieren, dass es zu spät ist einzutreten. Das Außenlicht gilt auch als Aufforderung für Passanten, leise vorüberzugehen.

Margo schlägt behutsam mit einem kleinen Holzhammer gegen eine Messingschale. Ein weicher Ton löst sich und erfüllt den Raum; er breitet ich aus wie die kleinen Ringwellen auf der Oberfläche eines Sees. Ein zweites Mal lässt sie die Schale erklingen und spricht dann einige ruhige Worte, mit denen sie uns in die Stille führt.

Ich hatte schon oft das Empfinden, dass diese Zeit der Kommunion mit einer Gruppe spiritueller Sucher zu den innigsten Momenten zählt, die ich mit meinen Mitmenschen verbringen kann. Ich fühle mich vollkommen offen und verwundbar in dem Wissen, dass die Person neben mir und überhaupt jeder in diesem Raum ebenso engagiert ist wie ich. Wir stimmen uns alle auf eine höhere Energie ein, die sich für jeden von uns anders anfühlen wird. Gleichzeitig erschafft unser Gruppen-Bewusstsein einen Kelch, um diese Energien zu fassen und sie später in die Welt hinaus zu geben.

Ich weiß, dass die Meditationsphase etwa zwanzig Minuten dauert, doch ich gehe in die Zeitlosigkeit, die schließlich von dem Widerhall zweier weiterer leichter Berührungen der Klangschale gebrochen wird. Nun lässt Margo das Metall ein drittes Mal erklingen, etwas lauter als davor, um uns in das Hier und Jetzt zurückzulenken. Einer nach dem anderen, öffnen die Menschen ihre Augen, erheben sich von ihren Plätzen und verlassen schweigend den Andachtsraum. Unter Bewahrung der Stille finden wir unsere Stiefel und Mäntel und treten erquickten Geistes in unseren Tag hinaus.

Anja und Wayne arbeiten beide in den Cullerne-Gärten, und so machen wir uns zu dritt auf den Weg und folgen der Straße, die zum Dorf Findhorn führt. Schon nach wenigen Minuten kommen wir an die großen eisernen Tore am Eingang zum Cullerne House und den Cullerne-Gärten. Cullerne House bot bis vor kurzem

Unterkunft für Mitglieder, ist aber nun das Zuhause der Findhorn-Blütenessenzen (Findhorn Flower Essences). Marion, ein Mitglied der Gemeinschaft aus den siebziger Jahren, die vor einigen Jahren zurückkehrte, hat die Blütenessenzen ins Leben gerufen und ist nach mehreren Jahren im Park mit ihrer Firma ins Cullerne House umgezogen.

Als wir die Einfahrt hinauf gehen, können wir ausgedehnte Felder und lange Reihen von Treibhäusern sehen, in denen viele der biologisch angebauten Gemüse erzeugt werden, die wir täglich im Gemeinschaftszentrum zu essen bekommen. Ich deute auf den sehr großen dampfenden Komposthaufen und erinnere mich lächelnd an das „Seetang-Schaufel-Lied", das einst Mike Scott, der Leadsänger der „Waterboys", schrieb, als er während eines seiner früheren Aufenthalte hier in den Gärten arbeitete. Ich freue mich darauf, diese Woche noch mit Mike zu sprechen.

Anja und Wayne möchten sich jetzt ihrer Arbeitsgruppe anschließen und ihre Hände in die Erde stecken. Ich bin dankbar, dass meine nächste Aufgabe mir erlauben wird, in einem warmen Büro zu bleiben, und so verabschiede ich mich von ihnen am Treibhaus und gehe zurück Richtung Park, wo ich Michael treffe.

Das Medway-Gebäude beherbergt zahlreiche kleine Büros. Die Buchhaltung ist auf der einen, und verschiedene andere Abteilungen auf der anderen Seite. Michael wartet in seinem kleinen Büro auf mich.

„Guten Morgen, Karin. Ich sorge nur kurz dafür, dass wir nicht gestört werden." Er schließt die Tür und stellt seinen Stuhl so, dass er die Menschen in den anderen Büros nicht sehen und dabei in Versuchung geraten kann, sie anzusprechen. Sein Schreibtisch und Stuhl sind zum Fenster ausgerichtet, und Michael erklärt mir, da seine Arbeit mit der Außenwelt zu tun hat, möchte er auch in diese Richtung sehen, anstatt das Fenster im Rücken zu haben.

Doch er ist ein Mann, der seinen Blick auch nach innen richtet. Er bittet jetzt um einen kurzen Moment, um nach innen zu gehen, sich einzustimmen und selbst ganz präsent zu werden, bevor wir mit dem Interview beginnen.

Er schließt die Augen und sitzt einige Minuten ganz still. Um ihn herum klingeln Telefone, Menschen reden, aber Michael findet den Punkt der Stille in sich selbst, von dem aus er meine Fragen beantworten wird. Einstimmung, erklärt er mir, ist auch eine Brücke, die ihn von einer Aktivität zur anderen führt.

Michael ist ein liebenswerter, sehr nachdenklicher Mann mit sanfter Stimme. Nun öffnet er wieder die Augen. „Okay, Karin, ich bin da", stellt er lächelnd fest.

„Michael, du weißt, wozu ich hier bin. Ich versuche zu entdecken, ob es irgendeinen Zauber gibt. Gibt es etwas Einzigartiges an Findhorn? Und falls ja, was ist es?"

Sein Gesicht hellt sich auf. „Für mich ist alles in Findhorn zauberhaft. Zauber gibt es in unterschiedlichsten Gestalten. Bei den Gästen kannst du ihn bereits nach einer Woche erkennen; du kannst den Unterschied in ihnen sehen. Sie haben nur eine Woche in der Küche oder im Garten gearbeitet, und er ist so sichtbar, so offenkundig. Hier gibt es einen nie endenden, grundlegenden Zauber."

Okay, denke ich bei mir, aber was *ist* der Zauber?

Michael fährt fort: „Ein Teil meiner Arbeit ist es, hier auf dem Gelände Journalisten zu begleiten – nüchterne Menschen, die noch nie so etwas wie Findhorn gesehen haben, die vielleicht einige Vorurteile mitbringen über das, was wir tun, oder die erwarten, dass wir irgendwie überspannt oder traumtänzerisch sind. Aber selbst sie scheinen am Ende zu sagen, dass hier eine besondere Atmosphäre herrscht."

„Was ist es, das eine Atmosphäre *besonders* macht, Michael?", will ich nun wirklich wissen.

„Vielleicht ist es, weil wir Gott an die erste Stelle setzen, und diese intensive Ausrichtung bringt uns das Göttliche näher. Wir haben eine enge Verbindung mit den unsichtbaren Reichen. Die Gemeinschaft wurzelt ja in der Zusammenarbeit und Kommunion mit diesen Reichen. Für mich ist Findhorn immer noch ein magischer Ort, um sich auf diese unsichtbaren Welten einzustimmen, die so real sind für uns – zumindest für mich."

Michael schließt die Augen wieder für einen Moment.

„Für viele Menschen ist das Wort Findhorn gleichbedeutend mit der Schönheit und dem Wunder dieser Sphären, besonders des Engelreiches. Es löst ein >Aha< aus. Es ist nicht so, dass Engel und Naturgeister nur etwas für Kinder wären, vielmehr sind sie eine Realität, und sie sind machtvolle Wesen. Es ist durchaus sinnvoll, sie in unser Leben einzuladen. Sieh dich um, was hier überall geschehen ist. Hier war eine trostlose Müllhalde, und nun trägt dieses Stückchen Erde Sträucher, Bäume und Vegetation aller Arten, weil wir mit den Naturgeistern zusammenarbeiten."

„Ist es das, was die Gäste und neuen Leute in der Gemeinschaft als den Zauber erleben?“, frage ich verwundert.

„Der wahre Zauber ist Liebe. Findhorn ist durchdrungen von Liebe. Das ist es, was die Menschen spüren, wen sie hierher kommen. Du kannst es in den Gärten sehen, in der Pflege der alten Wohnwagen und Häuser – die Arbeit wird mit Liebe verrichtet. Das ist nicht schwierig oder esoterisch, es bedeutet einfach, über einen guten, liebevollen Zugang zu verfügen.

Ähnliche Worte habe ich schon von vielen anderen gehört. Ich frage mich, was Michael ursprünglich hierher gebracht hat, und so bitte ich ihn, die Geschichte seiner >Reise nach Findhorn< zu erzählen.

„Ich kam erstmals 1990 hierher. Ich war ein arbeitssüchtiger Öffentlichkeitsreferent, als rechtgläubiger Katholik aufgewachsen und ging regelmäßig zur Messe. Das geistige Leben war mir wichtig, aber ich hatte nicht das Gefühl, dass meine Bedürfnisse erfüllt wurden. So ging ich nach Taizé in Frankreich, um dort an einem spirituellen Brunnen zu trinken, der meinen inneren Durst stillte. Dann hörte ich von Findhorn, und noch während ich im Urlaub in Wales war, rief ich hier an und bat, in der kommenden Woche an der Erfahrungswoche teilnehmen zu dürfen. Zu meiner Überraschung sagte man mir, sie sei bereits ausgebucht. Ich war recht verärgert darüber, was untypisch für mich ist, und rief am nächsten Tag wieder an. Man teilte mir mit, dass gerade jemand abgesagt habe, ich könne kommen.“

Er lächelt, als er sich an seine erste Begegnung mit dem „Zauber“ von Findhorn erinnert.

„Um ganz ehrlich zu sein: Als ich hier ankam, wusste ich nicht einmal den Unterschied zwischen Sai Baba und Ali Baba, und ich war sehr schüchtern, wenn es darum ging, irgendetwas über mich selbst mitzuteilen. Ich wusste nichts von Peter und Eileen Caddy oder riesigen Kohlköpfen, es war alles völlig neu für mich. Ich empfand die ganze Sache als sehr schwierig, besonders, über mich selbst zu sprechen.“

Ich bin erleichtert, dass er dies offenbar überwunden hat und mir nun bereitwillig seine Geschichte erzählt.

„Besonders wichtig war für mich, dass ich hier eine planetare Perspektive fand. Ich war damals Mitglied bei Greenpeace und sehr daran interessiert, die Erde wiederherzustellen. Damit konnte ich etwas anfangen, aber Dinge wie der >kosmische Christus<

waren für mich völlig fremd und seltsam. Ich wollte immer wissen, warum Jesus nicht erwähnt wurde."

Michael lacht auf seine scheue und stille Weise. Er hat sich seit jenen Tagen sehr verändert. „Ich wusste, ich wollte lieber früher als später wieder hierher kommen. Dann nahm ich an einem Workshop mit Carolyn Myss teil, welcher höchst erstaunlich war und nach dem ich sicher wusste, dass ich für längere Zeit hierher kommen wollte. Aber das Leben hielt vorher noch einige Veränderungen für mich bereit."

Obwohl ich Michael seit einer Reihe von Jahren kenne, weiß ich sehr wenig über sein Leben und bin überrascht von dem nächsten Teil seiner Geschichte.

„Ich entdeckte, dass ich Hodenkrebs hatte und mir meinen linken Hoden entfernen lassen musste. Weil es Tochtergeschwülste über der linken Niere gab, folgte eine Chemotherapie. Während jener ganzen schwierigen Zeit wollte ich hierher zurück kommen. Während ich die Chemo bekam, stellte ich mir vor, hier am Strand spazieren zu gehen, und das half mir. Später, als ich die Chemo hinter mir hatte, empfahl man mir, eine Reha-Kur zu machen – aber es war Findhorn, wo ich wirklich sein wollte."

„Und dann bist du hergekommen?", frage ich, erstaunt über so viel Mut und Beharrlichkeit.

„Ja, eines kalten Novembertages 1990 taumelte ich buchstäblich ins Cluny Hill College, noch völlig kahlköpfig. Es war wirklich ziemlich lustig. Im vorderen Saal hatte sich eine Gruppe von Leuten getroffen, die sich auf eine Reise nach Indien vorbereiteten, und ich wurde zu ihnen geschickt."

„Ich nehme nicht an, dass du dich als Nächstes in Indien wiedergefunden hast?", frage ich lachend und bewundere ihn, dass er in einer so schwierigen Situation noch einen humorvollen Aspekt sehen konnte.

„Nein, ich habe einige Abteilungsgästewochen mitgemacht. Eine solche Woche buchen viele Gäste nach der sehr intensiven Erfahrungswoche; es ist eine Zeit zum Reflektieren, Verdauen und Integrieren. Ich denke, ich halte den Rekord mit den meisten Abteilungsgästewochen aller Zeiten! Ich nahm an sieben solcher Wochen teil, weil ich nicht kräftig genug war, irgendetwas anderes zu tun. Als es mir schließlich gut genug ging, um ein langfristiges Programm mitzumachen, arbeitete ich im Garten und entdeckte dort aus erster Hand die heilende Kraft der Natur."

„Und dann hast du beschlossen, hier zu bleiben?“

„Nein, noch nicht. Nach einer Weile ging ich zu meinem Job in der Öffentlichkeitsarbeit zurück, aber ich fand es sehr schwierig. Damals durchlebte ich meine dunkle Nacht der Seele. Ich fühlte mich völlig hilflos. Dann geschah ein Wunder: Mein Arbeitgeber schickte mich in meinem jungen Alter von vierzig Jahren in die Frührente. Ich konnte nun ein neues Leben beginnen.“

„So haben sich also dein Chef und das Universum zusammengetan, um dir zu helfen, hierher zu kommen?“

„Ja, dieses Mal bin ich hierher gekommen und geblieben!“

Ich bin sehr berührt von Michaels Geschichte. „Und jetzt hast du hier diesen wunderbaren Job. Ich weiß, wie viel Liebe und Sorgfalt du in alles legst, was du tust.“

„Dankeschön“, antwortet er und hält einen Moment inne. „Ja, über die Zeitschrift *Network News,* durch die Korrespondenz und indem ich die Menschen über das, was hier geschieht, auf dem Laufenden halte, kann ich mich mit Freunden und Förderern der Gemeinschaft rund um die Welt in Verbindung setzen.“

„Aber das ist nicht alles, was du tust, Michael“, frage ich ihn. „Warst du nicht vor einigen Jahren auch Focaliser einer wundervollen Konferenz über Engel?“

„Ja“, bestätigt er und erinnert sich mit Freude an jene Zeit. „Das war die Konferenz, die ich mit William Bloom organisierte. Es war sofort klar, dass dieses Thema in vielen Menschen eine Saite zum Klingen brachte. Die Veranstaltung war schon sechs Monate vorher ausverkauft, und es gab sogar eine Warteliste für die Warteliste! Dies zeigte mir, dass es einen Hunger gibt nach dem Geistigen, nach dem Göttlichen, und den starken Wunsch, zu lernen, wie man mit diesen Bereichen Verbindung aufnehmen kann.“

„Ja“, stimme ich zu. „Das ist die Vision, die eine Menge Leute >da draußen< von Findhorn haben – ein Ort, wo die Menschen mit den Engeln und unsichtbaren Reichen Kontakt aufnehmen. Meinst du, dass einige Teile der Gemeinschaft heute eher zu zurückhaltend sind, um dies zuzulassen? Manche Leute scheinen zu denken, dass wir nun auf >wichtigere Dinge< zugehen und versuchen sollten, Fördermittel und Sponsorengelder von Firmen zu erhalten. Da scheint die Kommunikation mit den Engeln wohl nicht mehr so angebracht.“

„Ja, ich denke, du hast Recht, manche Menschen haben nur

noch Lippenbekenntnisse für die Engelreiche übrig, und ganz allgemein ist der Gedanke, sich mit diesem Reich zu verbinden, langsam verschwunden – fast wie in Avalon. Doch in den vergangenen Jahren hat es ein Wiederaufleben des Interesses gegeben." Er hält inne und fährt dann fort. „In manchen Bereichen der Gemeinschaft scheint das eher peinlich zu sein, und man zögert, über solche Dinge zu sprechen. Doch es ist notwendig, sich daran zu erinnern, dass wir vierzig Jahre damit verbracht haben, mit diesen Reichen und mit Gott zusammenzuarbeiten, um die Menschen mit unserer Arbeit auf sehr bodenständige Weise zu inspirieren. Dies ist heute noch so relevant wie damals. Unser >Engel-Erbe< ist sehr wichtig."

Ich kann jemanden vor der Tür sehen, der anscheinend mit Michael sprechen möchte. Die Tür wird geöffnet und ein Brief abgegeben. Dann klingelt das Telefon. Michael beantwortet es knapp und wendet sich dann zu mir zurück.

„Was hältst du für die großen Herausforderungen des Lebens hier?", frage ich ihn. Er muss nicht lange überlegen.

„Zunächst einmal ist da der besondere Druck des Lebens in einem transformierenden Energiefeld. Und finanziell geht es uns auch nicht gut. Ich habe das Gefühl, wir haben einen sehr reichen Lebensstil, aber es wird oft über Geld oder den Mangel an Geld gesprochen. Das Ganze zu erhalten, ist sicher ein Problem, aber nicht unter dieser Drucktopf-Atmosphäre. Wir üben hier alle Führungsqualitäten und lernen, uns auszudrücken und wir selbst zu sein; dies kann zu langen, endlos langen Versammlungen führen. Das ist alles ein notwendiger Teil des ganzen Prozesses. Alle meine Mahlzeiten Tag für Tag zusammen mit Hunderten anderer Leute einzunehmen, ist für mich bereits eine der größten Herausforderungen. Wie lohnend dies alles auch ist: Mit so vielen verschiedenen Menschen zu leben und ständig neue Leute kennenzulernen, ist nicht immer einfach. Ich fühle mich manchmal so, als lebte ich in einer multikulturellen UN-Institution und nicht im Norden Schottlands!"

Dann strahlt er mich an, und ich weiß, dass er alle diese Herausforderungen, Schwierigkeiten und Probleme gerne akzeptiert. Er fügt hinzu: „Ich glaube wirklich, dass ich in der spirituellen Lotterie das große Los gezogen habe, da ich hier leben kann. Wenn ich daran denke, wie sehr die Menschen davon profitieren, auch nur eine Woche hier zu verbringen – und ich genieße das Privileg, jahrelang hier zu leben!"

Genau so pflegte ich mich zu fühlen, als ich hier lebte, und so fühle ich mich immer noch jedes Mal, wenn ich zu Besuch komme.

Ich beginne, meine Sachen einzupacken und mache mich fertig zu gehen. In diesem Moment bringt Michael eine Schale mit Segenskärtchen zum Vorschein und bietet sie mir an. Diese Karten sind den Engelkarten ähnlich und stammen aus dem *Spiel der Wandlung,* jede trägt den Namen eines Segens. Ich nehme drei Karten, denn ich habe das Gefühl, dass ich auf meinem heutigen Weg einige Segnungen brauche. Ich stelle fest, dass ich >Offenheit<, >Wohlbefinden< und >Überschwang< gezogen habe; dagegen habe ich nichts einzuwenden.

„Danke, Michael, und danke für deine Segenswünsche." Ich werfe einen Blick auf meinen Terminkalender, es sind noch viele Verabredungen heute. Wo habe ich das schon einmal gehört?

Kaffee und Kekse bei Katherine

Als ich das Medway-Gebäude verlasse, trifft mich der kalte Wind mit einem heftigen Stoß. Ich brauche ein heißes Getränk, um mich aufzuwärmen. Zum Glück habe ich bei der Dame, die ich jetzt besuchen werde, gute Aussichten darauf. Ich gehe die Piste hinauf zum letzten Bungalow auf der rechten Seite und klopfe an die Tür. Als ich eintrete, sehe ich dankbar, dass Katherine bereits den Kessel aufgesetzt hat. Ich bemerke auch, dass sie die Keksdose geöffnet und auf einen hübschen Porzellanteller sehr leckere Schokoladenkekse arrangiert hat. Wir gehen mit unseren Schätzen ins Wohnzimmer weiter und machen es uns für unseren Plausch gemütlich.

„Wie ich höre, hast du kürzlich deinen achtzigsten Geburtstag gefeiert, Katherine", beginne ich. „Ganz herzlichen Glückwunsch! Ist deine Familie gekommen, um mit dir zu feiern?"

„Ja, sie waren alle da. Mary, meine Tochter, wohnt jetzt ja gleich nebenan, und meine Familie aus Südafrika hat es auch geschafft, herzukommen; es war wunderbar, sie alle hier zu haben."

Katherine sieht nicht annähernd aus wie achtzig Jahre. Es muss etwas in der Luft sein, das dafür sorgt, dass sich hier jeder jung fühlt und jung aussieht.

Ich frage sie nach ihrem ersten Besuch in Findhorn.

„Im Jahre 1972 kam ich, um meine Tochter Barbara D'Arcy Thompson zu besuchen. Wenig später kam meine Tochter Mary und beschloss zu bleiben. Ich besuchte sie im Laufe der folgenden Jahre mehrere Male, lebte aber weiterhin in Südafrika und organisierte dort Findhorn-Reisen und Workshops."

Katherine bietet mir ein weiteres Schokoladenplätzchen an, das ich natürlich nicht ablehnen kann.

„Und eines Tages war dann meine Arbeit dort beendet, und ich kam her, um in Findhorn zu leben. Findhorn ist jetzt seit dreißig Jahren der Mittelpunkt meines Lebens.

„Ich nehme an, du hast beschlossen, hier dauerhaft zu bleiben?", frage ich nach.

Sie füllt meine Kaffeetasse wieder auf. Die Schokolade und der Kaffee schmecken wundervoll zusammen.

„So weit ich weiß. Es gibt eine Zeit zu kommen und eine Zeit zu gehen. Du musst aufmerksam lauschen, um zu erfahren, wann es an der Zeit ist", antwortet sie nachdenklich.

„Was meinst du, Katherine? Ist der Zauber noch da?"

„O ja, besonders in der Erfahrungswoche. Die Menschen scheinen da eine Öffnung zu erleben, etwas, das sie verändert", antwortet sie.

„Was ist es, das diese Öffnung geschehen lässt?"

„Ich denke, es ist die liebevolle Atmosphäre der Akzeptanz. Natürlich könnte es auch mehr sein! Sie ermöglichte es den Menschen, loszulassen und zu vertrauen. Sie können einfach sein, wer sie sind, sie müssen nicht weiter versuchen, etwas anderes zu sein. Und es gibt keine Regeln hier, wir müssen nicht irgendetwas glauben – und doch erkennt jeder auf seine Weise an, dass etwas Höheres anwesend ist."

Ich liebe die Einfachheit und Direktheit ihrer Antworten.

„Wie steht es mit Herausforderungen, Katherine? Gewiss gibt es Probleme und Schwierigkeiten, wenn man hier lebt. Ich weiß, dass sie existieren."

Wieder ist ihre Antwort einfach und kommt auf den Punkt.

„Ja, wir könnten immer etwas besser machen. Und leider kritisieren und beklagen wir uns manchmal."

„Und wie ist es, hier älter zu werden?"

Sie lächelt so anmutig wie ehrlich. „Das Älterwerden ist hier sehr würdevoll, und es wird einem so leicht gemacht. Als ich älter wurde, habe ich meine Aktivität allmählich reduziert, und dass ich auf meine eigene Weise älter werde, wird hier völlig akzeptiert und unterstützt. Ich bin froh, dass die jüngeren Menschen unsere Weisheit noch wertschätzen und die Erfahrung, welche das Leben uns gelehrt hat. Es ist gut zu wissen, dass man immer noch etwas beitragen kann."

Katherine muss gar nichts tun, um etwas beizutragen; sie muss einfach nur sie selbst sein – reizend, humorvoll und sanft.

Ich sehe, dass es fast Zeit zum Mittagessen ist. Nicht dass ich hungrig wäre nach all den guten Keksen. Doch ich werde Anja treffen und etwas über ihren ersten Morgen in den Cullerne-Gärten erfahren.

Mittagessen mit Anja

Der Speisesaal ist bereits voll, als ich komme. Alles, was ich jetzt brauche, ist eine schöne heiße Suppe, und heute habe ich die Wahl zwischen Spinatcreme- und Wintergemüsesuppe. Ich entscheide mich für Spinatcreme und nehme mir ein knuspriges Stück Vollkornbrot dazu. Anja, Wayne und mehrere weitere Mitglieder aus ihrer Gruppe sitzen bereits an einem der größeren Tische, und ich manövriere mich mit meiner Suppe vorsichtig durch den gefüllten Saal, um mich zu ihnen zu setzen.

Anja und Wayne strahlen und sind hungrig nach ihrer Arbeit im Freien.

„Wie war dein erster Morgen", frage ich Anja, „war es sehr kalt?"

„Nein, es war herrlich!", erwidert sie. „Ich habe es so genossen. Wir haben den Boden vorbereitet und auch am Komposthaufen geholfen."

„Es war ein so schöner Morgen", erzählt sie weiter. „Zuerst im Bus, als wir herüber kamen, dann die Meditation im Andachtsraum, und dann natürlich die Landarbeit auf Cullerne. Ich liebe das einfach."

So sehr ich diesen Überschwang auch bewundere, kann ich nicht sagen, dass ich mich ihr an einem so kalten Tag gerne anschließen würde.

Anja sieht sich im Speisesaal um, wo viele Gruppen sich lebhaft unterhalten und lachen.

„Weißt du, Karin, ich liebe es, die Menschen hier zu beobachten und zu sehen, wie sie sich verhalten. Ich sehe und höre Menschen von überall auf der Welt; sie sind alle so verschieden, und doch gehen sie alle so fürsorglich und liebevoll miteinander um."

Andere am Tisch nicken zustimmend.

„Wie geht es jetzt in eurer Gruppe?", frage ich.

„Ich habe das Gefühl, dass sich bereits seit Samstag, als wir hier eintrafen, einiges verändert hat. Wir scheinen offener miteinander zu sein. Ich kann dies am Gesichtsausdruck von allen sehen."

Ich sehe mich am Tisch um und erblicke Michael und Cynthia aus den Vereinigten Staaten, Andrew aus Sheffield in England, und natürlich Anja aus den Niederlanden und Wayne, der aus Minnesota stammt. Jeder nickt zustimmend über seiner Suppenschüssel.

„Bus nach Cluny! Bus nach Cluny!"

Barnabys vertraute fröhliche Stimme unterbricht unsere Unterhaltung, und nur zu bald müssen meine neuen Freunde schon aufbrechen.

„Am Mittwoch kommen wir alle zu einem Gruppenprojekt in den Park herüber. Komm doch dazu", ruft Anja, als sie sich eilen, um den Bus zu bekommen.

„Ich freue mich darauf", rufe ich ihr nach.

Die Menschen verlassen allmählich das Gemeinschaftszentrum und überlassen es der KP-Mannschaft, das Geschirr zu spülen, die Tische abzuwischen und den Fußboden zu saugen. Aus der Küche ist Musik zu hören. Die >Diensthabenden< singen dort, während sie dafür sorgen, dass alles blitzt und funkelt für das Nachmittags-Team, das hier das Abendessen zubereiten wird. Zu lernen, das Wischen, Staubsaugen und Spülen zu genießen, ist vielleicht auch ein Teil vom Zauber dieses Ortes ...

Als Anja und ihre Freunde aus der Erfahrungswoche gerade in den Bus steigen, mache ich Dürten aus, die in den Essbereich kommt, offenbar um nach mir zu sehen. Sie ist die Nächste auf meiner Liste, die ich interviewen werde, und wir steigen die Treppe in den Aufenthaltsraum über dem Speisesaal hinauf. Hier sind bereits einige Menschen, die sich ruhig unterhalten und Kaffee oder Tee trinken, und wir finden eine Ecke mit zwei bequemen Sesseln.

Keine Teepause für Dürten

Dürten kam 1992 aus Deutschland nach Findhorn. Kaum war sie hier eingetroffen, wurde bereits offensichtlich, dass sie die Dinge auf ihre Weise tat und nicht unbedingt den Regeln folgte. Die meisten Menschen, die sich der Stiftung anschließen, durchlaufen zuerst das Gästeprogramm und später die Probezeit, doch Dürten zog es vor, ihrem eigenen Stern zu folgen.

Von Anfang an hatte sie Positionen mit Verantwortung inne. Sie ist die Art von Person, der ich ohne Zögern jegliche Aufgabe anvertrauen würde. Sie ist eine äußerst mitfühlende und liebevolle Frau und arbeitete viele Jahre engagiert in der Abteilung für ganzheitliche Gesundheit.

Ich bin froh, dass sie sich etwas Zeit aus ihrem geschäftigen Tag nehmen konnte, um mit mir zu sprechen, und so vergeude ich keine Zeit mit der Frage, warum sie nach Findhorn gekommen ist – obwohl ich denke, dass ich die Antwort weiß: Sie ist hierher gekommen, um zu dienen.

„Was machst du jetzt so?“, beginne ich.

„Ich arbeite in dem >Leben in Gemeinschaft<-Programm“, antwortet sie. „Das ist auf unsere Langzeit-Gäste zugeschnitten, für Menschen, die einige Wochen oder sogar noch länger bleiben.“

„Macht es dir Freude?“

„Ja, sehr sogar. Vor einiger Zeit kam jemand Neues in meine Abteilung, mit einer ganz anderen Arbeitsweise. Ich überlegte mir sogar, meinen Job aufzugeben. Dann erkannte ich, wie viel er mir bedeutete, wie viele wunderbare Menschen ich kennengelernt hatte, und ich beschloss zu bleiben und löste das Problem mit der anderen Person. Ich entschied mich, das zu tun, was Eileen mir immer als ihr >Rezept< gesagt hatte: Ich stellte mir die Frau bewusst vor und sagte in Gedanken: >Ich liebe dich, ich segne dich, ich sehe das Göttliche in dir.< Nach einer Weile stellte ich fest, dass ich dies wirklich tun konnte.“

Dürten spricht weiter über ihre Arbeit: „Es ist eine solche Freude, mit Menschen zusammen zu sein, die sich gerade in einer Phase der Öffnung und der Veränderung befinden. Diese Menschen wollen wirklich kommen und helfen, um etwas zu bewirken. Sie wollen gebraucht werden. Sie wollen nicht nur um neun Uhr morgens ankommen, eine lange Teepause haben und dann noch eine lange Mittagspause. Ich denke, es ist nötig, dass wir darauf achten, wie wir unsere Zeit effizienter nutzen."

Offensichtlich habe ich eine effizient und tüchtig arbeitende deutsche Lady vor mir.

Wir halten einen Moment inne, trinken unseren Kaffee und ich sehe mich in diesem hübschen Raum um. Dieser Anbau des Gemeinschaftszentrums wurde vor einer Reihe von Jahren errichtet. Es handelt sich um ein rundes Gebäude mit einem Kupferdach. Unten ist ein zusätzlicher kreisrunder Essbereich, hier oben ist ein Aufenthaltsraum mit einem großen offenen Kamin. Um den ganzen oberen Bereich führt ein Balkon, der eine spektakuläre Aussicht über die Findhorn-Bucht bis zu den schneebedeckten Bergen jenseits der Black Isle bietet. Eine vielfarbiges Glasbild hängt von der Decke.

Ich wende meine Aufmerksamkeit wieder Dürten zu. „Was passiert bei den Menschen, wenn sie hierher kommen?", frage ich.

„So viele Menschen kommen hierher und denken, dass es nur für eine Woche sei, und dann fällt es ihnen sehr schwer, wieder abzureisen. Oft wollen sie so bald wie möglich wiederkommen. Fast augenblicklich greifen sie auf ihr Veränderungspotenzial zu. Hier wird etwas so Tiefes, Zentrales berührt, dass alle ihre Prioritäten sich wandeln, und was auch immer ihnen zu Hause Sicherheit vermittelt hatte, ist nun nicht länger wichtig", antwortet sie.

„Und wie geschieht das? Was macht es möglich, dass die Menschen sich so verändern?"

„Für mich sind es die Menschen hier, die Offenheit, das Wohlwollen, die Offenheit für Gott. Sie sind fähig, aus ihren Köpfen auszusteigen und in eine andere Wirklichkeit einzutreten. Dann scheinen sie einen anderen Weg zu finden, um zu lernen, was Wahrheit für sie ist."

„Du sagst, es sind die Menschen hier, Dürten. In welcher Hinsicht sind sie anders?"

„Ich denke, es ist die Art, wie sie miteinander umgehen, es ist die Ehrlichkeit, Direktheit und Integrität. Die Bereitschaft, ihr Bestes zu geben. Wenn Menschen hier nach Findhorn kommen, scheinen sie sehr rasch ihren Platz zu finden, und innerhalb von wenigen Wochen sind sie willens und fähig, eine Position mit Verantwortung zu übernehmen."

„Kommen viele Menschen wieder, oder bleiben sie gleich hier?", will ich wissen.

„Es ist sehr anrührend und bewegend zu sehen, wie Menschen ihr ganzes Leben überdenken. Manche scheinen es auf der Stelle zu wissen, andere gehen erst wieder nach Hause und kommen dann zurück. Es ist ein sehr großes Privileg, mit ihnen zu arbeiten und ihre Geschichten anzuhören und zu sehen, wie jeder sich öffnet und verändert."

„Welche Rolle spielt die Stiftung?", frage ich nun, da mir Dürtens direkte und aussagekräftige Antworten gefallen.

„Die Werte in die Tat umzusetzen, die Werte, auf welche Findhorn gebaut ist: Wege zu finden, zu lieben, wo ich bin, zu lieben, was ich gerade tue und zu lieben, mit wem ich gerade zusammen bin. Wenn ich dies als ein Mantra verwende, dann umfasst es alles, was ich brauche. Je mehr ich das tun kann, desto mehr Frieden finde ich in meinem Herzen, und desto effektiver kann ich arbeiten. Ich will mich verpflichten, dies ganz zu leben.

Ich kann den Begriff Prozess nicht ausstehen, doch ich weiß, dass es Wege gibt, mit Herausforderungen umzugehen. Das hat sehr viel mit Wertschätzung zu tun und damit, mein Herz offenzuhalten. Ich nehme mir Eileen als Vorbild, um ihre Botschaften und Weisungen in mein tägliches Leben einzubringen. Am Anfang, als ich hier war, hat mich ihre Weisung berührt, doch später lächelte ich nur über das Ganze und vergaß es oft. Inzwischen aber habe ich wieder erkannt, wie tief und wahr es ist und – trotz aller Schlichtheit – wie unglaublich herausfordernd es ist."

Dürten muss nun zu ihrer Arbeit zurück, und wir gehen zusammen nach unten.

„Karin, es geht um das Umsetzen von Werten in unser tägliches Tun, das ist wirklich alles, worum es geht."

Das Park-Gebäude

Als Dürten rasch die Straße hinunter geht, frage ich mich, was ich wohl als Nächstes tun sollte. Ich habe an diesem Nachmittag keine Verabredungen mehr, also könnte ich zum Haus Sonnenblume zurückgehen und mich entspannen. Aber vielleicht gibt es etwas, das ich im Interesse meiner Suche unternehmen könnte. Eine Idee – vielleicht ist es auch eine Intuition – kommt mir in den Sinn. Ich könnte die Bücherei im Park-Gebäude besuchen. Außerdem gibt es dort noch mehrere andere interessante Dinge, die sich anbieten.

Pauline Tawse stiftete der Gemeinschaft das graue Steinhaus, das wir Park-Gebäude nennen, samt umgebendem Grundstück im Jahre 1971. Dies war lange, bevor ich in Findhorn auftauchte, und ich bin Pauline nie selbst begegnet. Viele Jahre später – es war Anfang der neunziger Jahre – lernte ich sie jedoch recht gut kennen, als sie eines Tages im Findhorn-Verlag anrief und einige Bücher bestellte. Ich erkannte ihren Namen, und es kam zu einem Gespräch über ihre frühe Zeit in der Gemeinschaft. Sie musste inzwischen schon älter sein und bei nicht allzu guter Gesundheit, doch im Laufe der folgenden Monate rief sie mich oft an und fragte, was in der Gemeinschaft geschehe; insbesondere erkundigte sie sich nach bestimmten Bäumen und Sträuchern in und um den Park und Cluny Hill. Viele Jahre war sie nicht in die Nähe der Gemeinschaft gekommen, aber ich weiß, dass ihr Interesse durch unsere langen Gespräche am Telefon neu geweckt wurde. Wenig später hörte ich, dass sie gestorben sei. Ich bin froh, dass ich die Gelegenheit hatte, sie ein wenig kennenzulernen.

Ich trete durch den Haupteingang des Park-Gebäudes in anheimelnde Wärme und nehme den vertrauten Geruch von alten Büchern, Kerzen, Kräutertee und Räucherwerk wahr. In diesem Haus sind eine Bibliothek, das Konferenzbüro, ein Versammlungsraum und ein Andachtsraum untergebracht. Oben befinden sich mehrere Zimmer, die nun von Gästen benutzt werden. Vor vielen Jahren wohnten Peter und Eileen für kurze Zeit dort, und ich erinnere mich an mehrere sehr traditionelle englische Teegesellschaften, zu denen Eileen einlud; es gab reichlich Gurken-Sandwiches, heiße, gebutterte Scrumpets (Hefebrötchen) und warme Rosinenscones direkt aus dem Ofen.

Ich öffne die Tür zum Konferenzbüro und spähe hinein, auf der Suche nach meiner Freundin India. Eine der Eigentümlichkeiten am Leben in Findhorn ist, dass es Menschen hier gefällt, ihre Namen zu ändern – was zuweilen sehr verwirrend sein kann. India pflegte Maggie zu heißen, und wir beide haben gleichaltrige Söhne, die beide hier geboren wurden, beide jetzt sechsundzwanzig Jahre alt sind und beide auf unterschiedlichen Kontinenten leben. Es ist keine leichte Aufgabe, India wirklich zu finden; sie ist immer intensiv mit irgendetwas beschäftigt und bewegt sich äußerst schnell von hier nach da. Seit meiner Ankunft habe ich versucht, sie aufzuspüren, und jetzt strecke ich meinen Kopf durch diese Tür. India ist nicht da, aber ich treffe Clive an, der mir sagt, dass India im Cluny Hill College sei.

Da ich nun schon einmal hier im Tagungsbüro bin, will ich mich etwas umsehen, was geschieht, und Clive fragen, welche Konferenzen auf uns zukommen. So weit ich mich erinnern kann, hat Findhorn alljährlich zwei internationale Konferenzen ausgerichtet, eine um Ostern und eine andere im Herbst. Die Teilnehmer kommen von überall auf der Welt, und die Referenten zählen gewöhnlich zu den klügsten und interessantesten Fachleuten auf ihrem Gebiet. Vor einigen Jahren wollten so viele Menschen zu der Konferenz über Engel kommen, dass manche sich auf eine Warteliste für die Warteliste eintragen ließen! Es muss etwas mit den Engeln zu tun haben: Wenn wir auf die Welt kommen, kennen wir sie noch, und dann verbringen wir unser ganzes Leben auf der Suche nach ihnen.

Ich erinnere mich an eine andere Konferenz, viele Jahre früher, die unter der Überschrift „Die Erde singt" abgehalten wurde. Musiker und Darsteller jeglicher Art kamen, um ihr Können mit uns zu teilen. Ich weiß noch, wie ich Paul Winter und seinen wunderbaren Aufnahmen von Walgesängen zuhörte. Und ich erinnere mich, wie der jährliche „World Wilderness Congress" hier abgehalten wurde. In jenem Jahr mussten wir riesige Zeltdächer aufstellen, um die Hunderte von Teilnehmern unterzubringen und zu verköstigen.

Ich blättere in einer Broschüre mit Veranstaltungen und Konferenzen. Die Themen waren so lebendig und interessant wie immer: Die Osterkonferenz hieß „Die Erde wiederherstellen", und im Mai war eine Veranstaltung geplant über „Konflikt und Transformation". Im Mittsommer gab es ein Fest für sakralen Tanz, Musik und Gesang – ich wünsche, ich hätte dabei sein können –, und dann sehe ich, dass unsere alte Freundin Caroline Myss im August wieder einmal zu einer Präsentation kam. Die Herbstkonferenz handelte „Vom Geist der Bäume" und ich bin fasziniert, dass beide Hauptkonferenzen des Jahres unserer Beziehung mit der Natur gewidmet waren.

Ich verlasse das Konferenzbüro und gehe hinüber zum Vortragsraum, einem hellen, großzügigen Raum, in dem kleinere Workshops abgehalten werden. In den vergangenen Tagen habe ich von einer faszinierenden Gruppe von Frauen aus aller Welt gehört, die sich hier zur „Winterschule des Öko-Feminismus" versammelt haben. Mair, eine der Teilnehmerinnen, habe ich neulich bereits beim Taizé-Singen getroffen, und als ich mich der Tür nähere, erkennt sie mich. Mair winkt mir zu, während ihrer Pause zu ihr und den anderen Frauen zu kommen.

Sie macht mich mit Adriana aus den Niederlanden bekannt und mit Jane, die aus England stammt und nun im Dorf Findhorn lebt, weiter mit Sam aus Australien und Prema aus Indien. Prema erzählt mir, dass sie in ihrer Heimat umweltfreundliche Projekte für arme Frauen ins Leben ruft, um diesen zu helfen, unabhängig ein eigenes Einkommen zu verdienen. Ich treffe auch Dido aus Neuseeland und Marilza aus Brasilien, die beschlossen hat, ein Haus auf dem Feld der Träume zu bauen.

Ich kann die Kraft und Weisheit in dieser Gruppe spüren, und die Frauen wollen mir eifrig einige der wunderbaren Dinge erzählen, die sie gemeinsam erlebt haben. Mit vielen Superlativen sprechen sie von der Freude und Liebe, die sie in ihrem Kreis erschaffen haben, und wie sie die spirituellen und politischen Aspekte ihres Lebens und Arbeitens vereinbaren. Doch gleich beginnt ihre nächste Arbeitssitzung, und als ich sie verlasse, fühle ich mich beschenkt und privilegiert, einige Momente in ihrer Gesellschaft verbracht zu haben.

Es gibt drei Andachtsräume in dem Teil der Gemeinschaft, den wir einfach *Park* nennen – den Haupt-Andachtsraum, den Natur-Andachtsraum in Pineridge sowie den so genannten Universellen Andachtsraum hier im Park-Gebäude. Ich bemerke eine Reihe von Mänteln und einen hübschen Haufen von Stiefeln und erkenne daran, dass hier gerade eine Gruppe zur Meditation versammelt ist. Also gehe ich zuerst zur nächsten Tür, in die Bibliothek.

Die Bibliothek ist eine wundervolle Schatzkammer für Gäste und Mitglieder und enthält Bücher über buchstäblich alles, was man über das spirituelle Leben, Natur und Ökologie wissen wollen kann. Viele Bücher sehen alt und viel benutzt aus, und manche haben Ledereinbände und goldgeprägte Titel. Die Regale tragen die Bezeichnungen „Geistiges Wachstum“, „Psychische Studien“, „Gesundheit und Ganzsein“, „Philosophie“, „Meditation“ und „Management“. Management? Warum steht hier ein Buch über Management, frage ich mich und trete überrascht einen Schritt zurück. Da fällt ein kleines, fest gebundenes Buch aus einem Regalfach hinter mir. Aha, denke ich bei mir, dies muss ein Wink sein! Vielleicht werde ich jetzt etwas darüber erfahren, wohin ich als Nächstes gehen und die Antwort auf meine Suche finden werde.

Als ich viel jünger und das Leben oft voller verwirrender Wahlmöglichkeiten war, habe ich oft nach der Bibel gegriffen und sie „zufällig" aufgeschlagen. Dann las ich den Vers oben links, in der Hoffnung, dass er mir irgendeine Weisung geben könnte. Manchmal funktionierte das; häufiger jedoch wurde meine Verwirrung noch größer. Einmal schien es zu funktionieren. Ich hatte gefragt, ob ich gehen und Freunde in den USA besuchen sollte. Das Buch öffnete sich bei Markus 13,18, und mein Blick fiel auf die Worte: „Bittet aber, dass eure Flucht nicht geschehe im Winter."* Ein anderes Mal, als ich „fragte", ob ich eine bestimmte Arbeit annehmen sollte oder nicht, kam die Antwort mit Sprüche 7,17: „Ich habe mein Lager mit Myrrhe, Aloe und Zimt besprengt." Sie blieb mir ein ewiges Rätsel.

Später, als ich nach Findhorn kam, verfuhr ich auf die gleiche Weise mit Eileens Buch *The Living Word***. Dies schien mir viel häufiger zu funktionieren, zum Beispiel in der Zeit, als ich mich in einer schwierigen Beziehung so ungeliebt fühlte und die Antwort „erhielt": „Meine Liebe ist ohne Ende. Meine Liebe höret nimmer auf. Ich werde dich nicht enttäuschen noch verlassen." Als ich an meinem fünfzigsten Geburtstag um eine Weisung zum Älterwerden bat, schlug ich das Buch auf und las: „Erhebe dein Bewusstsein und erkenne, dass du ewig bist: Du bist so jung wie die Zeit und so alt wie die Ewigkeit."

Und nun nehme ich mit vorfreudiger Erregung das Buch auf, das vom Regal hinter mir gefallen ist. Ich muss lächeln, als ich den Titel lese und augenblicklich verstehe. Ich brauche das Buch nicht erst aufzuschlagen, es ist Neale Donald Walschs *Gespräche mit Gott*.

Gespräch mit Gott

Der Universelle Andachtsraum ist der kleinste der drei Andachtsräume im Bereich des Parks; hier stehen gerade sechs Stühle mit grünem Samtbezug, dessen Farbe von innen zu glühen scheint. Die Wände sind in einem zarten Lila gehalten. Ich zünde die Kerze an und setze mich mit überkreuzten Beinen – froh, dass ich das in meinem Alter noch kann!

Doch was tue ich nun? Sollte ich einfach schweigen, meditie-

---

* Das engl. Wort für Flucht (flight) bedeutet auch „Flug"! (Anm.d.Ü.)

** dt. Ausgabe: Worte des Lebens

ren, lauschen? Aber das ist es nicht, was auf dem Buchumschlag steht; dort heißt es „Gespräche mit Gott". Dies bedeutet doch gewiss, dass ich sowohl sprechen als auch zuhören soll? Aber wer macht bei diesem Gespräch den Anfang? Ich oder Gott? Ich kann unmöglich mit der Frage beginnen, die ich hier jedem stelle. Oder doch? Nichts gewagt, ist nichts gewonnen! Ich stürze mich ins Unbekannte.

„Nun, was hat Dich ursprünglich nach Findhorn geführt, und wie lange bist Du schon hier?", frage ich unverzagt.

„Liebe. Ewigkeit." Die Antwort kam augenblicklich.

Kein günstiger Anfang, dies könnte ein sehr kurzes Gespräch werden. Doch ich habe eine Antwort erhalten, also versuche ich es auf eine andere Weise und bin gespannt, was geschieht.

„Ich weiß, dass Du schon immer hier gewesen sein musst. Soweit ich weiß, bist Du immer überall. Aber was brachte Deine Präsenz so stark hier an diesen Ort und in diese Zeit?"

„Ich nicht. Es waren die Menschen, die hierher kamen, die ihre Liebe zu Mir mitbrachten, ihre Bereitschaft zu lauschen, ihre Bereitwilligkeit zu handeln und ihren Gehorsam. Sie lauschten und handelten aus Liebe. Ich finde das unwiderstehlich, und so kam Ich natürlich mit ihnen."

„Und was hat Dich all diese Zeit hier gehalten?", dränge ich Gott ein wenig weiter.

„Ich werde hier sein, so lange Ich gebraucht werde. Oder erwünscht bin. Ich kam hierher, um zu dienen. Ich liebe die Menschen, sie sind alle so verschieden, sehr unterhaltsam und interessant, und oft eine sehr gute Gesellschaft."

„Also genießt Du es, hier zu sein?", frage ich, inzwischen recht forsch.

„Ja, einen Großteil der Zeit. Zum Glück macht Mir das Wetter nichts aus, oder in einem kleinen, beengten Wohnwagen zu leben. Ich konzentriere Mich hauptsächlich auf alles, was hier schön ist, die Bäume und Blumen, die Berge und die See, die Sterne in der Nacht. Aber manchmal kann es auch einsam werden."

„Du? Einsam?"

Dies ist wirklich ein sehr seltsames Gespräch.

„O ja, wenn die Menschen vergessen, dass Ich hier bin, wenn sie so geschäftig sind, dass sie vergessen, dass ihre Beziehung zu Mir ebenso gepflegt werden muss wie jede andere Beziehung, die sie haben."

„So habe ich es noch nie gesehen", antworte ich. „Ich dachte immer, dass Du einfach da bist und wartest, dass wir Dich rufen."

„Das ist wahr, aber es gibt oft lange Phasen der Einsamkeit für Mich. Es kann recht langweilig werden, nichts zu tun zu haben, wenn ihr alle versucht, alles selbst zu machen und vergesst, dass Ich nur darauf warte, gebeten zu werden, zu euch zu kommen."

„Wie steht es mit den Versammlungen, all den Versammlungen, von denen ich gehört habe – gewiss gehst Du nicht zu allen?"

„Doch, ich gehe. Ich hänge bei all diesen Versammlungen herum und warte darauf, einbezogen zu werden, warte, um Meinen Rat gefragt zu werden. Manchmal tun sie es, manchmal nicht, so ist es eben."

„Könntest Du nicht einfach hereinplatzen und Dich bemerkbar machen?"

„Das ist schwer zu machen, wenn die Menschen reden, argumentieren und nicht einmal einander zuhören, geschweige denn Mir. Alles, was sie zu tun brauchen, ist das, was du gerade tust – in die Stille zu gehen und zu lauschen. Es ist so einfach."

„Ich möchte Dir eine Frage stellen, die ich schon einer Reihe von Leuten gestellt habe. Wie erkenne ich, woher die >Weisung< kommt? Wie erfahre ich, wer jetzt meine Fragen beantwortet? Spreche ich bloß mit mir selbst, oder ist da wirklich jemand, der mir zuhört und antwortet?"

„Das scheinen Mir gleich mehrere Fragen zu sein. Welche soll Ich zuerst beantworten?"

Ich denke etwa eine Minute nach und bewege dann mein linkes Bein, in das sich ein Krampf einzuschleichen beginnt, bevor ich fortfahre:

„Spreche ich bloß zu mir selbst und gebe mir dann selbst interessante und amüsante Antworten?"

„Ja, das tust du. Denke darüber nach: Wenn ein Teil von Mir in jedem von euch ist, und wenn das der Teil ist, mit dem du kommunizierst, und wenn du glaubst, dass du und Ich wirklich eins sind, dann – ja, dann sprichst du gewissermaßen mit dir selbst."

Darüber muss ich später noch ausführlicher nachdenken.

„Die Weisung kommt also immer von dem Teil von mir, der Du ist?"

„Nicht unbedingt, obwohl natürlich letztlich alles Ich Bin. Aber manchmal lässt du dein Verlangen und Wünschen nach sofortiger Erfüllung zu dir sprechen. Keine wirklich gute Idee. Ein wenig Geduld kann eine gute Sache sein."

„Wie erkenne ich den Unterschied?" Das will ich jetzt wirklich wissen – und hier ist eine einmalige Gelegenheit.

Die Antwort ist wieder kurz und präzise.

„Übe!"

Ich merke, dass mein Verstand anfängt, in Frage zu stellen, was ich höre.

„Gott? Ähm..."

„Ja, nur zu."

Ich kann mich des Gedankens nicht erwehren, dass Er/Sie/Es weiß, was als Nächstes kommt. Ich fange sogar schon an, mir darüber den Kopf zu zerbrechen, ob ich dies alles tatsächlich in das Buch setzen werde.

„Ich habe Eileens Weisung gelesen, und darüber hinaus viele andere Bücher mit >Botschaften< von Gott, der geistigen Welt, dem Höheren Selbst und wem oder was auch immer. Aber dieses Gespräch scheint ganz anders zu sein; es fühlt sich so normal an, gar nicht nach Weisung."

„Ich spreche zu jedem auf eine Weise, dass er Mich tatsächlich hören kann. Bei dir nehme Ich ein wenig Humor, denn Ich weiß, dass er deine Aufmerksamkeit hat. Und Ich habe gelernt, niemals zu versuchen, dir zu sagen, was du tun sollst; dies scheinst du überhaupt nicht zu mögen! Nun haben wir also unsere kleine Plauderei. Ich weiß, dass es dir gefällt, und später wirst du darüber nachdenken."

Wer auch immer es ist, mit dem ich spreche, scheint mich sehr gut zu kennen. Mir fällt auf, dass ich nun kerzengerade auf meinem Stuhl sitze; vielleicht war es die Überraschung, die mich dazu gebracht hat. Ich entspanne mich wieder und erinnere mich dann, was es ist, das ich wirklich wissen will. Ich nehme all meinen Mut zusammen und stelle die 1-Million-Dollar-Frage:

„Gibt es einen >Zauber von Findhorn<?", frage ich ohne Umschweife.

„Ja."

Anscheinend sind wir wieder zurück bei den süßen kurzen Antworten.

„Wirst Du mir sagen, was es ist?", versuche ich es erneut.

„Du willst nicht wirklich, dass ich Dir das sage, oder? Es macht dir so viel Spaß, es selbst zu tun. Und wenn Ich es dir sagte, gefiele es dir ungefähr ebenso gut, wie wenn man dir sagt, was du tun sollst."

Das ist wahr.

„Aber ein klein wenig Hilfe wäre schön. Ich bekomme so viele unterschiedliche Dinge zu hören." Immer noch hoffe ich, hier etwas Hilfe zu erhalten.

„Genießt du es nicht, alle diese Leute zu treffen und mit ihnen zu reden? Und dich an Geschichten und Erlebnisse in der Vergangenheit zu erinnern? Du genießt doch sogar das Essen im Gemeinschaftszentrum, oder nicht?"

Könnte ich glauben, was ich fühle, würde ich sagen, dass wir einander zulächeln.

„Aber was ist, wenn ich die Antwort nicht finde?", frage ich. „Ich habe mich verpflichtet, dieses Buch zu schreiben, und ich will die Essenz des Zaubers wirklich mit allen Menschen rund um den Globus teilen können, die es hören wollen."

„Ich werde dir etwas sagen. Du machst weiter mit dem, was du tust. Und du machst es ganz gut, soweit Ich sehen kann. Dann gehst du nach Hause und schreibst dein Buch. Falls du Mich, wenn du fertig bist, wirklich immer noch brauchst, dann werden wir noch einmal miteinander plaudern. Wie hört sich das an?"

„Ich denke, das klingt großartig. Ich habe das Gefühl, Du bist bei diesem Projekt ohnehin bei mir, und vielleicht magst Du mir einen kleinen Stups in die richtige Richtung geben. Also, einverstanden, ich melde mich wieder bei Dir, wenn ich alles getan habe, was ich tun kann, und werde dann sehen, ob Du damit einverstanden bist."

„Gibt es noch etwas, das du jetzt brauchst?"

Ich überlege kurz und blicke aus dem Fenster zu den dunkler werdenden Wolken.

„Ja, ich hätte nichts gegen ein wenig Schnee einzuwenden, bevor ich wieder abreise."

„Ich werde sehen, was Ich tun kann."

Ich bleibe noch eine Zeit lang auf meinem Stuhl sitzen, nicht wirklich in Gedanken, sondern das Geschehene Revue passieren lassend. Dann puste ich die Kerze aus und verlasse den Andachtsraum. Wieder im Freien, blicke ich zu den Wolken hinauf und hoffe auf sofortige Erfüllung. Doch es sieht nicht nach Schnee aus. Vielleicht muss ich doch etwas Geduld lernen.

Plötzlich fällt mir ein, dass ich etwas vergessen habe. Ich gehe noch einmal in die Bibliothek und stelle *Gespräche mit Gott* zurück ins Regal. Wer weiß? Es könnte eines Tages für jemand anderes herunterfallen.

Als ich hinausgehe, flüstere ich: „Danke schön, ich habe unsere kleine Plauderei genossen."

„Bitte schön", sagt Gott und fügt hinzu: „Du kannst jederzeit wiederkommen. Ich empfehle es sogar."

Ich glaube nicht, dass ich diesem Tag noch irgendetwas Bedeutsames hinzufügen kann. Es ist Zeit, ins Haus Sonnenblume zurückzugehen und etwas nachzudenken.

Organisation oder Organismus

Ein Ritter im Neuen Zeitalter

Letzte Nacht schlief ich gut. Die Plauderei mit meinem guten Freund im Andachtsraum schien eine beruhigende Wirkung zu haben. Sie nahm wir etwas Druck und schenkte mir Zeit, einfach zu „sein". Ich fühle mich versucht, mehr davon zu wollen, aber dann denke ich an all die interessanten Menschen, mit denen ich sprechen will, und all die lustigen Dinge, die ich noch tun will, solange ich hier bin. Also werfe ich einen Blick in meinen Terminkalender und sehe, dass meine erste Verabredung mit Alex in seinem Büro in Pineridge ist. Wenige Minuten später klopfe ich an seine Tür.

Als Alex im Sommer 1982 zum ersten Mal in die Gemeinschaft kam, war er ein junger Mann von dreiundzwanzig Jahren und jugendlichem Gesicht. Doch vielleicht ist das mit dem jugendlichen Gesicht nicht ganz korrekt, denn eben jenes Gesicht war in Wirklichkeit fast völlig von einem schwarzen, lockigen Vollbart verdeckt. Sein dunkles, gewelltes Haar hing ihm bis auf die Schultern herab, und er sah aus wie ein Ritter im neuen Zeitalter! Alex war und ist immer noch einer der wenigen „echten" Schotten in der Gemeinschaft, obwohl ich im Laufe der Zeit mitbekommen habe, dass sein ursprünglich schottischer Akzent von den vielen Jahren des Lebens in einer internationalen Gemeinschaft leicht verwässert worden ist.

Ich erinnere mich an Alex als eines der jüngsten Mitglieder jener Zeit, als einen intelligenten, hart arbeitenden Mann, der gerne lachte. Er galt als eine sehr willkommene Ergänzung für die jungen Frauen in der Gemeinschaft; es schien hier ja immer mehr Frauen als Männer zu geben. Dieser hübsche junge Schotte brachte also etwas frischen Wind in eine etwa mittelalterliche Gemeinschaft.

Heute, zwanzig Jahre später, zählt Alex zu den treuen Anhängern der Gemeinschaft. Vor zwölf Jahren heiratete er Pauline, und sie haben einen elfjährigen Sohn Craig, sowie Barney, Paulines sehr hübschen, inzwischen zweiundzwanzigjährigen Sohn aus einer früheren Beziehung. Alex arbeitete viele Jahre in den Buchhaltungs- und Finanzbüros der Stiftung, was mit dazu beitrug, dass er später zum Leitenden Direktor der New Findhorn Directions Ltd. (NFD) ernannt wurde. Heute ist Alex ein unabhängiger, selbstständiger Managementberater, der sowohl für die Stiftung als auch die erweiterte Gemeinschaft arbeitet. Er lebt mit seiner Familie im Dorf Findhorn, rund anderthalb Kilometer von der Findhorn-Gemeinschaft im Park entfernt.

Ich weiß, dass Alex eine der Personen war, mit denen ich unbedingt sprechen musste. Ich hatte immer den Eindruck, dass er sich sehr klar ausdrücken konnte und bereit zeigte, seine Meinung frei zu äußern. Er hatte eine sehr breitgefächerte Erfahrung und Kenntnis von der Gemeinschaft, war bodenständig und neigte nicht zu Lauheit und Unentschiedenheit. Ich war auch neugierig, wie er auf meine Fragen reagieren würde, und wollte herausfinden, ob und auf welche Weise der Zauber auch ihn erreicht hatte. Schließlich fragte ich mich, was einen intelligenten Geschäftsmann bewegte, in dem trübseligen Wetter im Norden Schottlands leben zu wollen?

Das Gebäude, das ich nun betreten werde, pflegte das „Haus für die Familie“ zu sein. Alex hat hier so lange gearbeitet, wie ich zurückdenken kann. Als ich in sein kleines Büro komme, erinnere ich mich auch an eine Zeit vor vielen Jahren, als ich tatsächlich eine Weile mit ihm zusammenarbeitete und er sein Bestes versuchte – wenn auch mit wenig Erfolg –, mir beizubringen, wie man Kontoauszüge abstimmt. Viele Jahre später bemüht sich nun mein Mann um dieses Ziel, und ich denke, ich habe es bald geschafft!

Alex heißt mich in seinem Büro willkommen. Ich bemerke einige neue graue Haare und ein oder zwei Fältchen. Der flotte junge Held aus Schottland ist nun ein reifer Familienvater, ein solider Bürger unserer Gemeinschaft. Ich bin sehr dankbar, dass er sich trotz seines arbeitsreichen Programms einige Zeit freigenommen hat, und komme sofort zu meinem Anliegen.

„Was hat dich ursprünglich bewegt, hierher kommen, Alex, was hat dich hier angezogen?“

Alex grinst.

„Hauptsächlich Neugier. Lustigerweise hatte ich durch die Lektüre des Buches *Der Zauber von Findhorn* von der Gemeinschaft erfahren. Ich interessierte mich für viele Dinge, für das Leben in der Gemeinschaft und vielleicht auch für psychische Erfahrungen – eher als spirituelle. Ich verfügte damals wirklich über keinerlei bewusste Spiritualität. Da ich nur einige Stunden von hier lebte, beschloss ich, auf einen Besuch heraufzukommen.

Mit Blick auf sein ergrauendes Haar bemerke ich: „Warst du hier nicht einmal das jüngste Mitglied?"

„Ja, kann sein. Ich war damals dreiundzwanzig und einer der wenigen sehr jungen Leute hier."

„Hast du den >Zauber< gefunden, der in dem Buch beschrieben ist?", frage ich.

Das Telefon klingelt und Alex schaltet den Anrufbeantworter ein.

„Ich kam zu dem Schluss, dass dies ein guter Ort war. Er gefiel mir, er interessierte und faszinierte mich. Aber ich fragte mich auch, warum diese Gruppe sympathischer, interessanter Leute dazu kam, diese absurde Spiritualität als Vorwand zu erfinden, um zusammen in einer Gemeinschaft zu leben. Das ergab für mich damals einfach keinen Sinn."

Ich lächle und erinnere mich, wie jung er damals war.

„Und was geschah dann?", frage ich.

„Oh, ich kam zu gelegentlichen Besuchen wieder, aber ich brauchte einige Jahre, bis ich erkannte, dass diese Spiritualität der Leim, das zusammenhaltende Element war, das alles hier funktionieren machte. Wenn ich damit etwas mehr zu tun haben wollte, brauchte ich auch in meinem eigenen Leben einiges davon. Aber es war ein langer Prozess, es dauerte lange Zeit, mich auf die spirituelle Seite einzulassen."

„Nun, jetzt bist du nach zwanzig Jahren immer noch hier – hast du angebissen?" Ich bin gespannt, wie er antworten wird.

„Die kurze Antwort ist >ja<, aber für eine geraume Zeit entsprach sie nicht wirklich meinem eigenen Empfinden. Das erste Jahr war für mich eine sehr große Herausforderung, und ich dachte ernsthaft daran, wieder fortzugehen. Doch ich beschloss, es durchzustehen und für voraussichtlich einige Jahre zu bleiben, um etwas Interessantes zu lernen und dann weiterzugehen. Aber irgendwie habe ich das nie getan! Ich nehme an, ich habe nie etwas auch nur entfernt so Interessantes gefunden, um dorthin weiterzugehen."

Ich kann genau verstehen, was er meint. Ich bin „weitergegangen" und habe eine Menge interessanter und wundervoller Plätze gefunden, und gewiss viel besseres Wetter. Doch hier gibt es etwas – und ich bin gekommen, um herauszufinden, was dieses gewisse Etwas ist.

„Was hat sich inzwischen verändert, Alex; ist das >gewisse Etwas< jetzt anders?"

„Es ist zwangsläufig anders, es war ja auch bei meiner Ankunft hier anders als in den sechziger oder frühen siebziger Jahren. Es ist anders, aber ich denke, es ist immer noch da. Ich denke, es ist sehr schwierig für Menschen, die hier leben, es auf die gleiche Weise zu empfinden wie jemand, der zum ersten Mal zu Besuch kommt oder, wie du, nach langer Zeit zurückkehrt, denn auch das Leben hier hat gewisse Eintönigkeiten, wie es sie überall gibt, die Routine, das Gewohnte. Hier trifft die Eintönigkeit, der Gewöhnungseffekt auf das Außergewöhnliche, und wenn wir dies außer Acht ließen, wäre das Leben schwierig und ganz anders."

Natürlich kann ich mich erinnern, wie es war, hier schon so viele Jahre zu leben.

„Der Zauber, der Faktor X, wird also nach einer Weile einfach zu einem Teil deines Lebens hier, wird einfach zur Routine?", frage ich.

„Ich würde nicht sagen, dass er zur Routine wird, aber wenn du ganz neu und zum ersten Mal hier bist, dann ist alles neu, da gibt es so viel zu entdecken; das trifft nach einer gewissen Zeit natürlich so nicht mehr zu. Etwas zu meinem Verdruss stelle ich fest, dass ich hier recht häufig als eine Art wandelndes Archiv historischer Ereignisse betrachtet und angesprochen werde, weil ich schon sehr viele Jahre mit Stiftungs- und Führungs-Angelegenheiten zu tun habe. Für mich fühlt sich dies eigenartig an, weil ich immer noch das Empfinden habe, dass die Dinge neu sind. Etwa ein oder zwei Jahre nach meiner Ankunft gab es zum Beispiel dieses sehr aufregende neue Projekt – das Ökodorf –, das wir in Angriff genommen haben."

Alex blickt aus dem Fenster seines einen Büros hinüber zum Feld der Träume, wo wir alle neuen Häuser sehen können sowie die weiteren, die sich noch im Bau befinden.

„Achtzehn Jahre später fühlt es sich immer noch an, als ob es gerade erst startete. Ich muss mich ständig zur Disziplin rufen, in die Zukunft zu blicken, statt in der Vergangenheit zu verweilen, obwohl es natürlich auch schön ist, in Erinnerungen zu schwelgen."

Ich starre immer noch auf all die neuen Häuser, in einem davon wohne ich sogar zur Zeit. Es ist so viel geschehen in den letzten paar Jahren.

„Du hast also das Gefühl, dass das Dorf immer noch erst am Anfang ist?"

Ich kann sehen, dass Alex dieses Projekt sehr viel bedeutet.

„Absolut. Zehn von den vierzig geplanten Häusern auf dem Feld der Träume sind jetzt fertig. Zehn oder fünfzehn weitere Gebäude gibt es bereits in Pineridge, von den dreißig oder vierzig, die dort gebaut wurden."

Ich habe lange Jahre in Pineridge gelebt, in einem kleinen Wohnwagen zwischen vielen anderen. Ich weiß, dass Alex ebenfalls dort gewohnt hat; er und seine Familie lebten dort, bevor irgendeines von den neuen Gebäuden errichtet wurde.

„Natürlich, es gibt auch den Zentralbereich. Ich weiß, dass dort im Laufe der Zeit noch viel mehr Gebäude errichtet werden. Und dann gibt es noch Dunelands, gut sechs weitere Hektar, mit denen sich die zur Erschließung zur Verfügung stehende Fläche verdoppeln wird. Es ist immer noch sehr viel Arbeit zu leisten."

„Alex, du warst viele Jahre Mitglied der Findhorn-Stiftung, doch gehörst du zur erweiterten Gemeinschaft?"

Diese Frage finde ich immer schwierig – auch zu beantworten. Vor Jahren waren die „Findhorn-Gemeinschaft" und die „Findhorn-Stiftung" ein und dasselbe. Nun umfasst die Findhorn-Gemeinschaft so viele Bereiche, dass die Stiftung oder ursprüngliche Gemeinschaft, in und mit der alles begann, nur noch ein Aspekt des großen Ganzen ist. Ich möchte herausfinden, wie wichtig die Stiftung für die Gemeinschaft ist, zumindest aber will ich Alex' Meinung darüber erfahren.

„Ja", antwortet er, „ich bin ein Mitglied der Gemeinschaft, aber ich arbeite auch für die Stiftung."

Ich erinnere mich: Vor über zehn Jahren, als ich noch Mitglied der Stiftung war, gab es eine Menge Widerstand gegen das Wachstum der erweiterten Gemeinschaft; die Stiftung wollte weiterhin die Kontrolle darüber haben, wer hierher kam und was geschah. Ich frage Alex: „Wie stehen die Leute in der Gemeinschaft heute zur Stiftung?"

„Weil es eine große Fluktuation von Menschen gibt, die kommen und gehen, wechseln auch die Wahrnehmungen der Institutionen verhältnismäßig rasch", beginnt er. „Vor fünf, gewiss aber vor zehn Jahren gab es sehr viel Spannung zwischen der Stiftung und der Gemeinschaft, weil die Menschen, die in der Stiftung lebten, plötzlich sahen, dass Leute kamen, um unter ihnen und um sie herum zu leben, und sie fragten sich, ob diese wirklich geeignet waren. Wenn sich die Menschen heute der Stiftung anschließen, ist es offensichtlich, dass sie von dieser viel größeren Gemeinschaft umgeben sind; sie ist ja bereits ein Teil der Landschaft, und keiner fragt mehr, ob sie geeignet ist. Sie möchten vielleicht an dem Prozess herumbasteln, dieses oder jenes ändern, aber niemand würde andeuten, die Beziehung sei falsch. Irgendwie ist es ein Teil der Landschaft. Etwa ein Drittel der Mitarbeiter der Stiftung wechselt alle zwei Jahre. Dies führt dazu, dass schon sehr bald eine neue Generation die Dinge so, wie sie sind, als selbstverständlich nimmt. Die Antwort lautet also: Ja, es ist heute weniger schwierig, als es in jenen früheren Jahren war. Aber natürlich ist die ganze Angelegenheit viel komplizierter."

Nun zur großen Frage:

„Aber der Zauber, Alex, woher kommt er heutzutage? Ist er immer noch hauptsächlich in der Stiftung?"

Alex lacht und erwidert: „Das wäre gewiss eine sehr kontroverse Aussage!"

„Deshalb stelle ich ja die Frage!"

„Viele Mitglieder der Gemeinschaft würden sagen, das ist Unsinn. Ich denke nicht, dass sie leugnen würden, dass der Zauber innerhalb der Stiftung existiert, aber du willst wissen, in welchem Grade er darüber hinaus existiert. Wie alles hier, ist auch dies schwer zu verallgemeinern. Es gibt viele Leute, die in der Gemeinschaft leben und sehr wenig mit der Stiftung zu tun haben. Nicht dass sie irgendeinen Widerstand oder sonst etwas gegen sie hätten, aber die Stiftung spielt in ihrem Leben einfach keine große Rolle. Sie kaufen hin und wieder im Phoenix-Shop ein, und das war's dann schon. Würdest du sie fragen, ob sie inspiriert wurden, hier zu leben, antworteten sie wahrscheinlich: Ja, warum sonst wäre ich hier?! Ob das jedoch irgendetwas mit Zauber zu tun hat, weiß ich nicht."

„Wie steht es mit der Waldorf-Schule; spielt sie eine große Rolle in der Gemeinschaft?"

„Ja, eine sehr große", antwortet Alex. „Die Ausbildung für die Kinder ist ein weiterer wichtiger Grund, warum Menschen hierher kommen. Die Steiner-Schule ist ein sehr bedeutsamer Teil des Gemeinschaftslebens, und du kannst leicht zu einer Schulveranstaltung gehen, wo du hundert bis hundertfünfzig Leute siehst, von denen nur sehr wenige irgendeine Verbindung zur Stiftung haben. Doch sie sind hier aufgrund des ursprünglichen Impulses für die Schule – der natürlich aus der Stiftung kam."

„Würden diese Eltern sich als Teil der Gemeinschaft betrachten, oder nur als Eltern, die ihre Kinder in die Waldorf-Schule schicken?"

„Ich denke, die Schule ist bestrebt, ein legitimer Teil der lokalen Umgebung zu sein und möchte einen breiten Querschnitt der Menschen anziehen; Tatsache ist jedoch, dass sich wahrscheinlich die meisten Eltern von Waldorf-Schülern selbst als Teil der Gemeinschaft betrachten."

Mein eigener Sohn Michael begann seine schulische Laufbahn hier in der Waldorf-Schule, fand aber bald heraus, dass er lieber auf die örtliche Grundschule in Kinloss gehen würde, die viele seiner Freunde besuchten. Ich frage mich, wie es Alex' Sohn auf der Waldorf-Schule geht.

„Ist dein Sohn Craig dort glücklich?"

„Ja; natürlich schimpft er über die Schule, wie wohl jedes Kind. Wir zogen vor einiger Zeit in Erwägung, von hier fortzugehen, und damals erkannte Craig, dass er wirklich in der Waldorf-Schule bleiben wollte. Er ist ein Kind, das auf das Waldorf-System sehr gut angesprochen hat."

Ich denke zurück an meinen Sohn und Alex' größeren Sohn Barney. Beide stellten fest, dass sie im staatlichen Schulsystem glücklicher waren.

„Manche Kinder scheinen in der Waldorf-Schule aufzublühen, andere fühlen sich in der staatlichen Schule im Ort offenbar wohler."

„Ja, Barney hat in der Steiner-Schule angefangen, und es ist ihm überhaupt nicht bekommen. Dann ging er auf die staatliche Schule, die durchaus auch ihre Herausforderungen zu bieten hat, aber letztlich war es gut für ihn. Sie sind einfach andere Kinder. Es ist gut, wenn man das beste Bildungssystem für jedes Kind wählen kann.

Dies kann ich bestätigen, nachdem ich zwei Kinder in der Gemeinschaft aufgezogen habe. Ich habe auch Dutzende anderer

Kinder gesehen, die hier geboren und aufgewachsen sind und nun als junge Erwachsene überall auf der Welt leben.

„Kinder, die hier aufgewachsen – oder sogar schon geboren – sind, scheinen etwas Besonderes zu sein", fahre ich fort. „Natürlich sind alle Kinder überall besonders, aber die Kinder Findhorns haben vielleicht den besonderen Vorteil, von so vielen Menschen geliebt und geachtet zu werden. Ich denke besonders an alle die Kinder, die ich hier aufwachsen sah und die nun in der Welt draußen sind; sie scheinen in ihrem Leben sehr erfolgreich zu sein, wollen neue Erfahrungen sammeln und lieben es zu lernen. Würdest du bestätigen, dass es etwas Besonderes, ja einen Zauber gibt in der Art und Weise, wie Kinder hier aufwachsen?" Ich bin gespannt, ob Alex' dies ähnlich erlebt hat.

„Es ist ganz offensichtlich, dass ihre Kindheit etwas Ungewöhnliches hat, sie entspricht absolut nicht einer durchschnittlichen Kindheit Gleichaltriger, und nach meiner Erfahrung war sie sehr positiv. Was die jungen Leute selbst darüber sagen würden, weiß ich nicht. Doch ich glaube, dass auch sie etwas bemerkt haben; viele leben jetzt in der Nähe, in Edinburgh und Glasgow."

„Meinst du, die besondere Erfahrung, in einer liebevollen und unterstützenden Gemeinschaft aufzuwachsen, ist für die Kinder und jungen Leute von heute auch noch gut?"

„Nun, ich selbst habe zu Hause keinen Teenager, aber ich habe das Empfinden, dass es heute nicht mehr so gut ist, wie es in den >alten Tagen< war, da manche Teenager etwas verwildern. Aber vielleicht gehört das einfach zum Teenager-Sein dazu. Bei meinem jüngeren Sohn Craig bemerke ich ein ähnliches Muster wie schon bei Barney; er entwickelt einige sehr enge Beziehungen mit seinen Schulfreunden."

Es ist nun fast Zeit für mich zu gehen, denn ich muss mich auf den Weg hinunter in den Bereich Gemeinschaftszentrum machen. Vorher will ich Alex aber noch eine letzte Frage stellen.

„So Alex, was hast du in deiner großen Weisheit hier gelernt? Was ist für dich der Zauber?"

Alex grinst und versucht, die „große Weisheit" abzustreiten.

„Für mich ist wahr: Was auch immer der Zauber sein mag, ist er ein Prozess des ständigen Bemühens, nicht nur die Arbeit von Tag zu Tag, sondern auch das spirituelle Lernen, wie auch immer du das definieren möchtest. Da findest du kein bequemes Plateau, auf dem du dich ausruhen und deine Weisheit an die jubelnden Massen verteilen kannst; es gibt immer eine weitere Herausforderung, ein neues Stück Welt, das du erforschen kannst.

Ich hatte am Anfang keinerlei bewusstes Interesse an spirituellen Angelegenheiten, und ich staune darüber, welchen langen Weg ich schon gegangen bin; es ist eine weite Strecke seit meinem Start – und es ist immer noch aufregend! Dies ist ein sehr herausfordernder und nicht selten extrem frustrierender Ort. Man muss sich selbst fragen: Warum ist das so? Meine Antwort lautet: Es ist ein Teil des Lehrplans. Ich lebe und arbeite in einem sehr intensiven Umfeld, welches – ganz abgesehen von irgendwelchen esoterischen Begründungen – für mein Leben von Tag zu Tag sehr wichtig ist. Wenn du dich nicht bemühst, dich in diesen Herausforderungen entschlossen und positiv zu engagieren, kann es sehr schwierig werden. Es gibt immer mehr zu lernen, immer etwas Neues. Ich habe gekämpft mit jener Frustration und dem Gefühl der Angst, aber ... dann kommt ein Punkt, wo du sehen kannst, dass es tatsächlich gut geht."

Ich habe eine letzte Frage.

„Hat sich denn alles gelohnt? Bist du froh, hierher gekommen zu sein?"

Alex braucht nicht lange zu überlegen, bevor er antwortet.

„Ich denke, es hat sich gelohnt. Es ist äußerst schwierig, aus meiner Perspektive irgendetwas Klares darüber zu sagen, wie es hätte anders gewesen sein können. Ich habe praktisch mein ganzes Erwachsenenleben hier verbracht, und da gibt es freilich einige Aspekte, die ich bedaure, nicht zuletzt das Wetter!"

In diesem Punkt kann ich ihm gewiss Recht geben.

„Alles in allem – ja. Schließlich gibt es nichts, das mich daran hindert fortzugehen – und ich bin immer noch hier!"

Und ich bin auch immer noch hier. Aber mir ist klar, dass ich sehr bald anderswo sein muss. Als Nächstes steht ein Besuch bei Eileen auf meinem Programm, und so danke ich Alex für seine Hilfe und mache mich rasch auf den Weg zu dem Zentralbereich, wo ich Eileens neues Haus finden werde.

Die Lady in Blau

Ich betrete den kleinen Windfang, streife mir an der Fußmatte sorgfältig die Schuhe ab und klopfe an die Tür. All dies ist mir sehr vertraut. Jedes Mal, wenn ich Findhorn besuche, schaue ich auch kurz bei Eileen hinein. Als ihre Verlegerin komme ich gerne, um ihr mitzuteilen, wie ihre Bücher sich verkaufen, wie viele neue fremdsprachige Lizenzausgaben herausgekommen sind und erzähle ihr von den Dankesbriefen, die wir von Menschen überall in der Welt erhalten, die von ihren Büchern inspiriert werden. Als Freundin möchte ich auch gerne sehen, wie es ihr geht. Dieses Mal möchte ich insbesondere ihre Gedanken und Gefühle über das erfahren, was gerade geschieht.

Eine sanfte Stimme ruft: „Herein!"

Wie immer ist Eileen sehr schön gekleidet. Heute trägt sie Königsblau. Ihr Make-up ist makellos und ihr weißes Haar sieht wie frisch gelegt aus. Ich bemerke, dass sie zerbrechlicher aussieht als das letzte Mal, als ich sie sah, und sie geht jetzt langsamer, doch ihr Lächeln ist noch genauso einladend und herzlich wie immer. Wir sitzen in ihrem Wohnzimmer auf den gleichen Stühlen wie sonst, mit Blick auf ihren kleinen Patio, der jetzt, Mitte Januar, bar aller Blumen ist.

Ich weiß nicht, wie ich Eileen beschreiben soll. Alles, was man über ihre Erscheinung sagen kann, ist wohl schon hundert Mal be- und geschrieben worden. Was mir also bleibt, ist, über meine persönliche Erfahrung zu sprechen und über meine Eindrücke von ihr in mehr als einem Vierteljahrhundert. Vom ersten Tag an, an dem ich ihr begegnete, habe ich nicht nur ihr völlig vertraut, sondern auch dem, was die Findhorn-Gemeinschaft war. Ich wusste: Wenn Findhorn auf den Worten basierte, die von dieser Frau kamen, dann war es ein Ort, an dem ich leben und mit dem ich verbunden sein wollte.

Was mich an Eileen immer erstaunt hat, ist ihre Normalität. Sie ist es, was die Existenz von Findhorn zu etwas Außergewöhnlichem macht. Dass Gott diese Frau zum Werkzeug auserwählt hat, mag mich einst überrascht haben, aber da ich Eileen im Laufe der Jahre kennengelernt habe, kann ich mir niemanden vorstellen, der besser geeignet wäre, als Botschafterin des Geistes zu dienen. Eileen musste lernen, stark und zäh zu sein und aus sich herauszugehen. Ich weiß, wie schwierig das für sie oft gewesen ist. Seit sie sich vor fünfzig Jahren verpflichtete, jener kleinen sanften Stimme im Innern zu gehorchen, in absolutem Glauben und ohne zu fragen, hat Gott sie geprüft und jeden Tag gezogen und geschoben.

Gerade habe ich wieder ihre Autobiographie *Flight Into Free-*

*dom** gelesen, da Findhorn Press sie im Laufe dieses Jahres, um ein neues Kapitel erweitert, wieder auflegen wird. Ich staune immer wieder aufs Neue, dass diese reizende, gütige ältere Frau – die jedermanns Mutter und Großmutter sein könnte –, so viel durchgemacht hat und im Alter von fast fünfundachtzig Jahren immer noch entschlossen ist, weiter zu dienen.

Eileen und ich verbringen einige Zeit damit, unsere Neuigkeiten auszutauschen, und sie freut sich, von den neuen französischen und tschechischen Ausgaben eines ihrer Bücher zu erfahren. Ihre Bücher der Weisung, besonders *Opening Doors Within***, wurden in mehr als fünfundzwanzig Sprachen übersetzt und veröffentlicht. Eileen ist immer sehr dankbar zu erfahren, dass überall auf der Welt Menschen täglich die gleiche Weisung lesen – wie sie selbst auch.

„Nun, Karin", fragt sie mich, „was soll ich dir erzählen, was brauchst du für dein Buch?"

„Ich weiß wirklich nicht, was ich von dir brauche, Eileen", antworte ich ehrlich. „Ich denke, dass ich die meisten Informationen über die Gemeinschaft, die ich benötige, von all den anderen Menschen erhalten kann, mit denen ich spreche. Und was dein Leben und Werk angeht, so weiß ich alles darüber, und es ist ohnehin in zahlreichen Büchern nachzulesen."

„Das ist wahr. Bücher über Bücher, so viele Bücher", sagt Eileen und lächelt.

„Vielleicht können wir also einfach unseren kleinen Plausch genießen und über das sprechen, was in unseren Leben gerade wichtig ist.

Sag mir, stehst du immer noch jeden Morgen vor Tagesanbruch auf und gehst in den Andachtsraum zum Meditieren, wie schon vor vierzig Jahren, als du hier nach Findhorn gekommen bist?"

„O ja, das tue ich", antwortet sie sofort. „Doch jetzt muss ich sogar noch früher aufstehen und erst ein heißes Bad nehmen, um meine alten Knochen aufzuwärmen. Deshalb stehe ich bereits etwa um vier Uhr auf, weil ich so lange brauche, bis ich fertig bin. Um sechs Uhr gehe ich dann zum Andachtsraum."

Ich weiß, wie kalt es zu dieser Zeit am Morgen ist, und habe tiefen Respekt vor jedem, der die Bereitschaft aufbringt, dies jeden Tag zu tun. Eileens Gesicht hellt sich auf, als sie weiter erzählt.

---

* dt. Ausgabe: *Flug in die innere Freiheit*

** dt. Ausgabe: *Herzenstüren öffnen*

„Neulich ist etwas Wundervolles geschehen. Jeden Morgen, wenn ich in den Andachtsraum komme, treffe ich dort eine kleine Japanerin an, die sich noch früher aufgemacht hat als ich. Sie hat bereits die Vorhänge geöffnet, den Raum gelüftet und die Kerze angezündet. Sie spricht sehr wenig Englisch, und wenn ich ihr danke, nimmt sie ihr kleines Buch und findet einen Satz, den sie verwenden kann, um mir zu antworten. Sie ist immer in Weiß gekleidet, lächelt freundlich, und es bedeutet mir so viel, um diese Zeit am Morgen nicht allein zu sein."

Eileens Dankbarkeit leuchtet aus ihren Augen.

„Ich glaube, sie heißt Junka. Kürzlich lud ich sie zum Tee ein, und weil sie nicht so viel Englisch spricht, brachte sie ein kleines Instrument mit – es sah aus wie eine Leier –, und als wir nicht mit Worten kommunizieren konnten, spielte und sang sie für mich. Ich nenne sie meinen kleinen Engel."

Das ist offensichtlich etwas, das Eileens Herz berührt hat.

„Als sie ging, sprach sie einen kleinen Satz, den sie vorher geübt haben musste. Mit ihrer süßen Stimme sagte sie: >Es war sehr schön, mit Ihnen Tee zu trinken.< Und ich sagte zu ihr: >Es war sehr schön, Sie singen und spielen zu hören.<"

Eileen, die überall auf der Welt gefeiert und geliebt wird, ist tief bewegt und berührt von dieser Frau, die bereit ist, ihr zu geben, was sie wirklich braucht – eine Freundin und Gefährtin bei ihrer frühmorgendlichen Meditation.

„Um halb sieben Uhr kommen dann oft auch andere und meditieren mit mir. Heute waren vielleicht neun Personen da. Ich kann dir nicht sagen, wie viel es mir bedeutet, dies nicht mehr allein zu tun. Ich habe es so viele Jahre lang ganz allein gemacht."

Eileen lehnt sich auf ihrem Stuhl zurück, und ich kann eine gewisse Müdigkeit in ihrem Körper spüren. Doch ihr Geist ist immer noch so stark wie ihre Hingabe, Gott und dieser Gemeinschaft zu dienen. Sie wird weiterhin da sein und sich selbst so lange geben, wie sie gebraucht wird.

„Morgens", sagt sie mit sehr sanfter Stimme, „bitte ich immer um einen Segen für den neuen Tag. Aber dieser Tage gelingt es mir nicht immer, abends noch in den Andachtsraum zu gehen; ich bin oft zu müde. Obwohl ich gerne immer ein kleines >Dankeschön< für einen weiteren Tag sage.

Weißt du, Karin, manchmal bin ich versucht, nicht mehr weiter zu können und gar nichts mehr zu tun. Schließlich bin ich fast fünfundachtzig. Aber dann rappele ich mich auf und mache einfach weiter. Vor einigen Jahren musste ich aufhören, Seminare zu geben, ich konnte es einfach nicht mehr tun. Aber die Energie im Andachtsraum zu halten, das ist etwas, das ich auch weiterhin machen kann. Ich fühle mich wie ein Anker dort, ein Anker, der die Christus-Energie hält."

„Gehst du zu den Mahlzeiten noch ins Gemeinschaftszentrum hinüber?"

„Nein, das schaffe ich nicht sehr oft, obwohl Dorothy Maclean, wenn sie hier ist, mich stets zu überreden versucht, mit hinüber zu kommen. Ich gehe bei besonderen Anlässen wie Weihnachten, einfach um den Menschen zu zeigen, dass ich noch am Leben bin! Ansonsten sehen sie mich nur im Andachtsraum oder unterwegs. Ich möchte, dass sie wissen, dass ich noch hier bin", sagt sie mit einem Lächeln.

Eileen zeigt mir dann, wie jede Mutter und Großmutter, einige Fotos ihrer Familie, und wir betrachten sie gemeinsam. Sie ist Mutter von acht Kindern und hat siebenundzwanzig Enkelkinder und inzwischen auch einige Urenkel.

Sie deutet auf ein Bild. „Das ist Jennifer, meine älteste Tochter. Ich habe vierundvierzig Jahre lang nichts von ihr gehört, nachdem ich sie damals verlassen habe. Und dann erhielt ich eines Tages einen Brief von ihr, in dem sie mich fragte, ob sie kommen und ihren sechzigsten Geburtstag mit mir feiern könne. Du kannst dir vorstellen, wie gespannt ich war. Sie wollte tatsächlich kommen und mich sehen! Das war eine weitere Gelegenheit, bei der ich erkannte, dass bei Gott alles zur richtigen Zeit geschieht. Ich brauche mir keine Sorgen zu machen, alles wird immer sehr, sehr gut sein."

„Alles ist sehr, sehr gut", ist ein Satz, den Eileen zum ersten Mal vor einem halben Jahrhundert in ihrer Weisung empfing. Er wurde zu einem [fast geflügelten] Wort, das wir hier sehr oft gebrauchen – und hat sich immer wieder als wahr erwiesen, selbst wenn der rationale Verstand es nicht glauben wollte.

„Das sollen die Menschen sehen", erinnert sie mich. „Ich habe so viel durchgemacht, aber alles war es wert. Vergebung ist so wichtig. Die Antwort heißt: Liebe und Vergebung. Ich will nicht sterben und irgendwelche unklaren Beziehungen zurücklassen. Ich will, dass sie alle klar sind."

„So dass du nicht mehr zurückkommen und alles noch einmal machen musst?", frage ich sie.

„Ja", sagt sie lachend. „Weißt du, ich hatte auch genug Glück, um meine Beziehung mit Peter völlig zu heilen. Peter und sein kleiner Sohn Daniel pflegten eine Reihe von Jahren im Sommer nach Findhorn zu kommen, und sie wohnten irgendwo in der Gemeinschaft. In einem Jahr gab es keine Unterkunft für sie, und so bot ich an, sie hier in meinem Haus zu haben. Er wohnte acht Wochen lang mit Daniel oben. Ich schaffte es, jeglicher Versuchung zu widerstehen, für ihn zu kochen oder zu waschen, und es gelang mir, mit all jenen alten Mustern aus der Zeit zu brechen, als wir miteinander verheiratet waren. Schließlich war Peter bereits zwei Mal verheiratet gewesen, seit er mich verlassen hatte!

Wir hatten eine wunderbare Zeit. Es war so gut, einfach zusammen zu sein, zu reden und alles zu klären, was zwischen uns stand."

Eileen hält einen Augenblick inne, bevor sie den Rest der Geschichte erzählt.

„In jenem Jahr rief ich ihn zu Weihnachten an, um ihm ein frohes Fest zu wünschen. Das Nächste, was ich hörte, war, dass er tot war."

Peter starb bei einem Autounfall im Februar 1994.

„Also sagte ich >Danke, Gott<, für das wunderbare Geschenk vom letzten Sommer, dass wir alles sortieren konnten, was zwischen uns war. Dann ist er gegangen. Ich brauchte nicht um ihn zu trauern; ich wusste, dass er nun frei war."

Wir verharren einen Moment im Schweigen und erinnern uns an Peter. Ich frage mich manchmal, ob er uns nicht von irgendwo zusieht – und wahrscheinlich ungeduldig wartet, dass wir etwas TUN!

„Eileen, ich habe eine letzte Frage an dich. Ich weiß, dass du es mir mehrere Male erzählt hast, aber ich scheine es immer zu vergessen. Ich weiß, dass es etwas gibt, das du tust, wenn du mit einer Person Schwierigkeiten hast. Ich stelle selbst manchmal fest, dass es mir einfach nicht gelingt, jemanden zu mögen, und dann wünsche ich, ich wüsste damit auf eine kreative und liebevolle Weise umzugehen."

„O ja", antwortet Eileen, „das ist einfach: Ich stelle mir diese Person in Gedanken vor und sage dann: >Ich liebe dich, ich segne dich, ich sehe das Göttliche in dir.< Das musst du vielleicht mehr als einmal tun, aber schließlich wird es wirken. Du fängst an, die

Person in einem anderen Licht zu sehen, und die Schwierigkeiten beginnen sich aufzulösen."

„Ich liebe dich, ich segne dich, ich sehe das Göttliche in dir." Ich probiere es gleich. Ich will es nicht wieder vergessen.

„Nun habe ich eine Frage an dich, Karin", sagt Eileen.

„Natürlich, gerne, wie lautet sie?"

„Was ist der Unterschied zwischen einer Organisation und einem Organismus?", fragt sie.

Damit habe ich nicht gerechnet, und so nehme ich mir einen Augenblick Zeit zum Nachdenken und hoffe, dass ich korrekt antworten kann.

„Soweit ich weiß, ist eine Organisation Menschenwerk, männlich strukturiert und vom Verstand gelenkt. Es ist eine organisierte Körperschaft oder Gesellschaft, wie die Armee oder eine politische Partei. Ein Organismus hingegen ist eine organische Struktur, die wie ein einheitliches Ganzes handelt. Sie ist mehr von weiblicher Intuition gelenkt und sie expandiert und kontrahiert organisch ... etwa so ähnlich." Ich hoffe, es richtig formuliert zu haben.

„Warum willst du das wissen?", frage ich sie.

„Im Management wird jetzt viel von einer neuen, globalen Mitgliedschaft gesprochen, und sie wollen es die Globale Mitgliedschafts-Organisation nennen. Für mich fühlt es sich einfach falsch an, dieses Wort Organisation. Wir sind doch mehr ein Organismus, nicht wahr?"

„Nun, ich würde sagen, dass die Stiftung dieser Tage mehr so etwas wie eine Organisation wird, aber die Gemeinschaft ist definitiv ein Organismus. Sie wächst und wandelt sich auf durchaus organische Weise", antworte ich.

Es klopft an der Tür, und Katherine kommt herein.

„Ich komme später wieder", sagt sie.

„Nein, geh nicht", sage ich. „Ich denke, wir sind hier fertig."

Wir gehen zur Tür, und ich verabschiede mich. Eileen deutet auf ein Stück Land gegenüber ihrem Haus.

„Da stand der Wohnwagen, in dem ich früher wohnte, sie haben ihn fortgeschleppt. Ich bin so dankbar, jetzt dieses warme, trockene Haus zu haben. Jener Wohnwagen hatte ein undichtes Dach, und es war Zeit, dass er fortkam."

Es ist auch für mich Zeit zu gehen.

Robins Traum

Nach nur wenigen Schritten bin ich im Gemeinschaftszentrum, wo mich wieder die nun sehr vertrauten Pastinaken, Kartoffeln und Reis erwarten. Das ist kein Problem, ich kann Pastinaken zehn Tage nacheinander essen, denn ich weiß, dass ich sie zu Hause in Frankreich nicht bekommen werde.

Nach einem geräuschvollen, fröhlichen Mittagessen gehe ich hinüber ins Haus Sonnenblume, wo die Scheite bereits im Kamin bereit liegen, so dass ich sie zum Empfang meines Nachmittags-Gastes anzünden kann. Ich erwarte einen Mann, der seit 1995 zur Gemeinschaft gehört und seit kurzem Mitglied des Kuratoriums der Stiftung ist. Obwohl ich ihn in den Jahren, als ich in der Gemeinschaft lebte, häufig gesehen habe, erinnere ich mich nicht, mit ihm gesprochen zu haben. Doch es war schwer, nicht zu wissen, wer er war, denn er wurde auf Anhieb ein sehr sichtbares und bekanntes Mitglied der Führungsteams und schließlich Co-Focaliser der Stiftung. Ich bin also äußerst erfreut, ihn schließlich kennenzulernen und mehr über ihn zu erfahren.

Um genau 15.45 Uhr, wie vereinbart, kommt Robin durch die Tür, zieht Schuhe und Jackett aus und setzt sich erwartungsvoll vor mich. Er ist ein hochgewachsener Mann mit dunklem Haar und intensiven braunen Augen und strahlt eine sehr starke, maskuline Energie aus. Es fällt schwer, sich von seiner Erscheinung nicht ein wenig einschüchtern zu lassen, und so halte ich es für das Beste, gleich zum Thema zu kommen und keine Zeit mit Smalltalk zu vergeuden.

„Warum bist du ursprünglich nach Findhorn gekommen, Robin?“, frage ich ihn.

„Ich kam das erste Mal vor zehn Jahren zur Erfahrungswoche her, weil mein Homöopath mir ein Faltblatt gegeben und empfohlen hatte, nach Findhorn zu gehen. Irgendwann früher schon waren Freunde von mir hier gewesen und mit erstaunlichen Geschichten über diesen Ort zurück gekommen. Ich freute mich für sie, konnte mir aber nicht vorstellen, selbst hierher kommen zu wollen. All dieser Gruppen-Kram, und auch noch Geld dafür zu bezahlen, um die Toiletten zu putzen – das war überhaupt nicht mein Ding.“

So gesehen, klingt es wirklich recht seltsam.

„Dann hatte ich plötzlich diesen Prospekt in der Hand und beschloss aus heiterem Himmel, nach Findhorn zu fahren. Ich erinnere mich, wie ich noch kurz vor der Reise meine Freunde angerufen habe, um sie zu fragen, was dieses Findhorn denn wirklich sei. Klugerweise erzählten sie mir nichts, sondern empfahlen mir bloß, einfach offen und nicht zynisch zu sein. Ich weiß, ich kann zynisch, zweifelnd und argwöhnisch sein, aber ich dachte, ich fahre jetzt einfach hin und stürze mich hinein und werde dann schon sehen, was passiert."

„Und was ist passiert?"

„Am Mittwochabend der Erfahrungswoche hatte ich eines >jener< Erlebnisse. Ich sah mich in der Gruppe um – wir waren sechzehn –, und spürte, dass ich jeden von ihnen liebte. Ich spürte, dass es in jedem Einzelnen etwas gab, mit dem ich mich verbinden konnte, was jenseits der Persönlichkeit lag, hinter der Fassade, hinter all den Dingen, die uns unterscheiden und trennen – ich liebte einfach jeden. Es war ein erstaunliches Erlebnis. Ich schrieb an jenem Abend in mein Tagebuch: >Das Leben wird nie wieder das Gleiche sein; ich will an einem Ort und auf eine Weise leben, dass ich weiterhin bedingungslose Liebe geben und empfangen kann.<"

Robin sieht aus wie ein kühler Geschäftsmann, es muss damals also ein sehr dramatisches Erlebnis für ihn gewesen sein.

„Aber du bist dann nicht hier geblieben?"

„Nein, ich ging zurück nach London, zurück zu meiner Arbeit, aber ich fing an, auch Dinge zu machen wie Tai-Chi oder Co-counselling. Und ich begann, mich allgemein zu öffnen. Dann, sechs Monate später, kam ich zurück und beschloss, mich einer Indienreise mit Angela anzuschließen."

Angela war ein langjähriges Mitglied, arbeitete in der Lehr-Abteilung und leitete auch zahlreiche spirituelle Pilgerreisen nach Indien.

Robin blickt mich eindringlich an: „Und dort habe ich den Glauben gefunden."

„Ich war so verwirrt, als wir in Indien waren. Ich war wütend, ich warf Dinge um mich, sang laute Rolling-Stones-Songs. Und dann hatte ich ein sehr transformierend wirkendes Gespräch mit Angela."

Er macht eine lange Pause, und ich warte still.

Angela teilte mir mit, dass ich gerade mein Verhaftetsein ans

Dramatische durchlebte, nämlich das Drama, das ich bei meiner Arbeit als Sozialarbeiter in London erlebt hatte, wo ich mit Straffälligen im Gefängnis arbeitete. Wenn ich meinen spirituellen Weg vertiefen wolle, müsse ich bereit sein, all mein Festhalten an dem loszulassen, was ich zu sein glaubte. Ich müsse mich selbst fragen, ob ich willens sei, der zu sein, der ich wirklich bin.

Sie bat mich, eine Liste von all den Dingen anzufertigen, die ich zu sein dachte. Und sie dann loszulassen. Also schrieb ich eine lange Liste von all den Dingen, an denen ich hing, wie meine Sexualität, mein Mannsein, das Judentum, Humor, mein Gehalt, Eifersucht, mein Auto, meine Wohnung, meine Freunde und Familie. Könnte ich von ihnen allen loslassen?"

Robin durchlebt dieses tiefe Erfahrung von neuem, und ich höre ihm weiter schweigend zu, als er fortfährt:

„Ich kam zu Angela zurück und teilte ihr mit, dass ich willens war, es zu tun. Ich weinte, und sie weinte, und es war ein sehr transformierender Moment. Als ich nach London zurückkam, tippte ich als erstes meine Austrittserklärung. Ich wusste nicht, was ich tun würde, aber ich wusste, dass ich etwas anderes tun musste. Ich hatte vollständigen Glauben und die Gewissheit, das Richtige zu tun."

Das Feuer fällt allmählich in sich zusammen, und ich lege einige neue Scheite nach. Die Flammen greifen sofort nach dem trockenen Holz, und ich kann spüren, wie die Wärme zu mir strahlt.

„Und dann hast du also beschlossen, nach Findhorn zu kommen und hier zu leben. Wie hat dich das verändert?", frage ich.

„Es hat mich bis zur Unkenntlichkeit verändert. Ich hatte dieses Verlangen und die Sehnsucht, mehr von mir selbst in meine Arbeit einzubringen, in mein ganzes Leben. In London ging ich zur Arbeit und war dort nur ein kleiner Teil von mir – rational, linear, kühl und gefasst. Nach der Arbeit ging ich nach Hause und war dort eine andere Person, der Dichter, der Sänger, der Tänzer, mit Gefühlen, Instinkten, Intuition. Hier in Findhorn zu sein, erlaubt mir, all das in meine Arbeit einzubringen. Ich kann eine Versammlung mit einem Lied beginnen oder ein Gedicht sprechen. Ich kann in einer Besprechung des Managements weinen. Diese umfassende Integration aller Aspekte meine Wesens ist hier erlaubt und möglich und wird erleichtert und ermutigt. Das ist außergewöhnlich."

Robins dunkle Augen blitzen intensiv, als er mir seine Empfindungen mitteilt.

„Ich pflegte davon zu träumen, dass wir gemeinsam meditieren, bevor wir mit der Arbeit beginnen. Diesen Traum, diese Vision hatte ich schon damals in London, und hier ist sie nun Wirklichkeit für mich. Es liegt ein Zauber darin, auf einer tief-inneren Ebene zusammenzukommen und die Arbeit dann von da aus zu tun. Das ist sehr tiefgreifend und sehr einfach, und es lässt zu, dass während unserer Arbeit alle möglichen Dinge geschehen, Beziehungen sich vertiefen und Erfahrungen möglich werden."

Er blickt aus dem Fenster. Draußen beginnt die untergehende Sonne gerade, die Ränder der Wolken rosa und violett zu färben.

„Ich lebe auch an einem Ort phänomenaler Schönheit, so ganz anders als London. Ich bin ständig eingetaucht in die Schönheit der Findhorn-Bucht und, wie jetzt gerade, die Schönheit des Sonnenuntergangs.

Seine Stimme ist weicher und etwas sanfter geworden. Dann holt er tief Luft und spricht weiter. „Letztes Wochenende hatte ich eine Gruppe vom „Social Venture Network" hier. Siebzehn Geschäftsleute, die keine Ahnung hatten, was Findhorn ist. Sie waren nur für zwei Tage hier. Sie haben die ganzen >Findhorn erleben<-Sachen gemacht – Tanzen, Vertrauens- und Führungs-Spiele, den Besichtigungsrundgang durch das Gelände, einen Vortrag von David Hoyle [Geschäftsführer des Phoenix-Shops] über spirituelle Ökonomie. Wir gingen zu der Taizé-Feier, machten einen Ausflug zum Fluss – eben all die Dinge, die wir mit unseren Gästen gewöhnlich unternehmen.

Sie waren alle wie verwandelt, und ich dachte: Das ist der Zauber!"

Ich höre sehr aufmerksam zu; ich brauche nur das Wort Zauber zu hören, und schon spitze ich die Ohren!

„Sie sagten mir, sie hätten den Eindruck, dass wir hier auf eine Weise sprechen, die sehr, sehr realistisch ist. Wir halten Augenkontakt und sagen, was wir glauben. Das fanden sie außergewöhnlich. Sie bemerkten, dass hier ein hohes Maß an Authentizität herrscht. Ich glaube, das ist wahr. Ich meine, es sind weniger und immer weniger Schichten zwischen uns und der wahren Wirklichkeit. Wir verteidigen uns nicht, weil wir uns nicht zu verteidigen brauchen.

Jemand fragte uns auch nach der Schattenseite der Gemeinschaft, und ich sprach über all die schwierigen Dinge hier. Als ich fertig war, sagte er: >Den ganzen Tag haben Sie uns von den positiven

Aspekten des Lebens in Ihrer Gemeinschaft erzählt, und nun teilen Sie uns die Schattenseiten mit, ohne dass sich Ihre Körpersprache irgendwie verändert. Sie schämen sich weder, noch haben Sie versucht, auszuweichen oder etwas zu beschönigen.<"

Ich wechsle das Thema und frage Robin nach seiner Arbeit in der Gemeinschaft.

„Meine Hauptaufgabe ist nun, das Beratungsprogramm zu gestalten. Das heißt, den Findhorn-Impuls ins Geschäftsleben, in die Firmen zu tragen."

„Erzähle mir mehr darüber."

„Nun, was die Firmen wollen, ist einiges von dem >Zauber<, den wir an den Arbeitsplätzen hier haben. Also bringen wir ihn dorthin. Wir tun genau die gleichen Dingen, wenn wir hinaus gehen, um Firmen zu besuchen, wie wir sie hier tun. Anschließend sagen sie uns, es sei mit keinem Führungs- oder Mitarbeitertraining zu vergleichen gewesen, das sie je gehabt hätten."

„Was ist so anders?", frage ich.

„Sie sagten, sie liebten unsere witzigen und spritzigen Übungen. Was sie jedoch wirklich verblüfft, ist die Qualität unserer Präsenz, wie mühelos die Trainer bei sich selbst zu sein scheinen und welchen Frieden wir mitbringen. Sie spüren, dass wir uns wirklich bemühen und mit ihnen Verbindung aufnehmen wollen. Was natürlich wahr ist."

Robin hält einen Moment inne und fährt dann fort.

„Es ist schwierig, all dies zu bemerken, wenn du mittendrin bist, aber ich muss etwas vom Zauber dieses Ortes gelernt haben und nun verkörpern, so dass ich es mit der Welt dort draußen teilen kann. Ja, wir teilen uns selbst auf einer formellen Ebene mit, aber wir geben auch etwas darüber hinaus. Die Menschen erleben es hier, und sie erleben es auch, wenn wir es mit hinaustragen. Es ist einfach – zauberhaft. Das ist etwas, das mich ebenfalls hier hält. Ich kann mir nicht vorstellen, wieder in London zu arbeiten – und ich lerne immer noch, die Transformation geht weiter."

„Wie steht es mit Herausforderungen? Ich weiß, dass hier nicht alles süß und licht ist."

„Es gibt gewaltige Herausforderungen", antwortet er. „Als Leiter in der Gemeinschaft habe ich manchmal das Gefühl, dass wir in endlosen Prozessen stecken, und ich finde das wirklich schwierig. In einer Gemeinschaftsversammlung bin ich einmal aufgestanden, weil ich mich extrem frustriert fühlte, und sagte: >Ich habe sechs Monate an dieser Sache gearbeitet, wir haben zehn Besprechungen gehabt und immer noch nichts entschieden. Das macht mich wahnsinnig!< Und eine Frau blickte mir ins Gesicht und sagte: >Vielleicht bist du gekommen, um das zu lernen.< Ich antwortete ihr, wenn ich wirklich gekommen wäre, um das zu lernen, dann hätte ich jetzt eine ungeheure Menge Energie und Mühe in Dinge gesteckt, die zu überhaupt nichts führen; das sei es nicht, was ich lernen wollte.

Natürlich, in gewissem Grade muss ich lernen, dass das Wie ebenso wichtig ist wie das Was. Der Prozess ist wichtig, nicht der Inhalt allein."

Ich erinnere mich an ähnliche Herausforderungen, bei denen es darum ging, das Gleichgewicht zu finden zwischen dem Akzeptieren des Prozesses und dem Wunsch nach Ergebnissen. Vielleicht ist das in Findhorn manchmal eben nicht im Gleichgewicht – zu viel Prozesse und nicht genug Resultate.

„Auf einer persönlichen Ebene gibt es also Herausforderungen", fährt Robin fort. „An einem guten Tag kann etwas eine Chance sein, an einem schlechten Tag ist es eine Herausforderung. Es gibt Zeiten, wenn ich mich verstecken und gar nicht zeigen möchte; dann soll niemand merken, was ich fühle. Dann erscheinen Transparenz und Authentizität wirklich schwierig.

Aber an einem guten Tag empfinde ich es als so großes Geschenk, dass ich der Gemeinschaft alles von mir zeigen kann. Es ist ein erstaunliches Geschenk, völlig offen und verwundbar sein zu dürfen. Es ist für mich auch eine unglaublich heilsame Reise, zu fühlen, dass ich alle Teile von mir selbst akzeptieren kann. Ich erlebe dies besonders durch meine Männergruppe. Das ist eine Gruppe von Männern, die stark und mitfühlend sind. Wir treffen uns jede Woche und erzählen unsere Geschichten. Es ist sehr heilsam, sein Spiegelbild in anderen Männern zu finden und zu entdecken, dass wir alle ähnliche Erfahrungen haben und das Gleiche empfinden."

Ich erinnere mich an die Unterstützung und Freundschaft, die ich von all meinen Freundinnen erfuhr, als ich hier lebte, und äußere meine Vermutung, dass Männer es hier schwerer haben als Frauen.

„Warum meinst du das?", fragt Robin.

„Frauen scheinen sich viel leichter und rascher zu verändern als Männer", antworte ich. „Frauen scheint es hier viel leichter zu fallen, verwundbar zu sein und ihre Stärke darin zu finden. Männer scheinen damit mehr Schwierigkeiten zu haben. Und gewöhnlich leben hier auch mehr Frauen als Männer."

„Ich denke, es ist tatsächlich sehr schwer, in der Gemeinschaft ein kraftvoller Mann zu sein", sagt Robin, „weil man dir den Vorwurf machen kann, dich über die Feinfühligkeiten anderer hinwegzusetzen. Wir werden der Führerschaft verdächtigt und bekommen Anti-Autoritäts-Dinge zu hören. Mari, die derzeitige Focaliserin der Stiftung, kann mehr direkte Autorität zeigen, als ich es als Mann jemals könnte. Es ist schwierig für männliche Leiter, machtvoll zu sein. Das Gespenst von Peter Caddy ist noch sehr stark. Während seinem Andenken eine Art von Liebe und Verehrung entgegengebracht wird, gibt es da auch eine Einstellung, die sagt: >So machen wir das nicht mehr<. Jetzt ist die Zeit der Gruppe, wir wollen keine charismatischen Führer."

Er hielt inne um nachzudenken, und ich erkenne ein vertrautes Thema, doch seine nächste Beobachtung überrascht mich.

„Wir wollen zwar keinen Führer, aber in Wirklichkeit wollen wir einen Führer. Nur keine Führung, die uns sagt, was wir tun sollen", sagt er mit Bestimmtheit.

„Du meinst: Einen Führer, der die Verantwortung trägt, aber keine Macht ausübt?"

„Genau, wir wollen keinen Führer, der uns zur Rechenschaft zieht oder uns sagt, was wir zu tun haben."

„Es ist immer so gewesen", erinnere ich mich – außer bei Peter Caddy, weil er der Gründer war.

Ich frage Robin: „Angesichts all unserer Herausforderungen haben wir hier doch sehr viel erreicht, meinst du nicht?"

„Ja", bestätigt er. „Wir haben wirklich große Fortschritte erzielt hin zu einer nachhaltigen Gemeinschaft, beim Aufbau einer menschlichen Ansiedlung, die nicht nur ökonomisch und ökologisch, in Bezug auf die Umwelt, nachhaltig ist, sondern auch spirituell, sozial und kulturell. Auch wenn wir unsere Kämpfe haben mögen – besonders finanzielle –, haben wir doch so viel erreicht, und das ist recht eindrucksvoll."

„Aber die finanziellen Kämpfe sind hauptsächlich die Stiftung", erwidere ich. „Sieh dich hier um, sieh die neuen Häuser, die Menschen, die herkommen, um hier zu leben; sie müssen doch irgendwie das Einkommen haben, um das zu tun."

Robin ist anderer Ansicht.

„Die finanziellen Probleme herrschen auch in der Gemeinschaft vor, dies ist keine reiche Gemeinschaft."

Ich erinnere ihn daran, dass wir in den Jahren, als ich in der Gemeinschaft lebte, nicht viel Geld hatten, aber einen erstaunlich reichen Lebensstil.

„Als ich in London war", erwidert er, „habe ich genug Geld verdient, aber ich lebte inmitten von Gewalt, Dreck und Lärm. Hier verdiene ich gar nichts, aber ich fühle mich wie ein Millionär. Ich spüre, das ist meine Gemeinschaft, es ist alles mein. Meine Angst ist, dass dies anfangen könnte, sich zu ändern, wenn wir in größere finanzielle Verantwortung und Verantwortlichkeit gehen."

Ich frage ihn nach seinem Amt als Mitglied des Kuratoriums der Stiftung.

„Ich fühle mich sehr privilegiert und geehrt, im Kuratorium zu sein, und für mich persönlich ist es eine wirkliche Lernerfahrung, Teil des Beratungsausschusses zu sein und meinen Weg da hinein zu finden."

Ich frage ihn, ob er das Gefühl habe, in einer schwierigen und verwundbaren Zeit zum Kuratorium gekommen zu sein.

„Nein", sagte er, „das empfinde ich nicht so. Ich habe keinen Zweifel, dass wir durchkommen werden. Ich habe vollkommenes Vertrauen. Ich habe keinerlei Angst. Ich bin neugierig, wie alles ausgehen wird, aber ich weiß, dass es sich lösen wird. Ich meine, es wird uns sehr verändern, und ich denke, wir werden wahrscheinlich effizienter werden. Vielleicht werden wir ein schlankerer, unbedeutenderer Apparat, doch ich bin sicher, dass wir da durchkommen."

Schlanker vielleicht, aber weniger wichtig? Niemals!

Als ich an „schlanker" denke, fällt mir ein, dass ich heute von meinen alten Freunden Mary und George zum Abendessen eingeladen bin. Zum Glück wohnen sie gleich neben dem Haus Sonnenblume, da brauche ich nicht weit zu gehen. Mary gehört zu den Pionieren auf dem Feld der Träume, und ich freue mich darauf, ihr neues Haus zu sehen. Ich weiß auch, dass ich dort ein köstliches Essen bekommen werde, vor allem aber werden wir es genießen, Geschichten zu erzählen und Erinnerungen auszutauschen. Vielleicht werde ich nicht einmal meinen Kassettenrecorder mitnehmen, dann können wir uns entspannen und mächtig über die Stränge schlagen.

Bei einem Blick auf die Uhr stelle ich fest, dass die Dreiviertelstunde, die für unser Interview angesetzt war, gerade vorüber ist. Einmal mehr bin ich erstaunt, wie schnell ich jemanden kennenlernen kann, besonders hier in Findhorn, wo ein Mann wie Robin bereit ist, auf so offene und aufrichtige Weise mit mir über sein Leben, seine Gefühle und Gedanken zu sprechen. Ich bin froh über diese Gelegenheit, ihn kennenzulernen und seine Geschichte zu hören. Ich danke ihm herzlich und verabschiede mich.

Arbeit und Spiel

Im weißen Haus

Ich wache jetzt schon sehr früh auf – vielleicht, weil dies die einzige Zeit am Tag ist, zu der ich Ruhe zum Nachdenken habe, wenn ich weder mit anderen spreche noch ihnen zuhöre. Es sind Momente zum Reflektieren und Verarbeiten all meiner Erlebnisse. Eine Zeit, alles in die gesegnete Stille der Meditation zu bringen. Draußen ist es sehr still, und obwohl in den umliegenden Häusern allmählich die Lichter angehen, sind noch keine Auto- oder anderen Geräusche zu hören – noch nicht einmal die Vögel sind wach.

Und dann ist es Zeit, in den Tag hinaus zu gehen, weitere wunderbare Menschen zu sehen, weitere großartige Erlebnisse zu haben. Bis zum ersten ist es heute nicht mehr weit.

Kay Kay habe ich in den letzten Tagen schon mehrmals gesehen. Ihr Haus ist gleich nebenan, und wenn ich am Morgen aufwache und aus dem Fenster schaue, sehe ich sie oft in ihrer Küche, wo sie das Frühstück bereitet. Heute morgen will ich sie besuchen. Ich freue mich darauf, Kay zu besuchen und auch, ein weiteres der neuen Häuser auf dem Feld der Träume von innen zu sehen.

Es scheint kaum der Mühe wert, die Schuhe anzuziehen, zumal die meisten Häuser hier „schuhfrei" sind. In Windfang oder Diele ist meist ein Platz, um Schuhe abzustellen, und oft steht für den Besucher eine Auswahl warmer Pantoffel bereit. Doch ich muss erst mehrere Meter über den feuchten Boden gehen, deshalb mache ich einen Kompromiss: Die Schuhbänder bleiben offen, der Mantel im Haus.

Nach wenigen Schritten bin ich im Nachbarhaus, wo Kay Kay mich lächelnd willkommen heißt. Kay ist eine hübsche Frau mit blondem, lockigem Haar, funkelnden, intelligenten Augen und einem bezaubernden Lächeln. Sie ist auch eine starke Frau, die aussieht wie jemand, der seine Meinung sagen und mit Entschiedenheit vertreten wird. Sie kommt aus dem Norden Englands und spricht mit einem attraktiven Akzent, der ihre Herkunft aus der stolzen Arbeiterklasse verrät.

Alles um mich herum sieht sehr neu aus, und ein Geruch von neuem Holz und frischer Farbe erfüllt das Haus. Natürlich bitte ich um eine Führung. Während das Haus von außen grau gestrichen und von interessanter und ungewöhnlicher Gestalt ist, ist das Innere überall in sehr hellem Holz und Weiß gehalten. Weiße Vorhänge, weißes Bettzeug, weiße Kissen, überall Weiß. Kay sagt mir, dass sie ihr Haus noch „malen" werde: Zuerst füllt sie es mit Licht, und alles ist weiß, und später, wenn sie sich dazu angeregt fühlt, wird sie farbige Akzente verteilen. Ich freue mich darauf, sie in ein paar Jahren wieder zu besuchen und festzustellen, wie sich die Malerei bis dahin entwickelt hat.

Dieses eine Mal lehne ich die angebotene Tasse Tee ab, da ich nebenan gerade mein Frühstück hatte. Wir gehen die kurze Treppe ins Wohnzimmer hinauf. Anscheinend sind in etlichen Häusern hier auf dem Feld der Träume die Schlafzimmer unten und der Wohnbereich oben, um von dem herrlichen Blick über die Findhorn-Bucht und die fernen, schneebedeckten Berge zu profitieren. Wir machen es uns auf der Couch (weiß, natürlich) gemütlich und ich frage Kay, wie sich ihr Buch *Growing People* mache; ich habe es im Phoenix-Shop angeboten gesehen. Ich weiß, dass Kay traurig ist, dass Findhorn Press ihr Werk nicht herausgebracht hat, und versichere ihr, dass dies seinen einzigen Grund darin hatte, dass wir als kleiner Verlag mit begrenzten Mitteln nicht alles veröffentlichen können, was uns gefällt.

Nachdem dies aus dem Weg geräumt ist, frage ich sie, wie sie zuerst nach Findhorn kam und was sie hierher gezogen hat.

„Das ist die übliche Geschichte", beginnt Kay. „Ich hatte schon vorher eine ganze Menge in Richtung persönliche Entwicklung getan, und dann fiel plötzlich der Findhorn-Katalog aus einem Regal. Ich konnte mich gar nicht erinnern, ihn je dorthin gelegt zu haben!

Zuerst war es keine besonders herzerwärmende Erfahrung. Ich hatte schon vorher – in den siebziger Jahren – eine Menge Gruppenarbeit gemacht, wie EST und andere Workshops. Deshalb gab es hier keine riesige Überraschung oder eine erste Gelegenheit zum Aufblühen, wie sie viele andere in Findhorn erleben. Aber es war doch schön. Ich kam für eine Woche und sollte dann nach London zurückkehren."

Ein kleines Lächeln spielt um ihre Lippen, als sie sich erinnert.

„Aber mein Auto wollte nicht anspringen, und so blieb ich eine weitere Woche als arbeitender Gast. Am Ende dieser zweiten Woche stellte ich dann fest, dass mein Auto immer noch nicht anspringen wollte, und die Werkstatt konnte nicht herausfinden, was da los war. Also ging ich für eine Weile ins Minton House – das große, pinkfarbene Haus gegenüber dem Park, das als Retreat- und Seminarzentrum geführt wurde – und entdeckte dort, dass um die Stiftung eine erweiterte Gemeinschaft heranwuchs. Es war diese erweiterte Gemeinschaft, die mich inspirierte; hier hatte ich das Gefühl, dazuzupassen."

„Also hast zu beschlossen, hier zu bleiben?", frage ich sie.

„Noch nicht. Ich beschloss, nach London zurückzukehren, um mit meinem Partner darüber zu reden. Und an diesem Punkt sprang mein Wagen wieder an, obwohl die Werkstatt immer noch nicht sagen konnte, was ihm gefehlt hatte. Das ist ein Teil des Zaubers von Findhorn – dass es eine Essenz gibt, eine Art von Wissen, ein Etwas ... und wenn du bereit bist, mit dem Fluss des Lebens zu gehen, dann wird dein Leben verschönert."

Das ist wahr. Es ist diese Essenz, dieses Etwas, das ich hier zu finden versuche. Kay fährt mit ihrer Geschichte fort.

„Um es kurz zu machen: Ich ging fort, kam zurück und wurde sehr klar geführt, die >Freunde Findhorns< ins Leben zu rufen. Das war der erste Versuch zu einem globalen Netz, um Menschen miteinander zu verbinden, die hier gewesen sind, aber auch Menschen, die selbst nie hier gewesen sind, sich aber nach den Prinzipien Findhorns ausrichten. Anfänglich gab es heftigen Widerstand von fast allen in der Stiftung, aber ich machte es trotzdem."

Es ist schwierig, sich vorzustellen, dass irgendjemand versuchte, Kay zu stoppen, die etwas tat, woran sie wirklich glaubte.

„Drei Jahre später wurde die Sache natürlich von der Stiftung übernommen, und es wurden die >Stewards< der Stiftung daraus, was viel eher eine Spendenaufrufs-Aktivität ist als die gegenseitige Unterstützung und der Informationsaustausch, was ich mir vorgestellt hatte. Doch sie haben später auch die >Freunde Findhorns< wieder auferstehen lassen, und nun gibt es Diskussionen darüber, sie etwas zu öffnen, wie ich es mir immer vorgestellt hatte. So wie

Greenpeace eine offene Gruppe ist, welche die Wale retten will, ist Findhorn natürlich eine Gruppe, der es um das erwachende Bewusstsein geht. Das war immer meine Vision, und nun, elf Jahre später, könnte sie zum Fruchten kommen."

Ich freue mich darauf, mehr darüber zu hören und hoffe, Kay wird mir ihre Vision erklären.

„Im Lauf der folgenden Jahre war ich manchmal hier, arbeitete freiwillig, und war dann oft wieder auf Reisen. Aber irgendwie fühlte sich Findhorn immer wie zu Hause an, seit dem Tag, an dem ich hier ankam. Dann, vor etwa drei Jahren, kehrte ich von einer Reise zurück und entdeckte, dass Verhandlungen im Gange waren, eine neue Form von Gemeinschaft zu erschaffen, die für jedermann offen wäre – was die Barrieren zwischen >jenen< und >uns<, den Unterschied zwischen >drin sein< und >draußen sein<, Stiftung oder nicht Stiftung beseitigen würde –, eben etwas Umfassendes. Ich wurde gebeten, die Rolle des Beobachters zu übernehmen. Diese Rolle wurde eingeführt, damit zwei Menschen sozusagen als Ohren der Gemeinschaft vertreten waren, stets auf dem Laufenden blieben und erfuhren, was hier geschah. Damals war ich noch nicht bereit, dies zu tun, ich wurde krank. Als ich wieder gesund war und sich die Gelegenheit erneut bot, entschied ich, dass ich es tun könnte, und wurde gewählt. Ich habe diese Rolle nun seit zwei Jahren inne."

„Du wurdest gewählt?", frage ich überrascht. „Hier gibt es doch gewiss keine Wahlen?"

„Doch, wir wählen", antwortete Kay. „Du hast Recht, wir hatten vorher keine Wahlen, aber die „New Findhorn Association" ist eine Demokratie, eine Vereinigung aller Organisationen, die zusammen dieses Findhorn bilden. Einige von ihnen sind gemeinnützig wie die Stiftung, welche die größte ist. Andere sind Firmen wie der Laden, und es gibt auch Gruppen von gleichgesinnten Einzelpersonen, oder Berufsgruppen wie die Therapiegruppen, die Künstler und die Handwerker, sowie die Bewohner auf dem Feld der Träume. Jeder Aspekt des Lebens hier wird abgedeckt. So bietet sich allen Menschen ein Weg in die Gemeinschaft."

„Und wer entscheidet darüber, wer in die Gemeinschaft aufgenommen wird?", frage ich jetzt.

„Wir brauchen keine >Pförtner< als solche. Nach allgemeinem Empfinden ist dies eine Vereinigung, mit der sich jeder identifizieren kann, und da braucht niemand den Zugang zu kontrollieren.

Wir haben Organisations-Mitglieder, wie die Firmen, die einen finanziellen Beitrag leisten. Mitglieder kommen als Einzelpersonen dazu und zahlen einen einkommensabhängigen Beitrag, so dass sich jeder einbezogen fühlen kann. Es gibt jetzt zwei Beobachter, mich und Rory."

Kay spricht sehr schnell, und es ist nicht einfach, ihrem Bericht so rasch zu folgen. Sie hat so viele Ideen und Gedanken, die sie mit mir teilen möchte.

„Es ist immer noch viel zu tun, um diese Gemeinschaft zu verankern, um sie finanziell tragfähig zu machen. Es ist nötig, dass mehr kleine Geschäfte und Firmen gegründet werden, so dass wir nicht so abhängig sind von einer großen Organisation – der Stiftung –, die das Geld hereinbringt. Zur Zeit müssen einige Menschen für eine Weile fortgehen, um das Geld zu verdienen, um hier leben zu können. Wir müssen darauf achten, wie wir sowohl ökonomisch als auch ökologisch tragfähig sein können. Meine Rolle ist faszinierend, wohl einer der besten Jobs auf diesem Planeten, und meine seltsamen Lebenserfahrungen haben mich darauf sehr gut vorbereitet."

„Seltsame?", frage ich nach, um zu erfahren, was sie damit meint.

„Marketing, Verkauf, Mutter, Trainerin, Beraterin, Projektentwicklerin, Designerin; ich habe Dinge organisiert, Geld für gemeinnützige Zwecke gesammelt – es war alles sehr bunt. Ich komme aus dem Nordosten Englands, aus der guten Arbeiterklasse. Meine Familie waren Berg- und Stahlarbeiter, und so habe ich ein sehr starkes Gemeinschaftsempfinden. Ich wuchs in einer Bergbau-Stadt auf, wo sich jeder um jeden gekümmert hat, ständig. Vermutlich will ich das hier in dieser Umgebung einführen. Ich will immer herein- und aufnehmen, niemanden ausschließen, immer ja sagen und einen Weg finden, damit etwas funktioniert. Ich bin stets bestrebt, das Gemeinsame zwischen den Menschen zu finden. Ich mag es, ihnen zu helfen, kooperative Wege zu beschreiten, um vorwärts zu kommen, anstatt zu sagen >So haben wir das noch nie gemacht<, oder >Wir glauben nicht, dass dies funktionieren wird, deshalb probieren wir es gar nicht erst aus.< Manchmal habe ich das Gefühl, dass ich hier gegen den Strom der Kultur schwimme – aber auch diese verändert sich!"

Somit scheint Kay genau im Zentrum der Veränderungen zu stehen.

„Ja", bestätigt sie. „Alles verändert sich. Es ist sehr aufregend.

Wir sind nun als Gemeinschaft mehr bereit, uns nach aufregenden und riskanten neuen Wegen umzusehen. Die Stiftung sieht sich im Augenblick aufgrund ihrer finanziellen Situation auch dazu gezwungen. Wir Menschen scheinen nur selten etwas zu tun, wenn wir es nicht müssen. Wir reden über Veränderungen, setzen ihnen aber unglaublich viel Widerstand entgegen. Das ist, als spannte man den Bogen oder dehnte das Gummiband. Wir widersetzen und sträuben uns, bis wir es am Ende tun müssen, und dann – falls wir dann gerade richtig stehen –, dann können wir geradewegs dahin gehen, wohin es nötig ist zu gehen."

Kay blickt hinaus über die Bucht zu den hohen Bergen.

„Ich sehe eine Menge gespannte Gummibänder im Moment – oder sind es gedehnte Bögen? Ich denke, unsere Bögen werden bald sehr genau schießen", fügt sie zuversichtlich hinzu.

„Aber zurück zur New Findhorn Association", fährt sie fort. „Es ist ein überaus unglücklicher Name, habe ich das Empfinden. Er wurde vom Lenkungsausschuss gewählt, um niemanden zu verletzen, weder die Stiftung noch das Dorf Findhorn, das uns manchmal übelnimmt, dass wir ihren Namen gebrauchen, doch dabei kam ein Kompromiss heraus, der im Grunde nichts bedeutet."

„Wie würdest du es nennen?", frage ich.

Kays Gesicht erglüht bei meiner Frage.

„Ich würde gerne sehen, dass es sich ausdehnt und global wird, deshalb würde ich es vermutlich >The Findhorn Global Community< (>Die Globale Findhorn-Gemeinschaft<) nennen. Auf diese Weise kann sich absolut jeder angesprochen und einbezogen fühlen, der dies will."

„Ich habe kürzlich etwas über diese globale Mitgliedschaft gehört; ist es das, worüber die Leute sprechen?", frage ich sie. „Hast du etwas damit zu tun?"

„Ja, das ist die Idee, und ich werde damit zu tun haben. Es liegt mir sehr am Herzen und knüpft an das an, was wir bereits tun, und was wir tun könnten."

„Und es kann wirklich jeder dazukommen, auch wenn er oder sie noch niemals hier gewesen ist?" Das fühlt sich an wie sehr weit entfernt von allem, was es vorher gegeben hat.

„Ja, ich für mein Teil würde dies begrüßen; warum sollten wir uns begrenzen? Warum sollten wir sagen, jemand sei nicht gut genug? Ich könnte mir eine globale Mitgliedschaft vorstellen, der sich alle Menschen anschließen können, wie bei Greenpeace. Ich könnte mir auch so etwas wie eine außerordentliche Mitgliedschaft vorstellen für Personen, die tatsächlich schon hier gewesen sind, und eine Wohnsitz-Mitgliedschaft für Menschen, die den Kern hier am Laufen halten."

„Das alles klingt sehr aufregend und neu, Kay, aber sage mir: Warum hier, warum in Findhorn?"

„Ich war in so vielen Gemeinschaften. Hier ist schon sehr viel Arbeit geleistet worden, vor allem in den siebziger Jahren, denke ich, mit der Hilfe von einigen außergewöhnlichen Pionieren, die nun woanders sind und dort Pionierarbeit leisten. Wie alle Pioniere haben sie hier getan, was sie tun mussten, und zogen dann weiter. Hier lebt ein starker Leitgedanke, dass Arbeit Liebe in Aktion ist, wo sich das Geistige im täglichen Leben manifestiert. Dies alles wurde hier in den frühen Tagen verankert. Für mich erscheint es absolut sinnvoll, alle diese zusätzlichen Dimensionen zu nutzen, die nicht traditionell bereits Teil des westlichen Lebens gewesen sind, um sie alltäglich zu machen. Um die Ethik an die Front der Entscheidungsfindung zu bringen."

„Aber dies ist nicht der einzige Ort, an dem dies geschieht, nicht wahr?", frage ich.

„Absolut nicht", antwortet Kay. „Ich würde auch nicht behaupten, dass wir es bereits geschafft haben. Aber wir streben es an. Für mich ist das gut genug. Ich habe mehr Respekt vor Menschen, die nach etwas streben, als vor jenen, die behaupten, sie hätten es schon."

Ich hoffe, sie weiß, dass ich gerade danach strebe, den „Zauber von Findhorn" zu entdecken.

„Hier gibt es ein Bestreben, die ganze Ethik und das Ethos unserer gemeinsamen Grundsatzerklärung in die tägliche Praxis umzusetzen: Ich behandle meinen Nächsten mit Respekt und Hochachtung; ich bringe Spiritualität in meine tägliche Arbeit ein; ich verpflichte mich zu meiner Evolution als spirituelles Wesen. Alle diese Dinge können auf sehr praktische Weise verwirklicht werden. Und du stellst sie unter Beweis, indem du nicht den Planeten vergewaltigst, indem du möglichst vor Ort erzeugte Lebensmittel verzehrst, indem du anderen hilfst, indem du integrierend bist und offen für neue Ideen, indem du dich von der Intuition führen lässt, indem du nach neuen Wegen suchst, Dinge zu tun. Dies alles ist hier bereits bis zu einem gewissen Grade verankert, und du kannst es hier überall finden. Du brauchst es nicht neu zu erfinden, sondern kannst darauf aufbauen. Hier gibt es eine sehr starke Stiftung, und sie kann nur noch besser werden."

„Hast du jemals daran gedacht, dass die ursprüngliche Gemeinschaft oder die Stiftung eines Tages vielleicht nicht mehr wichtig sein könnten?" Diese Frage habe ich schon vielen Menschen gestellt, und sie wurde mir unterschiedlich beantwortet. Nun bin ich gespannt, was Kay dazu sagen wird. Sie denkt einen Moment nach und antwortet dann.

„Ja, manchmal frage ich mich, ob wir unseren Zweck vielleicht überlebt haben ... ob wir getan haben, was wir tun sollten ... ob wir für die Welt noch einen Wert haben." Sie hält einen Moment inne, lächelt mich an und nickt dann lebhaft. „Ich bin ziemlich sicher, dass wir immer noch von Wert sind", erklärt sie mit Überzeugung.

„Und die Stiftung, welche Rolle spielt die Stiftung innerhalb der Gemeinschaft?"

„Ich denke, sie ist sehr notwendig, und ihre Rolle ist die spirituelle Erziehung. Das machen sie hier besser als irgendwo sonst, wo ich schon gewesen bin. Je einfacher es vermittelt wird, desto effektiver ist es. Die einfach strukturierte und aufgebaute Erfahrungswoche ist ein wundervolles Geschenk an den Planeten. Die Stiftung trägt auch den spirituellen Kern. Natürlich ist dieser auch im Rest der Gemeinschaft. Allerdings denke ich, die Stiftung könnte viel kleiner sein und effektiver geführt werden und immer noch ebenso große Dienste leisten wie bisher und heute."

„Die Gemeinschaft ist nun seit fast vierzig Jahren hier. Meinst du, dass dieses Stück Land bereits eine Kraft barg, bevor wir gekommen sind? Oder hat sie sich entwickelt, seit wir hier sind?"

„Da ist ein Geist in diesem Land ... hier war etwas schon lange, lange bevor Peter, Eileen und Dorothy ankamen. Vielleicht wurde es dadurch verstärkt, vielleicht aber auch durch Ängste vermindert. Verstärkt durch den Mut, durch das tatsächliche Leben mit dem Geistigen, statt dass nur darüber geredet wird. Der Geist dieses Ortes zieht Menschen von überall auf dem Planeten an. Dies gibt uns allen eine wundervolle Gelegenheit, im lokalen Rahmen global zu handeln. Ich interagiere mit allen Nationalitäten und mit vielen verschiedenen Kulturen. Ich habe täglich die Gelegenheit, gerade hier, im Lokalen, Globales zu tun. Ich denke, dass ist der eigentliche Dienst am Planeten. Ich glaube daran, dass das, was wir auf einer individuellen Ebene tun, eine Auswirkung, einen

Einfluss auf die Welt hat. Ich kann selbst danach streben, die Veränderung zu sein, die ich in der Welt sehen will."

„Pflegst du eine spirituelle Praxis, Kay?"

„Ja, meine eigene spirituelle Praxis ist die Transzendentale Meditation, doch meine echte spirituelle Praxis ist, wie ich in der Beziehung zu anderen bin – und ich habe tagtäglich Gelegenheiten, diese Praxis zu üben!"

Sie lacht herzlich. „Und es macht so viel Freude!"

Es ist Zeit für Kay, zurück zu dem zu gehen, was ihr am meisten Freude bereitet, zu ihrer spirituellen Praxis mit anderen Mitgliedern der Gemeinschaft. Ich finde unten meine Schuhe – dieses Mal muss ich die Bänder knoten – und gehe hinaus in das frostige Morgenlicht.

Plötzlich erinnere ich mich, dass heute der Tag ist, an dem, wie Anja mir erzählte, die ganze Erfahrungswochen-Gruppe hier drüben im Park sein wird, und so gehe ich rasch zum Gemeinschaftszentrum, da ich weiß, dass sie dort arbeiten werden – oder möglicherweise sogar gerade eine Teepause haben!

Versteckspiel

Ich komme im Gemeinschaftszentrum an und stelle fest, dass die Gruppe weder an der Arbeit noch beim Teetrinken ist – sie ist überhaupt nicht dort! Ich frage die Person, die gerade damit beschäftigt ist, den Fußboden zu polieren, ob die „Erfahrungswoche" bereits irgendwo gesichtet worden sei, und erfahre, dass sie da gewesen wären und gearbeitet hätten. Ja, sie hätten so fest gearbeitet, dass sie mit ihrem Projekt bereits fertig seien, nämlich Faltblätter und Kataloge versandfertig zu machen. Und dann seien sie alle verschwunden!

Etwas enttäuscht, versuche ich mir zu überlegen, wohin sie verschwunden sein könnten. Es dauert nicht lange, und es ist mir klar: Schokolade und Bücher! Das ist es, wonach sich die Teilnehmer der Erfahrungswoche sehnen, wenn sie einmal Freizeit haben.

Als ich mich dem Phoenix-Shop nähere und durchs Fenster hineinschaue, kann ich bereits einige meiner Freunde sehen, die durch die engen Gänge wandern, in Büchern blättern, Souvenirs kaufen, die sie mit nach Hause nehmen werden – und einige der vielen unwiderstehlichen Schokoriegel verzehren.

„Da seid ihr also", rufe ich. „Ich dachte, ihr wärt fleißig bei der Arbeit? Ich bin gekommen, um euch zu helfen."

„Zu spät", erwidert einer. „Es ist schon alles fertig. Wir durften hinaus zum Spielen!"

Sie sehen fast wie eine Gruppe von Schulkindern aus, denen man eine Freistunde geschenkt hat. Eine unschuldige Kindlichkeit liegt in ihrem Spaß und Lachen. Es ist kaum zu glauben, dass dies die gleichen Fremdlinge sind, die sich vor wenigen Tagen zum ersten Mal gesehen haben. Sie ähneln schon eher einer Familie. Einer sehr liebevollen Familie.

„Dann lasse ich euch euren Spaß", verkünde ich. „Kann ich zu eurem festlichen Abschlussdinner am Freitag wieder zu euch stoßen?"

„Sicher", höre ich übereinstimmend. „Sei uns willkommen – drüben in Cluny!"

Ich danke ihnen, und bevor ich den Laden verlasse, suche ich mir einen Schokoriegel mit Karamellfüllung aus. Es wird auch mein letztes Abendessen und mein letzter Abend hier sein. Meine Suche kommt schon fast zu einem Ende. Aber es gibt immer noch einige sehr wichtige Dinge zu tun – außer dem Genuss der köstlichen Schokolade. Denn nun führt sie mich nach Bag End am Ende von Pineridge, wo all die neuen Häuser gebaut wurden. Ich werde Hanna treffen, die Focaliserin des Parks.

Lady of the Dance

Hanna begrüßt mich an der Tür ihres Hauses; es ist eines der früheren ökologischen Gebäude, die errichtet wurden, um mehrere einzelne Mitglieder zu beherbergen. Es gibt eine Reihe großer Zimmer, eine gemeinsame Küche und ein gemeinsames Wohnzimmer. Ich besuche dieses Haus zum ersten Mal, und nach einer kleinen Führung gehen wir mit je einer großen Tasse Tee in der Hand ins Wohnzimmer.

Hanna ist eine hochgewachsene, würdevolle Deutsche mit kastanienbraunem Haar. Sie hat in Berlin gelebt, bevor sie hierher kam, und obwohl ich sie im Bereich des Parks schon seit langem gesehen habe, ist dies unser erstes wirkliches Gespräch miteinander. Ich freue mich darauf, sie etwas näher kennenzulernen.

Wir machen es uns gemütlich und ich frage sie, wann und wie sie zum ersten Mal nach Findhorn gekommen ist.

„Es war eines dieser kleinen Wunder! Ich lebte damals in Berlin, und eines Tages stieß ich auf ein Zettelchen, auf dem ein Nachmittag mit sakralen Tänzen aus Findhorn angeboten wurde. Da ich an diesem Tag nichts vorhatte, beschloss ich zu gehen und war sofort fasziniert. So hatte ich noch nie zuvor getanzt, und ich wollte mehr davon. Jener Nachmittag hat mein Leben völlig verwandelt.

Damals war ich eine politisch engagierte Feministin und interessierte mich sehr für persönliches Wachstum und Therapie. Durch die Tänze erlebte ich so viel Freude, Glück und Zufriedenheit, dass mir dies endlich meinen spirituellen Weg öffnete. Der Zugang zum Geistigen schien plötzlich so leicht, und ich wollte nach Findhorn kommen. Dann kam Anna Barton, die den sakralen Tanz in der Gemeinschaft leitete, nach Berlin, und nachdem ich bei ihr getanzt hatte, war ich überzeugt, dass ich Findhorn besuchen musste."

„Was geschah dann?", frage ich.

„Ich meldete mich zur „Woche des sakralen Tanzes" an", fährt Hanna fort, „erhielt aber die Mitteilung, dass ich zuerst an einer Erfahrungswoche teilnehmen müsse."

„Ja, das stimmt", bemerke ich. „Alle Gäste werden aufgefordert, zuerst an einer Erfahrungswoche teilzunehmen, bevor sie zu einem der Workshops gehen können. Was hast du also gemacht?"

Hanna bricht in ein hinreißendes Lachen aus. „Nun, ich war ein wenig verärgert, aber dann beschloss ich, es zu tun. Am Ende des Kurses war die Erfahrungswoche ein viel wichtigeres Erlebnis als der sakrale Tanz. Es war eine großartige, herzöffnende Erfahrung für mich."

Sie lacht von neuem, als sie sich daran erinnert. „Wie viele bereits hundert Mal gesagt haben, kommen die Menschen von überall auf der Welt, man kennt einander nicht, und dann plötzlich, auf halbem Wege durch die Woche, liebt man sie alle! Völliges, bedingungsloses Lieben und Akzeptieren, und dazu Geliebtwerden und Umsorgtwerden. Was für eine erstaunliche Erfahrung. Ich wusste augenblicklich, dass ich nach Findhorn kommen und hier leben wollte, bereits damals."

„Bist du nach Berlin zurückgekehrt?"

„Ja, ich ging zurück nach Hause und redete und erzählte meinen Freunden über Findhorn, bis sie dessen überdrüssig wurden und schließlich sagten: >Warum gehst du nicht für eine Weile dorthin?<"

Hanna nimmt ihre Tasse auf und umschließt sie mit den Händen. „Da wurde mir klar, dass ich dies natürlich tun konnte. Ich beschloss, im Winter zu kommen, um kennenzulernen, wie das hier ist, denn der Winter in Berlin ist so scheußlich, die Luft ist schlecht und es ist sehr kalt."

Ich blicke nach draußen, wo es ebenfalls recht kalt aussieht.

„Ich kam dann Ende Januar, und es war wunderschön. Es war Frost, und die Sonne schien."

Ich denke bei mir, dass dies wohl einer der Fälle war, in dem die äußere Welt widerspiegelte, wie man sich innerlich fühlte.

„Dann erkannte ich eines Tages: >Ich muss kommen und hier leben.< Es war ein sehr starker Impuls. Ich wusste damals nichts von innerer Weisung, es war einfach ein inneres Wissen." Hannas Stimme lässt noch das Erstaunen ahnen, das sie damals empfand.

„Es war absolut nicht einfach, hierher zu kommen. Ich musste in Berlin alle meine Freunde sowie meine Arbeit zurücklassen, das war recht schwer. Aber die Anziehungskraft hierher war stärker als alles andere."

„Was geschah dann, als du hier ankamst?", frage ich sie.

„Ich begann in der Küche im Park zu arbeiten."

Etwas Ehrfürchtiges klingt in ihrer Stimme mit, als sie sagt. „Die Küche wurde mein Leben, meine Schule, mein Klassenzimmer. Ich arbeitete hier fünf Jahre lang. Ich fing an, das Gefühl zu haben, dass es kein Leben nach der Park-Küche gab. Für mich war sie das Herz der Gemeinschaft."

Jetzt höre ich ganz aufmerksam zu. Das ist eine Erfahrung, die ich sehr gut kenne – und genau das, was ich selbst empfand, als ich in der Küche arbeitete. Hanna fährt fort:

„Wir hatten immer die Tür offen, und jeder ging durch die Küche."

Dann verändert sich Hannas Stimme, und ein kleines Lächeln spielt um ihren Mund. „Du weißt vermutlich, dass ich eine sehr impulsive Person bin und ein sehr hitziges Temperament habe. Während ich also mein Herz öffnete, lernte ich auch viel durch Konflikt. Die Küche war der perfekte Ort dafür, sie war wie ein Schnellkochtopf. Bevor der Anbau existierte, war sie recht klein mit den vielen Leuten, die darin arbeiteten – alles starke Charaktere. Ich liebte das Kochen – und liebe es immer noch –, und ich fühlte mich dort so angenommen. Ich lernte, Brot zu backen und Tofu zu machen. Lustigerweise habe ich übrigens nie gelernt, ein einzelnes Brot zu backen; ich lernte, wie man achtzig Laibe backt oder Tofu für hundertfünfzig Portionen macht.“

Meine eigenen Erinnerungen gehen mir durch den Kopf; alles, was Hanna erzählt, ist mir so vertraut.

„Es war so schwer, die Küche zu verlassen – schließlich war ich Hanna, die Königin der Küche.“

Und vor fünfundzwanzig Jahren fühlte ich mich genauso.

„Eine Menge Leute dachten, meine Zeit in der Küche sei vorüber, und dann hatte ich dort einen großen Konflikt. Ich habe mich so aufgeregt, ich wollte gehen, aber ich wusste nicht mehr, wie man sagt >ich danke ab<, und so sagte ich eines Tages mit sehr lauter Stimme: >Ich feure mich selbst!<“

Hanna ist in der Tat eine sehr feurige Dame.

„Die Leute sagten dann, es wäre wohl gerade die richtige Zeit für mich gewesen, meine Küche zu verlassen.“ Ihre Stimme klingt immer noch sehr traurig, als sie sich daran erinnert. „Und dann war der Konflikt plötzlich fort, und ich erkannte, dass es wirklich gerade meine Zeit war, um zu gehen.“

Selbst jener Teil ihrer Geschichte spiegelt genau wider, was mit mir geschehen war.

„Und kurz danach hatte ich den starken Drang, das Programm für die neuen Mitglieder zu leiten.“

Sie lacht laut, und ich frage mich warum.

„Die Hälfte der Leute in der Personalabteilung hielten das für eine großartige Idee, aber die andere Hälfte sagte: >Hanna? Niemals!< Sie kannten mich gut.“

„Und, hast du es dann gemacht?“, frage ich gespannt.

„O ja, tatsächlich habe ich sogar zwei Programme gemacht. Das erste lief so gut, dass ich auch das nächste leitete. Das Universum scheint mir ständig Herausforderungen zu schicken, aber solche Herausforderungen, in die ich hineinwachsen kann. Keine überwältigenden, sondern gerade genügend große, dass ich mich in sie entfaltete.“

„Und ...?“ Ich warte, da Hanna einige Momente schweigt.

„Dann diagnostizierte man bei mir Gebärmutterhalskrebs, und das war eine weitere erstaunliche Erfahrung. Ich willigte in die Operation ein, als der Krebs noch in einem sehr frühen Stadium war. Eigenartigerweise kann ich nicht bedauern, dass dies überhaupt passierte. Die Unterstützung, die ich erhielt, war erstaunlich. Ich bin kein geduldiger Mensch, aber in jener Zeit wurde ich irgendwie sehr geduldig, all das Warten in den Krankenhäusern... Ich wurde sogar nett zu jedermann."

Sie lacht über sich selbst. Sie ist eine starke Frau, die lernt, weich und verwundbar zu werden. Sie erinnert mich so sehr an mich selbst.

„Hanna, hast du jemals daran gedacht, die Stiftung zu verlassen, oder wirst du für immer hier sein?"

„Ich hatte vor ungefähr zwei Jahren eine Krise und dachte, ich gehörte nicht mehr hierher. Ich dachte, meine Zeit hier sei vorüber. Ich wollte fort und hatte mich sogar bereits für einen Termin entschieden – ich war wirklich drauf und dran zu gehen."

Sie hält einen Moment inne und fährt dann fort: „Dann begann man mir einige sehr interessante Jobs anzubieten, wie die Arbeit mit Langzeitgästen, oder Park-Focaliser zu werden – und gerade dies war das Letzte, was ich tun wollte. Jeder will etwas von dir, und du bist jederzeit für alles verantwortlich. Nein, der letzte Job, den ich wollte, was der des Park-Focalisers."

Sie lacht wieder, und ihre Augen funkeln. „Natürlich passierte es dann wieder – jenes Gefühl, das starke, innere Wissen. >Wie wäre es, Focaliserin des Parks zu werden?< sagte es, und plötzlich fühlte sich das an wie der beste Job aller Zeiten. Ich hatte so viele Ideen, was diese Aufgabe bedeuten werde und wie ich es machen würde. Ich konnte mein Bestes geben. All die Dinge, die ich im Laufe der Jahre gelernt hatte ... wo ich diesen Ort doch so gut kenne ... was ich gerne anders machen oder haben würde ... wie wir selbst uns zu ändern hätten. Das begeisterte mich völlig, und wurde alles sehr attraktiv. Ja – und das tue ich heute noch."

„Hanna", frage ich, „was ist das für ein Gefühl, jenes starke innere Wissen, das dich hieß, dies zu tun?"

Hanna denkt über ihre Antwort nach.

„Karin, das ist eine gute Frage. Wie soll ich sie beantworten? Weißt du, ich nehme an, selbst wenn ich denke, dass ich keine Weisung bekomme, tue ich es!" Sie lacht wieder. „Ich denke, es hat etwas mit den Schwingungen hier zu tun. Bestimmte Jobs oder Funktionen haben eine bestimmte Schwingung, und wenn ich mit der gleichen Wellenlänge schwinge, dann kommt es einfach zusammen, weil es eine Ausrichtung auf das Energiefeld einer bestimmten Aufgabe gibt. Ich könnte es auch den Engel nennen oder als unsichtbare Wesenheiten bezeichnen, aber es ist hier sehr stark und greifbar. Meine Schwingungen sind zur Zeit ganz auf die

Aufgabe des Park-Focalisers ausgerichtet, und mein Enthusiasmus und meine Energie sind ein Teil davon. Das sind auch meine Kämpfe und Herausforderungen, und auch meine Zweifel."

„Meinst du, dass es hier einen >Faktor X< gibt, etwas Spezielles, so etwas wie einen Zauber?"

„Ja, so etwas gibt es hier. Ich denke, man kann es überall finden, aber irgendwie ist es hier viel stärker, konzentrierter. Generationen von Menschen haben die Energie aufgebaut, und es ist leicht, einfach hineinzuschlüpfen. Da ist definitiv etwas."

„Und bis zum Ende der Woche – also bevor ich übermorgen abreise – muss ich wissen, was das ist", setze ich mit gespielter Verzweiflung hinzu.

Da lachen wir beide!

„Das ist nicht in Worte zu fassen", sagt sie freundlich.

„Aber Worte sind genau das, was ich brauche. Ich muss es in Worte fassen, um es vermitteln zu können", fahre ich hoffnungsvoll fort.

„Ja", erwidert Hanna, „aber das Tao, das ausgesprochen werden kann, ist nicht das Tao. Du versuchst, etwas zu beschreiben, das unbeschreiblich ist."

Ich nehme an, sie meinte etwas wie das Gemälde von Magritte, das eine Tabakspfeife zeigt, unter der zu lesen ist: *»Ceci n'est pas une pipe.«* (Dies ist keine Pfeife.) Wenn ich versuche zu sagen: „Dies ist der Zauber", dann werden die Worte den Zauber in Wirklichkeit nur beschreiben und nicht der Zauber selbst sein. Ich merke, dass mich derlei Überlegungen verwirren.

„Ich kann es manchmal vermitteln, und zwar durch den Augenkontakt mit einer anderen Person, indem ich ihr einfach in die Augen sehe", sagt sie und versucht mir damit zu helfen.

Ich fände es schwierig, mit jedem Leser dieses Buches einen Augenkontakt herzustellen, geht mir durch den Kopf.

Dann versucht sie es noch einmal: „Ich kann dir sagen, wie ich es erlebe, Karin. Für mich kann es auf verschiedene Weisen geschehen – durch Tanz, durch Gesang, durch bestimmte Rituale und durch die Arbeit an etwas, das ich liebe."

Ich denke daran, dass ich morgen Nachmittag in der Park-Küche kochen werde. Wenn ich den >Faktor X< überhaupt irgendwo finden kann, dann wird es gewiss dort sein!

Langsam gehe ich zurück, zum Feld der Träume hinunter und wundere mich, dass ich mich so schwach und träge fühle. Das

Atmen in der kalten Luft wird langsam schmerzhaft, und als ich den Hafen namens Sonnenblume erreiche, niese und huste ich bereits, und mein Kopf schmerzt. Sieht so aus, als habe der Norden Schottlands mich in Gestalt einer Erkältung erwischt. Was nun? Es gibt noch so viel zu tun in den nächsten, wenigen Tagen. Ich habe keine Zeit, krank zu sein.

Zurück in der Wärme des Hauses setze ich den Wasserkessel auf. Dann fällt mir ein, dass ich oben das perfekte Heilmittel für mein Problem habe – eine Flasche Malt-Whisky, die ich auf den Rückflug nach Frankreich mitnehmen wollte. Ich trage die Tasse mit heißem Wasser, Zitronensaft und Honig nach oben, öffne den Whisky und gieße eine großzügig bemessene Portion in die Tasse. Ich mache es mir im Bett gemütlich und nehme schluckweise meinen Heiltrunk ein, dann sinke ich in einen tiefen, heilsamen Schlaf.

Der Sieg über meinen Drachen

Ein guter Nachtschlaf und ein Morgen im Bett, noch dazu der Zauber des Grogs, scheinen ihre Wirkung getan zu haben. Ich fühle mich heute viel besser und bin bereit zu weiteren Abenteuern. Das ist schon gut so, denn der Nachmittag, auf den ich gewartet habe, ist jetzt gekommen. Heute werde ich das Abendessen in der Küche des Parks kochen. Seit dem Tag, an dem ich vor gut siebenundzwanzig Jahren in Findhorn angekommen bin, habe ich diesen Ort mehr als alle anderen geliebt. Ich fühlte mich dort augenblicklich und ganz zu Hause. Nicht dass ich eine erfahrene Köchin war – aufgrund meiner Tätigkeit in der Hotelleitung waren meine Gelegenheiten, selbst etwas zu kochen, nur selten –, ich war es mehr gewohnt, in Restaurants zu essen. Aber aus irgendeinem Grund geschah es: Als ich diese Küche im Wohnwagenpark betrat, hieß sie mich sofort willkommen.

Bereits an jenem ersten Tag, und trotz meiner fortgeschrittenen Schwangerschaft, bestand ich darauf, in der Küche zu arbeiten. Eric von der Personalabteilung hatte meine zunehmende Bauchwölbung bemerkt und versuchte mich zu überreden, einen ruhigeren Arbeitsplatz zu wählen, zum Beispiel die Buchführung. Doch nach einer Woche des Jonglierens mit Zahlen wusste ich mit Gewissheit, dass ich mich viel lieber mit Töpfen und Pfannen umgeben würde.

So verbrachten mein ungeborenes Baby und ich die nächsten drei Monate damit, vegetarische Gerichte für zweihundert Personen kochen zu lernen. Glücklich hantierte ich mit riesigen Pfannen voll Essen und schaffte es, große Bleche mit Gemüse aus den Öfen zu holen. Ich lernte, hundert verschiedene Dinge aus Kartoffeln zu machen, Reste so zu verarbeiten, dass sie völlig neu und verlockend aussahen, und wie man einen ganzen Monat lang jeden Tag eine andere Suppe bereitete. Ich lernte auch, mit manchen fremden und recht neuartigen Zutaten wie Tofu und Miso zu kochen. Besonders genoss ich es, jeden Morgen die frischen Gemüse aus unserem Anbau eintreffen zu sehen und sie in köstliche Gerichte zu verwandeln.

Doch nicht alles ging reibungslos. Mit Schrecken erinnere ich mich noch an den Tag, an dem ich drei große Töpfe Gemüseeintopf anbrennen ließ – jeder einzelne schmeckte entsetzlich. Ich versuchte, das Essen durch die Zugabe verschiedener Kräuter zu retten, aber sie machten es nur noch schlimmer. Als letzte Zuflucht gab ich schließlich mehrere Löffel scharfes Currypulver hinein, aber selbst diesem gelang es nicht, die Tatsache des Anbrennens zu kaschieren. Weinend floh ich aus der Küche und ließ meine Mitköche das Essen servieren. Ich habe sie nie gefragt, wie es angenommen wurde, und bin froh, dass es mir keiner je erzählte!

Erst als die Wehen einsetzten, konnten meine Mitarbeiter mich aus der Küche schleppen und für einen Transport ins Krankenhaus von Inverness sorgen. Wenige Wochen nach der Entbindung von Michael war ich wieder zurück am Herd, mit einem Neugeborenen auf dem Arm. Dieser Arbeitsplatz zog mich unwiderstehlich an.

Im Laufe der folgenden zwanzig Jahre entwickelte sich meine Beziehung mit der Küche über „besser" zu „wundervoll". Während mein Baby noch jung war, kochte ich nur zwei oder drei Mahlzeiten in der Woche, aber sobald Michael alt genug war, um in den Kindergarten zu gehen, bewarb ich mich um die Position als Küchen-Focaliserin und wurde zu meinem großen Entzücken angenommen. Natürlich hatte ich mich inzwischen zu einer recht guten Köchin entwickelt und meine Neigung überwunden, das Essen anbrennen zu lassen! Meine Tätigkeit in der Küche genoss ich aus tiefstem Herzen. Außer den täglichen Mahlzeiten kochte ich die Weihnachts-Dinners, fertigte Hochzeits- und Geburtstagstorten an und sorgte bei zahlreichen besonderen Anlässen für die Verpflegung.

Als Krönung meiner Kunst aber konnte ich die erstaunlichsten Käsesoufflés kreieren – für zweihundert Personen! Ich liebte das sinnliche Erleben, die Eier von Hand zu trennen und behutsam das steif geschlagene Eiklar unter die übrige Soufflémischung zu heben – wiederum alles von Hand. Ich hätte niemandem erlaubt, mir dabei zu helfen. Der beste Teil von allem kam, als das vollendet aufgegangene Soufflé fertig war, um aus dem Ofen geholt zu werden, und die wartende, hungrige Gemeinschaft mit dankbaren und bewundernden >Aahhs< und >Oohhs< das Erscheinen des eleganten, samtig schimmernden, käsigen Erzeugnisses begrüßte. Heutzutage ist die einzige Person, die ich mit meinen Soufflés beeindrucke, mein Mann, aber er genießt sie durchaus.

Hier bin ich also wieder in der Park-Küche. Viele Jahre habe ich hier nicht mehr gekocht, und seit damals ist hier alles neu geworden. Gleichwohl fühle ich mich sicher, dass dies hier der eine Ort in der Gemeinschaft sein muss, wo ich meinen Zauber definitiv finden werde. Die Küche ist jetzt viel größer, und die Öfen und der größte Teil der Geräte sehen neu aus. Die Menschen, mit denen ich heute kochen werde, kennen mich überhaupt nicht, noch haben sie irgendeine Kenntnis über meine Liebesaffäre mit dieser wundervollen Küche.

Mir fällt auf, dass sogar die Schürzen nicht mehr die gleichen sind. Früher trugen wir bunte, blumengemusterte Schürzen, die aus alten Vorhängen genäht waren. Jetzt gibt es weiße Schürzen und Overalls, die sich in jeder Restaurantküche sehen lassen können. Ich akzeptiere dies als Fortschritt – vielleicht auch als hygienischer –, nichts wird jedoch jemals die Erinnerung an Joanie trüben, die die neuen Schürzen herüberbrachte, woraufhin die Kochenden freundschaftlich darum kämpften, wer diejenige mit den großen roten Mohnblumen tragen durfte. Zum Glück habe ich diese Kämpfe oft verloren.

Heute Nachmittag werde ich mit drei anderen Frauen kochen. Die offensichtliche Focaliserin ist eine sehr attraktive und lebhafte Frau. Ich sah, wie sie bei der Internen Konferenz vor einigen Tagen so manchen energischen und bedeutungsvollen Beitrag von sich gab. Sie lädt uns ein, uns an den Tisch in der Ecke der Küche zu setzen; er ist eine weitere Neuerung, die es zu meiner Zeit nicht gab. Sie stellt sich als Lydia vor, eine nicht-konfessionelle Geistliche aus New York. Sie ist schon seit drei Jahren hier und derzeit amtierende Küchen-Focaliserin.

Die nächste Person, die sich vorstellt, ist eine dunkelhaarige junge Frau namens Mohini. Sie kommt aus London und hat dort einige Monate als Freiwillige gearbeitet. Sie ist auch eine professionelle Köchin, was mir als gute Aussicht für das Kochen heute Nachmittag erscheint.

Anita, die dritte meiner Mitarbeiterinnen, stammt aus Kolumbien, und ich entdecke, dass sie jetzt mit einem alten Freund von mir verheiratet ist, mit dem ich einst viele Tage gemeinsam kochte. Sie teilt uns auch mit, dass sie schwanger ist, und so hege ich sofort schwesterliche Gefühle für sie, da sie mich an meine eigene Frühzeit in dieser Küche erinnert.

Dann stelle ich mich selbst vor, zögere aber, über meine frühere Verbindung zu dieser Küche zu sprechen. Plötzlich fühle ich mich recht scheu und halte es für das Beste, einfach im Jetzt zu sein und den Dingen ihren Lauf zu lassen, wie auch immer sie sich entwickeln werden.

Wir halten einander an den Händen und schließen die Augen, während Lydia einige Worte spricht, um uns in diesem Raum willkommen zu heißen, und uns einlädt, uns mit dem Engel der Küche zu verbinden, um unsere Herzen und Sinne füreinander zu öffnen und unsere Liebe in die Mahlzeit zu geben, die wir jetzt zubereiten werden.

Nach einigen weiteren Minuten der Stille lenken wir unsere Aufmerksamkeit zurück auf die Küche und sprechen über die vor uns stehende Aufgabe. Lydia sagt uns, dass wir Pasta primavera mit frischem Lauch und Grünkohl aus dem Garten kochen werden. Sie wird auch einiges Foccacia-Brot machen, und der Phoenix-Shop hat ein oder zwei Brocken köstlichen Parmesankäse herauf geschickt, die wir reiben und über die Pasta streuen werden.

Ich frage mich, welche Rolle ich bei der Zubereitung dieser Mahlzeit spielen werde und brauche mir darüber nicht lange den Kopf zu zerbrechen. Lydia bittet mich, gemeinsam mit Mohini mehrere riesige Kisten sehr schlammigen Lauchs an den beiden Becken in der Ecke zu säubern und vorzubereiten.

Bald nachdem unser Lauch-Wasch-Marathon beginnt, ist mein Waschbecken voll mit dunkelbraunem Schlamm. Eine zweite Spülung bewirkt kaum einen Unterschied, und es bedarf einer dritten Beckenfüllung sauberen Wassers, um auf dem erdverkrusteten Gemüse eine Wirkung zu hinterlassen. Jedenfalls kann kein Zweifel daran bestehen, dass dieser Lauch frisch aus dem Garten ausgegraben ist. Eine lange Stunde später – viel länger, als meine Liebesaffäre mit dem Lauch Bestand hatte – haben wir genug für das Essen vorbereitet. Ich sehe, dass in der Ecke der Küche noch zwei weitere große Kisten mit diesen schmackhaften, aber verflixten Vettern der Zwiebel stehen und bin erleichtert, dass ich sie nicht auch noch zu waschen habe. Doch ihre Präsenz ist Lydia nicht entgangen, und – als könnte sie meine Gedanken lesen – sie lässt sie uns alle waschen, für eine Lauch-Kartoffel-Suppe morgen!

Ich bin gerade im Begriff, mir die Hände abzutrocknen und bemerke, dass meine einst saubere, weiße Schürze nun eine durchnässte, schlammige Angelegenheit geworden ist, als mir schon die nächste Aufgabe zugeteilt wird. Dieses Mal sind es mehrere noch größere Behälter mit krausem, dunkelgrünem Kohl. Hier gibt es offenbar eine Lektion für mich zu lernen, aber gerade jetzt bin ich zu beschäftigt mit Waschen und Kleinhacken und Hoffen, dass mir dies Freude bereiten wird.

Endlich ist Teezeit. Ich bin erleichtert, dass diese Tradition immer noch besteht – eine Pause in der Mitte einer Arbeitsschicht, in der für eine Tasse Tee alles zum Stillstand kommt. Im Speisesaal finden wir eine Kanne heißes Wasser und verschiedene Tees und heiße Getränke. Wir machen uns alle unsere Getränke und sitzen zu einem behaglichen Plausch zusammen, sprechen darüber, wie es uns geht und lernen einander etwas näher kennen. Normalerweise würden wir auch mit einigen neuen Gästen arbeiten, dann wäre die Teepause eine geeignete Zeit, um über die Gemeinschaft Fragen zu stellen und mehr zu erfahren. Heute sind keine Gäste da, somit sind es nur wir vier, die einen ruhigen Moment teilen, wobei ich etwas müde dabeisitze und mich wundere, was ich wohl als Nächstes tun werde.

Ich brauche nicht lange, um dies herauszufinden. Wir stellen unsere schmutzigen Tassen im Spülbereich ab und kehren in die Küche zurück. Es ist an der Zeit, den Parmesan zu reiben, einen sehr harten Käse. Ich blicke hoffnungsfroh zur anderen Seite der Küche, wo Hobart steht, jene wundervolle Maschine, die alles reiben, häckseln, mixen, schlagen oder rühren kann. Aber weil die Käsestücke so klein sind, hilft uns nicht Hobart, sondern das Reibeisen – eines von der Art, die ich auch zu Hause gebrauche, und das sich so geschickt darauf versteht, mir die Haut von den Knöcheln zu reißen. Ich bin wirklich am Kämpfen, bis Mohini mein Problem erkennt und mir anbietet, meine Aufgabe zu übernehmen.

Endlich bekomme ich eine Arbeit, die mir gewiss Freude machen wird. Ich finde einige von den sehr großen gusseisernen Bratpfannen, um den Lauch und den Kohl in duftendem Olivenöl mit reichlich Knoblauch zu sautieren. Aus den Öfen kann ich den Duft des backenden Brotes riechen, und neben mir sind mehrere Pfannen blubbernder Pasta. Es sieht so aus, als beginne sich jetzt alles zu fügen.

Doch es gibt noch eine Aufgabe für mich an diesem Nachmittag, den Job, den ich immer und um jeden Preis zu vermeiden pflegte. Tatsächlich kochte ich lieber das Abendessen für die ganze Gemeinschaft an einem Sonntagnachmittag allein, als dies zu tun – das Töpfespülen, liebevoll auch „linkes Spülbecken" genannt.

Vielleicht hat der Engel dieser Küche all die Jahre darauf gewartet, dass ich es tue. Es sollte mir klar sein, dass ich dieser Aufgabe nicht für immer ausweichen konnte, wie sehr ich es auch versuchte. So stehe ich nun vor dem linken Spülbecken. Mit meinen 1,57 Metern kann ich gerade eben über den Rand des riesigen Beckens langen, doch es gibt gewiss keinen Weg, bis auf seinen tiefen, geheimnisvollen Grund zu reichen. Auf allen Seiten bin ich umgeben von mächtigen Kesseln mit angebranntem Essen und von Töpfen, so groß, dass ich sie nicht einmal mit beiden Armen umfassen kann. Ein verzweifelter Blick auf die Uhr zeigt mir, dass ich noch mindestens eine weitere halbe Stunde vor mir habe, bis unsere Küchenschicht zu Ende ist. Ohne Hoffnung auf Erlösung stöpsele ich das Becken zu, lasse das heiße Wasser fließen, spritze das Spülmittel hinein und nehme einen sehr großen Scheuerschwamm in die Hand.

Eine halbe Stunde später betrachte ich stolz meine funkelnd reinen Töpfe und Pfannen. Ich habe es geschafft. Ich habe mich einem meiner Drachen gestellt, den ich so viele Jahre gemieden habe. Das gefürchtete linke Spülbecken ist besiegt. Harry Potter hat seinen riesigen Drachen besiegt – und ich den meinen.

Es ist sechs Uhr. Das Abendessen riecht köstlich und sieht auch so aus; nun steht es auf den Buffettischen im Speisesaal. Die ersten hungrigen Esser kommen mit glücklichem Lächeln und dankbarem Appetit. Nun kann ich aufatmen, mich entspannen und über meine Erlebnisse an diesem Nachmittag nachdenken, um zu entdecken, was ich gelernt habe, und um den Zauber in dieser Entdeckung zu finden.

Langsam lasse ich die Erkenntnis über mir dämmern, dass meine Beziehung mit der Küche eine andere geworden ist. Wir sind nicht länger verliebt. Die Phantasie, dass alles immer das Gleiche sein würde, ist vergangen. Der Engel der Küche ist weitergezogen, zu anderen Dingen, zu anderen Menschen, und ich bin es ebenfalls. Der Zauber, den ich hier so lange erlebt habe, er ist immer noch da, aber nun hat ihn eine ganze Generation von jungen, begeisterten Menschen aufgenommen, die die Dinge auf neue und andere Weisen tun. Ich weiß, dass ich mich immer mit großer Dankbarkeit meiner freudevollen Tage in der Küche erinnern werde – aber wie es in vielen Beziehungen geschieht, haben wir uns beide verändert, sind gewachsen, und unsere gemeinsame Zeit gehört der Vergangenheit an.

Lydia und Mohini leisten phantastische Arbeit und geben ihre Begabung und Liebe in das, was sie tun, so wie ich es vor vielen Jahren getan habe. Eine so große Familie zu speisen, ist eine wichtige und wertvolle Aufgabe. Ich bin dankbar, dass die Küche in so guten Händen ist.

Ich hole meinen Mantel aus der Garderobe und mache mich auf meinen Weg in die kalte Nacht. Ich fühle mich ein wenig traurig; was ich heute erlebt habe, war nicht das, was ich erwartet hatte. Aber ich empfinde auch einige Erleichterung, ein Gefühl von Befreiung. Als ich hier draußen im Dunkeln zurückblicke, sehe ich in der hell erleuchteten Küche, wie jemand im linken Spülbecken Töpfe säubert. Ich muss lächeln. Es war nicht wirklich so schlimm, alle diese großen Töpfe zu schrubben. Aber mit ein bisschen Glück werde ich es nie mehr tun müssen.

Dieser vollkommene Tag

Lasse es schneien, lasse es schneien ...

Als ich an diesem Morgen aufwache, spüre ich, dass etwas anders ist. Die Stille des frühen Morgens auf dem Feld der Träume scheint noch tiefer zu sein als sonst. Ich wickele die Bettdecke fester um mich, bleibe noch einige Minuten länger liegen und denke an diesen neuen Tag, den ich mir als meine „Zeit für glückliche Zufälle" reserviert habe. Anstatt zu Terminen und Interviews zu eilen, werde ich den Zauber zu mir kommen lassen. Ein ganzer Tag ohne Verabredungen und Programm.

Ich spiele mit dem Gedanken, im Bett zu bleiben und noch einmal einzuschlafen, doch die Natur fordert ihren Tribut und drängt mich, das warme Bett zu verlassen und ins Bad zu gehen. Ich spüre immer noch etwas Besonderes an dieser ungewöhnlichen Stille, und als ich dann aus dem Badezimmerfenster blicke, sehe ich, was es ist und was in der Nacht geschehen ist – mein ganz spezielles Geschenk vom Universum: Schnee!

Da ich die vergangenen vier Jahre in Florida und in Südfrankreich lebte, habe ich lange Zeit keinen Schnee mehr gesehen. Für mich birgt Schnee einen Zauber, der mich wieder zum Kind werden lässt. Ich liebe es, mich im Schnee zu rollen, mir den Schnee mit den Händen ins Gesicht zu reiben, Schneeballschlachten unter Freunden zu veranstalten und einen Schneemann zu bauen, vorzugsweise mit einigen Kindern.

Ich gehe in die Dusche und fange an zu singen. Ich habe das Gefühl, dass dies ein Tag voller Freude wird, und ich weiß genau, wohin ich zuerst gehen will. Ein rasches Frühstück, und schon bin ich bereit für meinen speziellen Tag. Ich packe mich in meinen roten Mantel – Rot erscheint mir ideal für den Schnee – und trete ins Freie. Ich drehe das Gesicht den Wolken entgegen, strecke die Zunge hinaus, um Schneeflocken zu fangen und spüre, wie andere sanft auf meinen Wangen schmelzen und sich an meine Wimpern hängen. Meine Fußstapfen sind die ersten im jungfräulichen Schnee, und jeden einzelnen Schritt mache ich mit Bedacht und Genuss und lausche dabei auf die weichen und knirschenden Tritte. Das Feld ist bereits von einem makellosen Weiß bedeckt, von dem sich die Holzhäuser abheben wie auf dem Bild aus einem alten Geschichtenbuch für Kinder.

Ich finde weitere Fußspuren, als ich in Pineridge ankomme und durch den Garten der Stille gehe. Dieser kleine Garten im Zentrum von Pineridge wurde vor mehr als dreißig Jahren angelegt als ein Ort, wo Menschen schweigend sitzen oder spazieren und meditieren können. Im Zentrum des Gartens der Stille ist der Natur-Andachtsraum.

Seit Ian Turnbull Mitte der achtziger Jahre diesen einzigartigen und malerischen kleinen Andachtsraum baute, ist dies einer meiner Lieblingsplätze. Heute, da das Grasdach von Schnee bedeckt ist und die Kiefern und Sträucher rundherum glitzern, gleicht das Bild, das sich meinen Augen bietet, einem Stück Märchenland, wie von den Elfen selbst erschaffen, mitten in Pineridge. Aus den drei kleinen Fenstern, jedes von anderer Gestalt, dringt das flackernde Licht einer einsamen Kerze im Innern. Ich öffne die knarrende Holztür, bücke mich etwas, um in den Vorraum zu gelangen, wo ich auf mehrere Menschen treffe, die sich ihrer tropfenden Schuhe und Mäntel entledigen. Dann gehe ich durch den Vorgang in den kreisrunden Innenraum.

In der Mitte des Andachtsraums steht eine Kerze auf einem polierten Stein, selbst jetzt, mitten im Winter, von frischen Blumen umgeben. Den Boden schmückt ein in vielen Farben ausgemaltes, in den Stein gehauenes Muster, um die Außenwand zieht sich eine runde Bank aus den Dauben alter Whiskyfässer. Ian baute diesen Andachtsraum unter Verwendung verschiedenster Materialien, die er für ein paar Groschen oder ganz kostenlos auftreiben konnte, um seinen Traum zu verwirklichen. Auf der Bank liegen hellrosa Sitzkissen aus dem alten Stoff vom Ringbalken in der Hall. Hier sitzen jetzt etwa ein Dutzend Menschen, darunter der lächelnde Ian.

Ich wähle mir ein Kissen aus, setze mich in den Kreis, und kreuze die Beine unter mir. Der kahle Fußboden ist kalt heute morgen. Der Schein der Kerze erhellt unsere Gesichter, und als ich mich in der Runde umsehe, erkenne ich mehrere alte Freunde.

Nach dem Taizé-Singen in der Universal Hall hatte Ian mir von dem täglichen „Singenden Andachtsraum“ in Pineridge erzählt, und heute ist für mich ohne jeden Zweifel der richtige Tag, um hier zu sein. Dieser kleine Andachtsraum erzeugt einen intimeren Rahmen für unsere Gesänge, und geführt von Ian beginnen wir eine Melodie und lassen mehr und weitere Harmonien dazu erklingen. Wir wiederholen unseren Gesang wieder und wieder, lassen uns davon erfüllen und ihn eins mit uns werden. Wenn dann der erste Gesang allmählich verklingt, beginnt ein anderer, sich aufzubauen und den Raum zu erfüllen.

Ian hatte gesagt: „Wir singen drei Lieder, dann kommt Gott an, und dann singen wir noch ein weiteres, einfach um Dank zu sagen.“

Ich bin vom Singen so völlig absorbiert, dass ich nicht weiß, wann Gott ankommt – aber vielleicht ist Sie/Er die ganze Zeit hier. Unsere Stimmen füllen diesen Andachtsraum mit Freude und Frieden und Gnade – den gleichen Qualitäten, die jeder Teil dieses Bauwerks ausströmt, das mit so viel Liebe und Andacht erschaffen wurde.

Als der letzte Ton verklingt, fühle ich mich, als wollte ich bersten vor Freude, und kann nur an eines denken, um meinen frühen Morgen noch zu krönen – einen großen Becher heiße Schokolade im Café. Ich packe mich wieder in meinen roten Mantel und ziehe die blauen Stiefel an, trete aus dem Natur-Andachtsraum ins Freie und stelle fest, dass es aufgehört hat zu schneien. Die Wolken verziehen sich, und ein Sonnenaufgang von Gold, Koralle und Türkis entfaltet sich über dem funkelnd weißen Feld der Träume. Jemand dort oben muss mich wirklich lieben!

Wenig später komme ich ins Café, wo schon mehrere Menschen aufnahmebereit sind für ihren Cappuccino, Tee oder, wie in meinem Falle, heiße Schokolade.

„Mit Schlagrahm?“, fragt der junge Mann hinter der Theke.

An einem Tag wie heute habe ich das Gefühl, dass selbst dies erlaubt ist und sehe ihm zu, wie er die weiße, schäumende Sahne in meine Tasse löffelt; sie sieht fast wie der Schnee auf den Tischen draußen aus. Ich bemerke, dass Kate an einem der grünen runden Tische sitzt und setze mich mit meiner Schokolade dazu.

Kate ist seit fast zwanzig Jahren in und um die Gemeinschaft, und ich kenne sie am besten vom Singen, ihren Auftritten in der Hall und als Chorleiterin. Vor dem Hintergrund der Capuccino-Maschinengeräusche und schottischer Fiedelmusik nehmen wir uns Zeit, um einige Geschichten von der Hall auszutauschen. Kate arbeitet hier zur Zeit, nimmt Buchungen für Konzerte entgegen und koordiniert die Nutzer und Nutzung der unterschiedlichen Möglichkeiten und Einrichtungen der Universal Hall.

Leidenschaftlich setzt sie sich dafür ein, dass die Künste in der Gemeinschaft eine prominentere Rolle spielen, und die Hall mit allen interessierten Nutzern aus der Umgebung zu teilen.

„Mike Scott wird hier nächste Woche zwei Benefizkonzerte geben", erzählt sie mir. „Beide waren ausverkauft, sobald wir die Karten gedruckt hatten."

„Benefiz für welchen guten Zweck?", frage ich sie.

„Für den Steinway-Flügel. Er muss gestimmt werden und hat noch einige andere Arbeiten nötig. Mike nennt ihn seinen >Freund in der Hall< und hilft uns, das Geld für die Reparaturen aufzutreiben."

Das klingt großzügig. Mehr denn je freue ich mich darauf, ihn heute Abend zu treffen, wenn er von seiner Reise Richtung Süden zurückkehrt.

Ich nehme gerade einen weiteren Schluck meiner heißen Schokolade und lecke mir die Sahne von der Oberlippe, als ich eine laute Stimme hinter mir höre.

„Tara-tara-tara! Ich bin's! Hast du mich gesucht?"

Überrascht drehe ich mich um und sehe einen lachenden jungen Mann mit kurzem braunem Haar und spitzbübisch funkelnden Augen, die mich direkt anblicken.

„Ich bin's, Nitzan!"

Freudige Überraschung

Es ist wahr, ich habe auf eine Gelegenheit gewartet, mit Nitzan zu sprechen, seit Geoffrey mir von ihm erzählte. Jetzt wird mir klar, dass ich ihn im Laufe der Woche wiederholt gesehen hatte, ohne es zu merken.

Mehrere Male war ich einem jungen Mann über den Weg gelaufen, der immer genau da zu sein schien, wo ich gerade seine Hilfe brauchte. Am Tag meiner Ankunft trug ich meinen Koffer über eine vereiste Straße, als er wie aus dem Nichts auftauchte, mir den Koffer abnahm und in der Tür vom Haus Sonnenblume abstellte; bevor ich ihm danken konnte, war er bereits wieder verschwunden. Ein andermal versuchte ich einem Touristen zu helfen, der nur

Spanisch sprach, und obschon ich *un poco* spreche und verstehe, hatte ich meine Mühe. Da erschien der nämliche reizende junge Mann, redete in fließendem Spanisch auf den Touristen ein und nahm ihn mit einem freundlichen Winken zu mir mit, wohin auch immer er wollte. Als ich in der Küche arbeitete, musste ich einige schwere Abfallkübel heben. Es überraschte mich kaum noch, dass einmal wieder der geheimnisvolle junge Mann auftauchte, sie mir aus der Hand nahm und damit verschwand. Ich begann mich zu fragen, ob dieser junge Mann real war – oder ein Engel, der sich zu materialisieren verstand, wann immer ich Hilfe benötigte?

Jetzt erscheint er mir sehr real, und ich biete ihm an, ihm einen Cappuccino zu holen – einen extra großen, doppelten Espresso-Cappuccino!

„Ich bin so froh, dass ich dich endlich wirklich treffe, Nitzan", sage ich zu ihm. „Aber woher weißt du, dass ich nach dir gesucht habe?"

„Ich hörte, dass du auf der Suche nach dem Zauber von Findhorn bist, und natürlich ist das genau, was ich bin. Also musst du mit mir reden!" Sein Grinsen reicht annähernd von Ohr zu Ohr.

Ich hole meinen kleinen Kassettenrecorder aus der Tasche, schalte ihn an und versuche, ernst zu bleiben, halte dies jedoch nur einen Moment lang durch. Nitzans Lächeln ist sehr ansteckend, und ich merke, wie ich selbst zwinkere. Aber ich habe heute meinen freien Tag und brauche ja keine Interviews zu machen ... doch diese Gelegenheit darf ich unmöglich versäumen.

„Eine Reihe von Leuten hat mir gesagt, dass ich unbedingt mit dir sprechen müsse, wenn ich nach dem Zauber von Findhorn suche. Warum, meinst du, rät man mir dazu?"

„Weil es wahr ist", antwortet Nitzan und lächelt voller Selbstvertrauen.

O je, denke ich bei mir, dies könnte in der Tat ein recht seltsames Interview werden – aber wer hat denn gesagt, dass es leicht und geradlinig sein müsse?

„Okay, Nitzan, reden wir miteinander. Woher kommst du?"

„Ich bin in Israel geboren", antwortet er. „Aber dann wuchs ich in Texas auf, bis ich als Teenager nach Israel zurückkehrte. Im Alter von zweiundzwanzig Jahren betrat ich bewusst meinen spirituellen Weg. Damals hörte ich zum ersten Mal von Findhorn – in einem Buch –, aber es brauchte weitere dreizehn Jahre, bis ich es tatsächlich schaffte, hierher zu kommen."

„Warum hast beschlossen, herzukommen?", frage ich ihn. Mein Glas heißer Schokolade ist leer, und ich frage mich allen Ernstes, ob ich ein weiteres bestellen sollte. Ich brauche etwas, während ich diesem energiegeladenen und sehr enthusiastischen jungen Mann zuhöre.

„Ich hatte einfach ein Gefühl, dass ich hierher kommen würde. Und dann rief mich eine Freundin an, sie habe ein Ticket hierher gekauft und könne den Flug nicht antreten. Ich hatte nicht das Geld, es ihr abzukaufen, und so gab ich ihr im Tausch dafür einige Reiki-Behandlungen."

Ich weiß jetzt, dass ich wirklich eine zweite heiße Schokolade brauche und winke hoffnungsvoll hinüber zur Theke, während Nitzan weiter erzählt.

„Als ich hier ankam, wusste ich einfach vom ersten Augenblick an, dass ich Findhorn war, aber ich brauchte einige Zeit, um aus meinem Schneckenhaus herauszukommen."

„Erklär' dich näher", bat ich, leicht verzweifelt.

„Weil ich sehr energiegeladen, sehr kreativ, sehr expressiv, extrovertiert und selbstbewusst bin. Ich genieße Kommunikation, Ausgelassenheit, Festivitäten und mache das alles so von Herzen und mit so viel Freude wie möglich. Ich genieße vor allem die Kommunikation auf sehr tiefgehende, spaßige Weise. Ich habe bereits angefangen, wie verrückt herumzutollen, als ich im Bauch meiner Mutter war. Meine Mutter sagte, sie habe nicht aufhören können zu lachen, und das sei die glücklichste Zeit ihres Lebens gewesen."

Ich fühle mich versucht, auf meine zweite heiße Schokolade zu verzichten und in den lockenden Schnee hinaus zu entfliehen, wäre da nicht Nitzans völlig authentische Weise, seine warme, angenehme Stimme und die Tatsache, dass er sehr real ist. Ich entscheide mich für den Versuch, diesen freien und freudigen Geist vor mir zu verstehen.

„Was hast du hier gefunden, Nitzan?"

„Es fing in meiner Erfahrungswoche an, als jemand mir eine Blume gab. Ich war damals verwirrt und wusste nicht, ob ich bleiben oder gehen wollte. Dann gab mir jemand eine Blume, und diese Blume sagte mir alles, was ich wissen musste, und dass ich für eine Weile hier bleiben sollte."

Wenn ich irgendwo anders wäre, würde ich an diesem Punkt sagen, dass ich nicht mehr mitkomme. Aber dann erinnere ich mich an meine eigene Geschichte, wie ich hierher kam, warum ich hier blieb, und an all die anderen seltsamen und wundervollen Erlebnisse, die ich gehabt habe, und ich höre ihm weiter zu.

„Ich fand eine tiefe Verbindung zu den vielen Selbsten, die zusammen Nitzan sind, das zugrundeliegende Selbst. Ich fand mein Mannsein. Ich fand Zauber. Ich fand eine außerirdische Verbindung. Ich fand ein größeres Selbstwertgefühl. Ich fand eine Menschheit, die ihr Bestes versucht. Ich fand viele Gelegenheiten, expressiv zu sein und mich mit dieser Nitzan-Energie zu füllen und Dinge leichter zu machen."

Er nimmt einen raschen Schluck von seinem Kaffee und fährt dann fort: „Ich fand ein größeres Gefühl der Kraft und des Friedens. Ich fand viele Herausforderungen. Manchmal fühlte es sich an wie auf einem Hindernisrennen, bei dem ich selbst die Hindernisse in den Weg gelegt hatte und nun geradewegs auf sie traf, aber beim größten Teil ganz gut durchkam."

Ich halte mich an meinem Glas fest, versuche mit seinen Offenbarungen Schritt zu halten und wünschte, ich hätte ihm einen koffeinfreien Cappuccino spendiert.

„Ich hatte auch einige Gelegenheiten, meine Sexualität zu heilen. Ich tauschte mich mit einigen exquisiten Frauen aus. Ich habe einige wundervolle Männer kennengelernt und war im Stande, von ihnen mehr über mich selbst zu lernen."

„Aber Nitzan, du bist nur ein paar Wochen hier gewesen, wie hast du die Zeit für alle diese Dinge gefunden?"

Er lächelt warmherzig und weiß, dass ich mich redlich bemühe, ihm zu folgen.

„Erst gestern ist es mir endlich gelungen, etwas langsamer zu treten. Ich schaute auf ein kleines Stück Land und staunte über die Fülle verschiedener Blumenarten, die auf diesem kleinen Stück Land wuchsen. Für mich ist Findhorn nicht der Ort gewesen, zu dem ich herkam, um Frieden zu suchen – jedenfalls nicht die stille Art von Frieden. Es ist einfach ein gewaltiger, intensiv kreativer Wirbel von Chancen zum Heilen und Transformieren und Gewahrwerden. Wenn du dich darauf einlässt, dann bekommst du, was Findhorn ist, aber du hast natürlich immer die Wahl. Doch dies ist mein Weg."

„Und jetzt reist du bald wieder ab; was kommt als Nächstes?"

„Meine Vision ist, Unterhaltung für die ganze Familie zu erschaffen, die aufbaut und inspiriert, die Menschen mit ihren Herzen und Seelen verbindet, und dies auf eine so kreative, troubadoureske und spielerische Weise wie nur möglich. Ich stelle mir eine Kreuzung zwischen Hans Christian Andersen und Danny Kay und Robin Williams und Charlie Chaplin vor ... nehme ich an!"

Ich versuche mir vorzustellen, wie sich diese Vision wohl manifestieren würde.

„Ich habe viele Jahre gebraucht, um mich zu erden. Ich trage eine ungeheure Sensitivität mit mir herum, die an sehr viel Schmerz und an das Trauma des Menschseins gerührt hat. Erst als ich über zwanzig war, konnte ich das wirklich durchsieben und mir erlauben, all diese kreative, lebensprühende Energie zu erleben und zu erden, so dass sie nicht immer als Feuerwerk zum Vorschein kommt, sondern als ein anmutiger Fluss."

Nitzans schelmisches Grinsen lässt mich vermuten, dass doch immer noch einige Wunderkerzen vorhanden sind.

„Auf der physischen Ebene werde ich nach Glastonbury gehen, einen anderen magischen Fleck. Ich habe das Gefühl, dass ich auf einer sehr bewussten Suche bin und der Gral winkt. Ich glaube an die alten Zeiten der Ritter, an das Rittertum, an die Gralssuche und Einweihungen ... und natürlich an den Zauber. Ich glaube an den Zauber."

Wie froh bin ich, dies zu hören!

„Merlin flüstert mir ins Ohr, Lao-Tse flüstert mir ins Ohr, der heilige Franz flüstert mir ins Ohr, Wesen von anderen Dimensionen flüstern mir ins Ohr, die Elfen und Feen. Ich will meine kreative Familie finden und den Zauber manifestieren. Ich glaube auch nicht nur an den Zauber, sondern an die praktische Fähigkeit zur Manifestation, um Zauber zu erzeugen durch Leben nach universellen Prinzipien. Ich bin ein Visionär, ich kann >schöpferische Bewusstseinsinventur-Sitzungen< machen, die Stunden dauern. Ich bin jetzt dazu bereit, dass es sich verankert, Wurzeln fasst und greifbare Früchte trägt."

Ich nehme einen Schluck von meiner heißen Schokolade und stelle fest, dass sie kalt geworden ist. Ich habe vergessen, sie zu trinken.

„So, was möchtest du sonst noch wissen?"

Ich bin nicht sicher, ob ich mich traue, ihm zu antworten. „Vielleicht habe ich fürs Erste genug, Nitzan", sage ich.

„Nun, komm schon, Karin, ich habe ja noch gar nicht richtig angefangen", neckt er mich.

„Nein, wirklich, ich muss gehen und über alles nachdenken", beharre ich.

„Wenn es denn so ist – warum erzählst du mir dann nicht alles über dich? Was ist deine Geschichte?"

Eine Stunde später, mittlerweile bei unserer vierten Runde heißer Getränke, teilen wir immer noch Geschichten über unser jeweiliges Leben in dieser erstaunlichen Gemeinschaft. Es hat inzwischen wieder zu schneien begonnen, und ich kann der Versuchung, hinauszugehen und zu spielen, wirklich nicht widerstehen.

„Hier ist meine Kamera", sage ich zu Nitzan. „Bitte komm heraus und mach ein Foto von mir. Ich will diesen Tag nicht vergessen."

Wieder im Freien, lasse ich die Schneeflocken mein Gesicht liebkosen. Einige tapfere Vögel auf Nahrungssuche hinterlassen winzige Fußspuren auf dem weißen Teppich um mich, und die Zweige der Kiefern neigen sich unter dem Gewicht des Schnees. Ich glaube nicht, dass ich diesen Tag vergessen werde.

Burns Night

Ich bin schon sehr aufgeregt im Hinblick auf den heutigen Abend in Cluny, an dem für mich so viel zusammenzukommen scheint. Bald werde ich beim Abschluss-Festdinner mit der Erfahrungswochen-Gruppe sein, und danach werde ich mich mit Mike Scott treffen, der im Augenblick gerade in einem Schneesturm über die Highland-Berge fährt. Heute ist auch „Burns Night", der Abend, an dem überall in Schottland der berühmte Nationaldichter „Rabbie" Burns gefeiert wird – und in der Tat überall auf der Welt, wo sich mindestens zwei Schotten zu diesem Anlass versammeln.

Ich treffe ein wenig zu früh in Cluny ein; das lässt mir Zeit, mich ein letztes Mal umzusehen und den Andachtsraum zu besuchen. Da ich keine weiteren Schuhe im Vorraum sehe, werde ich allein sein. Als die Gemeinschaft das Cluny Hill Hotel im Jahre 1975 kaufte, war dies das Billardzimmer mit einem riesigen alten hölzernen Billardtisch, der fast den ganzen Raum einnahm. Seit sechsundzwanzig Jahren nun ist dieser schöne Raum mit seinen großen Fenstern zur Bucht ein Andachtsraum, in dem Gäste und Mitglieder zur Meditation zusammenkommen. Ich nehme mir bei der Tür eine gelbe Baumwolldecke, richte mich auf einem der mit goldenem Samt bezogenen Stühle ein und ziehe die warme

Decke um mich. Ich schließe die Augen und versuche, meine Gedanken und Erinnerungen aus den vergangenen zehn Tagen hier in Findhorn loszulassen, und auch die Gedanken an morgen, wenn ich wieder abreisen werde – keine leichte Aufgabe, wenn mir so viel durch den Kopf geht. Als mein Denken zur Ruhe kommt, bedanke ich mich still bei allen Wesen – den sichtbaren und den unsichtbaren –, die mich hier willkommen geheißen haben. Meine Erfahrungen in diesen Tagen haben schließlich meine kühnsten Erwartungen übertroffen. Jeder ist glücklich gewesen, seine/ihre Geschichte mit mir zu teilen, und ich muss lächeln, wenn ich daran denke, dass sogar mein Wunsch nach Schnee erfüllt worden ist!

Als ich den Andachtsraum verlasse, höre ich ein Durcheinander von Stimmen vom Empfangsbereich heraufdringen. Als ich mich der Gruppe nähere, erkenne ich, dass es die Teilnehmer der Erfahrungswoche sind, die da lachen, weinen, einander umarmen. Zwei von ihnen reisen schon vor dem Abendessen ab, um einen Zug zu erreichen – Michael und Cynthia brauchen den Anschluss zu einem Rückflug in die Vereinigten Staaten. Jeder nimmt sie fest in die Arme, sie strahlen vor Liebe und Dankbarkeit, Tränen der Freude drängen in ihre Augen – und auch einige Tränen des Bedauerns über die Abreise. Als ich sie so von der Treppe aus beobachte, bietet sich mir das Bild einer großen Familie, die lieben Angehörigen eine gute Reise wünscht. Es ist kaum zu glauben, dass diese Menschen sich vor sieben Tagen zum ersten Mal gesehen haben.

Das Taxi fährt die beiden zur Straße hinunter. Alle winken ihnen, bis niemand mehr zu sehen ist, dem man nachwinken könnte, nur der verwirbelnde Schnee, der die Lichter von den Fenstern reflektiert. Wir gehen durch den Gesellschaftsraum in den Speisesaal. Jetzt ist eine Lücke in der Gruppe, aber es gibt immer noch viel zu feiern.

Das Freitagabend-Dinner in Cluny – auch das im Park – ist immer ein besonderes Ereignis. Es ist das Ende der Arbeitswoche, und oft das Ende von Workshops und Erfahrungswochen. Heute finden wir anstelle der vielen kleinen Tische, die diesen Speisesaal gewöhnlich füllen, nur drei große Tische, die für die verschiedenen Gruppen, die hier speisen werden, festlich gedeckt sind. Unser Tisch ist gleich rechts vom Eingang. Janette und Susie, die Focaliser der Woche, haben unseren Tisch mit roten Kerzen, frischen Blumen und leuchtend bunten Servietten geschmückt. Einige Flaschen Wein warten darauf, geöffnet zu werden.

Ich begrüße Anja, die für diesen Anlass sehr schön gekleidet ist; sie trägt ein langes Wollkleid – ganz anders als die schlammbefleckten Gartensachen, die sie während der Woche trug. Alle lachen und plaudern, als wir unsere Plätze einnehmen und auf die Ankunft des Festmahls warten.

Plötzlich höre ich eigenartige, laute, klagende Töne, und ich brauche einen Moment, bis ich die unverwechselbare Stimme des Dudelsacks erkenne. Ich sehe mich um in der Erwartung, den Meisterbläser zu sehen, und stelle mit leichter Enttäuschung fest, dass es nur eine Aufnahme ist. Ich habe viele Burns Nights erlebt und weiß, dass das Haggis üblicherweise zum Klang des Dudelsacks zelebriert wird. Die Küchentür öffnet sich weit und fünf klatschende, fröhliche Köche erscheinen; der erste von ihnen trägt eine Platte, auf der das berühmte schottische Haggis liegt. Langsam schreiten die Köche um den Speisesaal und präsentieren das Nationalgericht der dankbaren Menge. Stewart, einer der Köche, trägt zum feierlichen Anlass seinen Schottenrock. Inzwischen klatschen wir alle zu der Musik und feuern die Köche an.

Stewart stellt das Haggis auf einen der Tische, schwingt ein großes Messer und schneidet es feierlich auf, um das gewürzte Fleisch und die zartgekochten Körner zu offenbaren. Burns Night ist einer der beiden Tage im Jahr, an dem in den Speisesälen der Stiftung eine Ausnahme von der rein vegetarischen Regel gemacht wird. Der andere Anlass ist Weihnachten, wenn Bio-Truthahnfleisch gereicht wird, sowie natürlich eine spezielle vegetarische Alternative wie gebratene Kastanienpastete. Doch auch heute Abend gibt es eine vegetarische Alternative zu Haggis. Dieses besteht nach alter Tradition aus einem Schafsmagen mit einer Füllung aus gehackten Innereien und Gerste, die mit viel schwarzem Pfeffer und Knoblauch gewürzt ist. Meiner Meinung nach sind vom Haggis sowohl das schottische Original als auch die vegetarische Kopie überaus verzichtbar! Nachdem Stewart das Haggis eröffnet hat, nimmt jeder Koch schnell eines der Gläser reinen schottischen Malzwhiskys, die zuvorkommenderweise für sie eingeschenkt worden sind, und kippt unter lauten Anfeuerungsrufen der wartenden Gäste die feurige Flüssigkeit in die Kehle.

Bevor wir essen können, gibt es noch eine weitere Burns-Night-Tradition, nämlich die „Begrüßung des Haggis", zu der die Rezitation einiger Kostproben aus Robbie Burns' bedeutendster Dichtkunst gehört. Stewart, der seinen grünen Kilt trägt, achtet darauf, dass wir nichts versäumen. Als er die letzte Strophe beendet, servieren die Kellner unser Mahl. Ich habe um das „echte" Haggis gebeten, und es wird mir, der Tradition gehorchend, zusammen mit „tatties and neeps" (Kartoffelbrei und hellorangem Rübenbrei) gereicht. Tapfer betrachte ich meinen Teller. Die einzige Art, wie ich jemals fähig war, Haggis zu essen, war mit einer großzügigen Dosis Ketchup, doch nirgendwo sehe ich das süße Tomatenprodukt. Zögernd nehme ich eine Gabel von der grauen, feuchten Mischung und – Überraschung! – stelle fest, dass es nicht so schlecht schmeckt, wie ich befürchtet hatte. Noch einen Happen, dieses Mal mit einem Schluck Rotwein, und ich kann es schon fast genießen.

Nach einem vorsichtigen Beginn, scheinen auch meine Mitspeisenden am Tisch diese ungewöhnliche Kost zu genießen. Viele lebhafte Gespräche sind im Gange, manche Leute trinken Wein, andere bevorzugen Fruchtsäfte. Die einen diskutieren über ihre Erfahrungen in der nun vergangenen Woche, andere tauschen Adressen und Telefonnummern aus. Janette und Susie sehen ein wenig müde aus; die Erfahrungswoche zu leiten, ist immer eine intensive und emotionelle Erfahrung, und morgen werden sie die meisten ihrer neuen Freunde wieder abreisen sehen. Es ist für alle ein schwieriger Moment, das Gefühl des Verbundenseins und der Liebe fließen zu lassen, während man weiß, dass man es am nächsten Tag wieder loslassen muss. Es ist, als hätte man sich verliebt und müsste nun wieder Abschied nehmen.

Ein tiefes und emotionelles Erlebnis hat diese Menschen zusammengebracht; einige von ihnen sind an einen Punkt gelangt, an dem sie große Veränderungen in ihrem Leben vornehmen. Sie haben ihre Herzen füreinander geöffnet und tiefe Gefühle, Ängste und Freuden miteinander geteilt.

Mein Weg in den vergangenen zehn Tagen war einsamer. Ich habe vielen Menschen zugehört und einige ganz besondere Abende bei Freunden verbracht. Ich habe die Gemeinschaft besucht, die ich liebe, und ich habe Zugang gefunden zu dieser Gruppe, in deren Runde ich heute Abend sitze. Doch ich bin hier kein Insider; an diesem Tisch bin ich ein willkommener Gast. Meine Rolle ist die des Beobachters und Zuhörers.

„Nachtisch!", ruft jemand vom anderen Ende der Tafel.

Der Hauptgang ist abgeräumt worden, und nun kommen Tabletts mit Schokoladen-Mousse mit Schlagsahne. Das Haggis mag ich für einigermaßen essbar gefunden haben, doch hier ist nun etwas, das ich wirklich genieße.

Nach dem Dessert begibt man sich nach und nach wieder in den Gesellschaftsraum, Tassen mit Tee und Kaffee werden mitgenommen. Unsere Gruppe zieht zusätzliche Stühle um das offene Kaminfeuer zusammen und richtet sich für einen Abend der gemütlichen Gespräche und Entspannung ein.

Anja und ich finden ein paar Stühle in der Ecke, wo wir uns zu unserem letzten Gespräch setzen.

„Du scheinst dich heute Abend ganz wohl zu fühlen, Anja", beginne ich. „Wie geht es dir jetzt, da diese Woche vorüber ist?"

„Natürlich bin ich ein bisschen traurig, dass alles vorbei ist und wir morgen abreisen werden, aber so ist das Leben. Ich denke, ich brauche einige Zeit, um das alles zu verarbeiten", antwortet sie.

„Was, würdest du sagen, waren für dich die Höhepunkte dieser Woche?"

„Da gab es so vieles. Das Beste war vielleicht, hier mit dieser Gruppe von Menschen zusammen zu kommen; sie sind alle so verschieden und alle so wunderbar. Es war ein enormes Erlebnis, sie alle kennenzulernen."

Wir blicken hinüber, wo die anderen Teilnehmer der Gruppe um das Feuer sitzen und ruhig miteinander sprechen. Dann fährt Anja fort: „Für mich scheint jetzt jede Person in dieser Gruppe von Licht umgeben zu sein. Alle fühlen sich glücklicher, leichter und offener. Das ist von Tag zu Tag immer mehr geworden. Bei unserer letzten Austauschrunde heute Nachmittag sah ich es wieder, jeder leuchtete und war offen. Ich fühlte mich sehr glücklich."

„Was, meinst du, hat dies bewirkt, Anja?"

Es ist nicht ganz einfach für sie, sich auszudrücken. Ich wünschte, ich könnte holländisch sprechen, so dass sie sich in ihrer Muttersprache äußern könnte. Aber sie tut ihr Bestes.

„Der Geist von Findhorn. Hier ist eine sehr hohe Energie, und ich denke, sie wirkt auf die Herzen, auf die Liebe, und sie öffnet die Menschen. Ich denke, dass sie vom Universum kommt und es hier Menschen gibt, die andere mit dieser Energie verbinden können. Die ganze Woche über hatte ich das Gefühl, dass wir vorbereitet werden, um einiges von dieser Energie zu empfangen."

Anjas Englisch scheint sich im Laufe dieser Woche ebenfalls verbessert zu haben; sie drückt sich nun sehr gut aus.

„Meinst du, es war wichtig, an einer Erfahrungswoche teilzunehmen, oder könntest du das auch für dich allein erlebt haben?"

„O nein, ich glaube nicht, dass ich das gleiche Erlebnis gehabt hätte, wenn ich einfach für ein paar Tage allein hergekommen wäre. Ich habe das Gefühl, ich wurde da hinein geführt. Es gab keinen Zwang, sich an irgendetwas zu beteiligen. Es war alles meine eigene Entscheidung, und ich konnte so viel davon nehmen, wie ich im Moment handhaben konnte; dieses Empfinden hatte ich während der ganzen Woche. Ich lernte viele Leute kennen – im Bus, beim sakralen Tanz, im Speisesaal – wie dich, Karin." Wir lächeln einander zu. „Jedes Mal öffnete sich etwas noch weiter. Ich fühle mich hier so sehr zu Hause. Heute Nachmittag teilte ich der Gruppe mit, dass ich zum ersten Mal in meinem Leben einfach sein konnte, wer ich bin. Das war so ein gutes Gefühl. Der Geist und die Energie dieses Ortes machen es möglich, dass dies geschah. Ich weiß nicht, was es ist, aber es entwickelte sich im Lauf dieser Woche mehr und mehr."

Sie hält einen Augenblick inne; die Teilnehmer, die uns am nächsten sitzen, brechen gerade in lautes Lachen aus.

„Ich denke, wenn eine Gruppe von Menschen zusammenkommt und sich alle auf etwas konzentrieren, dann wird es mehr, dann wird es größer. Liebe zum Beispiel, oder Vertrauen."

Ich denke, Anja hat Recht, und es ist ein Teil des Zaubers hier, dass die meisten Aufgaben und Erfahrungen von Gruppen erschaffen werden.

„Wir sind auch nur Menschen", fährt sie fort, „mit all unseren Empfindungen, Gefühlen und Problemen. Aber indem ich diese mit anderen teile, fühle ich mich selbst besser, und die Energie scheint mehr zu werden. Synergie ist das, was ich hier erlebt habe."

„Gibt es noch etwas, das du mir sagen möchtest?", frage ich.

„Weißt du, Karin, ich hatte nicht erwartet, dass die Gemeinschaft so groß ist. Ich dachte, es sei eine kleine Gruppe von Leuten, die in kleinen Holzhäuschen wohnen. Und jetzt bin ich hier in diesem riesigen Gebäude, das früher ein Luxushotel war. Das war eine große Überraschung für mich. Es wird auch nicht erwartet, dass sich jeder auf die gleiche Weise verhält; es gibt sehr viel Individualität hier, und die Menschen können sich selbst ausdrücken und sein, wer sie sind."

Eine Frau betritt den Raum und kommt auf uns zu. Sie umarmt Anja und wünscht ihr alles Gute für ihre morgige Heimreise. Anscheinend hat Anja auch außerhalb der Gruppe neue Freunde gewonnen.

„Ich wollte dir auch sagen, wie herrlich es war, im Garten zu arbeiten, und wie viel ich von der Gruppe dort gelernt habe."

„Was hast du gelernt?", frage ich.

„Ich lernte, dass das Leben in der Gemeinschaft auf Wertmaßstäben beruht. Ich lernte, dass es nicht immer Glück und Freude ist, sondern auch Stress bedeutet, sich nicht wohl zu fühlen, Zweifel zu haben und sich zu fragen, ob man bleibt oder nicht. Es gibt Probleme mit dem Geld. Es gibt Wut und Frustration – wie überall. Wir sind alle Menschen, wie da draußen auch, was hier aber anders ist, ist eine zusätzliche Dimension."

Ah, denke ich mir, der schwer fassbare Zauber.

„Und das ist es, wovon ich mehr will in meinem Leben. Ich will wissen, wie ich das in mein Leben zu Hause einbringe. Ich möchte mit anderen teilen, was ich mit Freunden hier gelernt habe, und vielleicht eines Tages wiederkommen. Diese Woche ist so viel passiert, es muss erst einmal alles verarbeitet werden. Ich bin wie eine Batterie, die mit neuer Energie aufgeladen wurde. Nun möchte ich mich entspannen und glücklich sein."

Anja und ich nehmen einander fest in die Arme. Ich hoffe, ich werde sie und Jan eines Tages wiedersehen. Ich weiß, wir werden in Verbindung bleiben. Ich habe ihre E-Mail-Adresse, die das erleichtert.

Jetzt gibt es noch eine sehr wichtige Sache für mich, nur noch eine weitere Person, mit der ich sprechen werde – jemanden, auf den ich mich schon die ganze Woche gefreut habe. Ich sehe, dass es bereits neun Uhr ist und frage mich, wann er eintreffen wird. Und dann öffnet sich endlich die Tür zum Gesellschaftsraum, und, den Schnee von seiner Kleidung schüttelnd, betritt er den Raum.

Liebe, Blitz und Donnerschlag

Herein kommt ein schlanker Mann, der einen langen, schwarzen Wollmantel und Hut trägt. Seine langen, dunklen, gewellten Locken sind noch vom Wind zerzaust und nass vom Schneegestöber. Im Gesellschaftsraum wird es plötzlich still, da jeder der Intensität der Energie gewahr wird, die gerade eingetreten ist.

Er legt seinen Mantel ab, auf dessen Schultern noch einzelne Schneeflocken liegen. Seine rote Weste und gestreiften Hosen zeugen von einem tadellosen und kreativen Stilempfinden. Hohe, schmale Wangenknochen verraten unbestreitbar, dass wir es mit einem Künstler zu tun haben. Es ist Mike Scott, der Preisträger, große Musiker und Rockstar.

Wie die leidenschaftlichen Worte zu seiner Musik, so hat auch Mike Scott selbst, die in Schottland geborene, inspirierende Kraft hinter der international bejubelten Folk-Rock-Band The Waterboys, einen lyrischen Touch. Dies ist meine erste Begegnung mit Mike, obwohl ich das Gefühl habe, ihn durch seine Musik kennengelernt zu haben. Ich erinnere mich an die letzte der Winterversammlungen in der Universal Hall, die ich vor einer Reihe von Jahren leitete. Diese Versammlung ist das jährliche Weihnachtsgeschenk der Findhorn-Gemeinschaft an die Menschen aus der Umgebung, ich hatte sie viele Jahre gestaltet und präsentiert. In jenem Jahr brachten wir einen Film auf die Leinwand, in dem Mike eines seiner neuen Lieder sang, „Building a City of Light". Ich erinnere mich an die gebannte Stille im Saal, als es vorüber war. Manche unserer Gäste erkannten durch dieses Lied wohl zum ersten Mal die Immensität dessen, was wir hier zu erreichen suchten – eine Stadt des Lichtes zu bauen. Auch für mich war jenes Erlebnis sehr intensiv. Ich konnte Mikes Musik – die Schwingung des Klanges und die Intensität der Worte – in meinem Solarplexus fühlen. Und doch habe ich ihn im Lauf der Jahre immer verpasst, wenn er in der Gemeinschaft war – bis heute Abend.

Ich weiß bereits, dass Mike 1958 in Edinburgh geboren wurde, in Irland und auch in New York gelebt hat. Er ist mit Janette verheiratet, einem ehemaligen Mitglied der Stiftung, die die gerade zu Ende gehende Erfahrungswoche, die ich begleitete, geleitet hat. Nun leben sie in London, sind aber auch weltweit mit The Waterboys auf Tournee. Zu ihren Alben gehören *This is the Sea, Fisherman's Blues* und *A Rock In The Weary Land.* Das Album *Bring 'Em All In* wurde im Tonstudio in der Universal Hall aufgenommen.

Ich weiß auch, dass Mike ein Findhorn-Freund ist und der Gemeinschaft viele Male sehr großzügig von seiner Zeit und Begabung geschenkt hat. Ich bin neugierig, was Mike nach Findhorn gebracht hat, und welcher Art seine Erfahrungen gewesen sind. Er sitzt in einem der großen, bequemen Sessel im Gesellschaftsraum und entspannt sich allmählich nach seiner nicht ungefährlichen Fahrt durch Schnee und Wind. Erwartungsvoll blickt er mich an und ist bereit, meine Fragen zu beantworten. Ich hole tief Luft.

Nach all den Interviews, die ich mit alten und neuen Freunden gemacht habe, fühlt sich dieses nun ganz anders an.

„Wann hast du zum ersten Mal von Findhorn gehört, Mike?“, beginne ich.

Er denkt einen Augenblick nach und antwortet dann mit seiner sanften, ruhigen Stimme: „Ich erinnere mich, Anfang der achtziger Jahre über die Findhorn-Gemeinschaft gehört zu haben, als ich etwas über Peter und Eileen las. Ich war sofort beeindruckt. Ich fühlte instinktiv, dass diese Menschen authentisch waren, und ich spürte eine Kraft der Liebe, die durch sie wirkte. Aber ich war damals jung, beschäftigte mich mit Rock and Roll und kam gar nicht auf den Gedanken, selbst nach Findhorn zu kommen.“

Ich versuche mir das Leben eines jungen Rock-and-Roll-Musikers vorzustellen. Wenn ich ihn betrachte, sehe ich in seinen klaren, wachsamen Augen, dass dies kein verbrauchter Rockstar ist, sondern ein intelligenter und mitfühlender Mann.

„Zehn Jahre später sah ich Eileens Video *Opening Doors Within*. Das schlug in mein Leben ein wie ein Blitzschlag. Alles, was Eileen über Dankbarkeit und bedingungslose Liebe sagte, war genau das, was ich hören musste. Am Ende des Videos wusste ich, dass ich nach Findhorn kommen würde, um hier zu leben.“

„Das war also, als du zum ersten Mal gekommen bist?“, frage ich.

„Ja, zwei Monate später besuchte ich die Gemeinschaft, wohnte für einige Tage im Minton House. Jemand nahm mich an meinem ersten Abend mit zum sakralen Tanz in der Universal Hall, und ich liebte diese Hall von Anfang an. Jene wenigen ersten Tage waren für mich jedoch auch eine einsame Sache. Ich nahm nicht an einem Workshop teil, ich hatte keine Rolle und die Menschen, die ich in der Gemeinschaft um mich herum sah, waren mit ihren eigenen Tätigkeiten beschäftigt. Ich konnte zwar die Kraft dieses Ortes spüren, aber ich empfand mich nicht als Teil davon.

Kurz bevor ich dann am Freitag zum Flugplatz Inverness abfuhr, ging ich zur Mittagszeit in den Andachtsraum. Das Thema war >Lichtnetz<, und eine Frau führte die Meditation. Mit geschlossenen Augen hörte ich, wie sie die Verbindung Findhorns mit Iona und Glastonbury anrief und die Ausbreitung des geistigen Lichtes um die Welt. Ich hatte seit Jahren in meinen Gebeten >Licht in die Welt< visualisiert – vermutlich nicht sehr effektiv –, doch hier in dieser zauberhaften Findhorn-Gemeinschaft praktizierten die Menschen das ganz echt in ihrer Mittagessenszeit!“

Ich spüre etwas, das fast einem Lächeln gleicht, über sein ansonsten ernstes Gesicht huschen und warte ruhig, dass er weiter spricht.

„Später beschrieb ich jenes Erlebnis im Andachtsraum in einem Lied als >Erzittern in der Kraft wie ein Sämling im Sturm<, denn genau so ist es gewesen. Welle um Welle von Inspiration rollte durch mich. Ich wusste, dass ich nach Hause gekommen war."

Ich höre die Leidenschaft und Intensität, die die Erinnerung seines Erlebnisses in ihm geweckt hat.

„Wie lange dauerte es, bis du zurückgekommen bist?", frage ich ihn.

„Sechs Wochen", antwortet er mir. „Ich kehrte zu einer Erfahrungswoche zurück. Das war ein weiterer Blitzschlag – oder vielmehr eine Serie von Blitzschlägen. Die Austauschrunden, die Gruppenspiele, die Erfahrung, in der Gemeinschaft zu arbeiten, dies alles hat mich tief beeindruckt. Während jener Woche ging mein Herz auf. Zum ersten Mal wusste ich, was die abgedroschenen Worte vom >offenen Herzen< wirklich bedeuten. Ich konnte ein großes, lebendiges Feuer in meiner Brust spüren, in meinem Herzen konzentriert, auf Anhieb vertraut, ehrfurchtgebietend und durchdrungen von einer liebenden Kraft. Es war, als kämen hier alle Lieben meines Lebens zusammen. Ich empfand es so, als würde Liebe durch mein Herz ein- und ausatmen. Und es fühlte sich wahrhaft, wunderschön und richtig an – wie Lebendigsein sich anfühlen muss."

Seine poetische Art, seine Geschichte zu erzählen, erinnert mich wieder daran, dass er ein Künstler sowohl des Wortes als auch der Musik ist. Mike schließt für einige Momente die Augen, ruft sich seine Empfindungen von damals in den Sinn und spricht dann weiter.

„Dies hielt acht oder neun Tage an. Ich schrieb ein Lied über die Woche und sang es während der letzten Austauschrunde. Ich war überrascht und bewegt zu sehen, dass die ganze Gruppe weinte, als ich es sang. Ich werde die Atmosphäre der Liebe und Kraft in jenem Raum nie vergessen. Ich hatte mit meinem Lied etwas getan, was ich niemals beabsichtigt hatte. Oder vielmehr >Jemand> hat etwas mit meinem Lied getan. Es heißt das >Erfahrungswochenlied<, und inzwischen ist es auf CD und wird am Ende jeder Woche gespielt. Es ist mir eine große Ehre, an diesem Workshop, der mein Leben veränderte, etwas zurückgegeben zu haben."

Die Erfahrungswoche hat im Laufe der Jahre viele Tausende von Leben verändert, und dies scheint auch bei Mike der Fall gewesen zu sein. Ich habe sein Lied bei vielen Gelegenheiten gehört, immer mit Schauern, die meinen Rücken herauf- und hinunter huschten. Ich weiß, dass es die Erfahrung von vielen, vielen anderen widerspiegelt, die den gleichen Weg gegangen sind.

„Ich habe die Segnungen nicht mehr gezählt, die ich aufgrund meiner Verbindung mit der Findhorn-Gemeinschaft empfangen durfte", fährt er fort. „Dazu gehören auch die Umgebung, die mir so vertraut geworden ist. Morayshire ist ein schöner Teil von Schottland, und Forres ist eine ungeheuer nüchterne Stadt. Ich liebe auch die Schönheit und Nachbarschaftlichkeit des Dorfes Findhorn, wo ich, ungeachtet meines >Hauptberufs< als Rockmusiker, stets auf normale, natürliche Weise willkommen war."

„Wie hat dies alles dein Leben beeinflusst?" Ich habe diese Frage bereit – aber auch fast das Empfinden, dass es unnötig ist, sie jetzt zu stellen. Doch Mike ist noch willens, weiter über seine Beziehung zur Gemeinschaft zu sprechen, und über die Lektionen, die er hier gelernt hat.

„Das Größte, was ich in Findhorn gelernt habe, ist, mich nach innen zu wenden für meine Antworten und Entscheidungen im Leben, und für mein Handeln von Augenblick zu Augenblick. Nach meiner Erfahrungswoche erkannte ich, dass ich das Prinzip der inneren Weisung in meiner Musik seit Jahren genutzt habe – wenn ich zum Beispiel intuitiv spüre, wohin eine Melodielinie oder ein Text zu führen ist. Ich konnte sagen, wenn etwas in der Musik richtig war oder nicht. Ich >wusste< es einfach. Nach Findhorn begann ich zu lernen, dies auch auf die anderen Bereiche meines Lebens zu übertragen. Ich lerne immer noch. Ich habe festgestellt, dass meine inneren Anweisungen gewöhnlich in Gestalt von intuitiven Impulsen kommen – was ich das >Grüne-Ampel-Empfinden< nenne, eine Art von unmissverständlichem grünem Licht im Bauch, das ein Gefühl von Frieden und Kraft in sich hat."

Janette sitzt am anderen Ende des Raumes und spricht noch mit jenen Teilnehmern ihrer Erfahrungswochen-Gruppe, denen es gelungen ist, nach diesem energievollen und emotionellen letzten Abend wach zu blieben. Ihre funkelnden Augen und das lächelnde Gesicht zeigen nicht, dass auch sie es wahrscheinlich nötig hat >abzuschalten<. Mike folgt meinem Blick hinüber zu seiner Frau.

„Wie hast du Janette kennengelernt, Mike? War es nicht hier in Cluny?“

Ein warmherziges Lächeln hellt sein Gesicht auf. Ich weiß, dass Mike mit privaten Dingen sehr zurückhaltend ist und hoffe, er wird bereit sein, mir einiges von seiner Liebesgeschichte zu erzählen.

„Janette war ein Mitglied der Stiftung und wohnte in Cluny, als ich als >Leben-in-der-Gemeinschaft-Gast< hier war. Wir kannten einander nicht persönlich, aber sie hatte einen Abend mit sakralem Tanz geleitet, an dem ich teilgenommen hatte, und ich fing an, sie sehr zu mögen. Ich hatte das Gefühl, sie könnte meine Lebenspartnerin und Mitarbeiterin werden. Ich erinnere mich noch, wie ich mich fragte, ob dies alles eine Projektion oder Illusion meinerseits sei, und so beschloss ich, es an Gott abzugeben. Ich setzte mich in meinem kleinen Zimmer in Cluny hin und sagte innerlich: >Ich gebe diese Gefühle der Liebe zu Janette dir, Gott.< In genau diesem Moment hörte ich sie direkt vor meiner Zimmertür zu jemandem sprechen!“

Sein Lächeln hält an, als er sich erinnert: „Ich dachte bei mir: Gott hat mir das ziemlich schnell wieder zurückgegeben, also muss etwas dran sein! Und so hängte ich eine Notiz an das Anschlagsbrett in Cluny und bat um ein Gespräch. Ich erinnere mich gut an eine verwunderte Janette, die am nächsten Morgen in die Küche kam und fragte, ob der Zettel von mir sei.“

„War sie überrascht, oder wusste sie, was du sagen würdest?“, frage ich ihn.

„Sie hatte keine Ahnung, worum es ging – ja sie fragte sich sogar, ob sie diesen Mann, den sie nicht kannte, vielleicht unwissentlich beleidigt habe, so dass er ihr jetzt ein Feedback geben würde! Jedenfalls war sie gnädig einverstanden, und wir gingen an jenem Abend auf einen Drink in das Ramnee Hotel in Forres, wo ich mich erklärte. Sie war völlig überrascht und teilte mir mit, dass sie so etwas von mir überhaupt nicht gedacht hätte.“

Nun muss ich lächeln, als ich mir vorstelle, was Janette in jener Situation empfunden haben musste. Mike erzählt mir den Rest der Geschichte:

„Doch wenige Tage später hielt sie mich im Flur in Cluny an und schlug ein weiteres Treffen vor. Der Rest ist eine Geschichte von Liebe und märchenhaftem Zauber. Ich hatte Recht – Janette wurde meine Frau, beste Freundin und geistige Partnerin. Ich habe so viel von ihr und aus dem Zusammensein mit ihr gelernt. Ich könnte nicht tun, was ich mit meiner Musik tue, und wäre nicht da, wo ich in mir selbst bin, ohne ihre Liebe und ihren Einfluss."

Nur wenige Schritte entfernt ist die schöne Dame persönlich anwesend und steht ihrer Gruppe immer noch gebend und mitteilend zur Verfügung. Ich weiß, dass Mike Findhorn ebenfalls viel gegeben hat und frage ihn danach.

„Du gibst der Gemeinschaft sehr viel von dir, von deiner Zeit und deinem Talent. Warum tust du das?" Wie immer lauscht er aufmerksam und gespannt meiner Frage und denkt dann tief nach, bevor er antwortet.

„Ich liebe die Findhorn-Gemeinschaft. Ich betrachte sie als eine edle und große Anstrengung des menschlichen Geistes, als einen Geburtsort für eine neue Art zu leben – so neu, dass die Mainstream-Welt noch gar keinen Bezugsrahmen dafür hat. Ich bin der Gemeinschaft verpflichtet. Und ich bin in sie verliebt!"

Ich nicke zustimmend. Mike denkt noch einen Augenblick über eine Frage nach und fährt dann fort: „Ich empfinde es so: Als die Beatles und andere wichtige und einflussreiche Personen in den sechziger Jahren ihren Weg durch Ruhm und Illusion navigierten, lebten Peter, Eileen, Dorothy und die Erbauer der Findhorn-Gemeinschaft in der Stille und im Verborgenen und verankerten die Ideale des Neuen Zeitalters, über das alle anderen nur redeten. Ich glaube, was sie vollbrachten, war in Wirklichkeit das größte Abenteuer jener Zeit. Und es geht jetzt noch weiter. Ich habe das Gefühl, es fällt an jene von uns, die ihre Vision teilen oder von ihr inspiriert wurden, fortzufahren mit dem Aufbau dessen, was sie einst begannen. Alles, was ich hier geben kann, werde ich geben."

Allmählich fühlen wir uns nun alle sehr müde: Mike nach seiner langen Autofahrt im Schnee; Janette am Ende ihrer Woche mit einer Gruppe neuer Gäste; und ich selbst ebenfalls. Ich erkenne mit Schrecken, dass ich bereits in wenigen Stunden abreisen werde. Dies ist meine letzte Nacht in Findhorn, und Mike ist die letzte Person, die ich interviewe. Ich bin sicher, dass dies kein Zufall ist. Ich habe nur noch eine weitere Frage an ihn.

„Ist alles hier wunderbar, Mike, oder hast du immer noch einige Herausforderungen in dem spirituellen Leben, das du führst?"

„Ja, es ist eine Herausforderung, daran zu denken, sich nach innen zu wenden und von meinem Ort des Friedens und der Kraft aus zu leben. Das ist eine minütliche Herausforderung für mich. Es bedeutet, offen und verwundbar zu sein, wenn dies nötig ist ...

meine Wahrheit auszusprechen, wenn dies nötig ist ... mich nicht auf meine >Kleinmenschlichkeit< zurückzuziehen. Es ist eine alte Gewohnheit von mir, mich selbst klein zu machen, indem ich nicht alles bin, was ich sein kann; indem ich nicht ausspreche, was ich weiß oder fühle. Andererseits ist es auch eine Herausforderung, das >große Ich< zu sein, ohne mich von der Kraft oder dem Schwung fortreißen zu lassen. Es ist notwendig, dass ich ein Gleichgewicht finde. Ich begehre, alles zu sein, was ich sein kann – mit Leichtigkeit. Mein offenes Herz zu bewahren und zu schützen – besonders wenn ich außerhalb der Gemeinschaft bin –, ohne es jedoch hinter einem Verteidigungswall zu verschließen."

Er streift sich sein langes Haar aus den Augen und fährt langsam und nachdenklich fort: „Ein Teil meiner Rolle ist es, ein Grenzgänger zu sein – zwischen der neuen Welt der Findhorn-Gemeinschaft und der Mainstream-Welt draußen – und zu helfen, die Energien jeder Welt auf geeignete Weise zur anderen zu lenken. Und zu lernen, dass aus Gottes Sicht beide Welten eins sind, dass es wirklich keine Trennung gibt, und dies in meinem Handeln zu manifestieren."

Die Flammen im Kamin sind bis auf ein Flackern erloschen, und der Gesellschaftsraum wird still, als sich nun die Letzten müde auf den Weg zu ihren Betten machen. Es war ein weiterer erstaunlicher Tag, erfüllt von vielen wundersamen Augenblicken. Ich sehe Mike und Janette nach, wie sie sich leicht an den Händen berühren, als sie durch den Schnee nach Hause gehen.

Ich rufe ein Taxi, das mich zurück in den Park bringt. Der Fahrer setzt mich an der Piste einige Schritte vor dem Haus Sonnenblume ab, doch bevor ich über das verschneite Feld der Träume gehe, höre ich Fetzen von Dudelsack-Musik aus dem Gemeinschaftszentrum. Als ich durchs Fenster hineinspähe, sehe ich, dass ein Ceilidh stattfindet – eine typische schottische Feier mit Musik, Dichtkunst und Tanz. Ich beobachte die Tanzenden einige Minuten – die Männer in ihren Kilts und die Damen in ihrem Feinsten. Ich denke, es muss Jonathan Caddy sein, der wie gewöhnlich zum Tanzen ruft. Ich erkenne die vertrauten Melodien von The Gay Gordons, Strip the Willow, Mari's Wedding und The Piper O'Dundee. Hier ist die Gemeinschaft beim Spielen.

Ich verlasse die energievollen Tänzer und kehre zu meinem kleinen Zuhause namens Sonnenblume zurück. Jetzt fällt kein Schnee mehr, und die Sterne, die meinen Weg über die glatten Pfade beleuchten, scheinen heller denn je. Morgen geht es nach

Hause. Oder gehe ich von zu Hause fort? Vielleicht ein wenig von beidem.

Ein Zuhause verlassen und nach Hause gehen

Eines frühen Morgens

Die Frau erhebt sich leise aus ihrem Bett und blickt auf die Uhr – es ist vier Uhr morgens. Sie braucht keinen Wecker; nach so vielen Jahren weckt ihre innere Uhr sie automatisch um vier. Draußen bildet der Schnee eine weiße, eisige Decke, die das Licht des Mondes widerspiegelt. Doch drinnen im Haus ist es warm – die Heizung war die ganze Nacht an.

Im Bad füllt sie die Wanne mit heißem Wasser, bis Dampf die Spiegel und Fenster beschlägt. Vorsichtig gleitet sie in das Nass und lässt die Hitze ihren Körper wärmen. So früh aufzustehen, scheint nie leichter zu fallen, und nun, in ihren Achtzigern, braucht sie mehr Zeit, um den neuen Tag zu beginnen.

Sie zieht sich warm an, und selbst zu so früher Stunde ist ihre Kleidung wohl abgestimmt und attraktiv – eine königsblaue Seidenbluse zu Hosen in hellerem Blau und eine marineblaue Wolljacke, die sie warm halten wird. Sie sitzt vor ihrer Frisierkommode, trägt Make-up auf und macht ihr Haar, während sie darauf wartet, dass das Wasser im Kessel kocht. Sie schenkt sich eine Tasse heißen Tee ein und isst ein leichtes Frühstück – das ist alles, was sie braucht, bevor sie das Haus verlässt. Ein Blick auf die Uhr – es ist sechs Uhr morgens.

Sie hüllt sich in einen warmen Mantel und geht die wenigen Schritte zum Andachtsraum. Ihre Fußstapfen sind die ersten im frisch gefallenen Schnee, und alles um sie herum ist Stille. Das Gemeinschaftszentrum gegenüber ist leer, und sie scheint der einzige Mensch zu sein, der um diese Zeit an einem Wintermorgen unterwegs ist. Auf dem Weg zum Andachtsraum kommt sie an dem Wohnwagen vorbei, in dem sie vor vierzig Jahren lebte – der Wohnwagen, den sie jeden Morgen um die gleiche Zeit und zu dem gleichen Zweck zu verlassen pflegte wie heute – um ihrer zarten, sanften Stimme zu lauschen, der Stimme, in der sie Gottes Worte erkennt.

Selbst zu so früher Stunde ist sie nicht die Erste im Andachtsraum. Ihr „kleiner Engel", eine kleine, lächelnde Japanerin, hat die Vorhänge geöffnet, die Heizung aufgedreht und die Kerze in der Mitte entzündet, die mit ihrem sanften Licht den Raum erhellt. Die zwei Frauen lächeln einander zu – beide sehr dankbar für die Anwesenheit der anderen.

Die nächste halbe Stunde sitzen diese beiden Frauen mit geschlossenen Augen in stiller Meditation, jede mit ihrem eigenen, intimen, inneren Erleben. Und dann sind kleine Geräusche von draußen zu hören, mehr Fußstapfen im Schnee, das Knarren von Bodendielen und ein leises Husten. Einer nach dem anderen kommen weitere Menschen, um sich der Meditation anzuschließen.

Für Eileen ist dies seit vierzig Jahren ein tägliches Ritual. Für mich ist es das erste Mal, dass ich in dieser sehr frühen Morgenstunde an der stillen Meditation teilgenommen habe. Das einzige Geräusch ist das Atmen von einem Dutzend Menschen, die jetzt in diesem Raum sind. Ich gleite sanft ins Nichts, und eine Weile lang gibt es keine Gedanken und Gefühle.

Vielleicht eine Stunde später werde ich wieder meines Körpers gewahr, der schwer auf dem Stuhl sitzt. Ich spüre, wie Tränen meine Wangen benetzen; woher sie kamen, weiß ich nicht. Ich fühle nur großen inneren Frieden.

Und dann bin ich wieder draußen, in der tiefen, samtigen Dunkelheit der Stunde vor der Morgendämmerung und gehe den Weg zu meinem Zuhause zurück, zum Haus Sonnenblume. Es ist Zeit zu packen, sich reisefertig zu machen, sich zu verabschieden. Es ist Zeit, über meine Erlebnisse nachzudenken, meine Erinnerungen zu durchsuchen und zu entdecken, ob meine Suche erfüllt ist. Ich habe reichlich Zeit dazu auf meinem Flug zurück nach Frankreich. Nun will ich meine letzten, wenigen Stunden hier genießen. Ich bemerke, dass der Schnee bereits wieder zu schmelzen beginnt. Was für ein wunderbares Geschenk ist er mir gewesen – gerade genug, um Spaß daran zu haben, aber nicht genug, um die Rückfahrt zu einem Problem werden zu lassen.

Die nächsten Stunden sind eine Kette von „auf Wiedersehen" und „bis bald wieder". Eine Kette herzlicher Umarmungen, einiger Tränen und vieler Fotos in letzter Minute. Und dann kommt meine liebe Freundin Judi, um mich zum Flugplatz zu bringen. Wir fahren in entgegengesetzter Richtung auf der gleichen Strecke, die wir vor zehn Tagen schon fuhren, und dieses Mal häuft sich grauer, beiseite geschaufelter Schnee an den Straßen. Wir passieren die kleinen Städte Forres und Nairn, und an den Ausläufern von Inverness biegen wir rechts ab zum Flugplatz. Das Meer sieht so grau aus wie am Tag meiner Ankunft, aber die Felder um den kleinen Flugplatz sind jetzt weiß. Der Rückflug sollte schön werden, über die Highlands im Schnee.

Ich nehme Judi fest in die Arme und hoffe, dass sie uns bald in Frankreich besuchen wird.

„Und", fragt sie, „ist es passiert? Hast du den Zauber gefunden?"

„Was meinst du?", erwidere ich mit verschmitztem Lächeln. Dann gehe ich durch die Sicherheitskontrolle und an Bord meines Flugzeugs, finde einen Platz, wo ich ruhig und für mich sitzen kann und beginne mit meiner Aufgabe des Erinnerns.

Der Heimweg

Ich schließe die Augen und sehe all die Gesichter, die ich hinter mir gelassen habe – Freunde, die ich seit vielen Jahren kenne und andere, die ich eben erst kennengelernt habe. Ich bin erfüllt von den vielen bewegenden und großartigen Erlebnissen, die ich hatte – jenen im Inneren wie auch jenen im Äußeren. Wie kann ich je mit Worten beschreiben, was so unbeschreiblich ist?

Ich erinnere mich, dass jemand sagte, doch ich weiß nicht mehr, wer es war: „Findhorn ist ein unglaubliches Erwachen zu der Erkenntnis, wie herrlich und schön es ist zu sein, die Intensität von Staunen und Entdecken."

Das ist es, was ich jetzt empfinde. Dieser Besuch in Findhorn hat mein Staunen neu geweckt. Nach der anfänglichen Explosion des Erlebens und Entdeckens, als ich vor siebenundzwanzig Jahren zum ersten Mal nach Findhorn kam, hatte ich mich tatsächlich daran gewöhnt, so zu leben. Erst seit ich Findhorn verließ, erkannte ich die Gnade, die mir mit meinem Leben dort geschenkt war.

Ich höre wieder: „Der wahre Wert liegt in dem, was es für mein Erleben der Wirklichkeit gebracht hat und in der wundervollen Qualität, um die es mein Leben bereichert hat." Ich sehe wieder die Gesichter der Menschen bei der Internen Konferenz, das intensive Zuhören, das Vertrauen zueinander, die Bereitschaft zur Veränderung, das greifbare Gefühl der Liebe im Raum. Ich frage mich, ob diese Menschen überhaupt erkannt haben, was sie an jenem Nachmittag erschufen? Sie dachten, sie versuchten, einen ausgeglichenen Haushalt zu erschaffen und Wege zu finden, ihre Schulden zu verringern. Was ich sah, war ein Raum voller Menschen, die Gott und der Menschheit dienen wollen. Ich sah dies in Mari, die bereit ist zu dem Risiko, dieses Mal den Mantel der Stiftung umzulegen, und ich sah dies in einem ganz neuen Mitglied, das aufstand und anbot, länger zu arbeiten und auf Urlaubstage zu verzichten. Und ich spürte es wieder, als wir alle einander an den Händen fassten und gemeinsam sangen – als wir erkannten: Was wirklich zählt, ist die Liebe, die wir in diesem Augenblick miteinander teilen.

Ich tauche aus meinen Gedanken auf und sehe, dass Priscilla aus der Erfahrungswoche und Dido von der Ökofrauen-Versammlung auf der anderen Seite des Ganges sitzen. Sie unterhalten sich angeregt und tauschen ihre Erlebnisse der vergangenen Woche miteinander aus. Sie laden mich ein, mich an ihrer Unterhaltung zu beteiligen, doch ich ziehe es vor, bei meinen eigenen Gedanken zu bleiben, und setze den Kopfhörer auf, um die Taizé-CD zu hören, die ich am Morgen im Phoenix-Shop gekauft habe.

Die Musik führt mich zurück zum Sonntagmorgen in der Universal Hall, als Geoffrey unser Taizé-Singen leitete. Ich versuche, mich an einige der Dinge zu erinnern, die er mir später gesagt hat: „Ich neige dazu, lieber mehr mit Menschen zusammen zu sein, die neu hier sind, weil bei ihnen oft Freude zu finden ist." Wenn ich zu den beiden Frauen hinüber blicke, die einander schildern, was Findhorn ihnen bedeutet, verstehe ich, was er meinte. Geoffrey schafft es auch, die gleiche Freude beim Geschirrspülen, beim Zusammenstellen von Finanzberichten und bei Segelkursen für junge Leute zu finden. Er ist ein besonderer Mensch.

Natürlich! Plötzlich fällt es mir ein. Das ist es doch, was jeder gesagt hat: „Es sind die Menschen." Aber gewiss doch nicht nur die „neuen Leute"? Jeder war irgendwann einmal ein Neuling, und der Zauber, das Besondere, verlässt sie doch nicht, wenn sie länger bleiben, oder? Gewiss ist er auch für die Menschen wahr, die schon lange dort sind, Menschen wie Alan und Judy und Rosie und Geoffrey ... und Eileen. Sie sind alle sehr besonders.

Ich halte inne, da mir noch etwas anderes in den Sinn kommt.

Sie sind alle normal. Einfach normale Menschen. Das ist es, was so besonders an ihnen ist: Sie sind gewöhnliche Menschen, die bereit sind, Außergewöhnliches zu tun. Und jeder einzelne von ihnen – wie ich – ist angekommen, weil sie auf irgendeine Weise „gerufen" werden. Jeder wurde auf eine Weise gerufen, dass er es hören konnte. Ich wurde gerufen, meinen Sohn hier zu bekommen. Thierry, mein Mann, wurde durch das *Spiel der Wandlung* gerufen. Er hat mir gesagt: Hätte er den *Findhorn-Garten* gelesen, wäre er niemals gekommen; das sei einfach nicht sein Ding.

Brian wurde vom Ouija-Brett gerufen – und stellte dann fest, dass er sogar erwartet wurde. Merv wurde von einem Buch gerufen, das ihm vor die Füße fiel. Javier wurde von der Schönheit der Landschaft gerufen, und John wurde von dem britischen Konsul gerufen, der ihm mitteilte, dass er sowohl britischer als auch amerikanischer Staatsbürger war. Robin erhielt einen Prospekt von seinem Homöopathen, und Kay Kay hatte einen Katalog, von dem sie zwar nichts wusste, der ihr aber vom Regal fiel.

Selbst Peter und Eileen, die mit ihrem kleinen grünen Wohnwagen am Rande des Wohnwagenparks an der Findhorn-Bucht strandeten, kamen nicht, weil sie damals eine große Vision von einer Gemeinschaft oder einer Stadt des Lichtes hatten, sondern weil sie arbeitslos waren und nirgendwo sonst wohnen konnten. Sie waren die ersten, die dem Ruf folgten, nach Findhorn zu kommen, und Tausende und Abertausende sind ihnen inzwischen gefolgt. Jeder wurde auf eine Weise gerufen, die er hören konnte – in manchen Fällen musste.

Ich lasse diesen Aspekt einige Minuten auf mich wirken. Die Flugbegleiterin teilt Tee und Kaffee sowie einige schlapp aussehende Sandwiches aus. Vielleicht lasse ich diese aus, doch der heiße Tee ist mir willkommen.

Ich hänge wieder meinen Gedanken nach und versuche mich zu erinnern, was all diese Menschen fanden, als sie in Findhorn ankamen – wie sie den Zauber erlebten.

Brian fand seinen Zauber in der Entdeckung, wie wunderschön das Leben wirklich war, und in seinen ersten Kommunikationen mit den Naturgeistern. Für Margo bedeutete es, einen Platz zu finden, wo die spirituellen Werte, nach denen sie sich sehnte, täglich praktiziert wurden. John fand seinen Traum, ein Ökodorf zu bauen, während Geoffrey eine sehr mannigfaltige Gemeinschaft fand, in der alle Glaubensüberzeugungen und spirituellen Praktiken akzeptiert wurden. Alex fand eine Gruppe von angenehmen, interessanten Leuten, die sich eine absurde Spiritualität als Vorwand erfunden zu haben schienen, um zusammen in einer Gemeinschaft zu leben, und Joycelin war froh, einen Ort zu finden, wo es nicht nur in Ordnung war, über Gott und das Geistige zu sprechen, sondern wo es ermutigt und sogar erwartet wurde, es in sein tägliches Leben zu integrieren.

Lyle kam, um in drei Monaten die Universal Hall zu bauen und stellte fest, dass es mehr als zehn Jahre dauerte, und Karl und Deborah fanden, dass Findhorn genau das richtige Zuhause für sie und ihre junge Familie war, auch wenn sie sich gegen diese Vorstellung wehrten und statt dessen überall sonst suchten. Anja fand einen Garten, in dem sie die Freude erleben konnte, mit den Händen in der Erde zu wühlen, und Michael freundete sich mit einer ganzen Heerschar von Engeln an und lernte sogar den Unterschied zwischen Sai Baba und Ali Baba!

Was ich jedoch wieder und wieder hörte – und auch selbst erlebt habe –, war das Gefühl, „nach Hause zu kommen". Fast jeder, mit dem ich sprach, hatte es so empfunden. Es gibt einen Moment, gewöhnlich schon in den ersten Tagen nach der Ankunft, in dem jede Person von einem intensiven Gefühl durchdrungen ist, ihre spirituelle Heimat gefunden zu haben. Dies gilt für Hunderttausende, die Findhorn nur für eine Woche oder einen Monat besucht haben, fast alle nehmen dieses Gefühl mit sich zurück. Für viele wird Findhorn auch zum äußeren Zuhause. Hier, auf einer windgepeitschten Halbinsel im Norden Schottlands, ist eine kleine Gemeinschaft, die ihr Leben verändert hat und sich auf irgendeiner Ebene immer wie „Zuhause" anfühlen wird.

Das Brummen der Flugzeugmotoren und eine Mitteilung, die über die Lautsprecher zu hören ist, lenken meine Aufmerksamkeit in meine unmittelbare Umgebung zurück. „Dies ist ein Nichtraucherflug. Jeder, der beim Rauchen auf der Toilette ertappt wird, wird aufgefordert, das Flugzeug sofort zu verlassen", verkündet Deborah, die Flugbegleiterin. Eine Welle des Lachens geht durch die Reihen, dann nehme ich meine Betrachtungen wieder auf.

Ein weiteres Wort, das ich in den letzten Tagen häufig gehört habe, ist „Dienen". Fast jeder, mit dem ich sprach, erklärte, dass er irgendwann erkannt habe, dass er hierher gekommen sei, um zu dienen. Ich erinnere mich, dass Judi mir vor vielen Jahren sagte: „Wenn du hierher kommst, um dir selbst zu dienen, um dich selbst zu transformieren, dann mag dies geschehen – oder auch nicht; wenn du aber kommst, um Gott und dem Planeten zu dienen, dann ist deine eigene Transformation garantiert." Ich glaube, dass Menschen, die nach Findhorn kommen, nur um sich selbst etwas Gutes zu tun, nicht sehr lange bleiben; die Intensität der Energie ist dort zu stark für sie.

Ich denke an meine Helden und Heldinnen, die Menschen, die sich selbst gegeben haben, um dem Planeten, der Menschheit und Gott zu dienen. Natürlich ist Eileen die erste Person, die mir in den Sinn kommt. Sie hält weiterhin den spirituellen Anker der Gemeinschaft und lauscht und gehorcht seit fünfzig Jahren der kleinen leisen Stimme in ihrem Innern. Eileens erste Verpflichtung galt immer dem Geistigen, der Liebe, Gott – und sie ist berufen, das Höchste in jedem zu sehen, dem sie begegnet.

Ich denke auch an Alan, der es sich zur Verpflichtung gemacht hat, den Planeten zu heilen, und dessen Entschlossenheit durch nichts zu erschüttern war. Er hat durchgehalten und seinen Traum wahr gemacht; seine enorme Liebe steckt in jedem Baum, den er gepflanzt hat. Und dann gibt es noch einen weiteren Alan, der Findhorn liebt und der nach Nepal gegangen ist, um seine Habe mit weniger begünstigten Menschen zu teilen. Auch Karl und Deborah muss ich in meine spezielle Liste der Weltdiener aufnehmen. Ohne zu klagen, haben sie ihren Sinn geändert und beschlossen, ein Haus zu bauen, nicht nur für sich selbst, sondern als ein Modell für das, was möglich ist für den Planeten.

Und ich denke an John, dessen Ausdauer erst eine Windmühle gebaut hat und dann, als seine Vision größer wurde, ein Ökodorf erschuf. Ich denke an Shin, der aus Japan nach Findhorn kam, seine Musik für uns spielte, und dann den Zauber von Findhorn in sein Heimatland mitgenommen hat. Anna, die in ihrem kleinen Holzbungalow in Pineridge wohnt und die transformierende Energie des sakralen Tanzes in die Gemeinschaft brachte. Und auf jeder Liste der Heldinnen muss auch Mo stehen, die Frau, die gerne „Ja" sagt.

Es gibt auch noch andere, weniger sichtbare Menschen unter meinen Helden. Klaas zum Beispiel, der zuverlässig für unsere

Busse gesorgt und sie gefahren hat, viel länger, als ich mich erinnern mag, und Rosie, die die Findhorn-Energie in die Welt hinausträgt, wo Menschen ihr erzählen, dass Findhorn ein Leuchtfeuer der Hoffnung für die Erde ist.

So viele Helden und Heldinnen waren Teil der Entwicklungsgeschichte von Findhorn, und so viele sind jetzt dort, halten die Energie und bauen an dem Zauber. Sind es also die Menschen, die den Zauber ausmachen, oder ist der Zauber etwas, das ihnen begegnet, wenn sie hierher kommen?

Ein weiteres kleines Aha lässt mich nach meinen Notizen suchen, die sich in meinem Gepäck in dem Fach über meinem Kopf befinden. Diese Gepäckfächer sind gewiss für über 1,80 Meter Große gebaut, nicht für 1,57-Meter-Menschen wie mich. Ich schaffe es, meine Tasche herunter zu zerren und finde die Seiten, nach denen ich suche.

„Hier gab es etwas, schon lange bevor wir ankamen, eine Energie in dem Land“, lese ich. „Ich denke, die Schleier sind hier sehr dünn“, sagte jemand anderes. „Die Kraft und der Zauber waren schon vor uns hier; sie waren es, die uns hierher gezogen haben“, sagt wieder ein anderer. Ich erinnere mich, dass Marko Pogacnik in seinem Buch *The Daughter of Gaia** beschreibt, wie sich das ausgesät haben mag. Anscheinend spüren viele Menschen, dass der Zauber hier schon vor langer Zeit gewesen ist, und dass er es war, der die Menschen ursprünglich hierher gezogen hat. Menschen, deren Schwingungsfrequenz zu der Energie hier passt, wurden gerufen und werden immer noch gerufen, hierher zu kommen, um den Planeten und sich zu verwandeln.

Ich blättere rasch durch meine Notizen und beginne, auf einen roten Faden aufmerksam zu werden, der sich durch jedes Gespräch zu ziehen scheint: „Die Menschen meditieren, dienen, transformieren und halten diese Schwingung oder Energie, was wiederum anderen erlaubt, den Ruf zu vernehmen, nach Findhorn zu kommen und das Gleiche zu tun.“ Dann finde ich ein Zitat von Judi, die sagte: „Dann denken sie sich eine Menge guter Gründe aus, warum sie sich hierher gezogen fühlen, aber der Grund, warum sie hier sind, warum sie hierher passen, ist doch, weil ihre Schwingungen damit harmonieren.“

Eine meiner Seiten ist auf den Boden gefallen, und als ich sie

---

* dt. Ausg.: *Die Tochter der Erde*

aufhebe, erkenne ich sie als einen Ausschnitt aus Julias Interview. „Ich denke, die Menschen werden durch die Energie und die Atmosphäre dieses Ortes transformiert. Wenn sie hierher kommen, geschieht etwas mit ihnen. Zu der Bereitschaft, die die Menschen selbst mitbringen, gehört, dass sie wollen, dass etwas geschieht. Hier ist der Boden fruchtbar, und so geschieht es eben."

Laut Julia ist die Energie also bereits hier, und die Menschen bringen ihre Bereitwilligkeit mit, sich von ihr transformieren zu lassen. Dann sehe ich etwas anderes, was sie sagte: „Es hat definitiv gar nichts mit uns zu tun ... also muss es etwas sein, das über und jenseits von dem ist, was wir tun oder sagen."

Alle diese Gedanken und Fragen gehen mir durch den Kopf. Ich hoffe, eine klare und sichere Antwort zu finden, aber je mehr ich darüber nachdenke, desto weniger scheine ich mir über irgendetwas klar zu sein.

Deborah, die Flugbegleiterin, erheitert weiterhin die Passagiere mit witzigem Geplauder und erzählt uns, dass wir in zwanzig Minuten in Carcasonne landen werden. Ich starte besser wieder mit Denken, und zwar schnell.

Ich erinnere mich an noch etwas. Fast jeder, mit dem ich sprach, sagte: „Ich kann sein, der/die ich wirklich bin." Oder: „Ich habe einen Ort gefunden, an dem ich ich selbst sein kann." Robin erzählte mir von seinem Erlebnis in Indien, als er eine Liste von all den Dingen aufstellte, die er zu sein dachte – und sie dann losließ. Und auch ich konnte schließlich in Findhorn sein, wer ich wirklich bin. Ich konnte die manchmal abscheuliche und extrovertierte Persönlichkeit sein, mit der ich spiele, und ich konnte auch frei reden über das spirituelle Wesen, von dem ich weiß, dass ich es wirklich bin – und es auch leben! Es gibt keine Grenzen für die, die ich wirklich bin, und ich weiß, dass dies für alle anderen gleichermaßen gilt. Nicht nur in Findhorn, sondern überall. Doch in Findhorn wird es akzeptiert, ausgesprochen, es wird ihm vertraut und Mut gemacht. Draußen in der Welt, in die zurückzukehren ich im Begriff stehe, ist es eine größere Herausforderung und viel leichter zu vergessen, wer ich wirklich bin.

„Bitte schnallen Sie sich jetzt an. Wenn Sie es nicht tun, wird der Flugkapitän sehr böse mit Ihnen sein." Deborah bringt immer noch alle zum Lachen. Ich blicke aus dem Fenster und sehe die alte Stadt Carcasonne unter mir.

Ich habe gerade die Zeit, um rasch noch einmal an den erstaunlichen, komplexen, wunderbaren und herausfordernden Ort zu denken, den ich hinter mir gelassen habe. Wie haben die Menschen, mit denen ich sprach, ihr Leben dort beschrieben? „Ich glaube, dass ich in der spirituellen Lotterie das große Los gezogen habe!“, sagte Michael. Alex beschrieb es auf andere Weise: „Was auch immer der Zauber sein mag, er ist ein Prozess des ständigen Bemühens. Er ist nicht nur die Arbeit von Tag zu Tag, sondern auch das spirituelle Lernen.“

Als die Maschine zur Landung ansetzt, denke ich an Julia, die gute Dame, die von Liebe und Begeisterung durchdrungen ist: „Wenn die Dinge schwierig werden, dann brauche ich mich nur immer daran zu erinnern, dass ich hier im Paradies lebe, mit all den Schwierigkeiten eines Paradieses – aber es ist das Paradies.“

Der Zauber findet mich

Ein weiteres Gespräch mit Gott

Es ist Frühling in Südfrankreich. Die gelben Osterglocken kamen und gingen, und jetzt gibt es schon exotischere Blüten auf dem Blumenmarkt am Freitagmorgen. Die Blätter hüllen die Bäume bereits in einen Hauch von Zartgrün, und die Tage werden länger. Die Sonne wärmt mich durch das Fenster, als ich vor dem Computer sitze. Mein Computer – ein weißer iMac namens *Peace* („Frieden") – und ich sind uns im Laufe dieser wenigen Monate, seit ich aus Findhorn zurückkehrte, sehr nahe gekommen. Die Geschichte dieses Buches haben wir miteinander geteilt und langsam, aber sicher haben wir beobachtet, wie sie zustande gekommen ist. Für mich hat es Lachen und Tränen gegeben, Frustration und Überdruss, und sogar einige schlaflose Nächte. Für *Peace* war es ein endloses tägliches Ritual von „Speichern", „Neue Datei" und „Rechtschreib- und Grammatikprüfung".

Heute fühlt es sich fast wie überstanden an. Der Champagner liegt auf Eis; ich bin bereit, das Manuskript zu Carly nach Santa Fe hinüber zu schicken, die ihren speziellen Zauber hineinflechten wird, bevor Tony mit dem Schlusslektorat beginnt.

Ich habe das Gefühl, dass es noch etwas zu tun gibt. Es bedarf nur noch eines weiteren Gesprächs mit dem speziellen Freund, der mir den Schnee geschickt hat. Dieses Mal wird es nicht im Universellen Andachtsraum im Park stattfinden, und es ist höchst unwahrscheinlich, dass mir ein weiteres Buch vor die Füße fallen wird, das mir genau zeigt, was ich zu tun habe. Heute mache ich es mir in dem Zimmer bequem, das ich „mein Boudoir" nenne, mein eigenes, spezielles Zimmer in unserem Heim, und bin gespannt, ob „es" wieder passieren wird.

Einmal wieder ist der schwierigste Teil, nicht zu wissen, wie ich dieses Gespräch beginnen soll.

„Nun, was denkst Du? Habe ich es geschafft?", frage ich zaghaft.

Ich halte den Atem an und hoffe, dass etwas – irgendetwas – passiert.

„Natürlich, du hast ja schwer gearbeitet."

Welch eine Erleichterung, es ist wirklich jemand da.

„Du hast zugehört, das war sehr wichtig. Und du hast dich zurückhalten können, alles interpretieren zu wollen; du lässt die Menschen für sich selbst sprechen. Das war gut."

„Danke schön. Und danke auch für den Schnee, das war etwas ganz Besonderes. Ich habe einige hübsche Fotos von mir, wie ich lache und spiele", sage ich fröhlich.

„Ich freue Mich, dass du den Schnee genossen hast. Zum Glück war er ohnehin gerade fällig."

„Was denkst Du über das Buch, gibt es mein Erleben in Findhorn wahrheitsgetreu wieder?", frage ich.

„Ja, natürlich tut es das, wie könnte es anders sein? Eine andere Person hätte es ganz anders gesehen und geschrieben. Du hattest dein Erleben, sahst es mit deinen Augen, und das ist genau richtig."

„Wird es erreichen, was ich beabsichtigte? Wird es die Menschen erreichen, inspirieren und ihnen etwas über den Zauber dort vermitteln?", frage ich.

„Warst du es nicht selbst, die sagte: >Die den Ruf vernehmen, werden das Buch finden und lesen<? Das ist keine Frage, über die du dich sorgen bräuchtest. Du hast getan, wozu du gerufen warst, du folgtest deiner inneren Stimme und hast deine Aufgabe vollendet. Nun lasse es los, überlasse es anderen und tue, was zu tun ist."

„Das wird mir schwer fallen, so ein Buch ist ja wie ein eigenes Kind. Ich meine immer, wenn ich nur ein paar Monate mehr Zeit gehabt hätte, dann hätte ich so vieles besser machen können."

„Weißt du nicht, warum du alles so schnell machen musstest?"

„Wirst Du mir das nicht sagen?"

„Damit du nicht zuviel darüber nachdenkst. So musstest du deiner Intuition und deinem Instinkt folgen und es einfach anpacken. So hast du nicht auf halbem Wege den Glauben verloren. Es hat doch funktioniert, oder nicht?", antwortet Gott und ignoriert meine Ironie.

„Ja, das hat es", sage ich dankbar und erleichtert. „Heute morgen habe ich das letzte Kapitel geschrieben."

„Nein, das hast du nicht."

In Seiner/Ihrer Stimme schwingt etwas wie ein fernes Donnergrollen mit – sie klingt ein wenig, wie Gottes Stimme wohl geklungen hat, als sie Moses die Zehn Gebote diktierte.

Ich bin so verblüfft, dass ich einen Moment vergesse zu atmen.

„Habe ich nicht? Was meinst Du damit? Darum geht es doch gerade. Ich wollte mich für Deine Hilfe bedanken, und jetzt ist alles fertig", sage ich verzweifelt.

Ich habe ein Gefühl, als legte sich ein weicher Mantel aus Liebe um mich, und vernehme die Worte:

„Nur noch ein kleiner Schritt, Karin. Ich habe ihn für zuletzt aufgehoben, weil ich nicht wollte, dass du dadurch abgelenkt wirst. Du hast all diese Arbeit, diese ganze Suche gebraucht als Vorbereitung, um den nächsten Teil zu erfahren. Den Teil über den Zauber."

„Aber ... ich dachte, es sei alles getan. Ich dachte, ich hätte den ganzen Zauber bereits gefunden."

„Das hast du. Aber es gibt noch ein Teil des Puzzles, das Ich dir zeigen möchte. Nach dem Zauber von Findhorn zu suchen, gleicht dem Besteigen eines Berges; jedes Mal, wenn du denkst, du seiest auf dem Gipfel angelangt, ragt ein weiterer, höherer vor dir empor."

„Und was muss ich tun, um diesen Weg zu vollenden?", frage ich.

„Warte. Es wird nicht lange dauern; du wirst sehen, dass die Antwort sehr bald zu dir kommt. Nimm dir einen Tag frei, trinke noch eine Tasse Tee und genieße den Sonnenschein."

„Wirst Du mir helfen, es zu finden", frage ich hoffnungsvoll.

„Erinnerst du dich an den Schnee?"

Ich hoffe aufrichtig, dass es nicht lange dauern wird, bis ich das letzte Teil meines Puzzles empfangen werde – der Abgabetermin für das Manuskript kommt näher, sehr bald.

Die letzte Tür tut sich auf.

Die folgenden Tage waren eine Übung in Geduld und Vertrauen. Ich hatte Zeit, das Haus wieder zu putzen, die Pflanzen zu gießen und Gespräche mit meinem Mann zu führen. Meinen Computer sah ich kaum an, und nachts schlief ich gut. Bis ich, etwa eine

Woche später, mitten in einer mondhellen Nacht, erwachte und wusste: Es ist angekommen.

Wie im Traum sah ich ein riesiges, pulsierendes Licht. Es fühlte sich lebendig an und organisch, und ich sah zu, wie es vor meinen Augen größer wurde, heller und intensiver von Sekunde zu Sekunde. Ich fühlte mich davon angezogen wie von einem Magneten. Einen Moment lang dachte ich zu sterben; es erinnerte mich sehr an die vielen Todesnähe-Geschichten, die ich gehört hatte. Es gab keine Angst, nur eine warme, einladende Energie, die mich näher und näher zog. Dann, schlagartig, erkannte ich, dass ich mich dem Licht nicht von außen näherte, sondern mich innerhalb eines Torwegs aus Licht befand und nach draußen sah. Je näher ich dem Licht kam, desto glücklicher wurde ich. Es fühlte sich an wie tausend Segnungen, die auf mich gestrahlt wurden.

Und dann wurden die Segnungen zu Worten, und ich wusste, dass ich sie niederschreiben konnte. Leise stieg ich aus dem Bett und ging hinüber zu meinem Schreibtisch. Ich schaltete *Peace* an und begann zu tippen. Die Worte flossen aus mir heraus, und mir blieb keine Zeit zu denken, während meine Finger über die Tasten huschten. Hier folgt, was ich las, als ich mit Schreiben fertig war:

Findhorn ist nicht das Zuhause, sondern es ist für die vielen, die dorthin gerufen werden, ein Torweg, eine Tür, ein Sternenportal zu ihrer Heimat. Das pulsierende, gewaltige Licht, das ich sah, ist dieses Portal.

Unser Leben mit all seiner gewöhnlichen, tagtäglichen Aktivität ist nichts Geringeres als eine Heimreise. Kurz nachdem ich vor siebenundzwanzig Jahren – dem idealen Zeitpunkt in meiner eigenen spirituellen Evolution – in Findhorn ankam, fand ich mein Sternenportal und trat hindurch. Ich wusste damals nicht, was es war, ich wusste nur, dass plötzlich alles anders war.

All die Dinge, die ich im Januar in Findhorn von so vielen Menschen gehört hatte, haben Sinn – besonders die Beobachtung, dass Menschen die Energie und den Zauber in deren größter Intensität zu Beginn ihrer Zeit in Findhorn finden. Das ist die Zeit, wenn sie das Portal entdecken, wenn sie in jenes liebende, segnende Licht eintreten und verändert werden. Das Licht ist für den Pilger und den Suchenden unwiderstehlich. Deshalb fühlte ich es wieder so stark, als ich dort war. Weil ich nach ihm suchte. Weil ich es wiederfand.

In Findhorn zu leben, bedeutet in der Nähe des Sternentores zu leben – und sich an seine Brillanz, Intensität und Stärke zu gewöhnen. Das ist ein intensives und herausforderndes Leben. Findhorn ist als ein Sternenportal vorbereitet worden, seit die Erde Gestalt erhielt. Millionen von Jahren hat dieses Portal darauf gewartet, aktiviert zu werden. Es hat auf die Wesen gewartet, die es auf ihrer Reise nach Hause durchschreiten.

Einige Menschen gehen durch das Portal und leben weiter wie zuvor. Die Veränderungen in ihnen können auch eine Weile schlummernd liegen. Für andere führt die Erfahrung zur völligen Veränderung ihres Lebens, und sie gehen in die Welt hinaus und dienen dem Planeten auf sehr bedeutsame Weise. Viele andere beschließen, in Findhorn zu bleiben und die Energie dort zu bewahren. Sie sind die Hüter des Portals. Viele Generationen von Hütern und Dienern haben das Sternenportal pulsierend, leuchtend und offen gehalten.

Findhorn wird weiterhin ein heiliger Ort sein, und das Sternenportal wird klar und hell sein, so lange es Hüter gibt, die bereit sind, seine Energie zu halten. Manche tun dies durch Meditation und Gebet, andere durch ihre Kommunikation mit den Naturreichen, und jene, die dies vermögen, werden mit Engeln sprechen.

Manchmal hält Angst einen Menschen davon ab, das Portal zu durchschreiten. Manchmal ist es nur der falsche Zeitpunkt. Aber für jeden, der gerufen ist, wird das Portal geöffnet sein, und jeder wird vor die Wahl gestellt, hindurchzugehen.

Nicht jeder, der durch Findhorn geht, durchschreitet das Portal. Manche sehen es in der Ferne, ziehen es aber vor, nicht einzutreten. Manche ängstigen sich vor dem Licht. Doch die meisten Menschen, die nach Findhorn gerufen oder gezogen werden, sind bereit, den Schritt zu tun, manche zitternd, manche langsam und zaghaft. Wenn es jedoch geschieht, werden sie stets erfüllt von Freude und Frieden; die Reise ins Licht ist ein Weg der Freude. Es bedarf des Mutes und oft harter Arbeit, sich auf die Reise durch das Sternenportal vorzubereiten. Wie bei einem Astronauten, können Vorbereitung und Studium lange Zeit in Anspruch nehmen. Beginne mit einem ersten Schritt, und jeder, der den Schritt getan hat, erlebt den Moment der Gnade, in dem alles klar gemacht wird.

Der erste Schritt kann jener Augenblick der Verwundbarkeit in der Erfahrungswoche sein, wenn jemand zum ersten Mal sein

Herz öffnet, um sich einer Gruppe mitzuteilen. Oder es kann der Moment im Garten sein, wenn die Berührung einer Pflanze sich plötzlich „anders" anfühlt, weil man die Energie hinter der Form gewahrt. Bei mir geschah es vor siebenundzwanzig Jahren, als ich in dem kleinen Vorführraum saß und die audiovisuelle Darbietung mit dem Titel „Liebe ist" betrachtete – in diesem Augenblick kam das Wissen, kam die Erfahrung zu mir. Ich wusste einfach und wirklich, was Liebe ist. Ich war durch das Sternenportal in eine andere Wirklichkeit gelangt, und nichts war je wieder wie vorher.

Was geschieht, nachdem jemand durch das Portal gegangen ist? Manche erkennen es augenblicklich, bei anderen dauert es länger, bis es ihnen offenbar wird. Doch wenn es einmal geschehen ist, kann es kein Zurück mehr geben; das Portal ist nur in eine Richtung zu durchschreiten. Wenn man durch das Portal gegangen ist, kann sich ganz plötzlich alles ganz anders anfühlen. Die Angst beginnt, ihre Macht zu verlieren. Der Impuls zu dienen wird unwiderstehlich, und die bedingungslose Liebe wird das Ziel.

Menschen, die das Portal durchschritten haben, sind oft an der magnetischen Kraft zu erkennen, mit der andere von ihnen angezogen werden. Sie sind möglicherweise Führer und Lehrer. Häufig jedoch sind sie ganz gewöhnliche, einfache Menschen, die vielleicht im Garten arbeiten oder den Fußboden polieren. Doch ihre Energie straft ihre Gewöhnlichkeit Lügen. Sie strahlen Liebe, Verstehen, Mitgefühl und Vergebung aus, und wer sie sind, zeigen sie durch ihr Tun.

Viele dieser Menschen sind noch in Findhorn, aber Tausende leben und arbeiten heute überall auf der Welt. Ich kenne viele dieser hingebungsvollen, fürsorglichen und liebevollen Menschen in Australien, Neuseeland, Nord- und Südamerika, Europa, Südafrika, Japan und an allen Enden der Erde. Sie arbeiten bewusst daran, mehr Liebe und Frieden in die Welt zu bringen.

Es gibt noch viele, viele andere Portale rund um den Globus. Findhorn ist dasjenige, mit dem meine Schwingungen harmonieren. Wenn ich den Wunsch oder die Sehnsucht habe, einen Blick in die Heimat zu werfen, dann gehe ich dorthin und finde meine Brüder und Schwestern.

Und was dann? Was geschieht nach dem beglückenden und aufregenden Schritt durch das Sternenportal?

Die Antwort ist einfach. Wir nehmen Mop und Eimer und leben weiter. Unsere Einstellungen und Werte/Maßstäbe verändern sich, und unsere Fähigkeit zu lieben und zu vergeben wächst und nimmt immer weiter zu. Das Sternenportal zu durchschreiten, ist nicht ein Ende, sondern ein weiterer Anfang. Es ist der erste Schritt in die Wirklichkeit, in der uns Mysterien offenbart werden und wir entdecken, wer wir wirklich sind. Wir leben auf der Erde, aber wir sind nicht von der Erde. Die Essenz, unser Wesenskern, ist Geist – und dahin führt uns unser Weg. Es braucht Mut und Hingabe, unserem Stern zu folgen, dem Weg durch unser Sternenportal, dem Portal zu unserer Seele und zu Gott.

Béziers, im April 2002

Postscriptum

Ein Brief von Anja

Middelburg, 27. Februar 2002

Liebe Karin,

Herzlichen Dank für deinen Brief. Ich war so froh und überrascht, von dir zu hören; es war wie ein kleines Geschenk. Mein Mann Jan und ich haben uns oft gefragt, wie es dir wohl geht, wie das Buch sich entwickelt. Ich empfand es als etwas ganz Besonderes, dich kennenzulernen und mit dir zu sprechen, meine Findhorn-Erfahrungen mit dir zu teilen, über unser Leben zu reden, sowohl persönlich als auch in unserer Erfahrungsgruppe. Kann ich jetzt mit dir teilen, was seit meiner Abreise aus Findhorn mit mir geschehen ist?

Es hat noch geschneit an dem Morgen, als wir das Cluny Hill College verließen. Als wir über das Moor- und Heideland und die Berge Schottlands fuhren, war alles mit Schnee bedeckt; es war ein wunderschöner Anblick, der gerade widerspiegelte, was wir im Innern fühlten. Wir spielten das Band mit der Findhorn-Musik und sangen die Lieder freudig mit, sprachen über unsere Erlebnisse und Gefühle und hingen zuweilen auch schweigend unseren eigenen Gedanken nach. Wales war schön, wir sind viel gewandert und haben uns ausgeruht, bevor wir heim nach Holland fuhren. Und Findhorn war uns immer noch nah.

Es fing an in Wales, noch mehr aber, als wir nach Holland zurückkehrten. Ich war aus dem Gleichgewicht. Ich begann, Heimweh nach Findhorn zu haben. Jene Tage in Findhorn waren intensiv in meinem Geist. Ich wollte dort sein. Es war so ein Schock. Ich hatte mich wohl gefühlt, als wir abfuhren, und nun fühlte ich mich plötzlich unruhig und konnte nicht mehr in mein Leben zurückfinden. Ich wusste, dass ich mich in Findhorn zum ersten Mal in meinem Leben ganz gefühlt hatte. Ich fühlte mich vollständig zu Hause.

Ich war so glücklich, dass ich irgendwo einen Platz gefunden hatte, wo Menschen so lebten, wie ich leben will. Ich fühlte mich so beglückt, dass es mir nichts ausmachte, wieder abzureisen. Ich dachte, ich könnte Findhorn mitnehmen. Es wäre in meinem Innern. Und nun war dieses wunderbare Gefühl fort ... Ich begann, mich gestört zu fühlen, unsicher. Ich fühlte mich überhaupt nicht mehr glücklich. Was sollte das alles?

Ich versuchte, mich meinen Gefühlen vorbehaltlos zu stellen, sie einfach zu betrachten und Acht zu geben, was geschah. Was ich erkannte, ist, dass ich auch so leben will wie die Menschen in Findhorn. Ich will mit anderen zusammen sein, ein spirituelles Leben teilen und es im Leben von Tag zu Tag praktizieren. Ich will mehr entdecken und erforschen. Aber was kann ich jetzt tun? Die Antwort heißt nicht, gleich wieder nach Findhorn zu fahren. Das Beste ist für mich, im Moment, in der Gegenwart zu leben. Nicht zu versuchen, mich krampfhaft in das zu stürzen, was ich wirklich will.

Jan und ich haben viel miteinander gesprochen, und er empfindet zur Zeit nicht so wie ich. Wir haben diskutiert, wie es wäre, in Findhorn zu leben. Was würden wir dort tun? Was würde diese Möglichkeit für unser Leben bedeuten? War das Gefühl denn echt, nach nur einer Woche? Vielleicht wäre es möglich, jene kostbaren Dinge zu entwickeln, die wir in Findhorn in unserem Innern berührt haben, und sie in unser Leben, in unsere Welt gerade hier einzubringen? Wir wissen die Antworten noch nicht.

Wir haben beschlossen, nach Findhorn zurückzukehren, um etwas mehr zu erfahren. Wie haben uns für eine Woche im Juli angemeldet, um an einer „Woche der Spirituellen Praxis" teilzunehmen. Wir werden sehen, wie das klappt.

Im Moment fühle ich mich wieder stärker. Ich weiß nicht, was die Zukunft bringen wird. Ich versuche, von Tag zu Tag zu leben. Findhorn ist in unserem Leben immer noch sehr präsent. Jan und ich stimmen uns ein, wir teilen uns einander mit und tauschen uns aus. Und, was ganz neu ist für uns, wir meditieren hin und wieder zusammen. Bei allem, was ich tue, stimme ich mich auch innerlich ein, bevor ich beginne, und ich versuche, mit Aufmerksamkeit zu arbeiten.

In der Zeit, die wir in Findhorn waren, habe ich viel über mich selbst gelernt, und das Lernen geht jetzt in meinem täglichen Leben weiter. Ich werde dir schreiben und mehr darüber erzählen und auch davon, wie wir weiterkommen, wie die Dinge sich entwickeln.

Ich bin so froh, dass wir in Verbindung bleiben und unsere Freundschaft wachsen lassen. Jan konnte in der hiesigen Bibliothek einige Bücher über Findhorn finden, und jetzt lese ich sie mit ihm von neuem. Es ist schön, sie jetzt zu lesen. Nachdem wir in Findhorn gewesen sind, bedeuten sie uns noch mehr. In den Büchern sind wir wieder mit Findhorn verbunden.

Alles Liebe von Anja und auch von Jan

Ein Brief von Wayne

Liebe Karin,

Danke für deine Anfrage. Ich hatte eine großartige Zeit in Findhorn und will versuchen, dir zu erzählen, wie es für mich geworden ist. Aber zuerst möchte ich sagen, dass meine Findhorn-Erfahrung jegliche Erwartungen erfüllt und übertroffen hat, die ich über die Gemeinschaft hatte. Ich habe nie in einer Gemeinschaft gelebt, doch hatte ich schon immer ein Interesse an diesem Konzept. Mein gesunder Menschenverstand sträubt sich dagegen, mich täglich quer durch die Stadt zu transportieren und all die Verantwortlichkeiten und Orte und Leute aufzusuchen, die für mich wichtig sind – wer hat sich das nur ausgedacht?

Zu gehen, zu arbeiten, zu essen, zu politisieren, freiwillig zu arbeiten, zu meditieren und sich zu unterhalten innerhalb einer weiten, aber vertrauten Gruppe von „Menschen mit Zielen“, ist so beruhigend und unterstützend, wie es zugleich erheiternd und herausfordernd ist. Ich weiß nicht, wo sonst auf diesem Planeten es einen Ort gibt, der sich wie dieser um spirituelle Werte und menschliche Eigenheiten (wenn ich die beiden für einen Moment trennen darf) formiert hat – dabei sollte es überall so sein. Ich habe das Gefühl, ich war in einer Umgebung, die sich völlig dem Annehmen des Einzelnen, seiner Gedankenfreiheit und seiner spirituellen Entfaltung verpflichtet hat. Ich bewegte mich mühelos in „Einstimmungen" und „Check-ins" und fand die Erfahrungen köstlich, verwundbar, kräftigend und vor allem respektvoll gegenüber jeder Person. Diesen Respekt auf alle Geschöpfe, Wesenheiten und Energien – auf die ganze Schöpfung – auszudehnen, ist ein heiliges Unterfangen, das zu beschreiben ich nicht versuchen werde.

Nun rasch zu einigen Spezifika:

Für mich spricht es Bände, dass ich, als ich mit meinen zwei Wochen in Findhorn fertig war, immer noch froh war, dort zu sein, und auch glücklich, nach Hause zu fahren. Ich hatte ein starkes Gefühl der Vollendung (nicht des Endes) von etwas in mir, das bei mir bleiben würde. Ich fühlte mich sowohl mit Findhorn als auch mit meinem Zuhause verbunden, durch die gleiche tiefe Zugehörigkeit.

Meine spirituelle Praxis hat sich vertieft. Ich hatte seit fast zwanzig Jahren sporadisch meditiert, doch ein Umstand genau ein Jahr vor meinem Findhorn-Besuch brachte mich dazu, mit dem Meditieren ganz aufzuhören. In den letzten Monaten hatte ich wieder angefangen, aber nur für zehn Minuten am Tag. In Findhorn fiel es mir plötzlich leicht zu meditieren. Am Ende meines Aufenthaltes meditierte ich täglich über zwei Stunden, und nun kann ich mit ekstatischer Begeisterung sagen, dass ich es geschafft habe, diese Routine zu Hause beizubehalten, mit der gleichen Leichtigkeit und offenem Herzen. Ich spüre, dass Findhorn mir geholfen hat, den toten Punkt zu überwinden, und jetzt geht es schneller weiter.

Zu Hause bekomme ich ständig kuriose Reaktionen von Menschen, die mich kennen. Anstatt der typischen Nach-Urlaubs-Bemerkungen „Du siehst erholt aus" oder „Du bist schön braun geworden" haben mir meine Freunde und Familie immer wieder gesagt, ich sei „verändert". (Dankenswerterweise sagen sie es in einem freundlichen, weichen, verwunderten Ton.)

Die Synchronizität in meinem Leben nimmt zu. Engel haben mir noch nie etwas bedeutet, aber ich habe einen mannigfaltigen und sich weiter ausdehnenden Bereich der Synchronizität rund um meinen Engel „Kommunikation" aus der Erfahrungswoche bemerkt. Das Tarot fasziniert mich zur Zeit sehr, inspiriert durch ein Buch, das mir Skye in Findhorn empfahl. Ich komme zur Zeit mit vielen „Dreien" in Berührung. Ich denke, das Tarot betont eine Synchronizität von Körper, Denken und Geist. Als ich neulich mit jemandem sprach, wurde mir klar, dass Eileen Caddy, Peter Caddy und Dorothy Maclean eine Dreiheit waren. Eileen hat eine „Leben im Willen des Herrn"-Sensibilität (Geist); Peter war der Kommunikator und Theoretiker auf den Gebieten Vermittlung, Mitschöpfung und Manifestation (Denken); Dorothy channelte die Geister der physischen Welt, die Kräfte in Pflanzen und Mineralien senden, und die Prozesse, die ihre Energien lenken (Körper).

Mein Hauptgenörgel an Findhorn (abgesehen von der fehlenden Zeit, um alles zu tun, was ich tun wollte) war die Kritik an einigen organisatorischen Aspekten in der Stiftung und bei den Programmen, die sie durchführt. Auch wenn die Erfahrungswoche ein außerordentlich wohl durchdachtes und dichtes Programm ist, denke ich, dass „Spirituelle Praxis" nicht alle relevanten Informationen und Ressourcen in einer brauchbaren Struktur zusammenstellt. Auch in anderen Bereichen fand ich es schwierig, das zu bekommen, was ich gerne „umfassende Information aus erster Hand" nenne. Irgendwann sprach ich darüber mit jemandem, und der Kommentar dazu ist bei mir hängen geblieben; da wurde das Umfeld Findhorns als ein „schöpferisches Chaos" bezeichnet. Je mehr ich darüber nachdenke und je mehr ich die Geschenke erkenne, die ich mit meinem Besuch in Findhorn erworben habe, desto mehr erfasse ich den Wert und das Potenzial eines solchen energievollen, locker kontrollierten Raumes.

Noch etwas ist mir begegnet, das die Glaubwürdigkeit der lockeren Strukturen unterstreicht. Kürzlich hörte ich Meredith Monk nach einem ihrer Auftritte sprechen – sie ist Komponistin und Choreographin und ebenso rigoros intellektuell wie intuitiv inspiriert. Als sie über ihre Arbeit und *die Schwierigkeiten und Freuden ihrer Zusammenarbeit mit Ann Hamilton, einer visuellen Künstlerin, sprach, bemerkte sie, dass sie es mag, Dinge ein wenig gefährlich und künstlerisch freier zu lassen, so dass ihre Arbeit nicht statisch und schal wird. „Schließlich", sagte sie, „will ich, dass meine Arbeit vom Leben handelt, und >die Energie Leben< ist unordentlich." Das ist die Welt, die ich kenne, und die Welt, der Findhorn Ehre macht.*

Danke, Karin, für die Gelegenheit, meine Gedanken und Reaktionen auf diese Weise zu verarbeiten. Fühl' dich frei, Beliebiges von meinen persönlichen Bemerkungen zu verwenden, wie immer es dir gefällt. Ich habe keine Geheimnisse, nur geheimnis-gesegnete, endlose Schleier zu enthüllen.

Viel Glück mit deinem Buch, und vielleicht treffen wir uns eines Tages wieder in Findhorn!

Namaste,
Wayne

Danksagungen

Karins

Ich kann nicht so tun, als wäre dieses Buch mehr als mein subjektives Abenteuer und die Erlebnisse im Laufe meines Findhorn-Besuchs im Januar 2002, durchsetzt mit Erinnerungen und Anekdoten. Ich bin allen Menschen äußerst dankbar, die bereit waren, mit mir zu sprechen; ich habe mein Bestes getan, um ihre Geschichten akkurat wiederzugeben.

Ich lebte fast dreiundzwanzig Jahre lang in der Findhorn-Gemeinschaft, von Ende 1975 bis Mitte 1998. Ich muss meinem Sohn Michael danken, da er es war, der mich ursprünglich nach Findhorn geführt hat, und meiner Tochter Tamsin, da sie ... nun, eben die beste Tochter ist, die ich überhaupt haben konnte.

Ich weiß, dass in der Gemeinschaft weit mehr geschieht, als ich in einem Buch unterbringen kann. Alles zu erwähnen und all die fabelhaften Menschen aufzunehmen, die dort leben und arbeiten, würde vermutlich bedeuten, mehrere Bände zu schreiben, dicker als dieses Buch. Ich kann nicht einmal sagen, dass ich eine ausgewogene Sicht der Gemeinschaft gebe, und ich bin nicht sicher, ob dies überhaupt möglich ist. Bei meiner Suche ließ ich mich leiten, mich mit jedem zu treffen, der vor mir auftauchte, und ich gab mir große Mühe, nichts zu erzwingen. Einige Termine mit bestimmen Personen waren vereinbart, aber alles andere waren „glückliche Zufälle".

Es tut mir Leid, dass ich nicht mehr Zeit bei den Gärtnern verbringen konnte; Kälte und Wind hielten mich die meiste Zeit drinnen. Ich bedauere, dass ich mit vielen Menschen nicht sprechen konnte, die auf meiner Wunschliste standen – wie Richard, ein Holzbildhauer, wie Randy und all die anderen Künstler, die ihre Gaben in der Gemeinschaft zum Ausdruck bringen, oder Marion, die die Findhorn-Blütenessenzen ins Leben rief. Liebend gerne hätte ich die Sicht von Menschen erfahren, die auf Erraid leben, und in Newbold House, und von Earthshare und der Waldorf-Schule. Ich versuchte mein Möglichstes, mich mit May East zu treffen, die Findhorn zu den Vereinten Nationen gebracht hat, doch sie war zu beschäftigt mit der Leitung der Öko-Feminismus-Gruppe. Ich wollte am sakralen Tanz teilnehmen und halte immer noch Ausschau nach meiner Freundin India! Allen, die durch dieses Buch „auf den Geschmack" von Findhorn gekommen sind, empfehle ich, die Website www.findhorn.org zu besuchen, wo Sie all diese Menschen und viele, viele mehr finden werden, die alle fabelhafte Arbeit leisten, viele von ihnen still im Hintergrund.

Ich möchte mich auch entschuldigen bei allen, die mir so bereitwillig ihre Zeit schenkten, ihre Geschichte erzählten und mir Material für dieses Buch schickten. Am Ende hatte ich viel zu viel Stoff für ein Buch und konnte manche Dinge nicht darin aufnehmen. Ich bewahre alle eure Beiträge auf – wer weiß, vielleicht wird es weitere Bücher geben?

Ein großes Dankeschön richte ich an Susan, die mich im Haus Sonnenblume willkommen hieß und mich mit heißem Tee und Kaminfeuer verwöhnte. Ich danke allen Menschen, die bereit waren, mir ihre Zeit zu schenken und mit mir zu sprechen: Katherine, Brian, Julia, Judy, Judi, Javier, Margo und Karin H. (beinahe!). Auch Roger, Geoffrey, Alan J., Joycelin, J.T., Karl und Deborah, Viviane, Alex, Dürten, Robin und Kay Kay, Michael H. und Hanna. Ich danke den Menschen, die für mich kochten, Carol und David, Mary und George und natürlich der Familie Featherstone; ich habe jeden köstlichen Happen in bester Erinnerung. Danke an Mike Scott für die Beantwortung all meiner Fragen und die Zusendung seiner Musik. An Janette und Susie, die die Regeln so flexibel handhabten, dass ich in ihre Gruppe kommen und zu ihr sprechen konnte. Und an die Erfahrungswochen-Gruppe, dass sie mich Teil ihrer Erfahrung werden ließ, und ein besonders großes Dankeschön an Anja und Wayne.

Natürlich gehen viel Liebe und Dank an Eileen. Auch an Lydia, Mohini und Anita, die mich in der Küche begrüßten und mir genau die Erfahrung schenkten, die ich brauchte. Nitzan, für all seinen Enthusiasmus und dafür, dass er immer da war, wo ich ihn brauchte, und an Pauline, die mir zeigte, wohin all unsere Abwässer fließen.

Ich will auch all den lieben Freunden des „Findhorn Worldwide Circle" danken, die zum Treffen bei Carly kamen und ihre Geschichten erzählten.

Ihr alle seid ein wichtiger Teil meines Lebens!

Eine feste Umarmung und Dank gehen an Tony, der dieses Buch lektoriert hat und der viele meiner Abenteuer in unseren frühen Findhorn-Jahren mit mir teilte.

Ohne meine Freundin Carly hätte ich nicht einmal den Versuch unternommen, dieses Buch zu schreiben. Zu wissen, dass sie mir zur Seite steht, mich trägt, mir rät und hilft, und dann mein Rohmaterial nimmt und ihm ihren goldenen Anstrich verleiht, war ein riesiges Geschenk.

Die Person, die wohl meinen tiefsten Dank verdient, ist Thierry, mein geliebter Mann und Verleger. Er schickte mich für meine Recherchen nach Findhorn, er gab mir die Monate, die es brauchte, um all das Material zusammenzustellen, und er hatte stets Vertrauen in mich, wenn ich ihn bat, nichts davon zu lesen, bevor es fertig war. Er ist wirklich ein erstaunlicher Mann.

Keine Liste des Dankes wäre vollständig ohne „meinen Freund, der den Schnee schickte". Er war meine erste Inspiration und er ist mein letztes Wort in diesem Buch. Welch ein wunderbares, humorvolles, interessantes, freundliches, großzügiges, ausdauerndes und vor allem überraschendes Wesen ist mein Freund! Ich freue mich auf viele weitere Gespräche in der Zukunft.

Carlys

Um drei Uhr am Morgen des 18. Oktobers 2001, während ich in New Mexico fest schlief, kam eine E-Mail von einer alten Freundin in Südfrankreich an. Am Vorabend bei Sonnenuntergang hatte ich eine Kerze zum Andenken an den Geburtstag meiner Mutter angezündet. In einem unserer letzten Gespräche vor ihrem Tod im Jahr 1998 sagte sie: „Carly, warum schreibst du nicht ein Buch? Du hast so ein interessantes Leben gehabt." Wie es typisch ist für meine Generation, wuchs ich in der Hoffnung auf die Zustimmung meiner Mutter zu meinen zahlreichen kreativen und ungewöhnlichen Unternehmungen auf, die ich nur selten fand. Dass ich mich einer kaum bekannten Gemeinschaft im fernen Norden Schottlands anschloss, missbilligte sie zutiefst. Fast dreißig Jahre später vermittelten ihre Worte die Unterstützung und das Verständnis, die sie mir wirklich entgegenbrachte, und heilten eine Wunde in meiner Psyche.

An diesem Morgen sah ich rasch meine E-Mails durch, bevor

ich zur Schule fuhr, wo ich arbeitete, und war fasziniert von einer Mail mit dem Betreff „Ist das etwas für dich?" und dem Absender „karin@findhornpress.com".

Nächstes Jahr ist Findhorns vierzigster Geburtstag. Findhorn Press will ein Buch veröffentlichen (über) den „Zauber von Findhorn", anders natürlich, und nicht eine „Historie" oder gar eine Beschreibung von Findhorn, sondern etwas mit Gefühl und Zauber. Wir haben verschiedene Autoren gefragt ... keiner hat Zeit ... aber das Buch steht immer noch „im Raum" und wartet irgendwo darauf, geschrieben und veröffentlicht zu werden. Vor ein paar Tagen spürte ich einen sehr starken Impuls, dass ich das Buch selbst schreiben könnte. Ich würde für ein paar Wochen nach Findhorn gehen, auf den Spuren des Zaubers ... ein aufregendes Abenteuer, eine Suche nach dem Zauber. Gibt es ihn noch? Wo ist er? Und was ist er?

Doch ich bin keine Autorin – oder gar Schriftstellerin –, obwohl ich eine Geschichte zu erzählen weiß. Was ich bräuchte, ist eine Co-Autorin ... und ich dachte an dich – jemanden, mit dem ich die Reise teile, von der Planung bis zur Auslieferung des Buches. Ich würde nach Findhorn fahren, ich würde alles erleben ... ich würde alles zu dir schicken, und du würdest es zusammenstellen. Hast du Interesse und Zeit dafür? Ist das etwas für dich?

Nun atme wieder weiter, und sag mir Bescheid, was du meinst? Und fühlst?

Alles Liebe, Karin

Ich habe einige Male tief Luft geholt, während ich mit Karin an dem Buch arbeitete. Einige Male bin ich untergegangen, und wir mussten einander über den Atlantik hinweg Schwimmwesten zuwerfen. Jetzt ist es da, und ich bin Karin unendlich dankbar für die originelle Gelegenheit, für ihr großes Herz, ihre unermüdliche Energie, ihren Abenteurergeist und ihren herrlichen Sinn für Humor. Als ich dies schreibe, habe ich sie über zwanzig Jahre nicht gesehen – doch wir planen, uns am Vorabend von Findhorns vierzigstem Geburtstag wieder zu treffen vor dem gemütlichen Kamin im Haus Sonnenblume auf dem Feld der Träume! Und ich bin Thierry von Findhorn Press dankbar, der uns beiden blind vertraute, und Tony in Florida, der als Lektor unser Werk komplett auf den Kopf – und wieder auf die Füße stellte.

Ich würde hier nicht schreiben, gäbe es nicht den Engel von Findhorn, der mich im Sommer 1970 dorthin gerufen hatte. Als ich den Ruf vernahm, zögerte ich nicht. Der „Zauber" hat mich nie verlassen und hat mein Leben seit zweiunddreißig Jahren auf eine Myriade Weisen beseelt. Mein besonderer Dank gilt Eileen, Peter und Dorothy, ohne deren Vision und Gehorsam gegenüber der Weisung Sie diese Worte nicht lesen würden. Ich danke den Wesenheiten der Deva-Reiche und ROCs geliebten „Naturgeistern", von denen ich erst jetzt wirklich etwas zu verstehen beginne. Allen meinen Freunden und „Komplizen" in den frühen Jahren der Gemeinschaft, besonders Ian, Angus, Hugh, Joanna, Ricki und Linda. Und der „Grenzenlosen Liebe und Wahrheit", an deren Integration ich immer noch arbeite.

Und ich danke euch, die ihr mich sanft oder weniger sanft gedrängt habt zu schreiben: Greg, Ann, Kathleen, Cynthia, Bruce, Alma, Narayani, Barb, Diego, Ellen, Bill ... Dem wilden und verrückten Findhorn Circle – meiner Cyber-Rettungsleine. Ich danke Don Miguel Ruiz und dem Circle of Fire, Starhawk für ihre lichte Wahrnehmung, Ammachi und der Göttin.

Und meinen Kindern, Khaila und Joss – ich liebe euch.

Bibliographie

Bücher aus/um/über Findhorn in deutscher Sprache zusammengestellt von Karl Friedrich Hörner

BÜCHER VON EILEEN CADDY,
in der Reihenfolge der Veröffentlichung des Originals:

Gott sprach zu mir (God Spoke to Me 1971), Greuthof Verlag 1988
Spuren auf dem Weg zum Licht (Footprints on the Path 1976), Greuthof Verlag 1983
Worte des Lebens (The Living Word 1977), Opal Verlag 1981
Findhorn, Königreich des Lichts (The Spirit of Findhorn 1977), Aurum Verlag 1997
Findhorn, Zentrum des Lichts (Foundations Findhorn 1978), Arbor Verlag 1984
Morgen der Veränderung (The Dawn of Change 1979), Greuthof Verlag 1987
Herzenstüren öffnen (Opening Doors Within 1987), Greuthof Verlag 1989
Hör mit den Ohren der Liebe und sprich mit ihrer Stimme (Waves of the Spirit 1996), Aurum Verlag 1998
Flug in die innere Freiheit (Flight Into Freedom 1998), Greuthof Verlag 1998
Flug in die innere Freiheit (Flight Into Freedom and Beyond 2002), Greuthof Verlag 2002

Eileen Caddy, David E. Platts: Bring mehr Liebe in dein Leben, du hast die Wahl. Der Findhorn-Kurs in zehn Lektionen (Bringing More Love Into Your Life 1992), Aurum Verlag 1996
David Earl Platts (Hrsg.): Mit Gott im Herzen: Zu Ehren und mit Weisungen von Eileen Caddy (Divinely Ordinary, Divinely Human 1999), Greuthof Verlag 2000

WEITERE TITEL
Peter Caddy: Liebe und Vertrauen. Wege zu einem neuen Bewußtsein. Die Autobiographie (In Perfect Timing 1995), Aquamarin Verlag 1997
Dorothy Maclean: Du kannst mit Engeln sprechen (To Hear the Angels Sing 1980), Aquamarin Verlag 1983; Heyne Verlag 1997
David Spangler: New Age, die Geburt eines Neuen Zeitalters (Revelation. The Birth of a New Age 1971), Fischer Taschenbuch Verlag 1978; Greuthof Verlag 1983
David Spangler: Das Waldkirchlein (The Little Church 1972), Opal Verlag 1983
David Spangler: Der Geist der Synthese. Zusammenarbeit mit dem Geist (Conversations with John 1980, Co-operation with Spirit 1982), Greuthof Verlag 1985
George Trevelyan: Eine Vision des Wassermann-Zeitalters (A Vision of the Aquarian Age 1977), GTP-Verlag 1980; Goldmann Verlag 1984
George Trevelyan: Unternehmen Erlösung (Operation Redemption 1981), GTP-Verlag 1983; Greuthof Verlag 1989

George Trevelyan (Einf.): Der Findhorn Garten. Ein neues Zukunftsbild: Mensch und Natur im Einklang (The Findhorn Garden 1975), Frank Schickler Verlag 1981

Edwin Maynard (Hrsg.): Leben in Findhorn: Modell einer Welt von morgen (Faces of Findhorn), Hermann Bauer Verlag 1983

Michael Lindfield: Tanz der Wandlung. Ein ökologisch-spiritueller Ansatz zur Transformation (The Dance of Change 1986), Greuthof Verlag 1989

Carol Ridell: Die Findhorn-Story. Ein Menschenbild für das 21. Jahrhundert (The Findhorn-Community 1990), Greuthof Verlag 1991

Norbert Eichler: Sonnenstadt im Nebel, Irisiana Verlag 1975

Hartmut Normann: Leben im New Age, Selbstverlag 1978

David Hoffmann: Das Ganzheitliche Kräuterheilbuch aus Findhorn (The Holistic herbal 1983), Sphinx Verlag 1985; Heyne Verlag 1992

Kay Lynne Sherman: Das Kochbuch der Findhorn-Familie: köstliche vegetarische Gerichte, mit Liebe und Freude zubereitet (The Findhorn Family Cookbook), Hermann Bauer Verlag 1983

Marion Leigh: Die Findhorn-Blütenessenzen. Die Herstellung und Anwendung eines spirituellen Heilmittels (Findhorn Flower Essences 1997), Heyne Verlag 1999

Gwennie Armstrong Fraser: Im Licht der Engel. Botschaften der Devas (The Golden Web 1995), Aquamarin Verlag 1997; Heyne Verlag 2001

ERSTES ERSCHEINEN DES „ZAUBERS" IN BUCHFORM:

Paul Hawken: Der Zauber von Findhorn (The Magic of Findhorn 1975), Hugendubel Verlag 1981; Rowohlt Verlag 1985

BÜCHER VON MARKO POGACNIK

Die Landschaft der Göttin. Heilungsprojekte in bedrohten Regionen Europas, Diederichs Verlag 1993

Elementarwesen. Die Gefühlsebene der Erde, Droemer/Knaur Verlag 1995

Schule der Geomantie, Droemer/Knaur Verlag 1996

Wege der Erdheilung, Droemer/Knaur Verlag 1997

Erdsysteme und Christuskraft. Ein Evangelium für das Menschwerden, Droemer/Knaur Verlag 1998

Die Erde heilen, Diederichs Verlag 2001

Die Erde wandelt sich. Erdveränderungen aus geomantischer Sicht, Droemer/Knaur Verlag 2001

Die Tochter der Erde. Die Wiedergeburt des göttlich Weiblichen, AT Verlag 2002

Erdwandlung als persönliche Herausforderung, Droemer/Knaur Verlag 2003

FINDHORN-MUSIK

Die Kassetten und CDs mit Aufnahmen der „New Troubadours" und anderer Künstler sind erhältlich von www.findhornpress.com

Informationen über Mike Scott finden Sie auf: www.mikescottwaterboys.com